MÄRKLI

PROFESSUR AN DER ETH ZÜRICH

HERAUSGEBERIN
CHANTAL IMOBERDORF

ANLÄSSLICH DER AUSSTELLUNG VOM
24. FEBRUAR BIS ZUM 3. APRIL 2016 IN DER
HAUPTHALLLE DER ETH ZÜRICH, ZENTRUM

CHAIR OF ARCHITECTURE
AT THE ETH ZURICH

EDITOR
CHANTAL IMOBERDORF

ON THE OCCASION OF THE EXHIBITION FROM
24 FEBRUARY TO 3 APRIL 2016 AT THE
MAIN HALL OF THE ETH ZURICH, ZENTRUM

2002–2015

GTA VERLAG   GTA EXHIBITIONS

VORWORT

CHANTAL IMOBERDORF

Den Bauten von Peter Märkli bin ich zum ersten Mal in einer Publikation begegnet. Seine beiden Häuser in Trübbach zogen mich augenblicklich in ihren Bann. Es war befreiend, ein Gebäude zu betrachten, das mich auf emotionale Art und Weise ansprach – ausgelöst nicht durch eine rationale Entscheidung aufgrund einer analytischen Untersuchung, wie ich es bis anhin an der Architekturschule der ETH Zürich gelernt hatte, sondern durch eine atmosphärische, visuelle, fast instinktive Annäherung.

Nach dem zweiten Studienjahr besuchte ich den Vorkurs an der Kunstgewerbeschule Zürich. Mein Lehrer Erich Brändle zeigte mir einen Zeitungsartikel über Märklis Haus in Grabs. Ich geriet ins Schwärmen und erzählte ihm, dass mich die Bauten dieses Architekten faszinierten. Zu meinem Erstaunen antwortete er: «Dann kommst Du einmal mit mir in sein Atelier.» Ich wusste bis zu diesem Zeitpunkt nicht, dass die beiden befreundet sind. Kurz darauf standen wir in Märklis Atelier: ein grosser Raum mit einigen Arbeitstischen und einem Klappbett; Zeichnungen und Skizzen, auf Holzbretter aufgeklebt, an die Wand gelehnt wie auch einige Reliefs von Hans Josephsohn, auf den Tischen kleine Modelle – ein Ort, wo man Dinge entdecken kann, ein Ort, wo man gern verweilt.

Für mich stand von da an fest: Wenn ich an die ETH zurückkehre, dann will ich bei Peter Märkli studieren. Ich hatte Glück und bekam einen Platz in seinem Entwurfskurs. Eine erstaunliche, während meines Studiums an der ETH einmalige Erfahrung war, dass Märkli ihrer individuellen Handschrift wegen auch Projekte unterstützte, die Fehler in sich trugen. Er machte uns auf die Bedeutung und den Wert unserer Skizzen aufmerksam, veranschaulichte uns an Stadtmodellen, die wir aus Graukarton herstellten, wie sich ein Gebäude in seiner Wirkung ändert, wenn man eine Lage Karton «draufsetzt», es erhöht, eine Ecke «herausschneidet» und kleine Zubauten zu einem grossen Gebäudevolumen stellt. Durch das Anfügen und Wegnehmen erkannten wir die Wirkungskraft von Masse und Leere. Ganz akribisch vermittelte uns Märkli, dass wir lernen müssen, unsere Augen zu schulen um wirklich zu sehen.

Es war eindrücklich, mit welchem Engagement und welcher Hingabe er sich unseren Arbeiten widmete. Einzigartig war seine Fähigkeit, nicht nur Kritik auszusprechen, sondern die Projekte in ihrem Wesen und ihrem Potential zu erkennen und sie weiterzudenken. Die Gespräche mit den Studenten und Studentinnen waren umfassend, über Stunden erörterten wir Ausdruck, Erscheinung und Proportionen eines Gebäudes, diskutierten über Grundrisstypen und städtebauliche Fragen. Von zentraler Bedeutung war, dass ein Haus für den Menschen gebaut und dass eine Lebensvorstellung für unsere Zeit entwickelt wird. Nicht das abgeschlossene, «fertige» Projekt war das Ziel, sondern der Prozess und die Auseinandersetzung, die Erfahrung und die Erkenntnis.

Nach Abschluss meines Studiums an der ETH Zürich hatte ich die Möglichkeit, an der Professur von Peter Märkli und Markus Peter als Assistentin tätig zu sein. Auch in diesen

FOREWORD

CHANTAL IMOBERDORF

I first came across buildings by Peter Märkli in a publication. His two houses in Trübbach instantly cast their spell on me. It was liberating to see architecture that spoke to me at the emotional level – prompted not by a rational decision based on evaluation and analysis, such as I had learned to make in the Architecture Department of the ETH, but by a rarefied, visual and quasi-instinctive attraction.

After two years of study I enrolled for the foundation course at the Zurich School of Applied Arts. My teacher, Erich Brändle, showed me a newspaper article about Märkli's house in Grabs. I went into raptures and told him how fascinated I was by this architect's work. To my astonishment, Brändle said, "Then come to his studio with me one day." I hadn't known until then that the two of them were friends. Shortly afterwards we found ourselves in Märkli's studio, a large room with several worktables and a fold-up bed. Wooden boards with drawings and sketches tacked to them were leaned against the walls along with a few of Hans Josephsohn's reliefs, and there were small models on the tables. It was a place where one could make discoveries and lingered gladly.

I reached my decision there and then: "When I return to the ETH, I will study under Peter Märkli." I was in luck, and landed a place on his design course. A surprising and in my time at the ETH quite singular experience was to see Märkli supporting even projects in which mistakes had been made, solely on account of their individual signature. He drew our attention to the significance and value of our sketches, and used the urban models we constructed from grey cardboard to demonstrate how the effect of a building changes if one "adds on" another cardboard layer, "cuts away" a corner, or positions small ancillary structures in relation to a large one. By adding and subtracting in this way, we came to appreciate the respective impact of volumes and voids. Märkli painstakingly brought home to us the importance of schooling the eye if ever we were truly to see.

The commitment and vigour with which he devoted himself to our projects was impressive. He had a singular capacity not merely to criticise them but also to fathom – and to extrapolate – their essence and their potential. His conversations with students were encyclopaedic: we'd spend hours identifying the expression, look and proportions of a building, or discussing ground-plan types and issues of urban development. Of paramount importance was that a house be designed for human beings and that ideas of how we might live together be formulated for our own particular era. Not the complete "finished" product was the goal but rather the process itself, with all the debate, experience and insight this implied.

After graduating from the ETH Zurich I had an opportunity to work as an assistant to the joint Chair of Peter Märkli and Markus Peter. Also throughout those nine years Peter Märkli continued to spell out for us the immense amplitude of our profession. His decision now, to retire from teaching after over thirteen years at the ETH, seems

neun Jahren führte uns Peter Märkli den enormen Reichtum unseres Berufes vor Augen. Nach mehr als dreizehn Jahren hat er sich nun entschieden, seine Lehrtätigkeit an der ETH zu beenden. Dies ist der Anlass, in einer Ausstellung die zwischen 2002 und 2015 entstandenen Semesterarbeiten zu würdigen und den Katalog, der 2012 zu einer Ausstellung über Märklis Lehrtätigkeit an der ETH in Tokio erschienen ist, in einer erweiterten und veränderten Form neu aufzulegen. Neben rund 110 studentischen Projekten enthält die Publikation Texte von Robin Evans und C. Th. Sørensen, die uns in den Entwurfskursen als begleitende Grundlagen dienten, und ein umfassendes Gespräch zwischen Laurent Stalder und Peter Märkli.

Auch wenn aus der Vielzahl der anregenden Studentenarbeiten im Katalog wie in der Ausstellung lediglich eine kleine Auswahl präsentiert werden kann, bin ich angesichts der Fülle all der unterschiedlichen Projekte und Ideen beeindruckt und stolz. Für die unvergesslichen gemeinsamen Jahre möchte ich mich bei Peter Märkli, den Assistentinnen und Assistenten sowie den Studentinnen und Studenten bedanken.

a timely moment for an exhibition of semester projects created from 2002 to 2015, and the publication of an extended, revised edition of the catalogue produced for an exhibition held in Tokyo in 2012 about his teaching practice. In addition to some one hundred and ten student projects, the book contains texts by Robin Evans and C. Th. Sørensen – seminal reading matter, for us, over the years – as well as a broad-ranging conversation between Laurent Stalder and Peter Märkli.

Only a small selection of our huge number of exciting student projects can be presented in the catalogue and the exhibition, yet the diversity and inventiveness this alone evinces is impressive and fills me with pride. I wish to thank Peter Märkli, his assistants and his students for the memorable years in their company.

PETER MÄRKLIS ENTWURFSSTUDIO

MOMOYO KAIJIMA

1996/97 habe ich über zwei Semester lang an Peter Märklis Entwurfsstudio an der ETH Zürich teilgenommen. Es ging um Wohnbauten im städtischen Kontext von Zürich. Im Wintersemester lautete das Thema «Hochhaus-Wohnanlagen», im Sommersemester «Grossflächige Wohnanlagen».

Die Studenten und Studentinnen mussten zuerst im Zürcher Stadtgebiet ein für die Aufgabe geeignetes Baugrundstück finden, anschliessend die Grösse der Wohnanlage und die entsprechenden Funktionen festlegen. Nachdem die Aufteilung des Grundstücks und das Volumen der Aussenhülle, die Situierung von Eingängen, Treppen und Aufzügen feststanden, musste die Aufteilung der einzelnen Wohneinheiten, Fenster, Balkone und die Gestalt der Fassade bedacht werden.

Ein solcher Prozess mag zunächst nicht als eine besonders schwierige Aufgabe erscheinen. Während des konkreten Planungsverlaufs haben Peter Märkli und seine Assistenten die Studierenden jedoch bei jedem Schritt eingehend zu ihren Motiven befragt. In der Vorlesung am Dienstag und Mittwoch sowie in der monatlichen Besprechung wurden die einzelnen studentischen Projekte von früh morgens bis spät abends ausführlich diskutiert. Daraus ergaben sich verschiedenste Rahmenbedingungen für die Planung von Hochhaus-Wohnanlagen.

In den 1970er Jahren waren entlang der Ausfallstrasse im Westen Zürichs zwei Stadtteile mit Wohnhochhäusern entstanden, an deren Anblick sich ein öffentlicher Streit entfachte, sodass keine weiteren Projekte dieser Art ausgeführt wurden. Daher bestand die eigentliche Aufgabe bei unserer neuerlichen Planung einer Hochhaus-Wohnanlage in Zürich darin, die von der Stadt und der Architektur verdrängte Thematik wieder auszugraben und die Diskussion zwanzig Jahre später nochmals aufzunehmen. Anhand jenes Beispiels entwickelten wir auf allen Ebenen Fragen zu möglichen planerischen Problemen.

Die Entwurfsaufgabe definierte den Typus des Hochhauses als ein Gebäude mit mindestens sechs Geschossen. Die Studenten konnten die Geschosszahl und Grösse ihres Projekts selbst bestimmen. Auch wenn man all diese Bauten gemeinhin als Hochhäuser bezeichnet, macht es dennoch einen erheblichen Unterschied, ob man von sechs, zehn, zwanzig oder gar vierzig Etagen ausgeht. Das ist keine blosse Frage des Geschmacks, sondern es stellt sich vielmehr die Frage, welche Folgen die konkrete Grösse haben und wie die Beziehung zu anderen, erst künftig entstehenden Bauten aussehen wird. Zudem wurde in der Entwurfsausgabe unterschieden, ob sich das Gebäude in eine der bereits vorhandenen Hochhaus-Wohnanlagen, die durch ihre unterschiedliche Höhe das Stadtbild prägen, eingliedert und mit ihr in einen Dialog tritt oder ob es individuell aus dem Stadtgefüge herausragt wie die anderen «turmförmigen» Bauten in Zürich, die Kirchtürme und der Fernsehturm. Und wie den Kirchen, die in Europa

PETER MÄRKLI'S DESIGN STUDIO

MOMOYO KAIJIMA

For two semesters in 1996/97 I took part in Peter Märkli's design studio at the ETH Zurich. It dealt with residential developments in the urban context of Zurich. In the winter semester the theme was "high-rise residential developments", in the summer semester "extensive residential developments".

Students first had to locate a plot of land in Zurich that was suited to this design task, then to determine the size of the residential development and the attendant functions. Once the division of the plot, the volume of the envelope and the location of entrances, staircases and elevators had been established, consideration had to be given to the layout of the individual residential units as well as to windows, balconies and the form of the façades.

A process of this sort may initially seem fairly straightforward. Yet Peter Märkli and his assistants questioned students in depth about their motives at every single step in the concrete planning process. During the Tuesday and Wednesday lecture and the monthly assessment, individual student projects were discussed in meticulous detail from early in the morning until late at night. This gave rise to a great variety of parameters for the planning of high-rise residential developments.

In the 1970s, the look of two new high-rise developments built along the ring road in the west of Zurich had sparked public controversy and ultimately put an end to projects of this type. Therefore, the initial task of our more recent project was to dust off this building type – long since eschewed by the city and the architectural profession – and revive the old debate, twenty years on. In reference to this one example, we formulated questions regarding every conceivable kind of planning problem.

For the purposes of the design exercise, the high-rise was defined as a building with at least six storeys. However, students were at liberty to determine the size and number of storeys of their particular high-rise. Although all the students' projects qualified as high-rise buildings, the fact of them having six, ten, twenty or even forty storeys nonetheless made a big difference. This was not a matter of taste alone, but also necessarily invited queries, such as what consequences a specific building height might have, or how a structure might look in relation to others built in the future. The design exercise consisted also in determining whether a proposed building should be integrated in, and enter into dialogue with, one of the existing high-rise developments, the varied heights of which already defined the city's skyline, or whether it should stand out from the rest of the city in the manner of other "tower-like" buildings in Zurich, such as church spires and the television tower. And, in similarity to churches, which in Europe have traditionally been regarded as symbols of an area's unity, the high-rise building, too, was to be somehow emblematic of its location, all the more so if it was the first ever high-rise structure to be built there.

von Alters her als Symbol der Einheit eines Gebietes betrachtet wurden, sollte dem Hochhaus eine ähnlich symbolstiftende Wirkung zukommen, wenn es in dem Quartier rund um seinen Standort bislang keine hohen Bauten gegeben hatte.

Im Hinblick auf das Gebäude sollten verschiedene Fallbeispiele – von der klassisch romanischen Architektur über die Werke berühmter Architekten quer durch die Geschichte bis hin zu Zürichs anonymen, «nichtssagenden» Wohnanlagen – herangezogen und in Beziehung zur Semesteraufgabe und zum eigenen Entwurf gesetzt werden.

Peter Märklis Interesse gilt der Seele, die ein Gebäude besitzen sollte, das der Welt und der Geschichte gegenüber steht. Wie «bewegt» sich dieses Gebäude? Wie begegnen die Menschen diesem Gebäude? Gebäudekörper – Seele – Bewegung. Ein Gebäude muss sich als Lebewesen darstellen, das stellvertretend für die Menschen von den Energien im Haus erzählt. Andererseits wirft Märkli die Frage nach der Modernität der Dinge auf, die sich seit frühen Zeiten in der Beziehung von Mensch und Architektur nicht geändert haben wie der Eingangsbereich, die Feuerstelle und der öffentliche Raum.

Nach einer solchen Diskussion mit Märkli begreifen die Studenten, dass auch die Gebäude, die sie selbst entworfen haben, ein Nebeneinander von Bedeutung und Themen mit sich bringen, dass der eigene Entwurf Teil der Welt und der Geschichte sein wird und man dieser Tatsache mit Demut begegnen sollte. Indem sie Erfahrungen mit der Sprache der Architektur machen und in Gesprächen den Ausdruck und die Haltung Märklis erleben, lernen die Studenten, dass Probleme beim Entstehen von Architektur durchaus Freunde sein können, und sie gewinnen einen Eindruck vom Glück einer Architektur, die mit der Welt in Dialog tritt.

Was ich in jenem einen Jahr in Peter Märklis Studio über die lebendige Bedeutung von Architektur in Europa lernen konnte, hat sich in meiner späteren praktischen Tätigkeit als unersetzliche Erfahrung erwiesen.

The design task and students' projects were examined in the light of various case studies, ranging from examples of classical Romanesque architecture to the work of famous architects throughout history, to Zurich's anonymous, "inexpressive" residential developments.

Peter Märkli's primary interest is the soul possessed by any building that faces up to the world and to history, as in: How does the building "move"? How do people experience its dynamics? Structural volume – soul – motion. A building must constitute a living creature, one that speaks on behalf of human beings of the energies contained within it. Yet Peter Märkli equally highlights the contemporary relevance of architectural features that have remained unchanged since mankind first began to build, such as the entrance, the fireplace and public space.

After discussing such topics with Märkli, students are able to grasp that also the buildings they design give rise to an interweave of meaning and themes, that their own designs are a part of the world and of history, and that they should face this fact with humility. Inasmuch as they gain experience, in classes and conversations, both of the language of architecture and of Peter Märkli's personal interests and position, students learn that any problem arising in the architectural process may well turn out to be a friend; and they come to appreciate the joy inherent to architecture that enters into dialogue with the world around it.

Everything I was able to learn in that one year in Peter Märkli's studio about the vital significance of architecture in Europe has since proved to be of irreplaceable value in my architectural career.

THEMEN
SEMESTERARBEITEN

TOPICS
SEMESTER WORKS

2002–2015

Rotbuchstrasse

Schaffhauserplatz

2

1

AUFSTOCKUNG
SCHAFFHAUSERPLATZ, ZÜRICH

WINTERSEMESTER 2002/03

Der Schaffhauserplatz in Zürich ist von unterschiedlichen Gebäuden aus dem 19. und 20. Jahrhundert geprägt. Er dient uns als exemplarischer Ort für die Untersuchung zum Thema der «Aufstockung». Mit der Aufstockung bestehender Häuser kann der Zwischenraum, den sie bilden, erhalten werden. Im Hintergrund steht die Überlegung, eine sinnvolle Verdichtung der Stadt in immer noch gültigen Bebauungsstrukturen zu ermöglichen, indem nicht der Freiraum bebaut wird, sondern die vorhandenen Gebäude erhöht werden. Die topographische Lage des Schaffhauserplatzes ist sehr reizvoll. Aus einer Wohnung über den jetzigen Dächern wird man die Stadt, den See und die Alpen im Blick haben.

Die Auseinandersetzung mit der Struktur und dem Charakter des jeweiligen Hauses führt zur Kardinalfrage: Ist die Aufstockung volumetrische Überhöhung oder Dachersatz? Sind die neuen Geschosse in ihrer Gestalt aus dem Bestand abgeleitet oder besitzen sie eine eigene Struktur oder einen eigenen Ausdruck?

Gastkritiker: Hermann Czech, Architekt, Wien
Markus Peter, Architekt, Zürich

Assistenten: Lynn Hamell, Alex Herter,
Chantal Imoberdorf, Axel Simon

ADDITIONAL STOREYS ON
SCHAFFHAUSERPLATZ, ZURICH

WINTER SEMESTER 2002/03

The Schaffhauserplatz in Zurich is defined by a variety of nineteenth- and twentieth-century buildings. It serves us as an exemplary location for exploration of the theme "additional storeys". Adding storeys to existing buildings is a means to retain the interstitial spaces that the latter create. The underlying idea is to facilitate a reasonable increase in urban density in still viable settlement structures, not by building on vacant lots but by raising the height of existing buildings. Topographically, the Schaffhauserplatz has much to offer. Any apartment built above the present skyline offers a view of the city, the lake and the Alps.

Dealing with the structure and character of each respective building brings up the cardinal questions: Is the addition of storeys a volumetric projection or a replacement roof? Are the new storeys derived in design and form from the existing ones or have they a structure and style of their own?

Guest critics: Hermann Czech, architect, Vienna
Markus Peter, architect, Zurich

Assistants: Lynn Hamell, Alex Herter,
Chantal Imoberdorf, Axel Simon

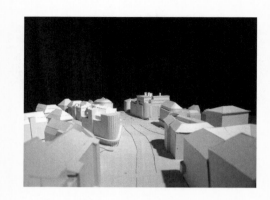

a

1
CHRISTIAN MÜLLER

a Erdgeschoss 1:1000
a Ground floor 1:1000

b

1

CHRISTIAN MÜLLER

b Grundriss 7. Obergeschoss 1:250
b Ground plan 7th floor 1:250

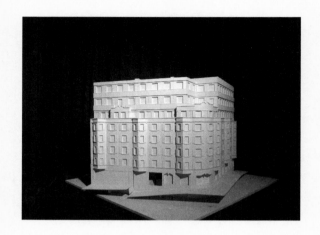

d

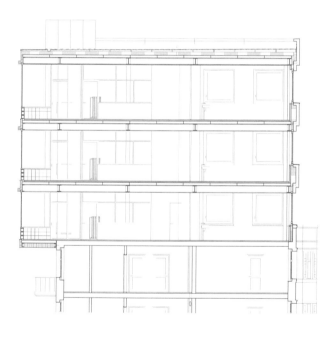

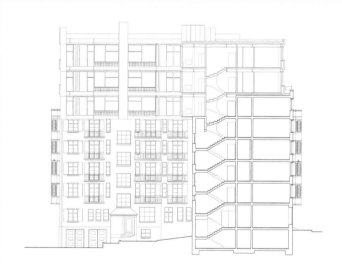

e

c

1

CHRISTIAN MÜLLER

c Konstruktionsschnitt 1:200
d Ansicht Rotbuchstrasse 1:500
e Querschnitt 1:500

c Construction cross section 1:200
d Elevation Rotbuchstrasse 1:500
e Cross section 1:500

2

ELLI MOSAYEBI

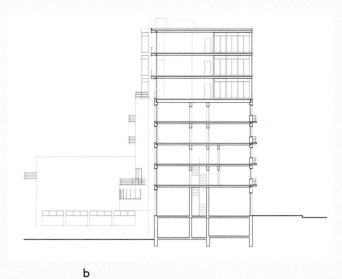

a

b

c

2

ELLI MOSAYEBI

a Ansicht Ost Schaffhauserstrasse 1:500
b Querschnitt 1:500
c Grundriss 5.–7. Obergeschoss 1:250

a Elevation (east) Schaffhauserstrasse 1:500
b Cross section 1:500
c Ground plan 5th–7th floors 1:250

2

ELLI MOSAYEBI

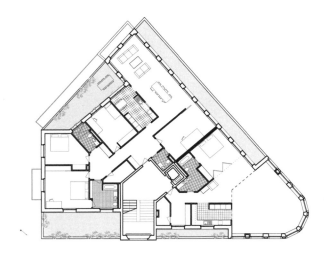

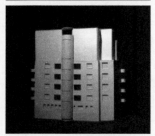

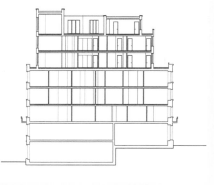

3

ANDREA RINGLI

4

MICHAEL HENDRIKSEN

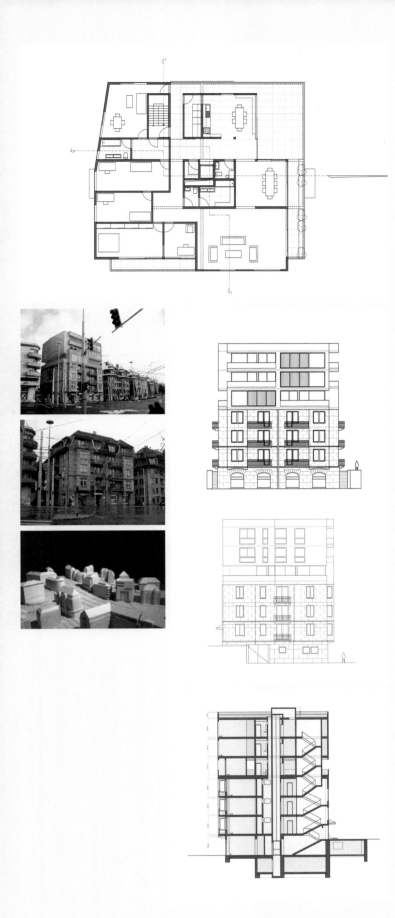

5

LUKAS KUENG

1

2

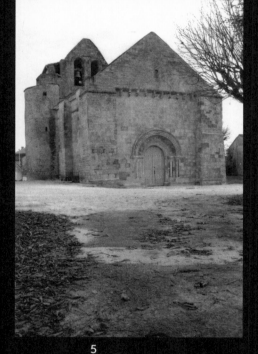

5

6

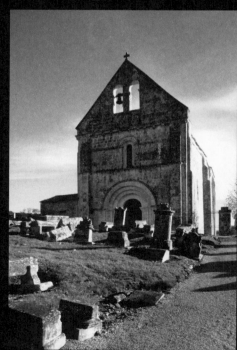

9

10

11

3

4

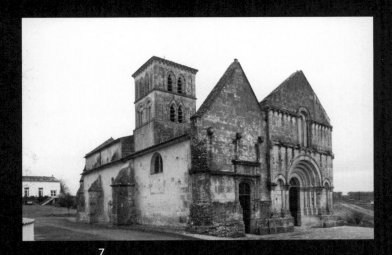

7

8

SAINTONGE ROMANE, COGNAC

WINTERSEMESTER 2003/04

Wir fahren mit drei Kleinbussen nach Frankreich in ein ländliches Gebiet nahe am Atlantik, in die Saintonge. Dort steht eine grosse Anzahl von Kirchen, welche nach der Jahrtausendwende gebaut wurden. Die dichte Zahl auf kleinstem Gebiet und ihr Verschontbleiben von der Zeit können wir uns nicht erklären. Fast alle dieser Kirchen sind Pfarreikirchen. Viele der relativ unbekannten Bauwerke wurden auch weitergebaut. Die expressive Gebäudegestalt, die grosse Freiheit in der Anwendung architektonischer Elemente und die städtebaulichen Situationen – frei in der Landschaft stehend, am Rande einer Ansiedlung oder mitten drin – sind für unsere eigene Arbeit in hohem Masse inspirierend.

1 Neuillac
2,3 La Frédière
4 Bresdon
5 Brie-sous-Matha
6 Pérignac
7 Arthenac
8 Echebrune
9 Juicq
10 Châtre
11 Fontaine-Chalendray

SAINTONGE ROMANE, COGNAC

WINTER SEMESTER 2003/04

We set off in three mini-buses to France, to a rural region close to the Atlantic, the Saintonge. There are a great number of churches there, which were built after the turn of the millennium. We have absolutely no idea why they are concentrated in such a small area or how they have so successfully weathered the tides of time. Almost all of these churches are parish churches, relatively unknown structures, and many of them have been extended over the years. The expressive forms of the buildings, the un-constrained use of architectonic elements as well as their respective locations – isolated on an open landscape or on the margins of a settlement or at its heart – are an excellent source of inspiration for our work.

1 Neuillac
2,3 La Frédière
4 Bresdon
5 Brie-sous-Matha
6 Pérignac
7 Arthenac
8 Echebrune
9 Juicq
10 Châtre
11 Fontaine-Chalendray

HOCHHAUS — SPORTCLUB — WOHNUNGEN, ZÜRICH

WINTERSEMESTER 2003/04

Die Bebauungsstruktur von Zürich zeigt das typische Bild einer gewachsenen Stadt. Um ein relativ kleines Altstadtgebiet herum erweiterte sich die Stadt in unterschiedlichen Bebauungsweisen. Diese umschliessen auch ehemals vor der Stadt gelegene Industriegebiete. Grosse Verkehrsadern mit spezifischen Geometrien führen durch oder in die Stadt. Das entwerferische Arbeiten in solchen Stadtstrukturen bedeutet, dass mit einem grösseren Neubau entweder eine Struktur erweitert werden kann oder der Neubau zwischen unterschiedlichen Bebauungsstrukturen vermittelt. Im zweiten Fall muss über die Setzung am Ort und die Abklärung der Gebäudegrösse und ihrer volumetrischen Ausformung der Bezug zur Umgebung erarbeitet werden.

Mit der Planung eines mindestens zehngeschossigen Gebäudes für einen Sportclub in Kombination mit Wohnungen möchten wir Sie auffordern, innerhalb der Stadtgrenzen von Zürich einen Ort zu suchen, wo Ihrer Ansicht nach das Gebäude städtebaulich eine besondere Bedeutung haben kann. Die unterschiedlichen Raumgrössen im Neubau erzeugen eine hybride Raumstruktur.

Uns interessieren folgende Fragen:
Zugänge zum Gebäude
Erschliessung des Gebäudes
Ausdruck des Gebäudes
Charakter der Wohnungen
Charakter des Sportclubs

Gastkritiker: Roman Hollenstein, Redaktor
Neue Zürcher Zeitung, Zürich
Hubertus Adam, Kunsthistoriker, Redaktor *archithese*, Zürich
Markus Peter, Architekt, Zürich

Assistenten: Lynn Hamell, Alex Herter,
Chantal Imoberdorf, Axel Simon

HIGH-RISE — SPORTS CLUB — APARTMENTS, ZURICH

WINTER SEMESTER 2003/04

The settlement structure of Zurich attests the typical pattern of urban expansion. The city grew around a relatively small historical core in various phases. It also gradually incorporated industrial areas originally beyond the city limits. Major traffic arteries with specific geometries lead through or into the city. Planning in this type of urban context implies either expanding a structure by adding a new large building or inserting a new building between different types of development structures. In the second case, the building's specific location and orientation as well as decisions regarding its size and volumetric profile must take the surroundings into account.

In connection with the planning of an at least ten-storey building for a sports club in combination with apartments, we would like you to find a location in Zurich at which the building would, in your opinion, have an especial significance for the overall urban development. The brief – to combine a sports club and apartments – foreseeably requires a hybrid spatial structure.

The following issues are of interest to us:
Access to the building
Circulation routes around and within the building
Expression of the building
Character of the apartments
Character of the sports club

Guest critics: Roman Hollenstein, editor
Neue Zürcher Zeitung, Zurich
Hubertus Adam, art historian, editor *archithese*, Zurich
Markus Peter, architect, Zurich

Assistants: Lynn Hamell, Alex Herter,
Chantal Imoberdorf, Axel Simon

a

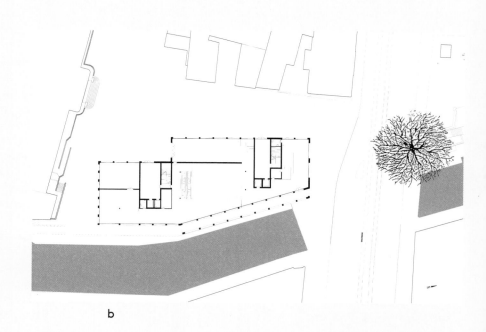

b

1

MARCELINE RUCKSTUHL

a Situation 1:5000
b Situation mit Erdgeschoss 1:1000

a Situation 1:5000
b Situation with ground floor 1:1000

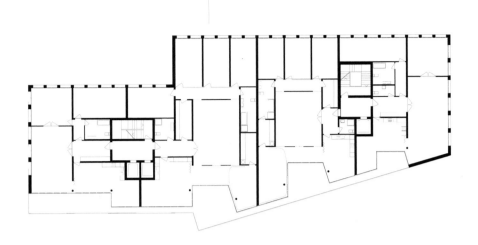

c

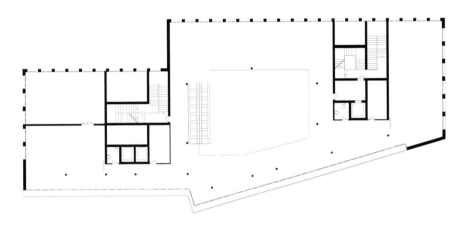

d

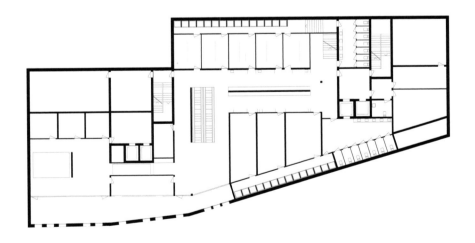

e

1

MARCELINE RUCKSTUHL

c Grundriss 2.–5. Obergeschoss 1:500
d 1. Obergeschoss, Fitness 1:500
e 1. Untergeschoss, Fitness 1:500

c Ground plan 2nd–5th floors 1:500
d 1st floor, fitness 1:500
e 1st basement, fitness 1:500

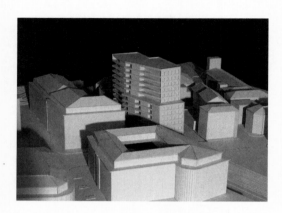

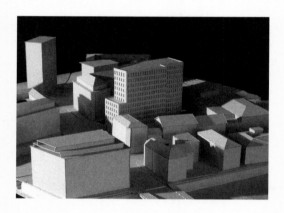

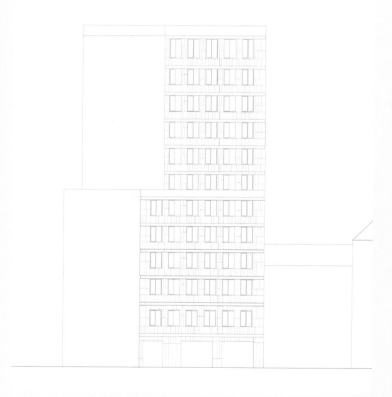

f

1

MARCELINE RUCKSTUHL

f Ansicht Nord Sihlstrasse 1:500
f Elevation (north) Sihlstrasse 1:500

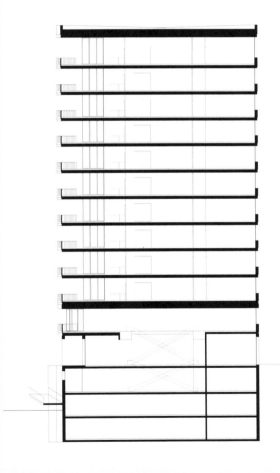

g

1

MARCELINE RUCKSTUHL

g Querschnitt 1:500
g Cross section 1:500

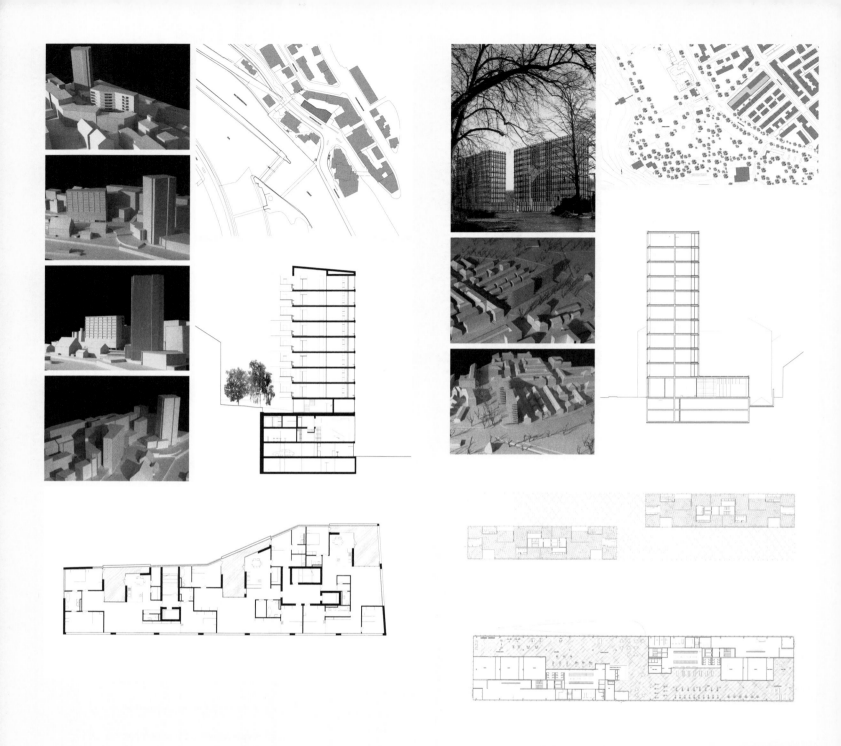

2
CHRISTIANE AGREITER

3
ESTHER HODEL

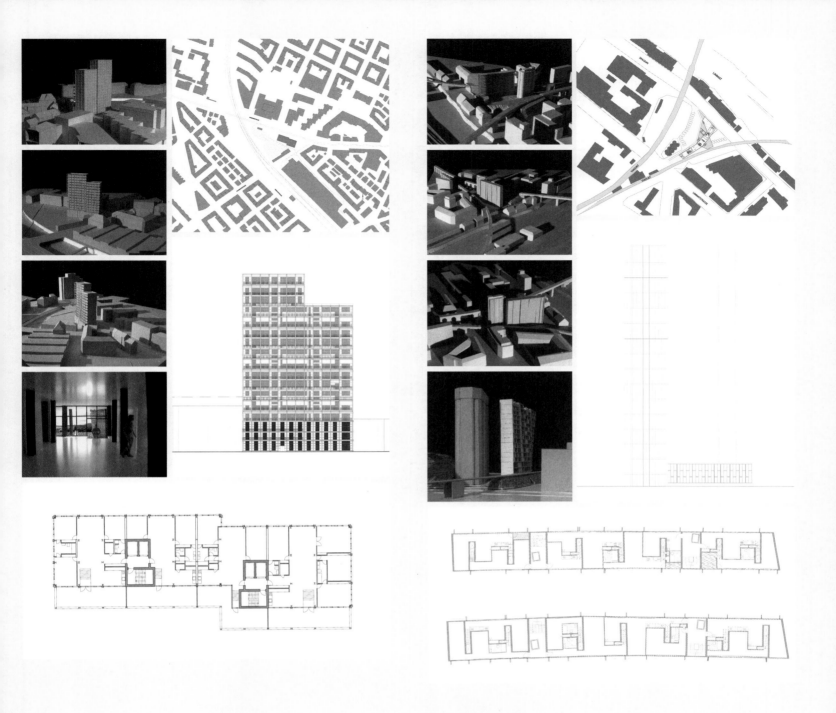

4
SATU MARJANEN

5
ATSUSHI TARUTANI

1

2

3

7

9

10

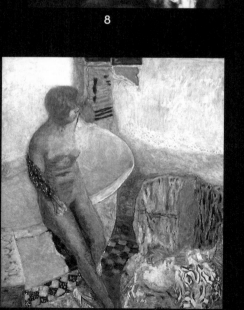

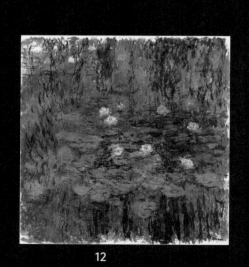

8

12

13

4

5

6

PARIS

SOMMERSEMESTER 2004
LOUVRE, MUSEE D'ORSAY, CENTRE POMPIDOU
MALEREI VON CIMABUE BIS ZUR GEGENWART

Leitidee: Bildgestalt als Ausdruck von Wirklichkeitsvor-
stellung und Lebensgefühl
Aspekte: Bildgegenstand, Bildstruktur und Farbe

Unsere Erörterungen nehmen Bezug auf Wölfflins «Kunst-
geschichtliche Grundbegriffe» und Schefflers Gegensatz
zwischen dem «Griechischen und dem Gotischen».
　Unsere Betrachtungen konzentrieren sich auf die Malerei.
In ihr zeigt sich am deutlichsten und zugänglichsten,
was auch für die Skulptur gelten würde. Ihr Reichtum an
verschiedenen Gattungen, Porträts, Allegorien, Stillleben,
Landschaften usw. übertrifft jene der Bildhauerei und
erlaubt so ein leichteres Nachzeichnen der Antriebe und
Vorstellungen künstlerischer Gestaltung. Skulptur muss in
gewissem Sinne noch mehr den Sinneseindruck abstra-
hieren als die Malerei. Sie ist im Wesentlichen auf die Figur
beschränkt und entzieht sich weitgehend der Farbe.
　Erich Brändle, Künstler und ehemaliger Lehrer der Kunstgewerbeschule Zürich, wird uns begleiten und durch die
Museen führen.

1　Paul Cézanne, Drei Badende, um 1874–1875, Musée d'Orsay
2　Tiziano Vecellio, Ländliches Konzert, um 1509, Louvre
3　Cimabue, Maestà, um 1280, Louvre
4　Henri Matisse, Luxus I, 1907, Centre Pompidou
5　Piet Mondrian, Komposition in Rot, Blau und Weiss II, 1937,
　Centre Pompidou
6　Vincent van Gogh, Van Goghs Schlafzimmer in Arles, 1889,
　Musée d'Orsay
7　Paolo Ucello, Schlacht von San Romano, um 1435–1440, Louvre
8　Rembrandt Harmenszoon van Rijn, Bathseba im Bad,
　1654, Louvre
9　Jean-Siméon Chardin, Pfeifen und Trinkgefäss, um 1737, Louvre
10 Nicolas Poussin, Der Sommer oder Ruth und Boas,
　1660–1664, Louvre
11 Pierre Bonnard, Nackte nach dem Bad, 1931, Centre Pompidou
12 Claude Monet, Blaue Seerosen, 1916–1919, Musée d'Orsay
13 Alberto Giacometti, Portrait Jean Genet, 1955,
　Centre Pompidou

PARIS

SUMMER SEMESTER 2004
LOUVRE, MUSEE D'ORSAY, CENTRE POMPIDOU
PAINTING FROM CIMABUE TO THE PRESENT

Basic theme: visual form as an expression of one's sense
of reality and attitude to life
Aspects: the subject and structure of paintings, and the
use therein of colour

Our deliberations reference Wölfflin's "Principles of Art
History" and Scheffler's contrast between "the Greek and
the Gothic".
　Our observations are focussed on the art of painting.
In painting is revealed most clearly and most accessibly that
which would hold true also for sculpture. Its wealth of
different genres – portraits, allegories, still lifes, landscapes
and so forth – far exceeds that of sculpture and makes it
easier for the viewer to trace the impulses and imaginings
behind the artistic form. In a sense, sculpture must render
sensory impressions more abstract than painting ever does.
It is essentially restricted to the figure and largely evades
the issue of colour.
　Erich Brändle, an artist and formerly a teacher at the
Zurich School of Applied Arts, will accompany and guide us
through the museums.

1　Paul Cézanne, Three Bathers, around 1874–1875, Musée d'Orsay
2　Tiziano Vecellio, The Pastoral Concert, circa 1509, Louvre
3　Cimabue, The Madonna and Child in Majesty Surrounded
　by Angels, around 1280, Louvre
4　Henri Matisse, Luxury I, 1907, Centre Pompidou
5　Piet Mondrian, Composition in Red, Blue and White II, 1937,
　Centre Pompidou
6　Vincent van Gogh, Van Gogh's Bedroom at Arles, 1889,
　Musée d'Orsay
7　Paolo Ucello, The Battle of San Romano, around 1435–1440, Louvre
8　Rembrandt Harmenszoon van Rijn, Bathsheba at Her Bath,
　1654, Louvre
9　Jean-Siméon Chardin, Pipes and Drinking Pitcher,
　around 1737, Louvre
10 Nicolas Poussin, Summer, or Ruth and Boaz, 1660–1964, Louvre
11 Pierre Bonnard, Nude with a Bathtub, 1931, Centre Pompidou
12 Claude Monet, Blue Water Lilies, 1916–1919, Musée d'Orsay
13 Alberto Giacometti, Portrait of Jean Genet, 1955, Centre Pompidou

BERGRESTAURANT IN DEN FLUMSERBERGEN, ST. GALLEN

SOMMERSEMESTER 2004

Die Aufgabe des Sommersemesters hat nicht mehr die Stadt als Ort, sondern eine weite Berglandschaft. Dabei geht es um die Erfassung des räumlichen Aufbaus, der Morphologie dieser Landschaft, um darin an einem spezifischen Ort ein kleines Restaurant mit Terrasse zu situieren. Folgende Fragen stellen sich hier besonders: Wie wird das Gebäude und die Terrasse in die Topographie eingeführt? Wie schliessen sie ans Gelände an? Wie ist die Situation im Winter, wie ist die Situation im Sommer?

Gastkritiker: Florian Riegler, Architekt, Graz
Peter Fischli, Künstler, Zürich
Markus Peter, Architekt, Zürich

Assistenten: Lynn Hamell, Alex Herter,
Chantal Imoberdorf, Axel Simon

ALPINE RESTAURANT IN THE FLUMSER MOUNTAIN RANGE, ST. GALLEN

SUMMER SEMESTER 2004

The task for the summer semester is set not in the city but on an open Alpine landscape. It consists in defining the spatial structure, the morphology of this landscape, in order to identify a specific location for a small restaurant with a terrace. In particular it raises the following questions: How are the restaurant and the terrace to be integrated in the topography? How are they embedded in the site? What is the situation in wintertime, respectively in summertime?

Guest critics: Florian Riegler, architect, Graz
Peter Fischli, artist, Zurich
Markus Peter, architect, Zurich

Assistants: Lynn Hamell, Alex Herter,
Chantal Imoberdorf, Axel Simon

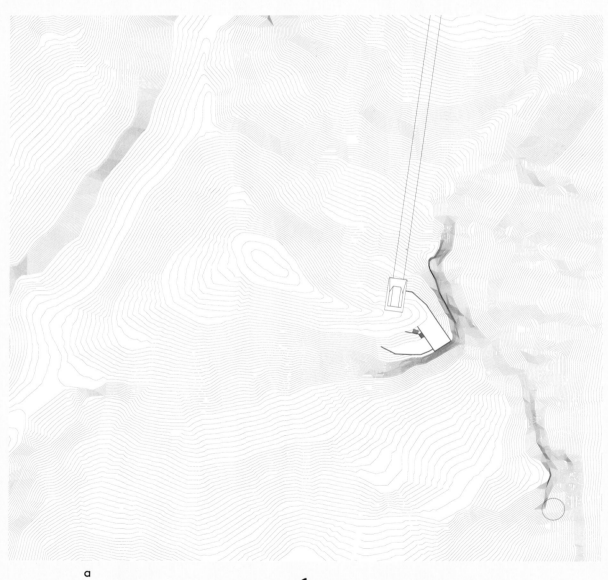

a

1
NICOLAS FELDMEYER

a Situation 1:2500
a Situation 1:2500

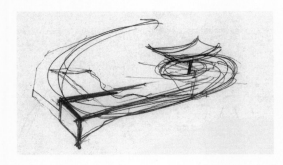 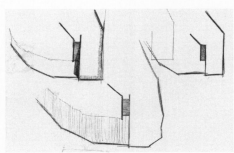 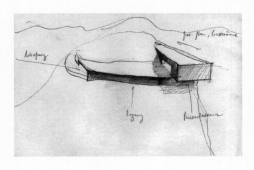

1

NICOLAS FELDMEYER

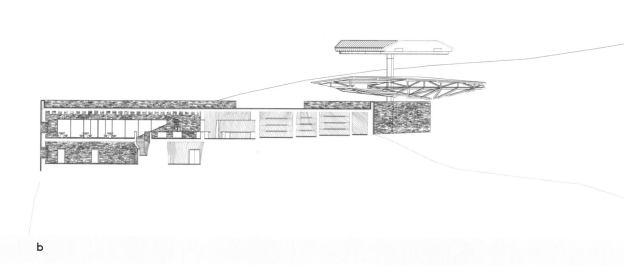

b

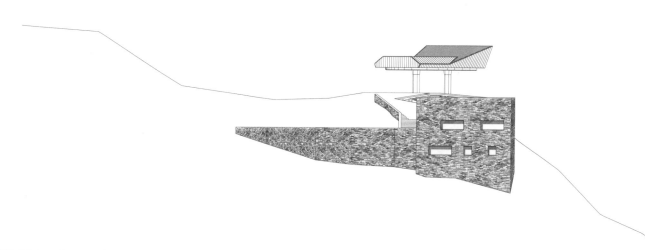

c

1
NICOLAS FELDMEYER

b Längsschnitt 1:1000
c Ansicht 1:1000

b Longitudinal section 1:1000
c Elevation 1:1000

d

e

1
NICOLAS FELDMEYER

d Erdgeschoss 1:500
e Untergeschoss 1:500

d Ground floor 1:500
e Basement 1:500

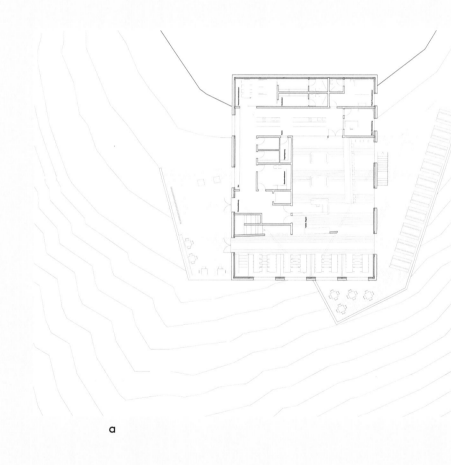

a

2
NORA PEYER

a Grundriss Restaurant mit Terrasse 1:500
a Ground plan restaurant with terrace 1:500

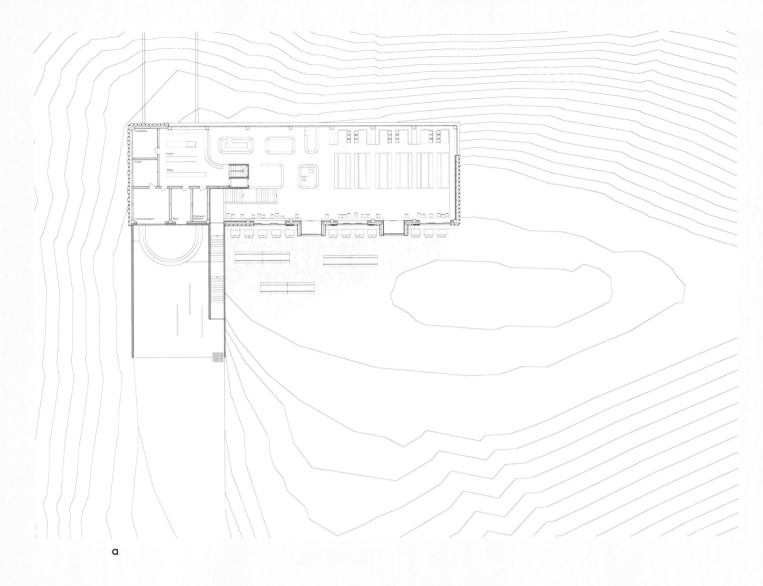

a

3
SEVERINE SCHRUMPF

a Grundriss Restaurant mit Terrasse 1:500
a Ground plan restaurant with terrace 1:500

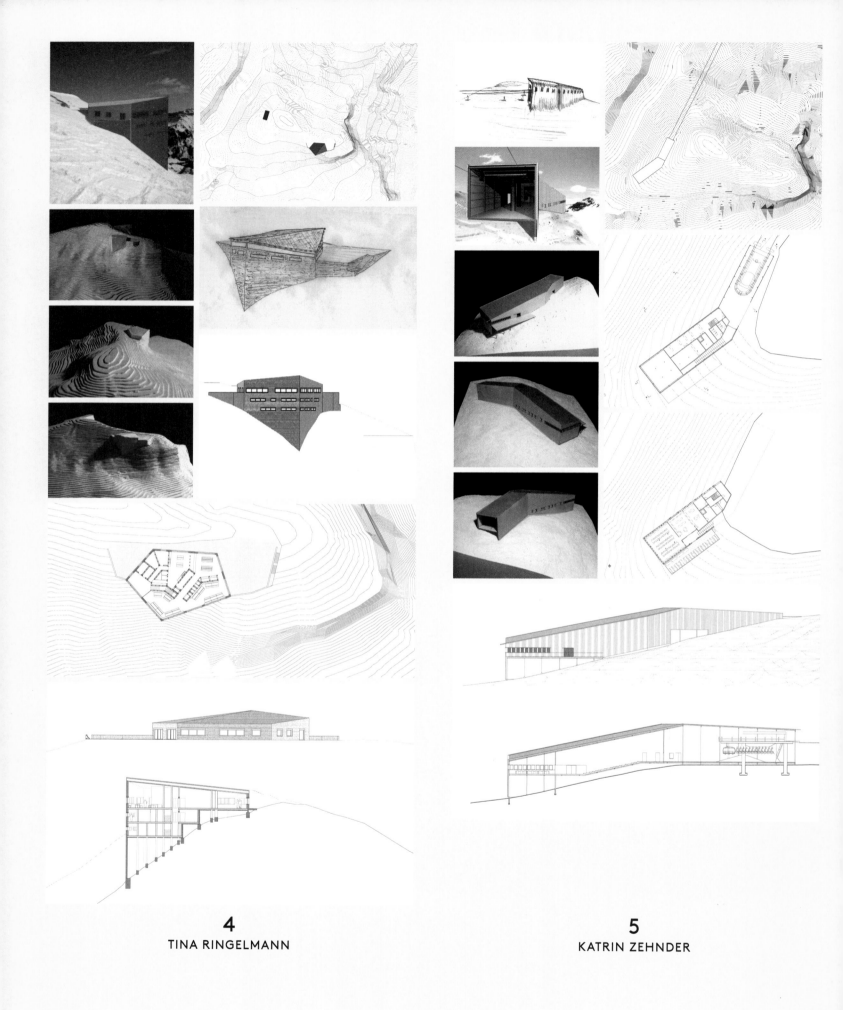

4
TINA RINGELMANN

5
KATRIN ZEHNDER

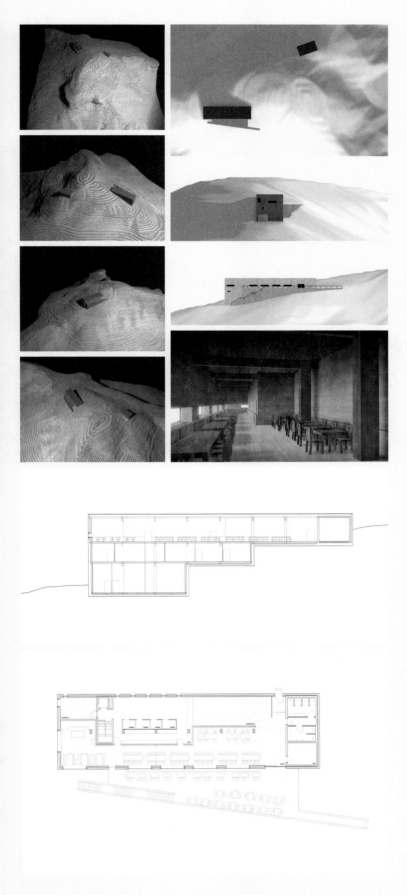

ADRIAN KÖNIG

Römerhof

Konkordiastrasse

KONKORDIASTRASSE, ZÜRICH

SOMMERSEMESTER 2005

Auf dem Grundstück an der Konkordiastrasse in Zürich, zwischen Haus Nr. 9 und Nr. 23 unterhalb des Römerhofs, stehen zwei neu renovierte, denkmalgeschützte Gebäude. In der Stadtentwicklung sind sie Fragment.

Wir stellen die Frage: Würde diese Unterschutzstellung aufgehoben, welche städtebaulichen Möglichkeiten ergäben sich auf diesem Grundstück? Jede Studentin und jeder Student nimmt zu dieser Frage mit einem Projekt Stellung.

Gastkritiker: Peter Fischli, Künstler, Zürich
Annette Gigon, Architektin, Zürich
Markus Peter, Architekt, Zürich

Assistenten: Lynn Hamell, Alex Herter,
Chantal Imoberdorf, Michael Schneider

KONKORDIASTRASSE, ZURICH

SUMMER SEMESTER 2005

On a lot on Konkordiastrasse in Zurich, between the buildings nos. 9 and 23, shortly before the Römerhof, stand two recently refurbished listed buildings. They constitute a fragment of urban development.

We put the question: What would be the urban development potential of this lot, were the two buildings no longer listed as protected architectural heritage? Each student is required to formulate an answer to this question in project form.

Guest critics: Peter Fischli, artist, Zurich
Annette Gigon, architect, Zurich
Markus Peter, architect, Zurich

Assistants: Lynn Hamell, Alex Herter,
Chantal Imoberdorf, Michael Schneider

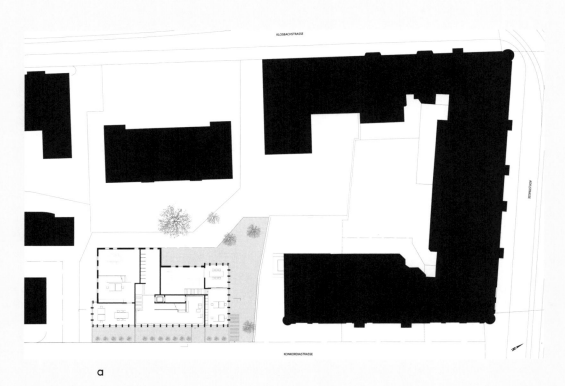

a

1
SANDRA SANDS

a Situation mit Erdgeschoss 1:800
a Situation with ground floor 1:800

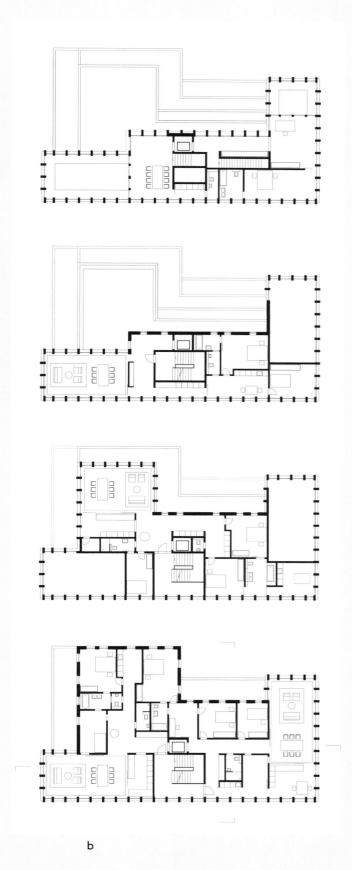

1

SANDRA SANDS

b Grundrisse 2., 3., 5., 7. Obergeschoss 1:500
b Ground plans 2nd, 3rd, 5th, 7th floors 1:500

c

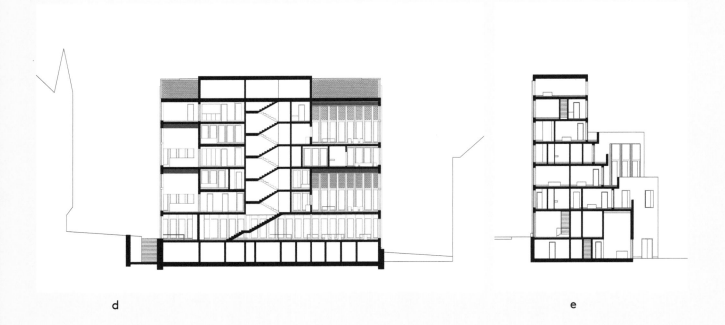

d

e

1

SANDRA SANDS

c Ansicht Südwest 1:500
d Längsschnitt 1:500
e Querschnitt 1:500

c Elevation (southwest) 1:500
d Longitudinal section 1:500
e Cross section 1:500

a

2

MARTIN KASCHUB

a Ansicht Nordwest Konkordiastrasse 1:500
a Elevation (northwest) Konkordiastrasse 1:500

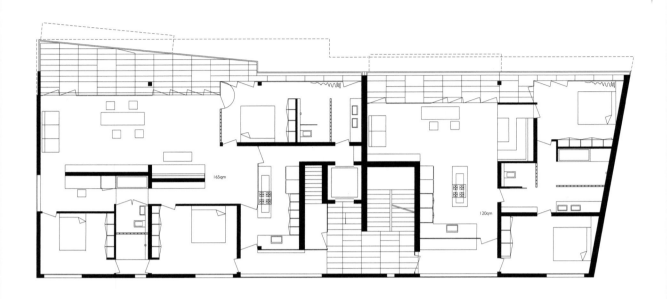

b

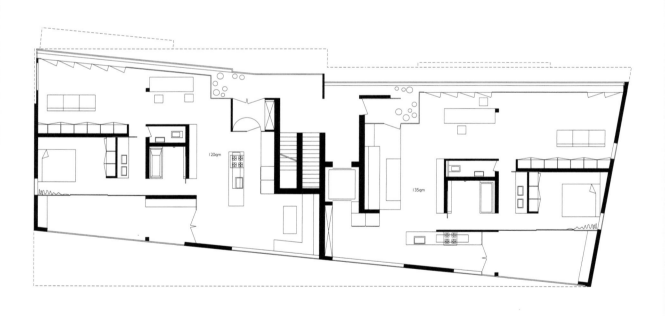

c

2
MARTIN KASCHUB

b Grundriss 4. Obergeschoss 1:200
c Grundriss 6. Obergeschoss 1:200

b Ground plan 4th floor 1:200
c Ground plan 6th floor 1:200

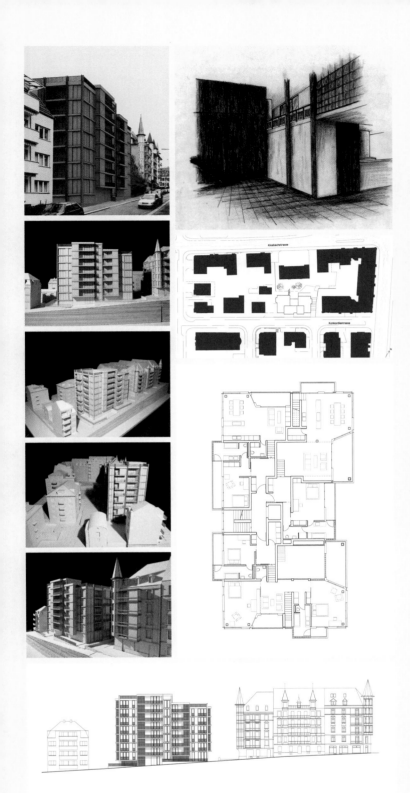

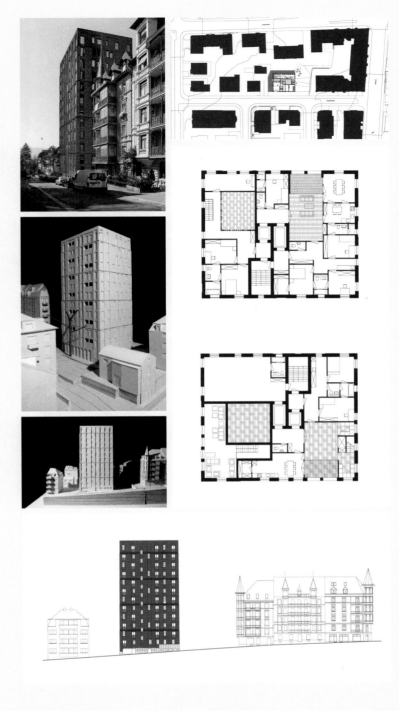

3
SANDRA FREY

4
KRISTIN KNOTHE

HAMMAM, ZÜRICH

WINTERSEMESTER 2005/06

Sie entwerfen einen Hammam an einem von Ihnen ge-
wählten Ort in der Stadt Zürich. Das vorgegebene
Raumprogramm des Hammam kann aufgrund städtebaulicher Überlegungen zum Ort mit anderen Nutzungen
erweitert werden.

Zentrale Fragen der Entwurfsarbeit sind die Auseinandersetzung mit dem Ort, die Übertragung der Hammam-
kultur in den Schweizer Kontext und die Suche nach dem
architektonischen Ausdruck.

Gastkritiker: Peter Fischli, Künstler, Zürich
Adolf Krischanitz, Architekt, Wien
Markus Peter, Architekt, Zürich

Assistenten: Lynn Hamell, Chantal Imoberdorf,
Anja Maissen, Michael Schneider

HAMMAM, ZURICH

WINTER SEMESTER 2005/06

You are to design a hammam at a location of your choice in
Zurich. Owing to urban development concepts currently
under consideration, you may propose further uses for the
site and so extend the hammam brief.

The central issues when developing this project are to
confront the specificities of the location, to transfer
the hammam culture to the Swiss context and to seek an
appropriate architectural expression.

Guest critics: Peter Fischli, artist, Zurich
Adolf Krischanitz, architect, Vienna
Markus Peter, architect, Zurich

Assistants: Lynn Hamell, Chantal Imoberdorf,
Anja Maissen, Michael Schneider

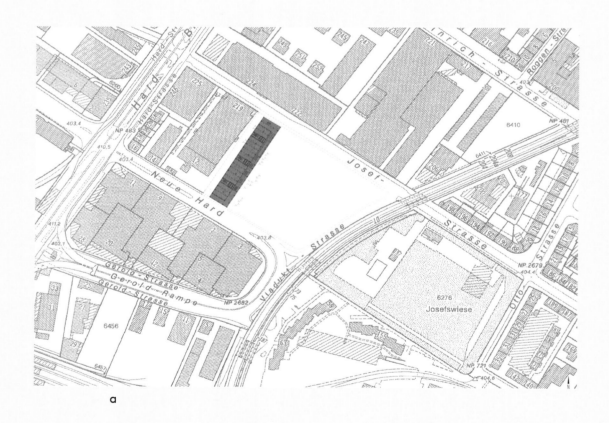

a

1

DENISE KRÄHENBÜHL

a Situation 1:4000
a Situation 1:4000

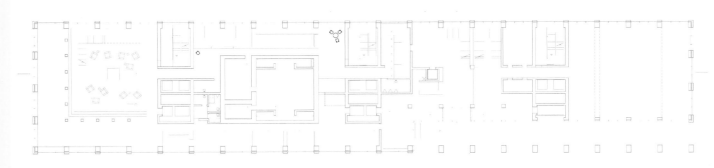

b

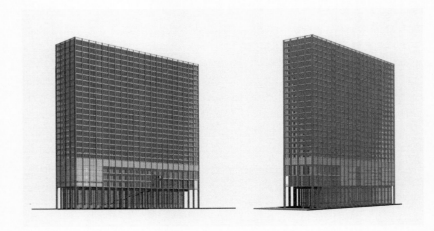

1

DENISE KRÄHENBÜHL

b Grundriss 1. Obergeschoss 1:600
b Ground plan 1st floor 1:600

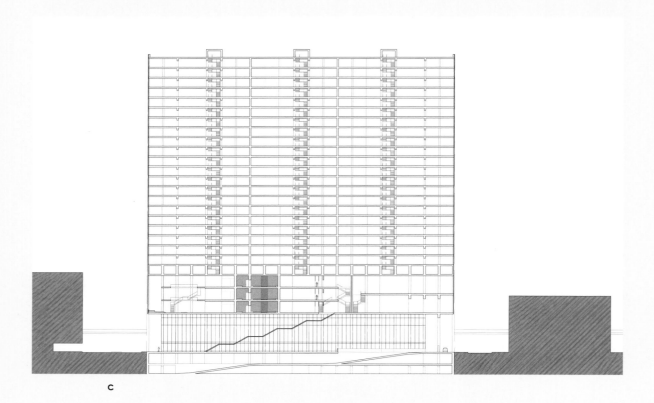

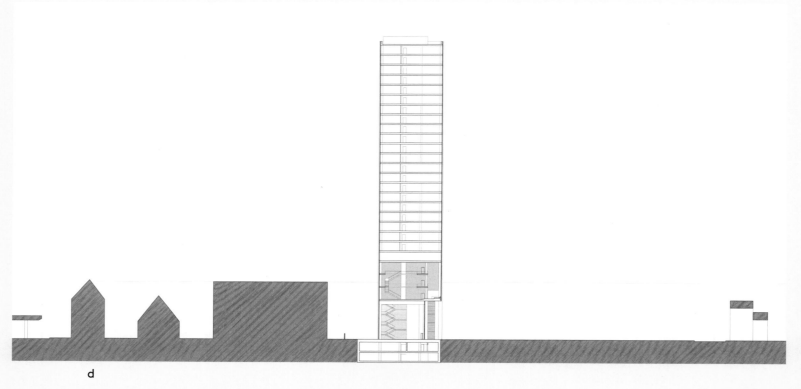

1
DENISE KRÄHENBÜHL

c Längsschnitt 1:1300
d Querschnitt 1:1300

c Longitudinal section 1:1300
d Cross section 1:1300

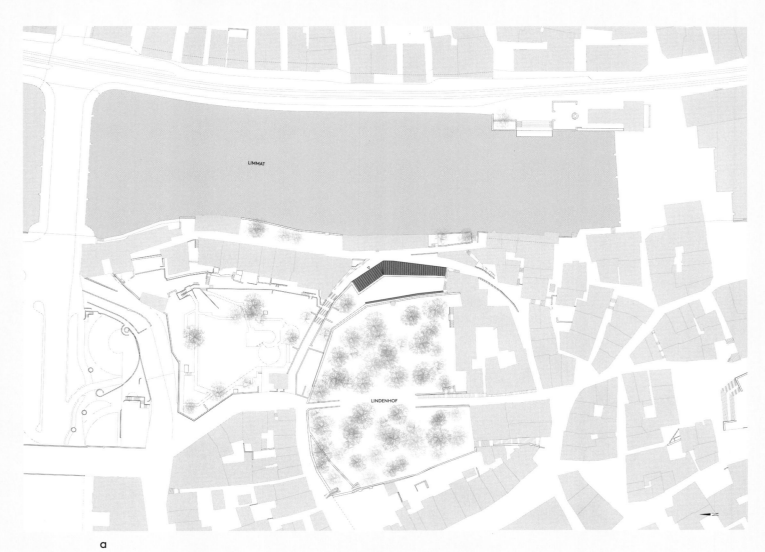

LIMMAT

LINDENHOF

a

2

JOHANN REBLE

a Situation 1:2000
a Situation 1:2000

b

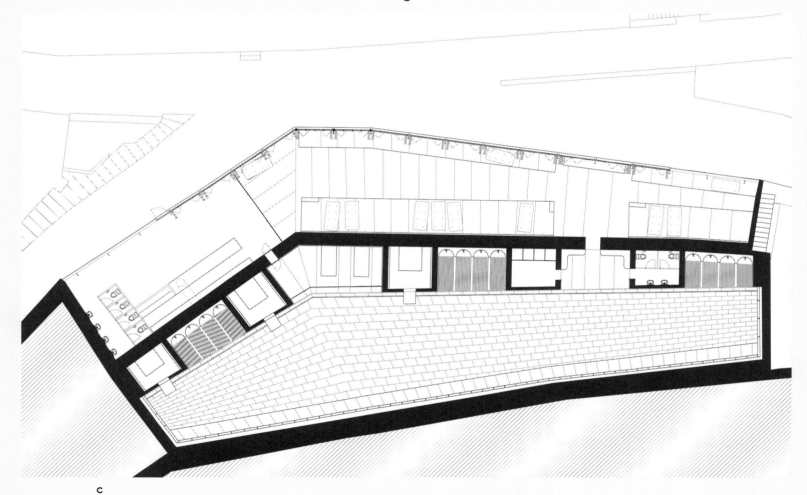

c

2
JOHANN REBLE

b Querschnitt 1:250
c Grundriss Hammam 1:250

b Cross-section 1:250
c Ground plan hammam 1:250

3

ELISABETH RUTZ

a Situation 1:1500
a Situation 1:1500

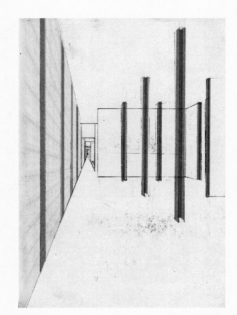

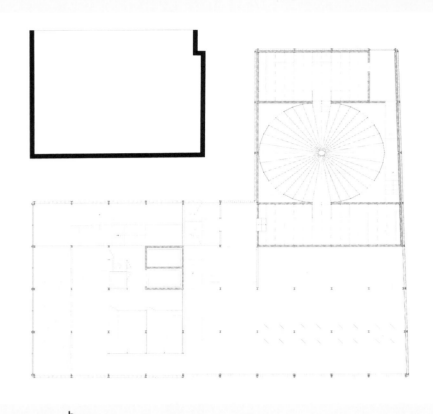

b

c

3

ELISABETH RUTZ

b Grundriss 1. Obergeschoss 1:250
c Grundriss Erdgeschoss, Restaurant, Hammam 1:250

b Ground plan 1st floor 1:250
c Ground plan ground floor, restaurant, hammam 1:250

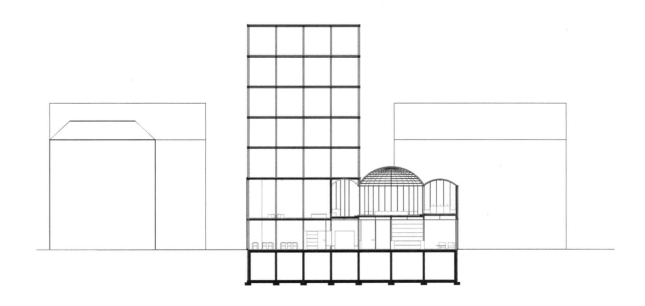

d

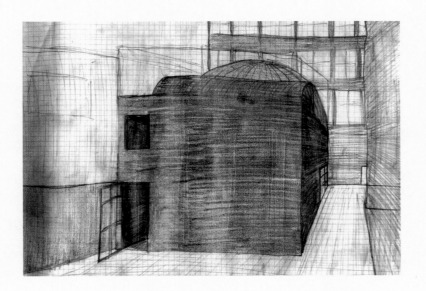

3
ELISABETH RUTZ

d Längsschnitt 1:400
d Longitudinal section 1:400

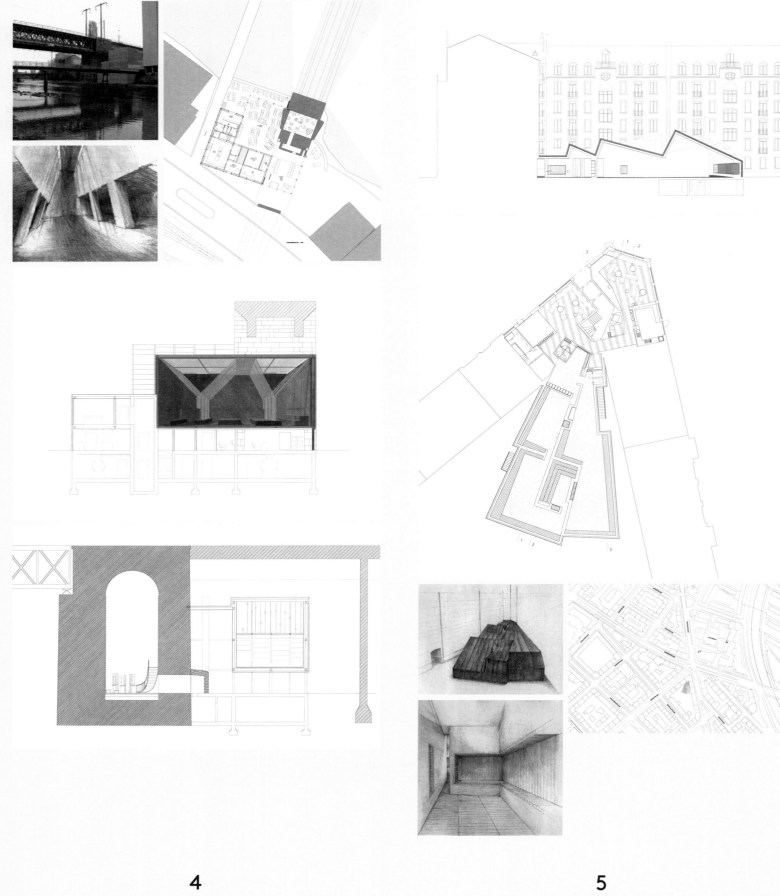

4
MIKAEL LJUNGGREN

5
HANNA ÅKERSTRÖM

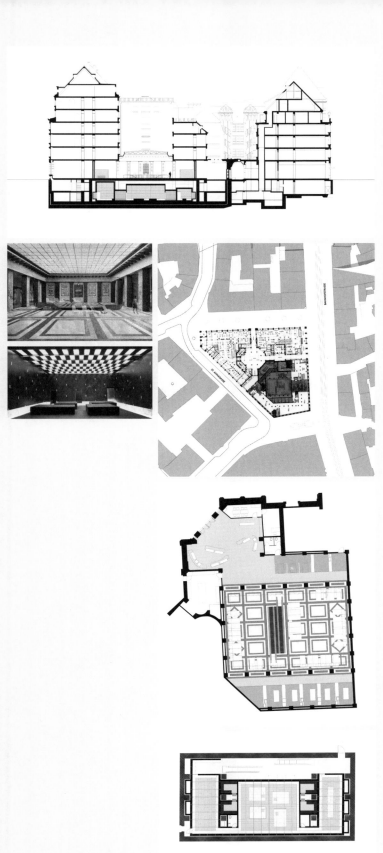

LUKAS SONDEREGGER

1

2

3

7

8

10

11

4

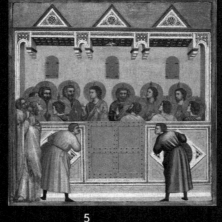

5

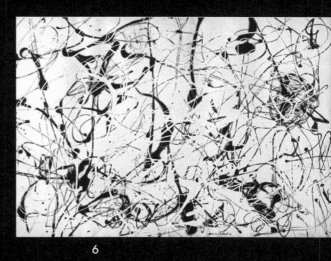

6

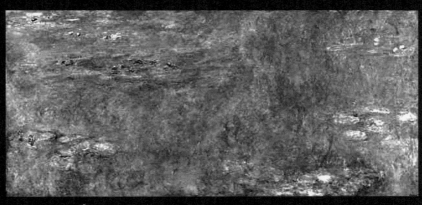

9

LONDON

SOMMERSEMESTER 2006
NATIONAL GALLERY, TATE BRITAIN, TATE MODERN

Grundvoraussetzung für unsere Urteilskraft gegenüber der sichtbaren Welt ist ein geschultes Auge. Erich Brändle, Maler und ehemaliger Lehrer an der Kunstgewerbeschule Zürich, führt uns vor ausgewählten Bildern durch die Geschichte der Malerei vom 13. Jahrhundert bis in die Gegenwart. Den Bildbetrachtungen und der Diskussion um die Veränderung der Malerei im Laufe der Zeit sind die kunstgeschichtlichen Grundbegriffe von Heinrich Wölfflin als Gerüst zugrunde gelegt: das Lineare und Malerische, Fläche und Tiefe, Geschlossene Form und Offene Form, Vielheit und Einheit, Klarheit und Unklarheit.

1 Pierre Bonnard, Nackte Frau sich bückend, 1923, Tate Modern
2 Fernand Léger, Schlüssel (Komposition), 1928, Tate Britain
3 Piero della Francesca, Die Geburt Christi, 1470–1475, National Gallery
4 Jacopo Tintoretto, Der Heilige Georg und der Drache, um 1555, National Gallery
5 Giotto di Bondone, Pfingsten, um 1310–1318, National Gallery
6 Jackson Pollock, Nummer 23, 1948, Tate Modern
7 Johannes Vermeer, Junge Frau am Virginal, um 1670–1672, National Gallery
8 Georges Seurat, Badende von Asnières, 1884, National Gallery
9 Claude Monet, Seerosen, nach 1916, Tate Modern
10 Henri Matisse, Die Schnecke, 1953, Tate Modern
11 Cimabue, Jungfrau und Kind mit zwei Engeln, um 1280–1285, National Gallery

LONDON

SUMMER SEMESTER 2006
NATIONAL GALLERY, TATE BRITAIN, TATE MODERN

A schooled eye is a prerequisite of the ability to pass judgement on the visible world. Erich Brändle, a painter and formerly a teacher at the Zurich School of Applied Arts, guides us to selected paintings and thus through the history of painting from the thirteenth century to the present day. Heinrich Wölfflin's basic art-historical principles – the linear and painterly, the plane and recession, the closed form and open form, multiplicity and unity, absolute clarity and relative clarity – set the framework for examination of the artworks and discussion of changes in painting over time.

1 Pierre Bonnard, Nude Bending Down, 1923, Tate Modern
2 Fernand Léger, Keys (Composition), 1928, Tate Britain
3 Piero della Francesca, The Nativity, 1470–1475, National Gallery
4 Jacopo Tintoretto, Saint George and the Dragon, around 1555, National Gallery
5 Giotto di Bondone, The Pentecost, around 1310–1318, National Gallery
6 Jackson Pollock, Number 23, 1948, Tate Modern
7 Johannes Vermeer, A Young Woman Standing at a Virginal, around 1670–1672, National Gallery
8 Georges Seurat, Bathers at Asnières, 1884, National Gallery
9 Claude Monet, Water Lilies, after 1916, Tate Modern
10 Henri Matisse, The Snail, 1953, Tate Modern
11 Cimabue, The Virgin and Child with Two Angels, around 1280–1285, National Gallery

CANAL GRANDE, VENEDIG

SOMMERSEMESTER 2006

Der abendländische Kulturraum ist alt. Die klassische Moderne als Epoche Vergangenheit. Nur noch eine von vielen Vergangenheiten. Um die Zukunft zu denken, müssen wir die «Grammatik» der Architektursprache kennen. Wir müssen die architektonischen Elemente, welche die junge Vergangenheit aus einem Zeitgefühl heraus abgelehnt hatte, für uns zurückgewinnen.

Ein Juwel von Ort, das Peggy Guggenheim Museum in Venedig, wird als Planungsort zur Diskussion gestellt. Auf dem bestehenden Sockelfragment soll ein Wohngebäude entworfen werden. In dieser einmaligen städtebaulichen Lage am Canal Grande und in der Nachbarschaft prächtiger Gebäude erhält die Frage nach unserer gegenwärtigen Sprachlichkeit verschärfte Bedeutung.

Gastkritiker: Peter Fischli, Künstler, Zürich
Adolf Krischanitz, Architekt, Wien
Markus Peter, Architekt, Zürich

Assistenten: Lynn Hamell, Chantal Imoberdorf, Valentin Loewensberg, Anja Maissen

CANAL GRANDE, VENICE

SUMMER SEMESTER 2006

Western culture has a long history. Even the epoch of classical Modernism belongs to the past, but it is just one among very many historical epochs. In order to think the future we must learn the "grammar" of the language of architecture. We must re-appropriate those architectonic elements dismissed by the zeitgeist of a recent epoch as being "behind the times".

A gem of a place, the Peggy Guggenheim Museum in Venice, serves as a test location for the planning and design process. The objective is to erect an apartment building on the surviving plinth at the site. In this unique urban setting, amid splendid buildings on the Canal Grande, the question of how fluent we are today, architecturally speaking, is more pressing than ever before.

Guest critics: Peter Fischli, artist, Zurich
Adolf Krischanitz, architect, Vienna
Markus Peter, architect, Zurich

Assistants: Lynn Hamell, Chantal Imoberdorf, Valentin Loewensberg, Anja Maissen

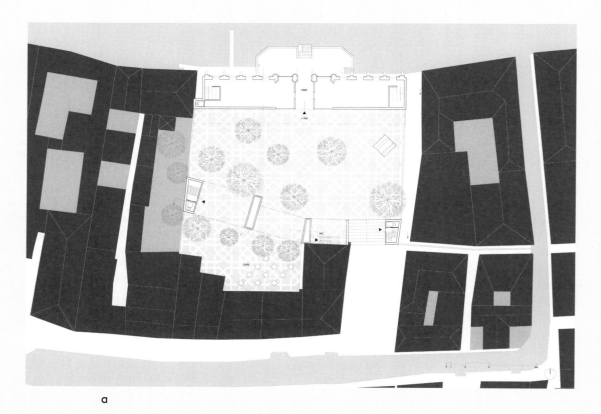

a

1
CHIE KONNO

a Situation mit Erdgeschoss 1:800
a Situation with ground floor 1:800

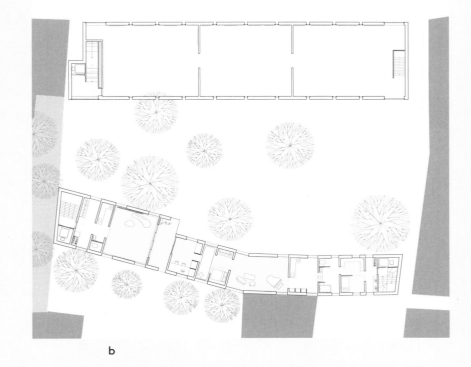

b

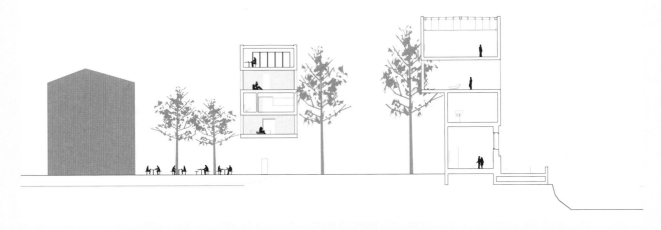

c

1

CHIE KONNO

b Grundriss 3. Obergeschoss 1:500
c Querschnitt 1:500

b Ground plan 3rd floor 1:500
c Cross section 1:500

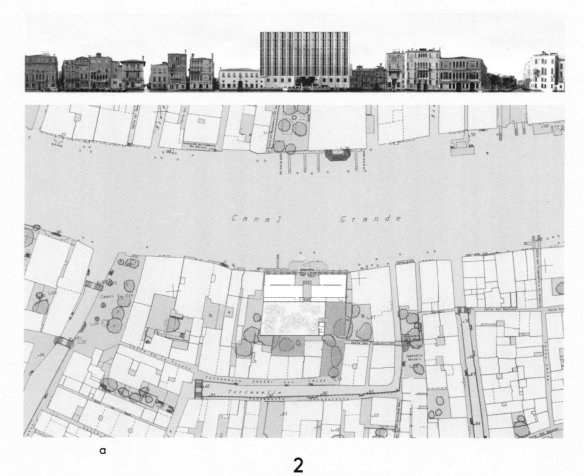

a

2

ELISABETH RUTZ

a Situation mit Erdgeschoss 1:2000
a Situation with ground floor 1:2000

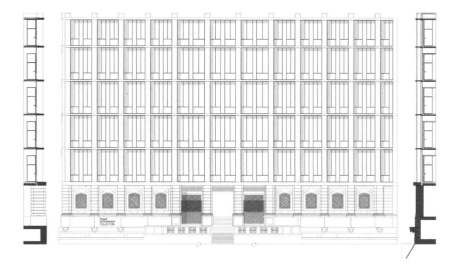

b

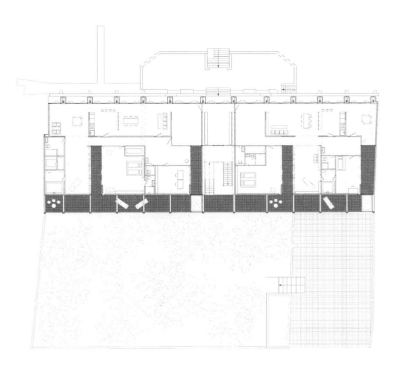

c

2

ELISABETH RUTZ

b Ansicht Canal Grande 1:500
c Grundriss 2.–5. Obergeschoss 1:500

b Elevation Canal Grande 1:500
c Ground plan 2nd–5th floors 1:500

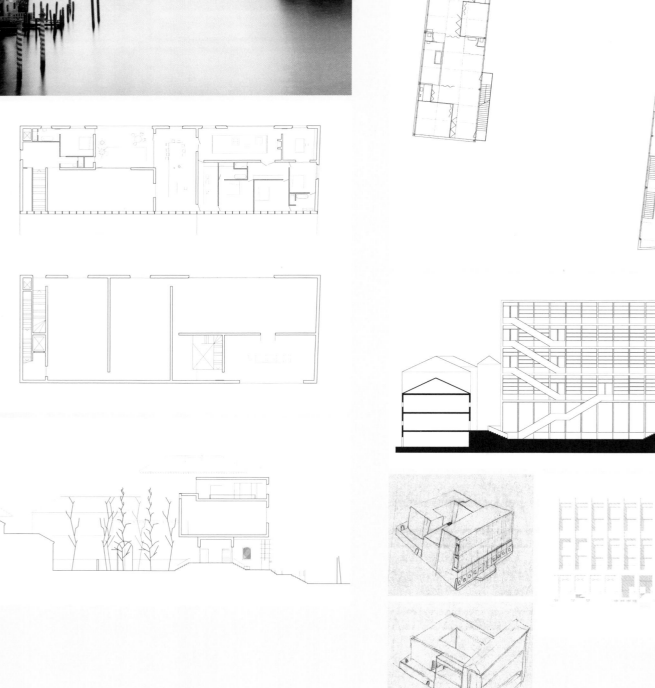

3
PABLO DONET

4
JOHANN REBLE

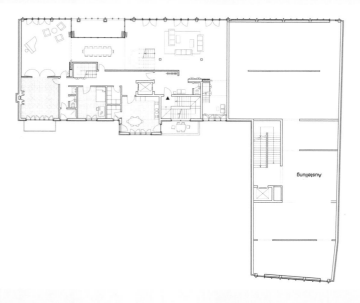

5
LORENZ LACHAUER

1

2

5

6

10

11

3

4

7

8

9

PAESTUM

SOMMERSEMESTER 2007 — IDEE UND GESTALT

Soll unser Lebensraum in Zukunft nicht gänzlich von der
Beliebigkeit oder der Propaganda der Form dominiert
werden, muss neben einem politischen Engagement auch
das Wissen von der Wirkungsweise der Formen in der architektonischen Sprache ins kollektive Bewusstsein zurück-
finden. Darum führt unsere Reise zu einem der Ausgangs-
punkte der abendländischen Baukunst, zum dorischen
Tempel in Paestum.

Ein Vortrag von Peter Märkli behandelt Gebäudefiguren
und Gestalt ebenso wie die Wirkungsweise architektonischer Grundformen. Zur Veranschaulichung besuchen wir
anschliessend das Kolosseum, das Pantheon und Santa
Maria in Cosmedin in Rom und die Domanlage in Parma
mit dem Baptisterium.

Luftaufnahme Rom
2 Pantheon, Rom, 120–126 n. Chr.
3 Kolosseum, Rom, 72–84 n. Chr.
4, 6 Poseidontempel, Paestum, 500 v. Chr.
5 Basilika, Paestum, 540 v. Chr.
7 Mittelschiff der Cella, Poseidontempel, Paestum, 500 v. Chr.
8 Mosaik, Santa Maria in Cosmedin, Rom, um 780 n. Chr.
9 Santa Maria in Cosmedin, Rom, um 780 n. Chr.
10, 12 Baptisterium, Parma, 1196–1216

PAESTUM

SUMMER SEMESTER 2007 — IDEA AND FORM

If our living space is not to be dominated in the futur
the arbitrariness or propaganda of form then not onl
political commitment but also knowledge of the effe
of form in the language of architecture must once ag
become part of the collective consciousness. This is t
why our trip leads to one of the seminal sites in weste
architecture, the Doric temple in Paestum.

A lecture by Peter Märkli addresses the figures and
form of the temple as well as the effect of fundamer
architectonic forms. By way of illustration, the trip
concludes with a visit to the Colosseum, the Pantheo
and the Basilica of Saint Mary in Cosmedin in Rome,
to the Cathedral and the Baptistry of Parma.

1 Aerial view of Rome
2 Pantheon, Rome, 120–126 AD
3 Colosseum, Rome, 72–84 AD
4, 6 Poseidon Temple, Paestum, 500 BC
5 Basilica, Paestum, 540 BC
7 Central nave of the cella, Poseidon Temple, Paestum, 5
8 Mosaic, Santa Maria in Cosmedin, Rome, circa 780 AD
9 Santa Maria in Cosmedin, Rome, circa 780 AD
10, 12 Baptistry, Parma, 1196–1216
11 Interior view with baptismal font, Baptistry, Parma, 119

Bellevue

STADTWOHNUNGEN, ZÜRICH

SOMMERSEMESTER 2007

Ein wunderschöner Ort mitten in der Stadt Zürich wird zur Diskussion gestellt. Die Winkelwiese erfuhr um die Mitte des 19. Jahrhunderts mehrere tiefgreifende Veränderungen. Im Rahmen des in den 1880er Jahren vom Architekten Heinrich Ernst vorgelegten Projekts «Rämistrassequartier» wurde das Areal auf drei Seiten mit einer Zeile der damals modernsten Bauten gefasst, fast zur Gänze planiert und sozusagen als Plateau auf die Dachhöhe der neuen Häuser gehoben.

In diesem seit nun mehr als 130 Jahren praktisch unverändert gebliebenen Stadtgeviert sollen Wohnungen geplant werden. Dabei muss die Möglichkeit des Weiterbauens im städtischen Kontext gemeinsam mit der Frage nach einer zeitgemässen Stadtwohnung untersucht werden. Diese Planung verlangt nach einer Stellungnahme hinsichtlich des heute weitgehend privaten Gartenraumes in der Stadt. Die gegenseitige Abhängigkeit von städtebaulicher Idee und Entwurf der Wohnungen sowie die Suche nach dem Ausdruck des Gebäudes sind die zentralen Anliegen der Arbeit.

Gastkritiker: Christoph Haerle, Bildhauer und Architekt, Zürich
Joseph Smolenicky, Architekt, Zürich
Yves Stump, Architekt, Basel
Markus Peter, Architekt, Zürich

Assistenten: Lynn Hamell, Chantal Imoberdorf,
Valentin Loewensberg, Thomas Padmanabhan

CITY APARTMENTS, ZURICH

SUMMER SEMESTER 2007

A wonderful location – the Winkelwiese at the heart of the city of Zurich – is put to debate. It underwent radical changes in the mid-nineteenth century. Then, in the course of the Rämistrasse neighbourhood development proposed by the architect Heinrich Ernst in the 1880s, it was flanked on three sides by the most modern architectural types of the day, completely planed and raised quasi as a plateau to the roof height of the new houses.

Plans are now afoot to build city apartments in this urban district, which has remained practically unchanged for more than 130 years. The potential for further development in this urban context and the matter of finding an appropriate design for the city apartments must be examined in parallel. This planning calls for a clear position on the city's gardens, which are largely in private hands. The major objectives of the project are to coordinate current urban development plans and the design of these city apartments, and to thereby identify an appropriate expression for the latter.

Guest critics: Christoph Haerle, sculptor and architect, Zurich
Joseph Smolenicky, architect, Zurich
Yves Stump, architect, Basel
Markus Peter, architect, Zurich

Assistants: Lynn Hamell, Chantal Imoberdorf,
Valentin Loewensberg, Thomas Padmanabhan

a

b

1

MARJOLAINE OBRIST

a Situation 1:12000
b Situation mit Erdgeschoss 1:4000

a Situation 1:12,000
b Situation with ground floor 1:4000

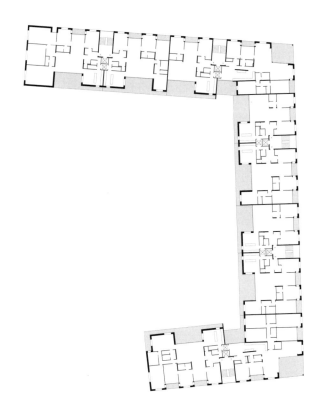

c

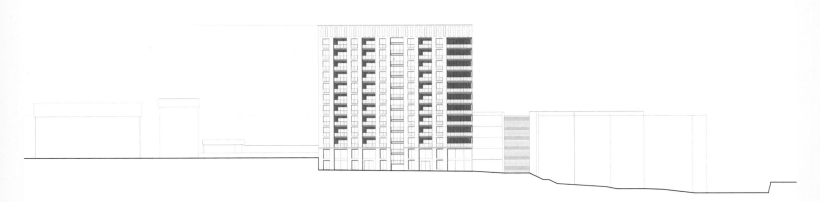

d

1

MARJOLAINE OBRIST

c Grundriss Regelgeschoss 1:2500
d Ansicht Südwest Waldmannstrasse 1:1000

c Ground plan standard floor 1:2500
d Elevation (southwest) Waldmannstrasse 1:1000

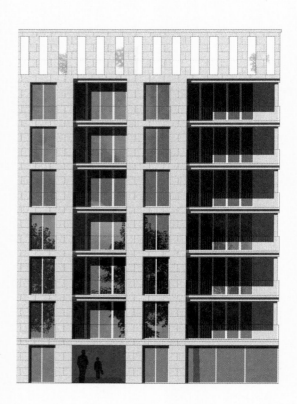

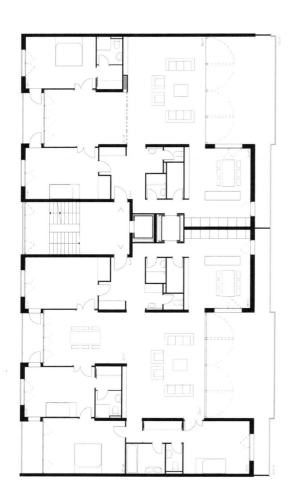

e

1

MARJOLAINE OBRIST

e Grundriss Regelwohnung 1:250
e Ground plan standard apartments 1:250

a

2

CLAUS REUSCHENBACH

a Situation 1:20 000
a Situation 1:20,000

b

2

CLAUS REUSCHENBACH

b Ansicht Südwest Waldmannstrasse 1:1000
b Elevation (southwest) Waldmannstrasse 1:1000

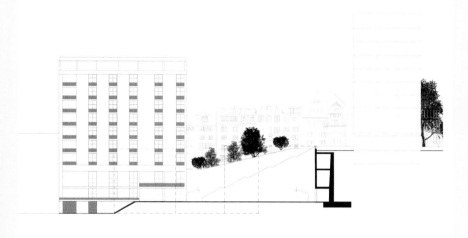

c

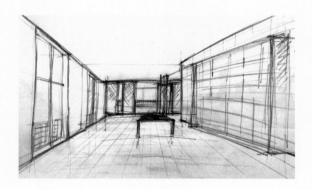

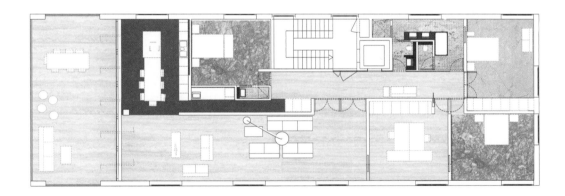

d

2
CLAUS REUSCHENBACH

c Ansicht Südost 1:1000
d Grundriss Regelwohnung 1:250

c Elevation (southeast) 1:1000
d Ground plan standard apartments 1:250

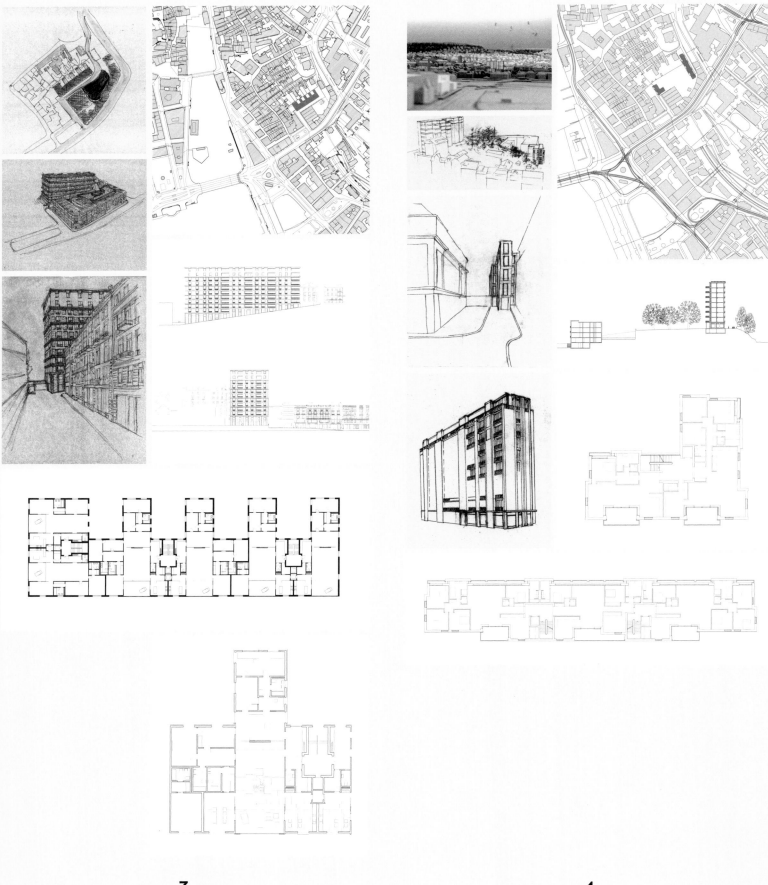

3
EVELYNE STEINER

4
ANA SOFIA GONCALVES

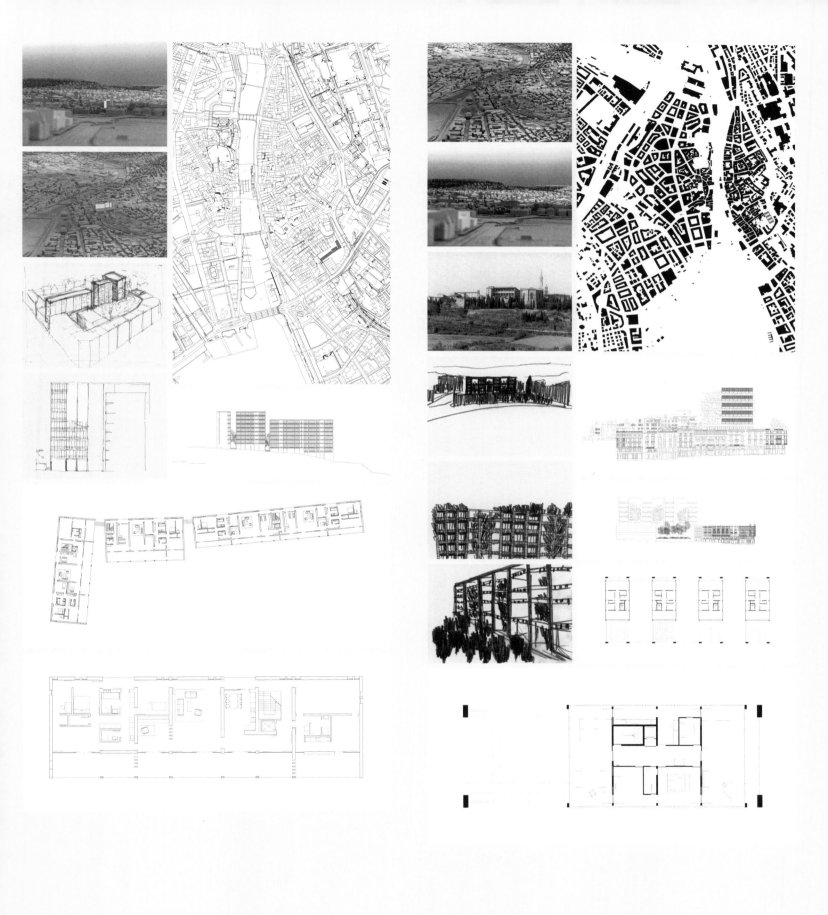

5
NINA MARQUARDSEN

6
SOH HYUNG-SUP

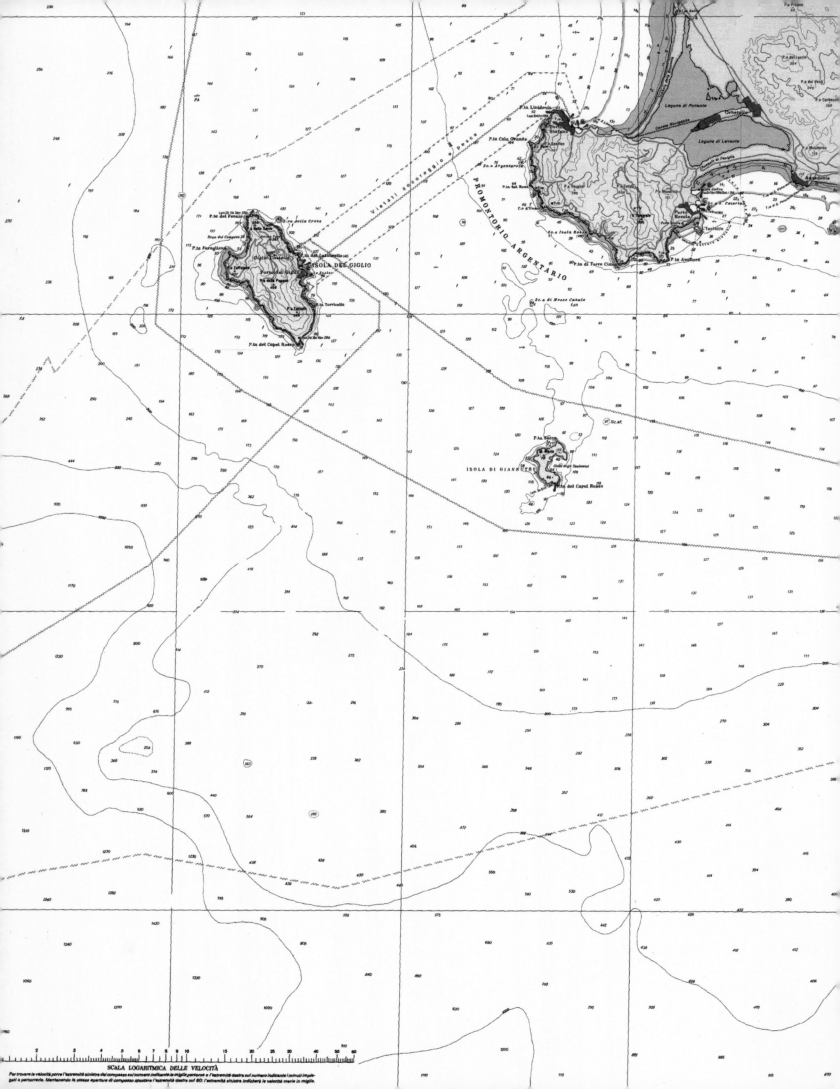

SCALA LOGARITMICA DELLE VELOCITÀ

Per trovare la velocità porre l'estremità sinistra del compasso sul numero indicante le miglia percorse e l'estremità destra sul numero indicante i minuti impiegati a percorrerle. Mantenendo la stessa apertura di compasso spostare l'estremità destra sul 60; l'estremità sinistra indicherà la velocità oraria in miglia.

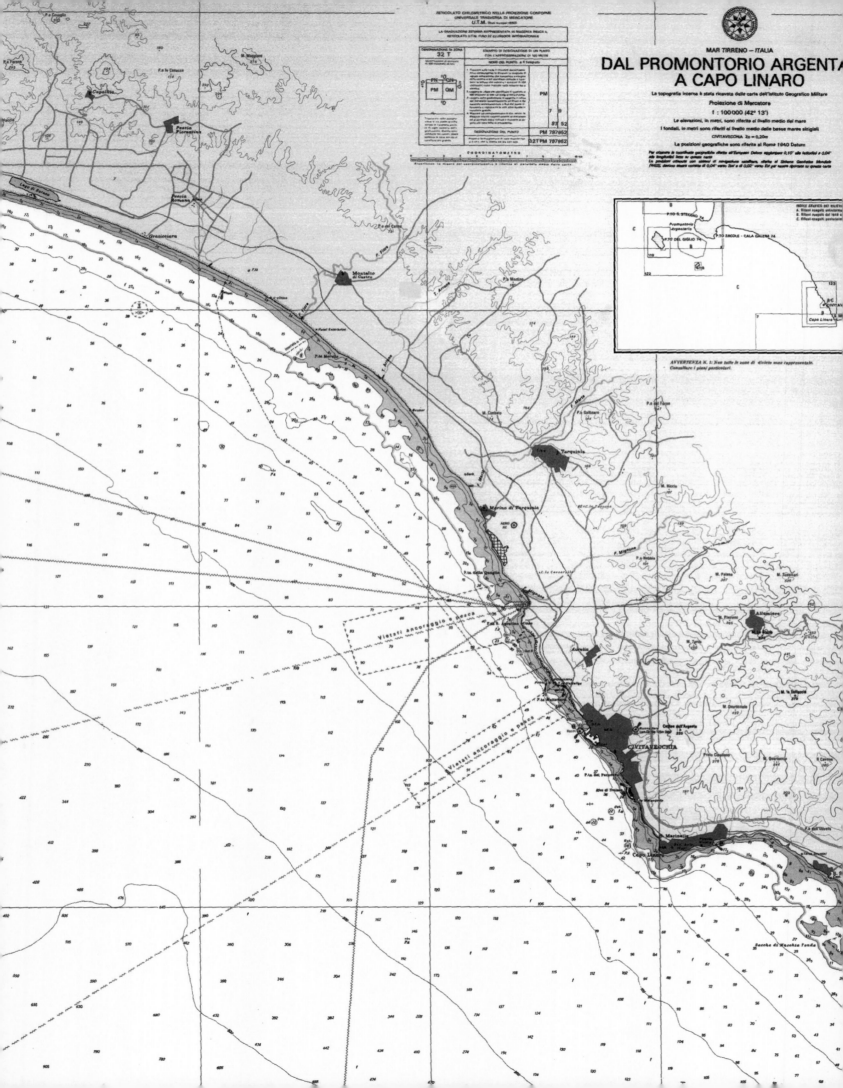

GIANNUTRI, TYRRHENISCHE MEER

HERBSTSEMESTER 2007

Eine wunderschöne Situation, die kleine, im Tyrrhenischen Meer gelegene Insel Giannutri, ist der Ausgangspunkt dieses Semesters. Stadtstrukturen können in ihrer Morphologie präzis besprochen werden. Wir stellen uns die Frage, ob in der Landschaft eine ebenso präzise Sprachlichkeit gefunden werden kann.

An diesem Ort soll ein kleines Bauwerk entworfen werden, welches sich in seiner Wirkung in Beziehung zum gesamten Landschaftsraum setzt.

Gastkritiker: Beat Nipkow, Landschaftsarchitekt, Zürich
Pietro Mattioli, Fotograf und Künstler, Zürich
Florian Beigel, Architekt, London
Philip Cristou, Architekt, London
Markus Peter, Architekt, Zürich

Assistenten: Lynn Hamell, Chantal Imoberdorf,
Valentin Loewensberg, Thomas Padmanabhan

GIANNUTRI, TYRRHENIAN SEA

AUTUMN SEMESTER 2007

A wonderful location – the tiny island of Giannutri in the Tyrrhenian Sea – is the springboard into this semester's curriculum. The morphology of urban structures can be discussed with great precision. Here, we inquire whether it is possible to bring such architectural fluency to bear also on the landscape.

A small structure is to be designed for this site, the impact of which will reference the landscape setting in its entirety.

Guest critics: Beat Nipkow, landscape architect, Zurich
Pietro Mattioli, photographer and artist, Zurich
Florian Beigel, architect, London
Philip Cristou, architect, London
Markus Peter, architect, Zurich

Assistants: Lynn Hamell, Chantal Imoberdorf,
Valentin Loewensberg, Thomas Padmanabhan

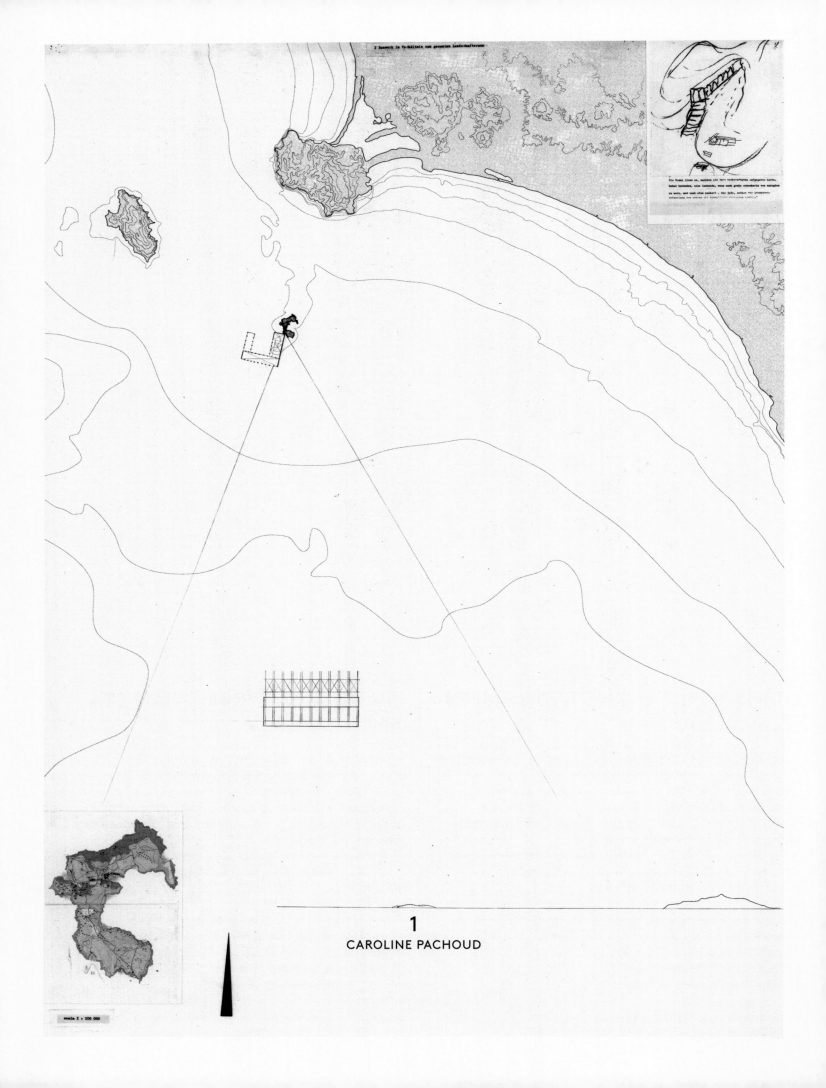

1

CAROLINE PACHOUD

scale I : 100 000

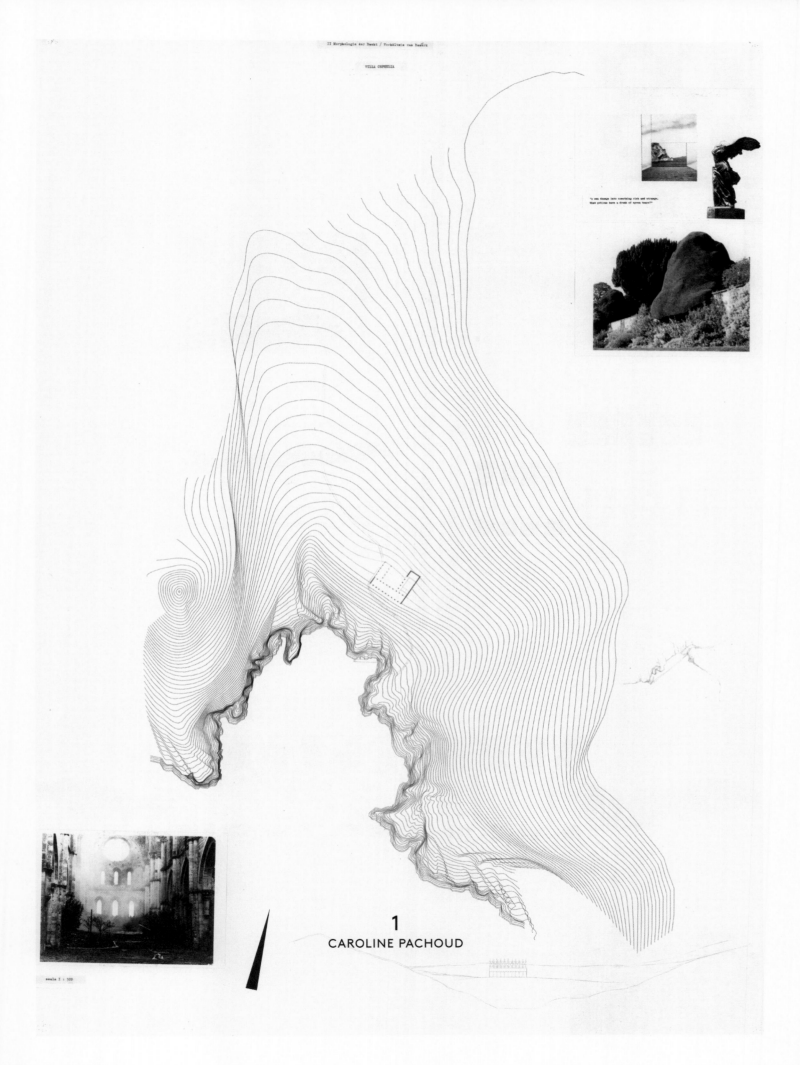

1

CAROLINE PACHOUD

scala I : 500

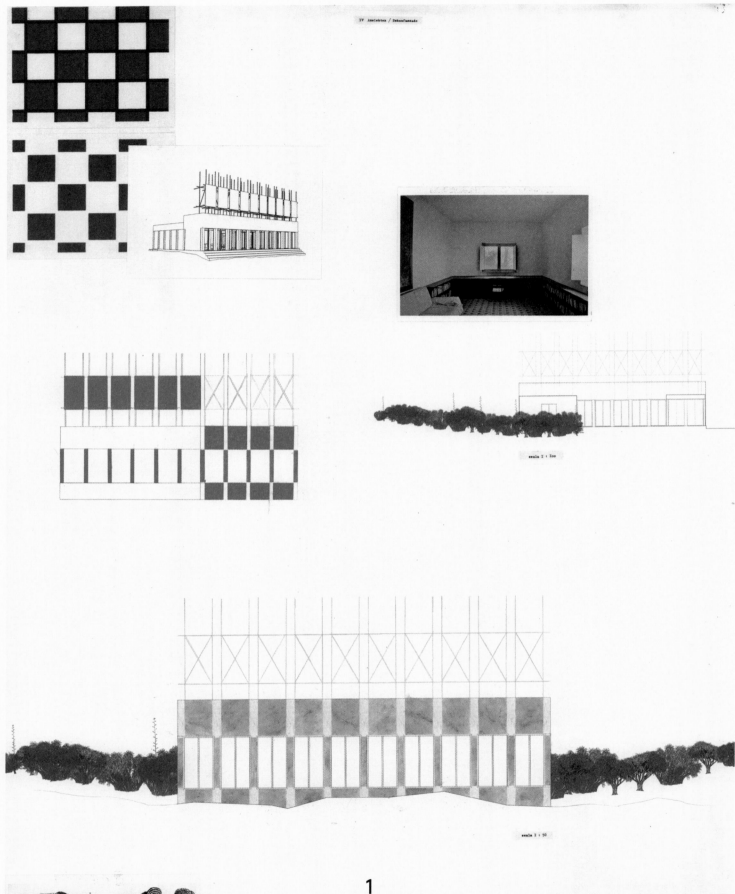

scala 1 : 200

scala 1 : 50

1
CAROLINE PACHOUD

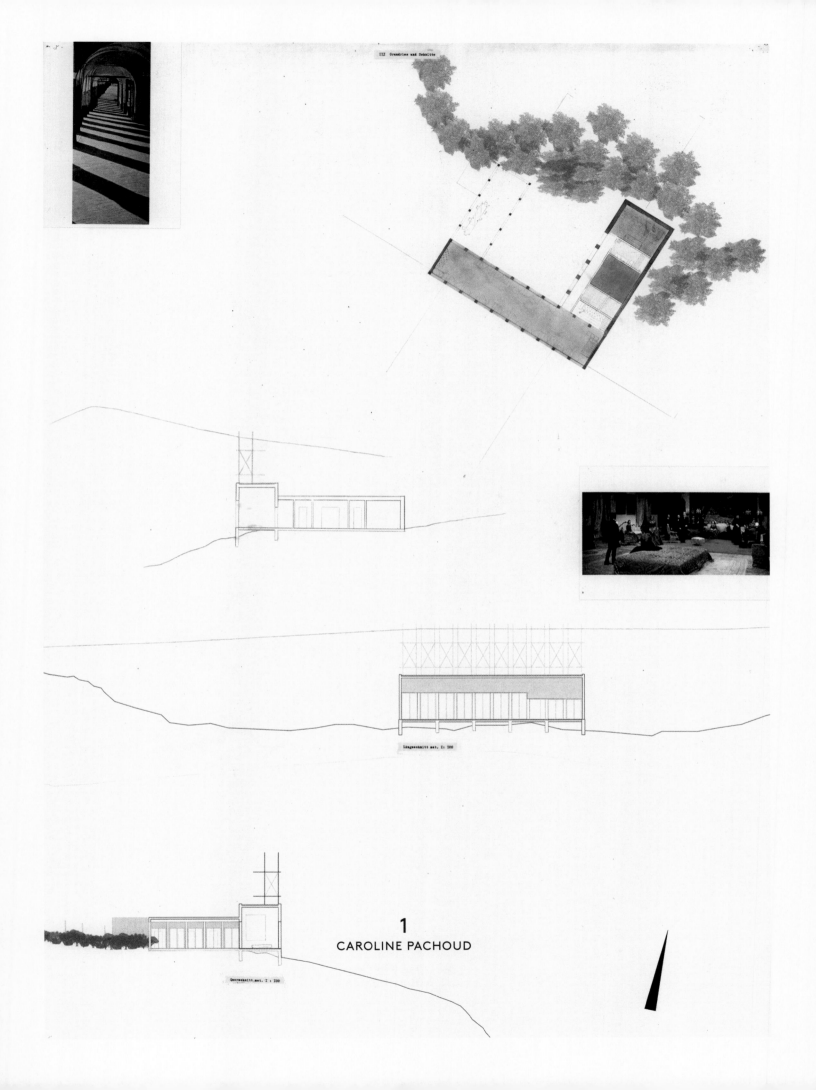

III Grundriss und Schnitte

Längsschnitt mst. I: 100

1

CAROLINE PACHOUD

Querschnitt mst. I : 100

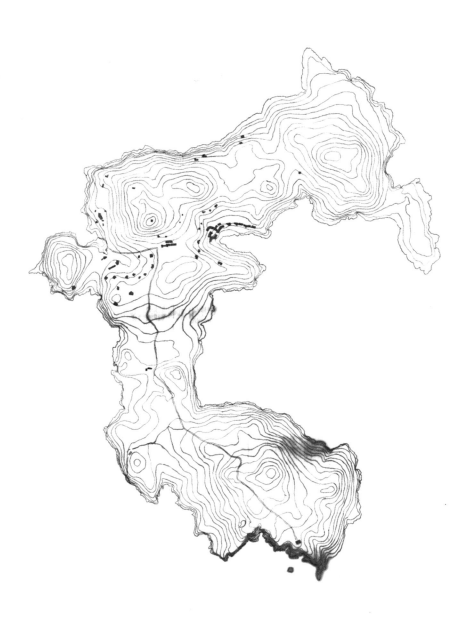

a

2

RENATE WALTER

a Situation 1:6250
a Situation 1:6250

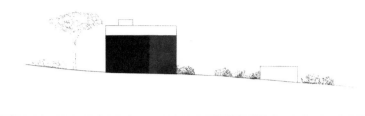

b

c

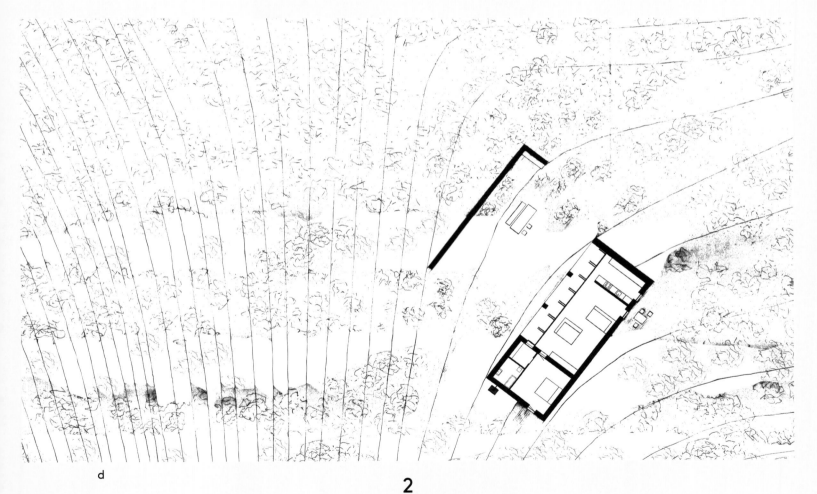

d

2

RENATE WALTER

b Schaufassade 1:400
c Querschnitt 1:400
d Grundriss 1:400

b Main façade 1:400
c Cross section 1:400
d Ground plan 1:400

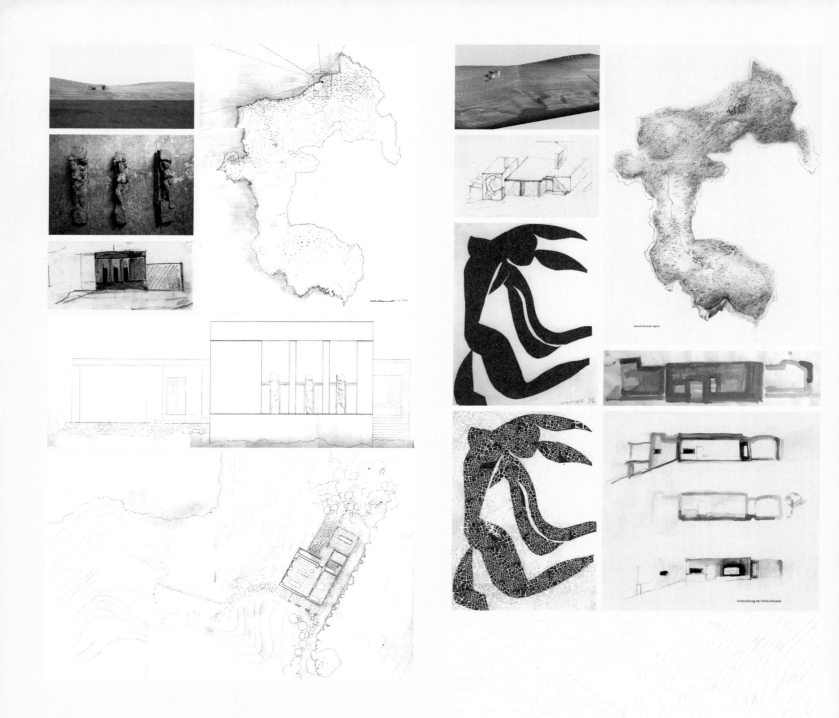

3
RETO GIOVANOLI

4
ALINE VUILLIOMENET

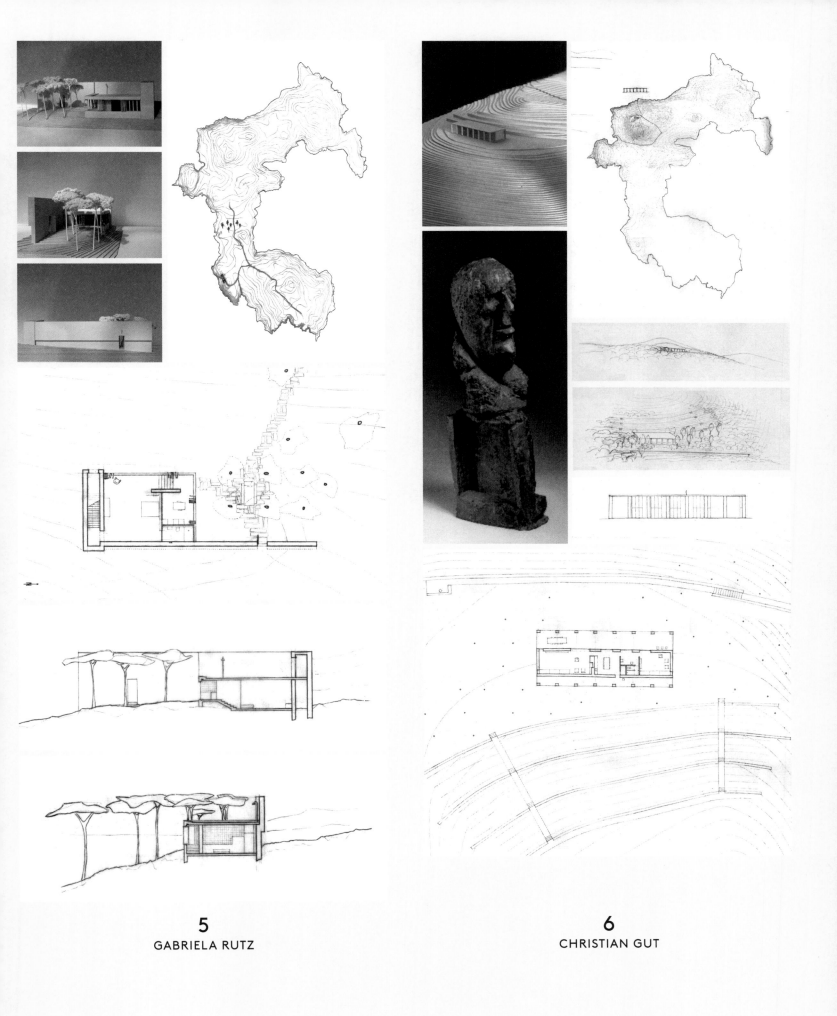

5
GABRIELA RUTZ

6
CHRISTIAN GUT

1

2

5

6

3

4

7

ANDREA PALLADIO

FRÜHJAHRSSEMESTER 2008 — DIE VILLEN IM VENETO

Die Seminarreise im Frühling führt von Zürich aus über die Alpen ins Veneto. Entlang der Brenta liegen, in eine wunderbare Kulturlandschaft eingebettet, die Villen von Andrea Palladio. Als Mittelpunkt herrschaftlicher Landgüter vereinten sie Nützlichkeit und Schönheit. Die ungeheure Wirkung dieser Villen und ihre enorme Präsenz in der Landschaft interessieren uns gleichermassen wie die Vielfalt des architektonischen Ausdrucks und die Massverhältnisse.

1 Villa Serego, Santa Sofia di Pedemonte, Entwurf 1565
2 Villa Valmarana, Vigardolo di Monticello Conte Otto, Entwurf 1542
3, 7 Villa Emo, Fanzolo di Vedelago, Entwurf vor 1556
4 Villa Zeno, Donegal di Cessalto, Entwurf 1554
5 Villa Chiericati, Vancimuglio di Grumolo della Abadesse, Entwurf nach 1550
6 Villa Saraceno, Finale di Agugliaro, Entwurf um 1548
8 Villa Poiana, Poiana Maggiore, Entwurf 1546
9 Villa Forni Cerato, Montecchio Precalcino, Entwurf nach 1564
Fotos: Peter Regli

ANDREA PALLADIO

SPRING SEMESTER 2008 — THE VILLAS OF THE VENETO

The springtime study trip leads from Zurich over the Alps to Veneto. Along the Brenta, embedded in a wonderful cultural landscape, lie the villas of Andrea Palladio. These gems at the heart of country estates unite functionality and beauty. The tremendous impact of these villas and their imposing presence on the landscape are of as much interest to us as the richness of their architectonic expression and the composition of their volumes.

1 Villa Serego, Santa Sofia di Pedemonte, designed 1565
2 Villa Valmarana, Vigardolo di Monticello Conte Otto, designed 1542
3, 7 Villa Emo, Fanzolo di Vedelago, designed before 1556
4 Villa Zeno, Donegal di Cessalto, designed 1554
5 Villa Chiericati, Vancimuglio di Grumolo della Abadesse, designed after 1550
6 Villa Saraceno, Finale di Agugliaro, designed around 1548
8 Villa Poiana, Poiana Maggiore, designed around 1548
9 Villa Forni Cerato, Montecchio Precalcino, designed after 1564
Photos: Peter Regli

ZÜRICH

FRÜHJAHRSSEMESTER 2008

In Architektur und Kunst gibt es für eine Generation nicht beliebig viele grundsätzliche Fragestellungen. In der Architektur und im Städtebau ist heute eine der wichtigsten Fragestellungen die nach dem Weiterbauen in bestehenden Bebauungsstrukturen.

Der Ort für eine Untersuchung dieser Fragestellung ist das Stadtgebiet von Zürich. Dieses ist durch unterschiedliche Bebauungsweisen charakterisiert, welche sich als Brüche im Stadtkörper zeigen. In diesem Kontext soll ein städtisches Wohnhaus entworfen werden, das den Stadtraum in seiner Urbanität stärkt.

Gastkritiker: Annegret Burg, Professorin für Architektur und Städtebau, Potsdam
Joseph Smolenicky, Architekt, Zürich
Anja Maissen, Architektin, Zürich
Markus Peter, Architekt, Zürich

Assistenten: Lynn Hamell, Chantal Imoberdorf, Valentin Loewensberg, Thomas Padmanabhan

ZURICH

SPRING SEMESTER 2008

Architecture and the arts do not confront each generation with an arbitrary number of fundamental questions. One of the most pressing questions today, in architecture and urban planning, is how to extend existing urban developments.

Zurich is the place where we will explore this matter. The city typically evinces a broad range of urban development strategies, and this is manifest on the cityscape as breaks or ruptures. The apartment building to be designed for this context should underscore the urban character of urban space.

Guest critics: Annegret Burg, Professor of Architecture and Urban Planning, Potsdam
Joseph Smolenicky, architect, Zurich
Anja Maissen, architect, Zurich
Markus Peter, architect, Zurich

Assistants: Lynn Hamell, Chantal Imoberdorf, Valentin Loewensberg, Thomas Padmanabhan

a

1

ALINE VUILLIOMENET

a Situation mit Erdgeschoss 1:2500
a Situation with ground floor 1:2500

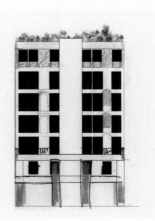
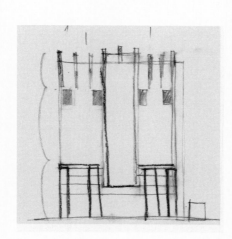

b

1

ALINE VUILLIOMENET

b Schaufassade Schanzengraben 1:500
b Main façade Schanzengraben 1:500

c

d

1

ALINE VUILLIOMENET

c Wohnungsgrundriss 1:400
d Axonometrie 1:1000

c Ground plan apartment 1:400
d Axonometry 1:1000

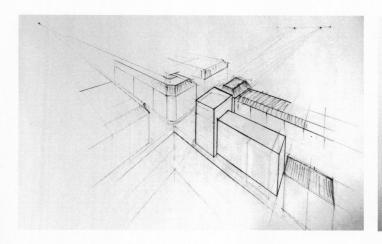

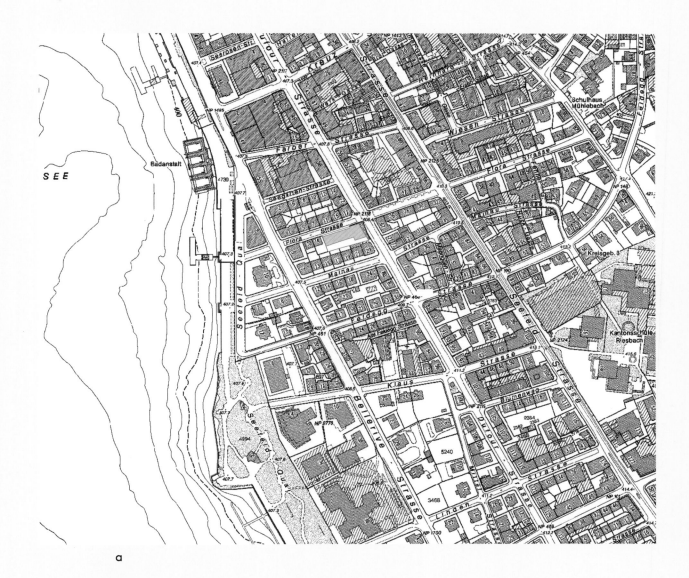

a

2

CLAUS REUSCHENBACH

a Situation 1:5000
a Situation 1:5000

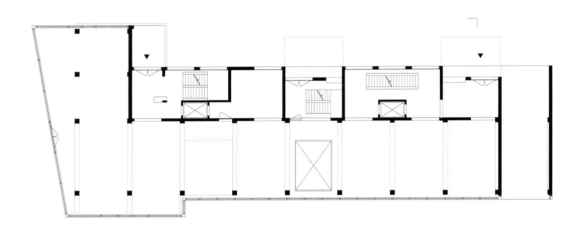

b

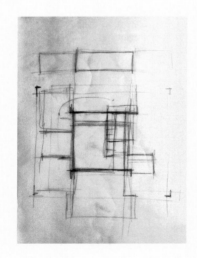 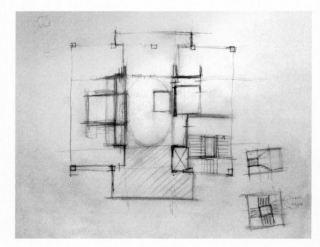

2

CLAUS REUSCHENBACH

b Grundrisse 3.–5. Obergeschoss und Erdgeschoss, Schreinerei 1:400
b Ground plans 3rd–5th floors and ground floor, carpentry workshop 1:400

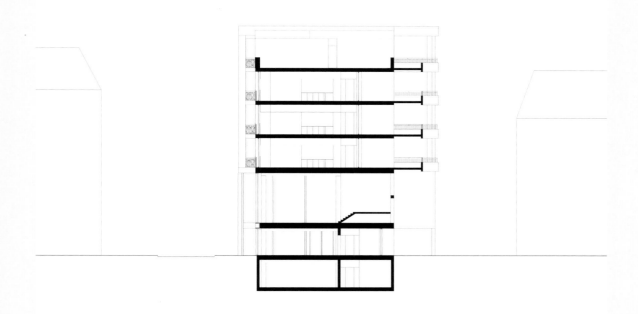

c

 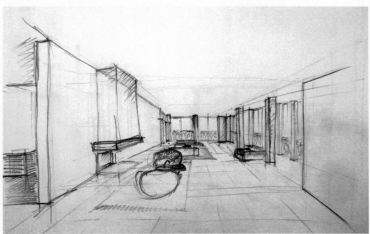

2

CLAUS REUSCHENBACH

c Querschnitt 1:400
c Cross section 1:400

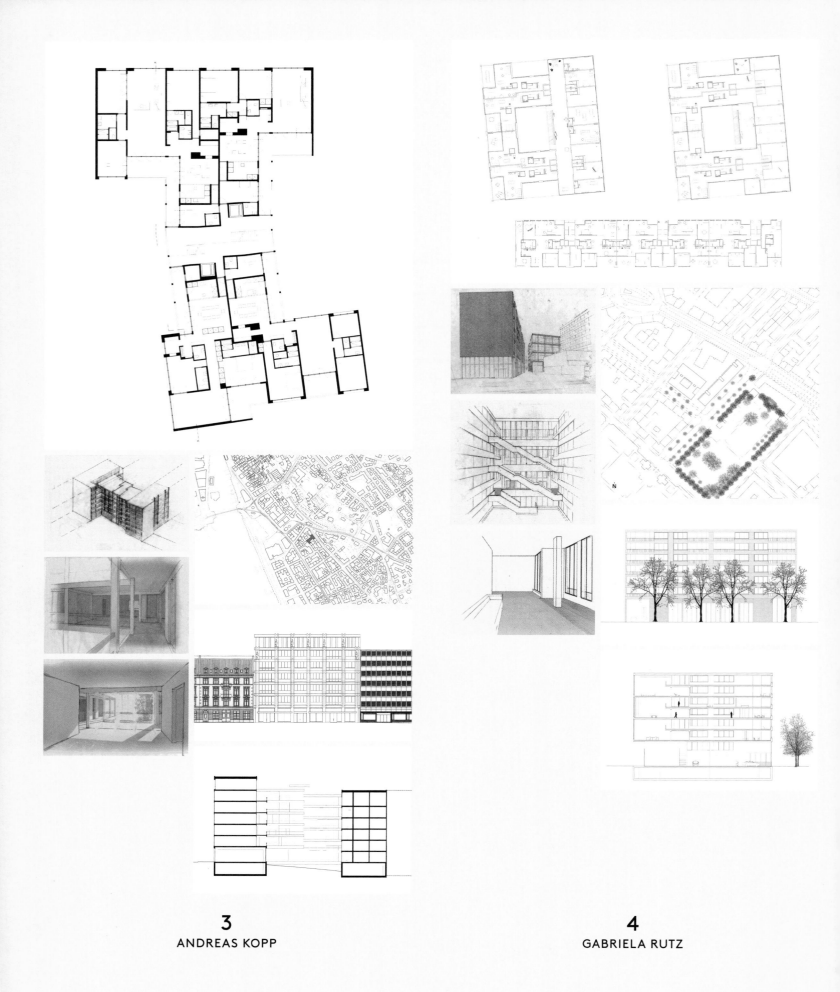

3
ANDREAS KOPP

4
GABRIELA RUTZ

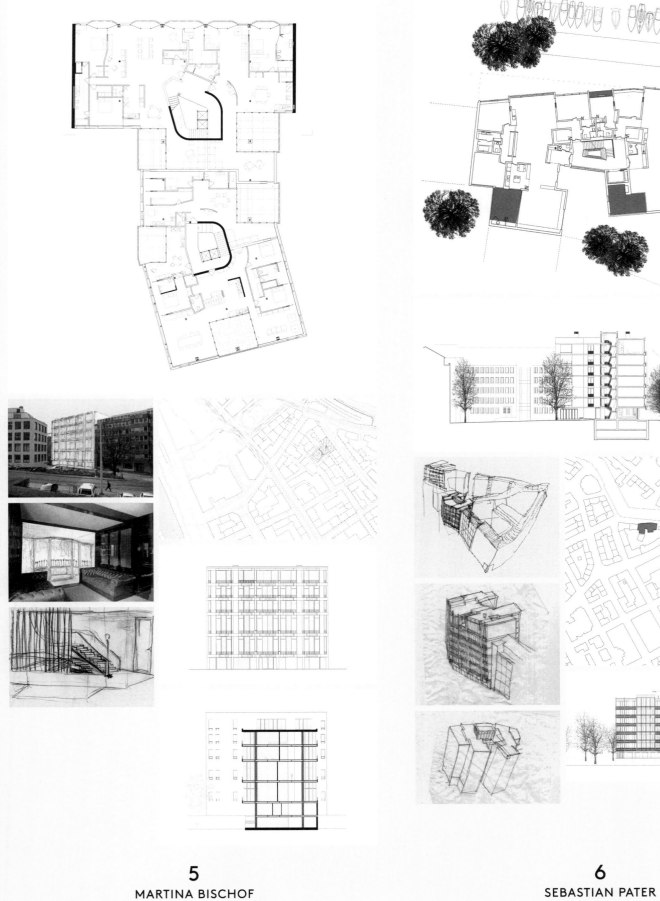

5
MARTINA BISCHOF

6
SEBASTIAN PATER

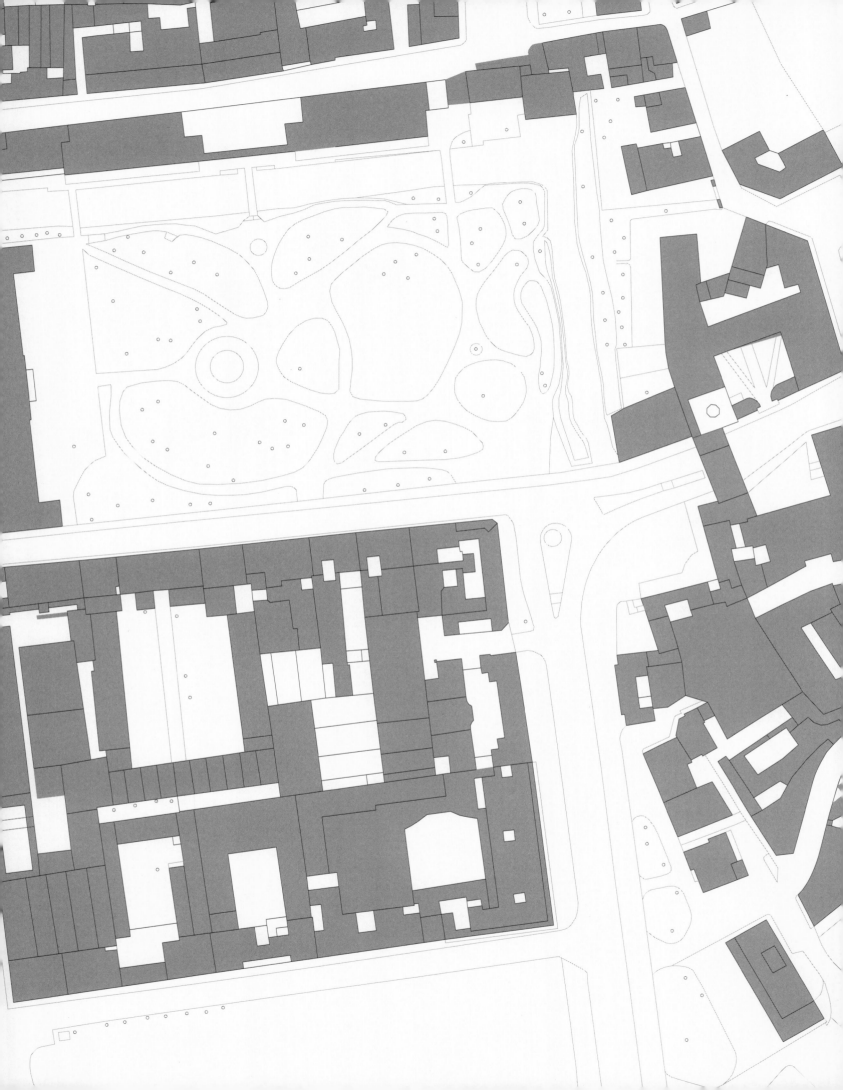

Piazza Castello

PALAZZO PORTO BREGANZE, VICENZA

FRÜHJAHRSSEMESTER 2009

Gegenwärtig gibt es zwei wichtige Fragestellungen in der Architektur: das Weiterbauen in bestehenden Kontexten und die Suche nach dem Ausdruck der Gebäude. Um diese zu besprechen, wird die Entwurfsaufgabe mit einem anspruchsvollen Kontext verbunden. Der Palazzo Porto an der Piazza del Castello in Vicenza soll weitergebaut werden.

Gastkritiker: Adam Caruso, Architekt, London
Peter St John, Architekt, London
Tony Fretton, Architekt, London
Hans Kollhoff, Architekt, Berlin
Markus Peter, Architekt, Zürich

Assistenten: Lynn Hamell, Chantal Imoberdorf,
Valentin Loewensberg, Thomas Padmanabhan

PALAZZO PORTO BREGANZE, VICENZA

SPRING SEMESTER 2009

There are currently two important issues in architecture: the extension of existing contexts and the search for an appropriate architectural expression. Linking a design task with a challenging context – the extension of the Palazzo Porto on the Piazza del Castello in Vicenza – fostered exploration of both.

Guest critics: Adam Caruso, architect, London
Peter St John, architect, London
Tony Fretton, architect, London
Hans Kollhoff, architect, Berlin
Markus Peter, architect, Zurich

Assistants: Lynn Hamell, Chantal Imoberdorf,
Valentin Loewensberg, Thomas Padmanabhan

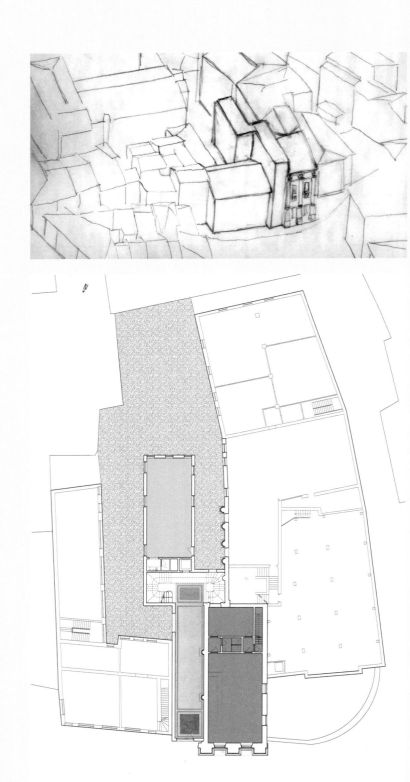

1

ANDREA SCHREGENBERGER

a Situation 1:2000
b Grundriss Erdgeschoss 1:500

a Situation 1:2000
b Ground plan ground floor 1:500

c

1

ANDREA SCHREGENBERGER

c Schaufassade Piazza Castello 1:400
c Main façade Piazza Castello 1:400

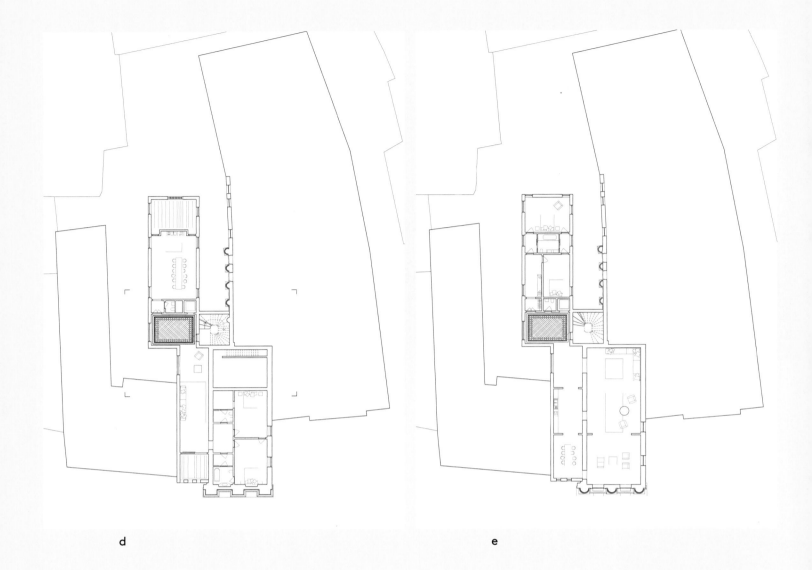

d   e

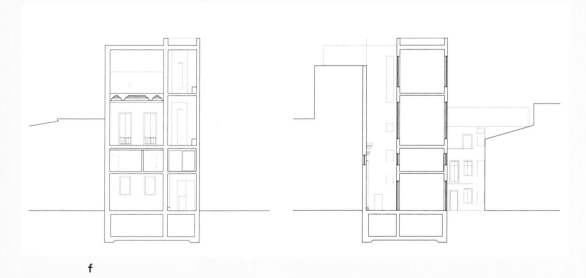

f

1

ANDREA SCHREGENBERGER

d Mezzanin 1:500
e Piano nobile 1:500
f Querschnitte 1:500

d Mezzanine 1:500
e Piano nobile 1:500
f Cross sections 1:500

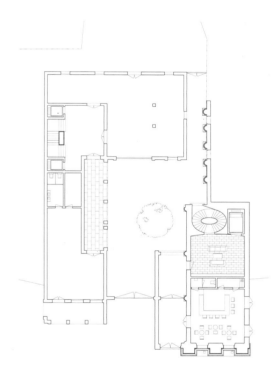

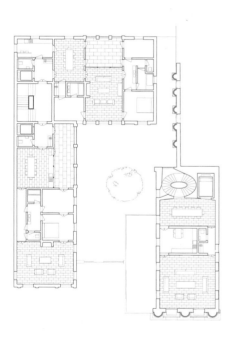

a

b

2

JUNG MINH CHOI

a Grundriss Erdgeschoss 1:500
b Grundriss 2. Obergeschoss 1:500

a Ground plan ground floor 1:500
b Ground plan 2nd floor 1:500

a

3
NINA VILLIGER

a Schaufassade Piazza Castello 1:400
a Main façades Piazza Castello 1:400

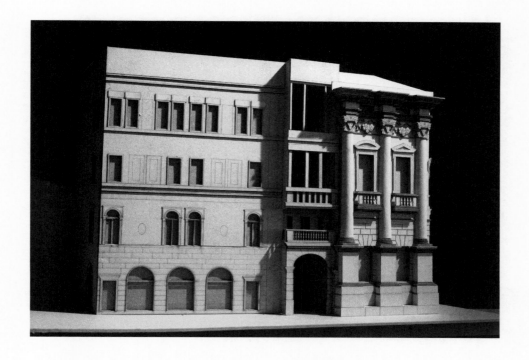

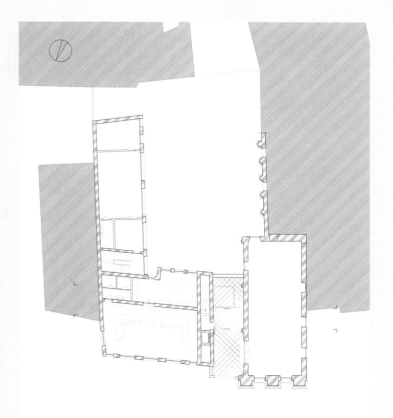

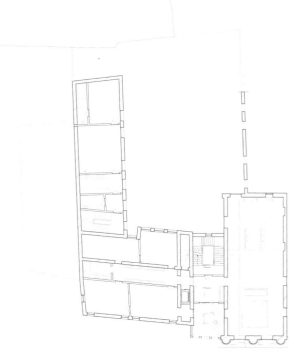

b

c

3

NINA VILLIGER

b Grundriss Erdgeschoss 1:500
c Grundriss 2. Obergeschoss 1:500

b Ground plan ground floor 1:500
c Ground plan 2nd floor 1:500

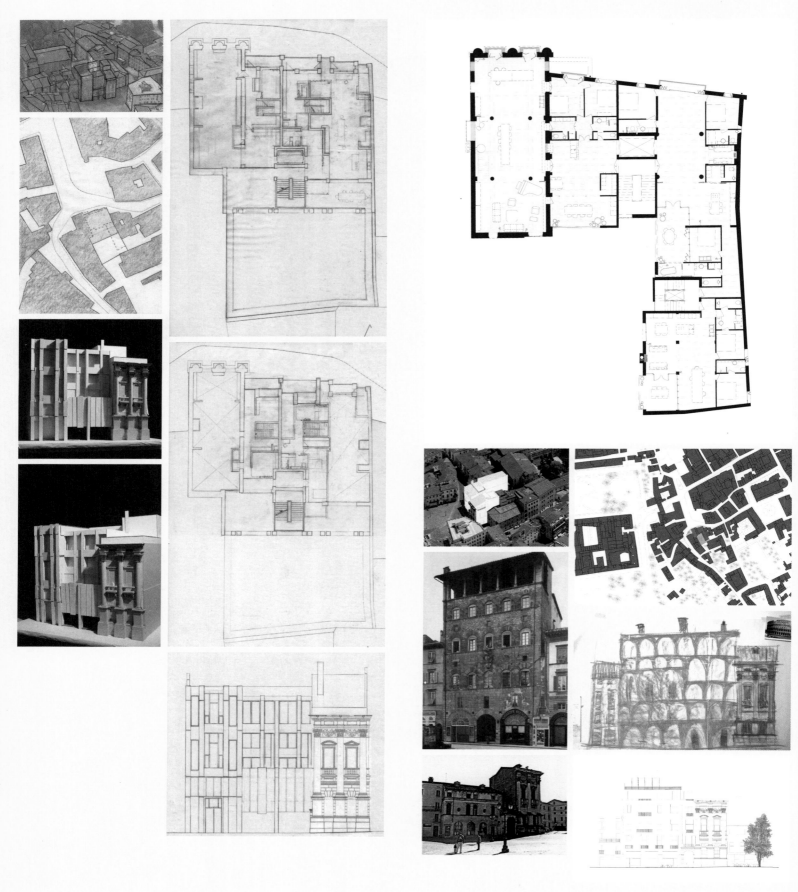

4
JOHANNES REBSAMEN

5
SEBASTIAN PATER

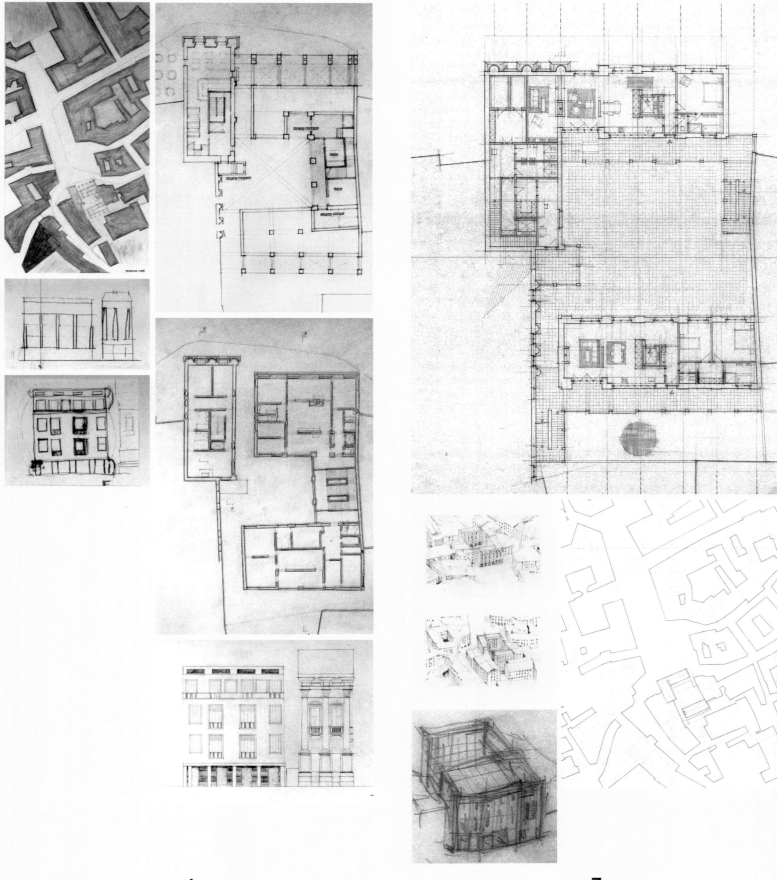

6

ALINE VUILLIOMENET

7

CLAUDIO SCHNEIDER

VILLA IMPERIALE, PESARO

HERBSTSEMESTER 2009

Die Villa Imperiale (1530–1536) in Pesaro wurde im Auftrag von Eleonora Gonzaga für ihren Mann Francesco Maria della Rovere erbaut. Sie wird von zwei Gebäudekomplexen gebildet. Ausgehend von der um 1452 errichteten Sforza-Villa schafft, ungefähr 100 Jahre später, Girolamo Genga mit dem Erweiterungsbau und den Gärten eine neue Gesamtanlage, die in engem Zusammenhang mit der Landschaft steht.

   Die Entwurfsaufgabe hat zum Thema, diese Anlage um einen Trakt mit Gästezimmern, Schwimmbad und einem Garten zu erweitern.

Gastkritiker: Adolf Krischanitz, Architekt, Wien
Joseph Smolenicky, Architekt, Zürich
Christophe Girot, Landschaftsarchitekt, Zürich
Markus Peter, Architekt, Zürich

Assistenten: Lynn Hamell, Chantal Imoberdorf, Valentin Loewensberg, Thomas Padmanabhan

VILLA IMPERIALE, PESARO

AUTUMN SEMESTER 2009

The Villa Imperiale (1530–1536) in Pesaro was commissioned by Eleonora Gonzaga for her husband Francesco Maria della Rovere. It comprises two architectural complexes. The original Sforza Villa built in circa 1452 inspired Girolamo Genga to add a complementary building and a garden, almost one century later. The overall complex nestles harmoniously in the landscape.

   The design task here is to extend the location by adding a new wing with guestrooms, a swimming pool and a garden.

Guest critics: Adolf Krischanitz, architect, Vienna
Joseph Smolenicky, architect, Zurich
Christophe Girot, landscape architect, Zurich
Markus Peter, architect, Zurich

Assistants: Lynn Hamell, Chantal Imoberdorf, Valentin Loewensberg, Thomas Padmanabhan

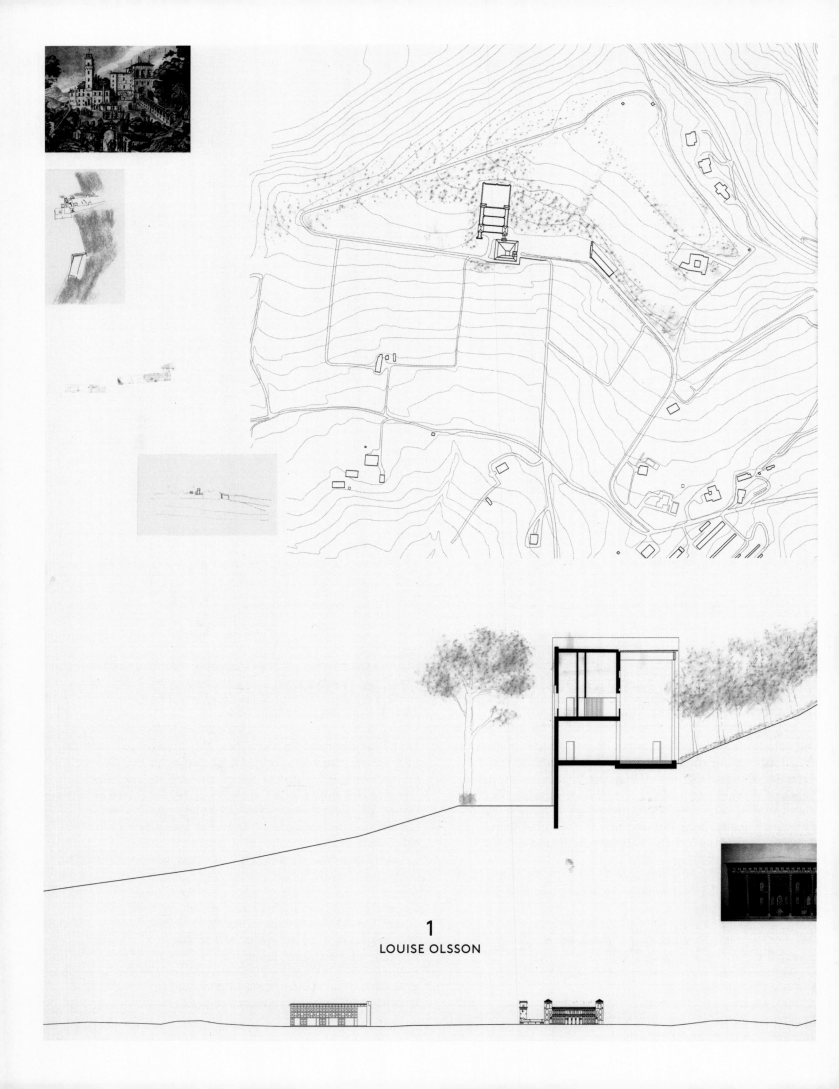

1

LOUISE OLSSON

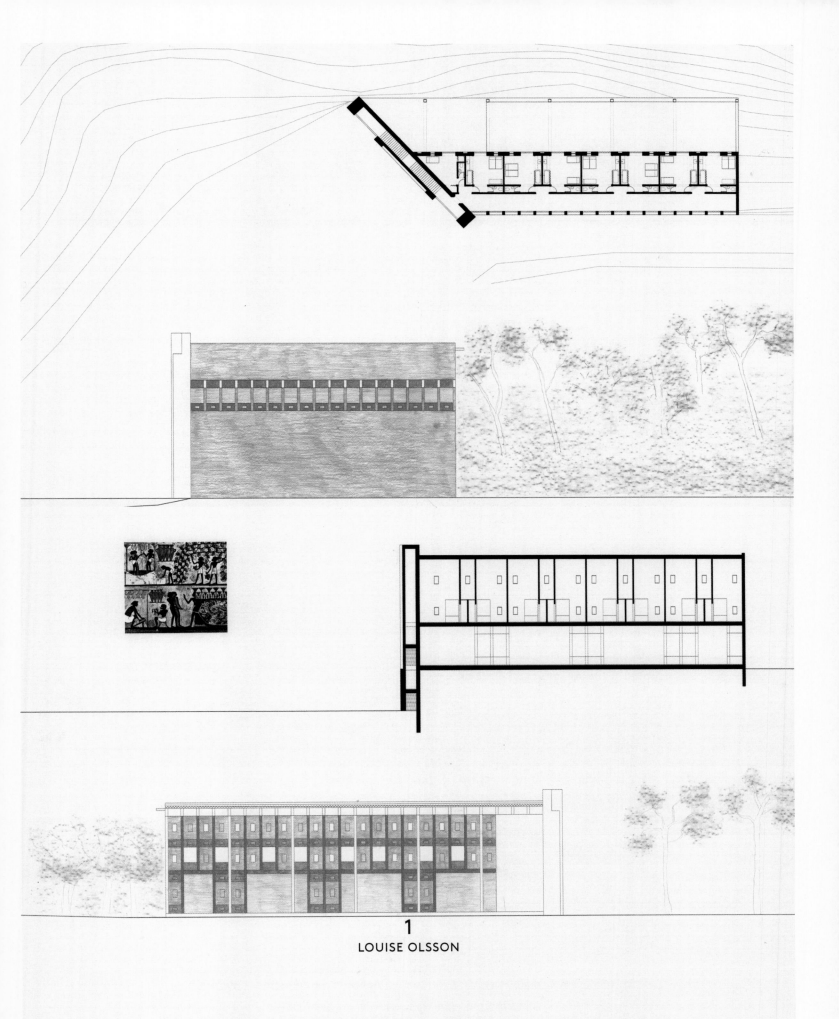

1

LOUISE OLSSON

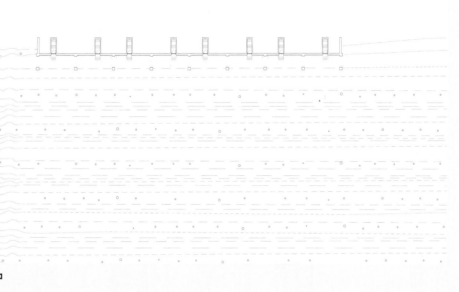

a

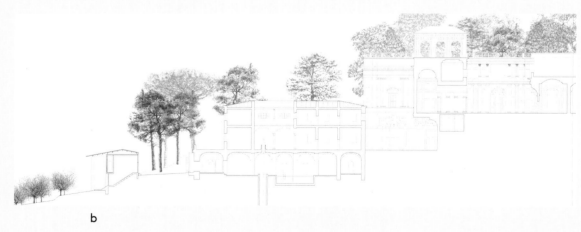

b

2

PETER HUTTER

a Grundriss Galeriegeschoss mit Garten 1:800
b Querschnitt Gästehaus, Villa Sforza und Innenhof der Villa Imperiale 1:800

a Ground plan gallery level with garden 1:800
b Cross section guesthouse, Villa Sforza and inner courtyard, Villa Imperiale 1:800

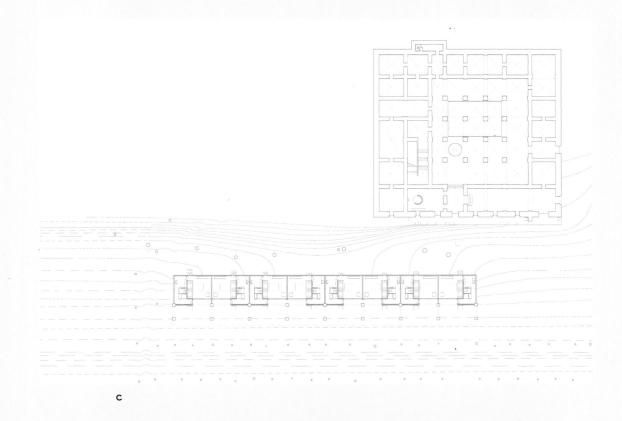

c

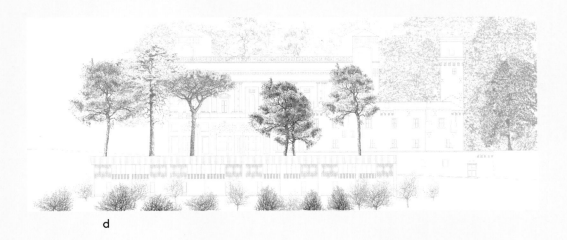

d

2

PETER HUTTER

c Grundriss Wohngeschoss Gästehaus und eingebautes Bad der Villa Sforza 1:800
d Ansicht Süden 1:800

c Ground plan guesthouse, residential level and newly installed bathroom, Villa Sforza 1:800
d Elevation (south) 1:800

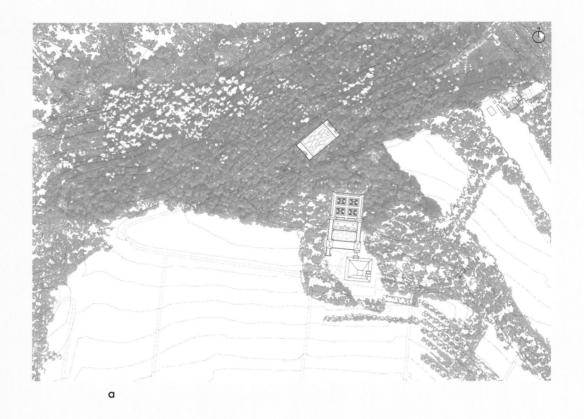

a

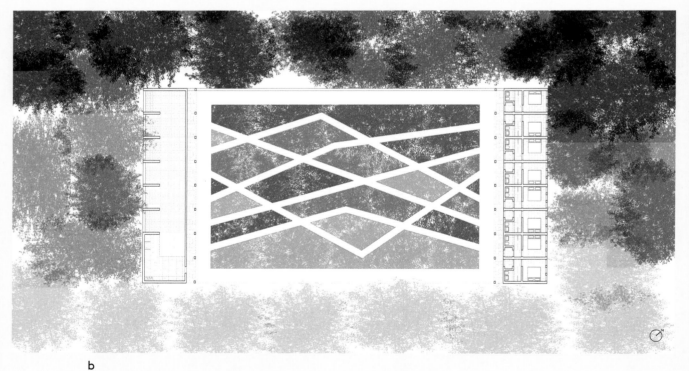

b

3

JOHANNES GRISSMANN

a Situation 1:5000
b Grundriss 1:500

a Situation 1:5000
b Ground plan 1:500

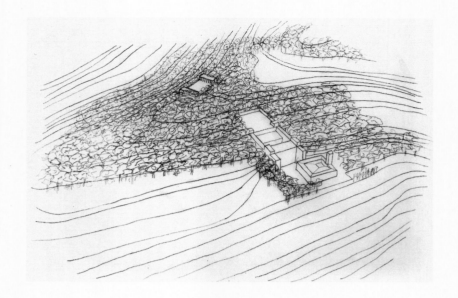

c

d

3

JOHANNES GRISSMANN

c Querschnitt 1:500
d Längsschnitt 1:500

c Cross section 1:500
d Longitudinal section 1:500

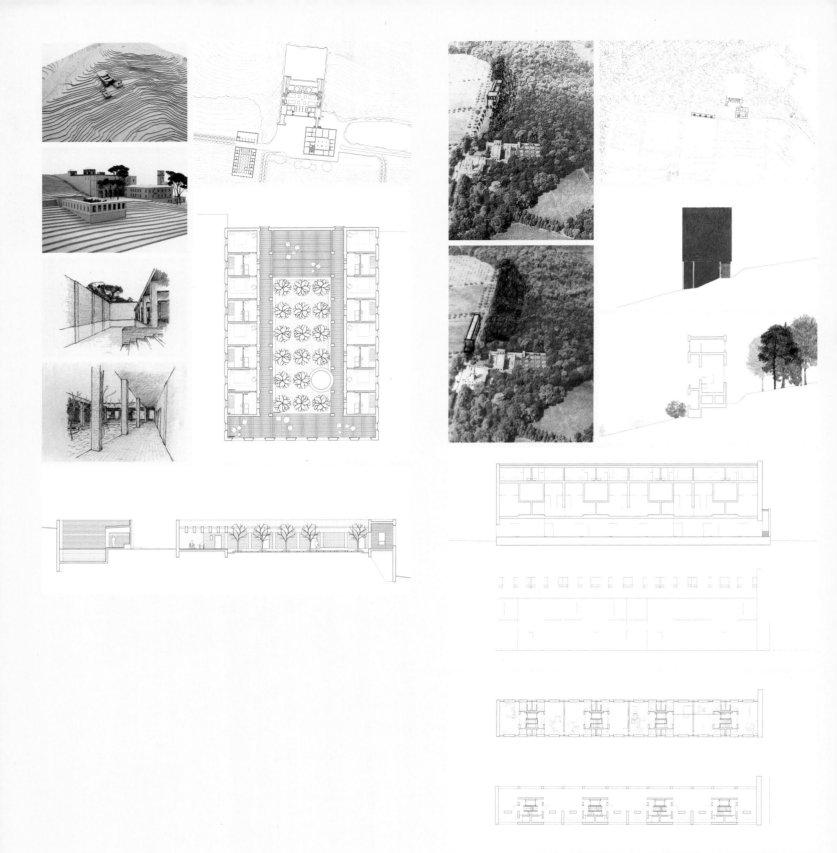

4

PATRICK RÜDISÜLI

5

CORINNE WEBER

6
TIAN CHIANG

7
NADJA RECHSTEINER

1

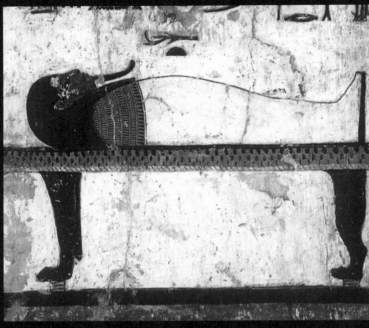

2

5

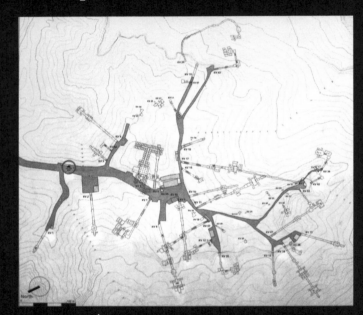

6

9

3

4

7

8

LUXOR

FRÜHJAHRSSEMESTER 2010
MALEREI IM TAL DER KÖNIGE

Wir reisen gemeinsam nach Luxor am Oberlauf des Nils.
In der Umgebung von Luxor besuchen wir zu Fuss die
Altertümer mit Schwerpunkt auf der Malerei in den Grä-
bern im Tal der Könige.

1, 5 Grab des Thutmosis III.
2, 4, 7 Grab des Sethos I.
3   Grab des Ramses VI.
6   Karte Tal der Könige
8, 9 Grab des Ramses IX.

LUXOR

SPRING SEMESTER 2010
PAINTING IN THE VALLEY OF THE KINGS

We travel together to Luxor on the Upper Nile. On foot
we visit various ancient monuments in the vicinity of Luxor,
with tomb paintings in the Valley of the Kings as the primary focus.

1, 5 Tomb of Thutmose III
2, 4, 7 Tomb of Sethos I
3   Tomb of Ramses VI
6   Map of the Valley of the Kings
8, 9 Tomb of Rameses IX

DIE LIEBE ZUR STADT, ZÜRICH

FRÜHJAHRSSEMESTER 2010

Das Stadtgebiet von Zürich ist geprägt durch unterschiedliche Bebauungsstrukturen und die Brüche, welche daraus entstehen. Unsere gegenwärtigen wie zukünftigen Bauaufgaben werden zum grossen Teil das Weiterbauen im Bestand sein. Hier setzt das Thema des Semesters mit einer Fragestellung zur Bau- und Zonenordnung der Stadt Zürich an. Der heute bestehende Zonenplan ist im Wesentlichen darauf angelegt, einen über die Jahre gewachsenen Zustand festzuschreiben. Die neuen gesellschaftlichen Anforderungen, wie sie in aktuellen Diskussionen in Politik und Wissenschaft über Ökonomie und Ressourcen formuliert werden, finden mit den gegenwärtigen Planungsinstrumenten keine ausreichende Entsprechung. Das Weiterbauen der Stadt Zürich geht immer noch von einem Verständnis des Freiraumes der Stadt, das heisst von den noch wenigen freien Grundstücken, Pärken oder Zwischenräumen zwischen den Gebäuden, als verfügbare Landreserve aus.

Die Strukturen der Aussenräume und ihre Funktion als öffentlicher, halböffentlicher und privater Raum stellen ein besonders schützenswertes Gut dar. Aus diesem Grund ist es wesentlich, für das Weiterbauen der Stadt über eine vertikale Erweiterung oder Transformation gebauter Strukturen nachzudenken. Es muss sogar eine Neubewertung des Zonenplanes in Betracht gezogen werden – sei diese utopisch oder schlicht notwendig für eine zukunftsfähige Stadtentwicklung von Zürich. So soll, anstelle einer Festschreibung der gewachsenen, nach aussen hin abflachenden Bebauung, als Annahme für die Semesteraufgabe eine Regelbauweise mit höherer Dichte analog der Zentrumszone Z7 über das gesamte Stadtgebiet gelten. Diese Prämisse bedeutet das Überdenken des Zonenplanes, je nach Bebauungstypologie der unterschiedlichen Stadtquartiere, das Schützen, die Transformation oder sogar Erneuerung bestehender Strukturen. Dabei muss der Entwurf zum Städtebau gleichzeitig von einer konkreten Vorstellung der unterschiedlichen Aussenräumen wie auch der Vorstellung einer städtischen Wohnung ausgehen.

Gastkritiker: Christoph Haerle, Bildhauer und Architekt, Zürich
Katrin Jaggi, Amt für Städtebau Zürich
Christophe Girot, Landschaftsarchitekt, Zürich
Markus Peter, Architekt, Zürich

Assistenten: Lynn Hamell, Chantal Imoberdorf,
Valentin Loewensberg, Thomas Padmanabhan

FOR LOVE OF THE CITY, ZURICH

SPRING SEMESTER 2010

The city of Zurich characteristically evinces a broad range of urban development strategies as well as the breaks to which such variety gives rise. Architecture today is called upon primarily to further develop whatever is already present – and will be also in the future. Bearing this in mind, this semester we will examine the City of Zurich's building and zoning regulations. In essence, the present zoning plan seeks to codify a state of affairs that has come into being over time. Such planning tools are inadequate to meet the new challenges facing society and currently voiced in political and academic debates on the economy and resources. The further development of Zurich continues to be premised on the notion that the as-yet unbuilt areas of the city – the few vacant lots, parks or interstitial remnants on built-up streets – are available as reserve terrain.

The structures of such outdoor spaces and their role as public, semipublic and private space constitute a common good that is well worth preserving. It is accordingly vital, when planning the city's further development, to consider vertical extensions and the transformation of existing buildings and infrastructure. This could even involve a radical re-evaluation of the zoning plan, be this Utopian or – if the urban development of Zurich is to remain viable in the future – a sheer necessity. Therefore this semester's task will be premised not on the outward sprawl of successively lower buildings, but rather on applying the standard high-density construction already stipulated for the city centre zone Z7 to the entire city. This will require a radical re-thinking of the zoning plan and, depending on the architectural typology of each respective city district, also of the means by which existing structures may be protected, transformed or even replaced. Urban development planning must accordingly be based on both a concrete vision of diverse outdoor spaces and a vision of the urban apartment.

Guest critics: Christoph Haerle, sculptor and architect, Zurich
Katrin Jaggi, City Department of Urban Development, Zurich
Christophe Girot, landscape architect, Zurich
Markus Peter, architect, Zurich

Assistants: Lynn Hamell, Chantal Imoberdorf,
Valentin Loewensberg, Thomas Padmanabhan

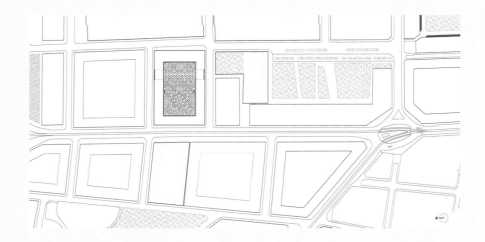

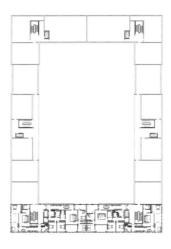

a

b

1

QIQI HU

a Wohngeschoss 1:2000
b Masterplan Gebiet Hard 1:6250

a Residential level 1:2000
b Master plan Hard area 1:6250

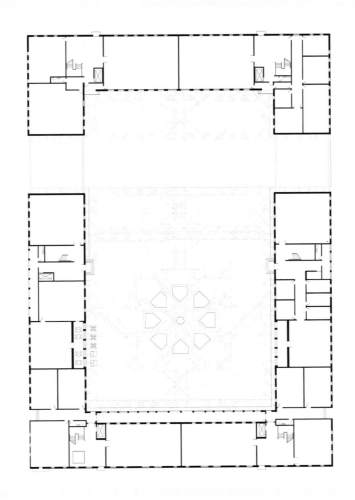

c

1

QIQI HU

c Ansicht Badenerstrasse, Grundriss Erdgeschoss,
Schnitt mit Hofansicht 1:1000

c Elevation Badenerstrasse, ground plan ground floor,
section with courtyard elevation 1:1000

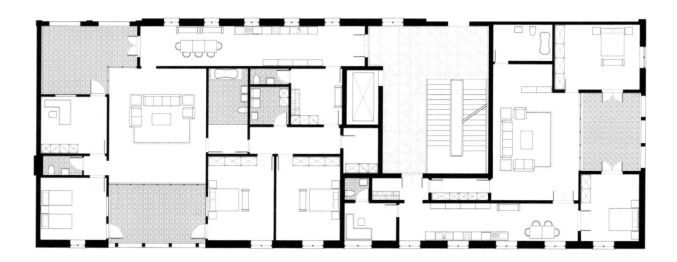

d

1

QIQI HU

d Wohnungsgrundriss 1:250
d Ground plan apartment 1:250

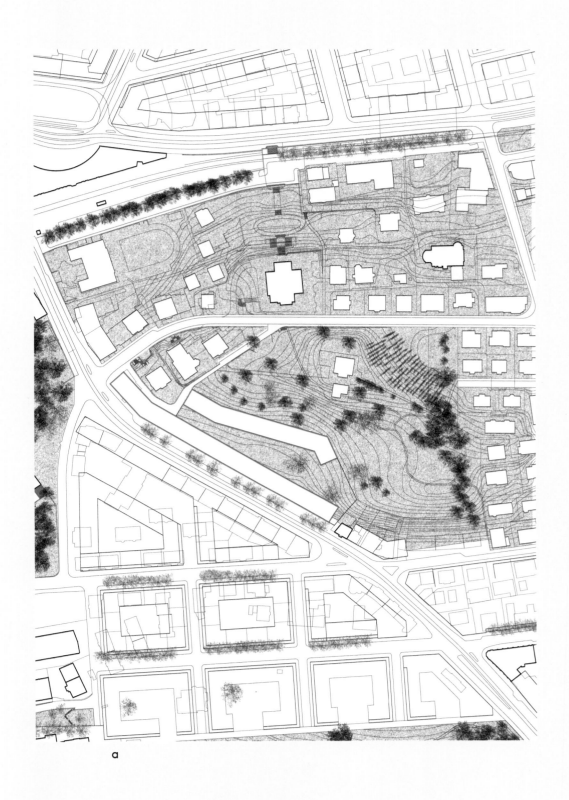

a

2

ESTHER ELMIGER

a Masterplan Gebiet Enge 1:2500
a Master plan Enge area 1:2500

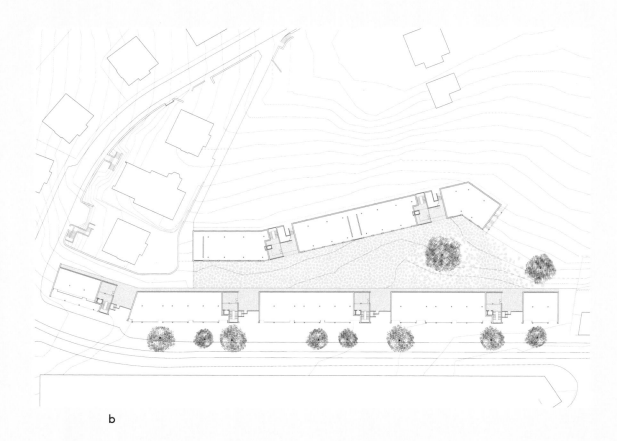

b

2

ESTHER ELMIGER

b Grundriss Erdgeschoss 1:1600
b Ground plan ground floor 1:1600

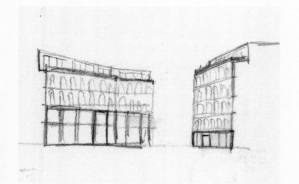

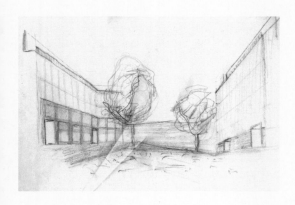

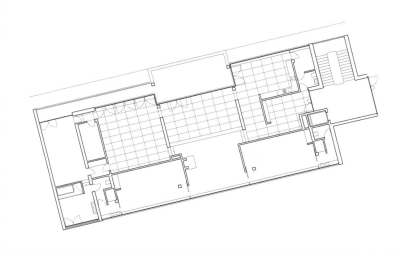

c

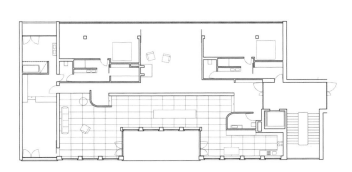

d

2

ESTHER ELMIGER

c, d Grundriss Regelwohnungen 1:400
c, d Ground plan standard apartments 1:400

a

3
SAMUEL TOBLER

a Masterplan Gebiet Enge 1:6250
a Master plan Enge area 1:6250

b

3
SAMUEL TOBLER

b Grundriss Wohngeschoss 1:400
b Ground plan residential level 1:400

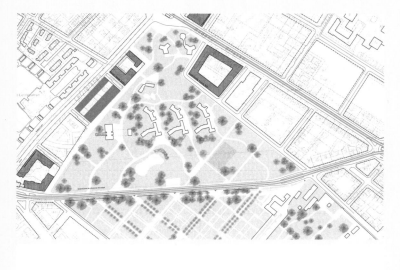

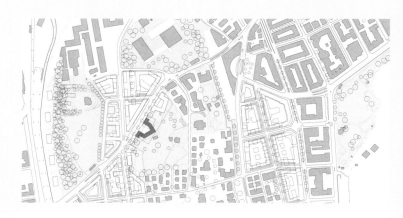

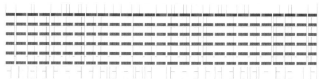

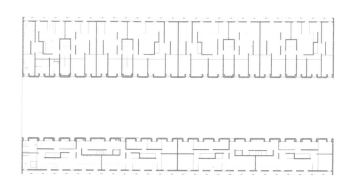

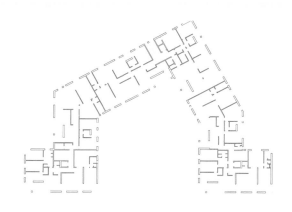

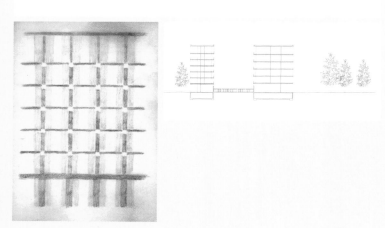

4

KA EUL CHAE

5

STEFANO MURIALDO

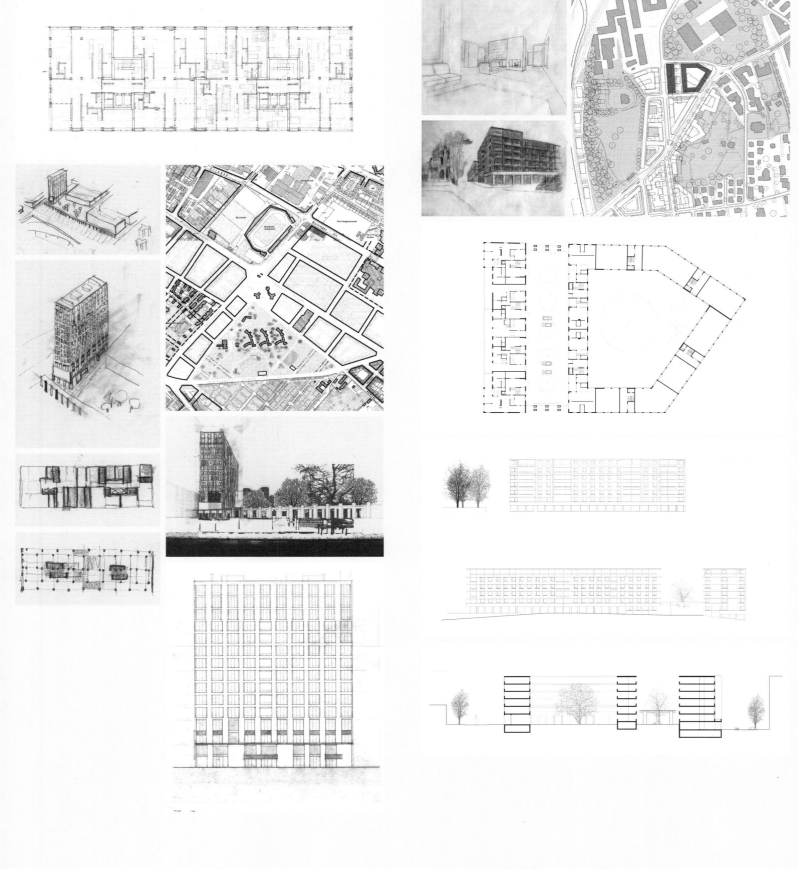

6
CLAUDIO SCHNEIDER

7
RICCARDO PANIZZA

GESTALT UND AUSDRUCK, PAESTUM

FRÜHJAHRSSEMESTER 2011

Wir stellen fest: Die Gegenwart schafft es heute häufig nicht, ihren Gebäuden einen Ausdruck zu geben. Wir stellen fest: Wichtige Grundelemente der Baukunst, um einem Gebäude Gestalt und Ausdruck zu geben, sind verlorengegangen. Und es gibt, aus welchen Gründen auch immer, keine Auseinandersetzung mit diesem Verlust. Wir fragen uns: Existiert kein Verlangen und keine Notwendigkeit, diese Grundelemente der Baukunst für die Zukunft zurückzugewinnen?

Das Semester beschäftigt sich mit dieser Frage. Mit einer Recherche und dem Entwurf eines einfachen Bauwerks muss jede Studentin und jeder Student versuchen, auf diese Frage eine persönliche Antwort zu finden.

Gastkritiker: Franz Wanner, Maler, Walenstadtberg
Markus Peter, Architekt, Zürich

Assistenten: Lynn Hamell, Chantal Imoberdorf,
Valentin Loewensberg, Thomas Padmanabhan

FORM AND EXPRESSION, PAESTUM

SPRING SEMESTER 2011

We note that the current epoch frequently fails to lend its architecture a convincing profile. We note, too, that those fundamental elements of architecture so vital to giving form and expression to a building have been lost to us – and also that for reasons unknown this loss is never addressed. We ask ourselves: Does no one wish to re-appropriate these fundamental elements of architecture for the future or even see the necessity of doing so?

The semester is devoted to exploring this question. Each student is called upon to shape a personal response to it by conducting research and designing a simple building.

Guest critics: Franz Wanner, painter, Walenstadtberg
Markus Peter, architect, Zurich

Assistants: Lynn Hamell, Chantal Imoberdorf,
Valentin Loewensberg, Thomas Padmanabhan

a

1

CONRADIN WEDER

a Situation 1:10 000
a Situation 1:10,000

b

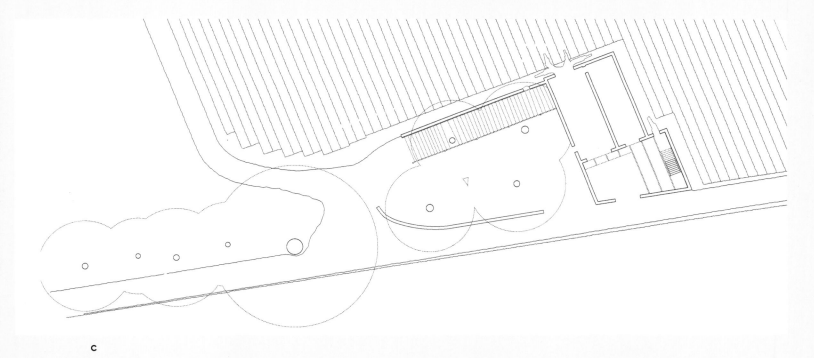

c

1

CONRADIN WEDER

b Ansicht Nord 1:600
c Grundriss Erdgeschoss 1:600

b Elevation (north) 1:600
c Ground plan ground floor 1:600

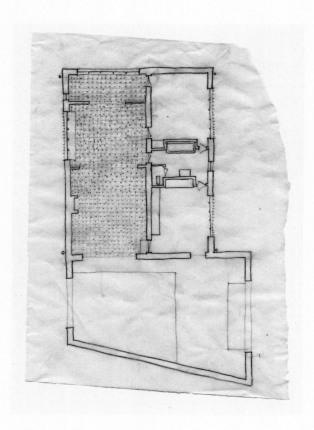

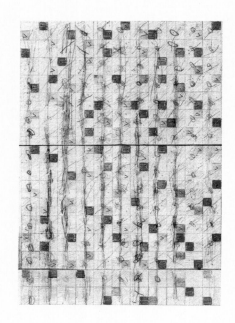

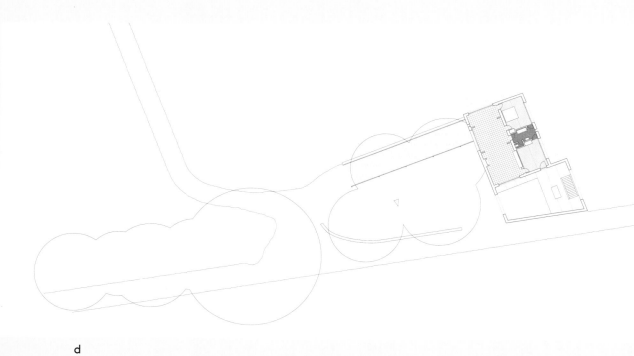

d

1

CONRADIN WEDER

d Grundriss Obergeschoss 1:600
d Ground plan 1st floor 1:600

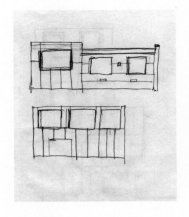

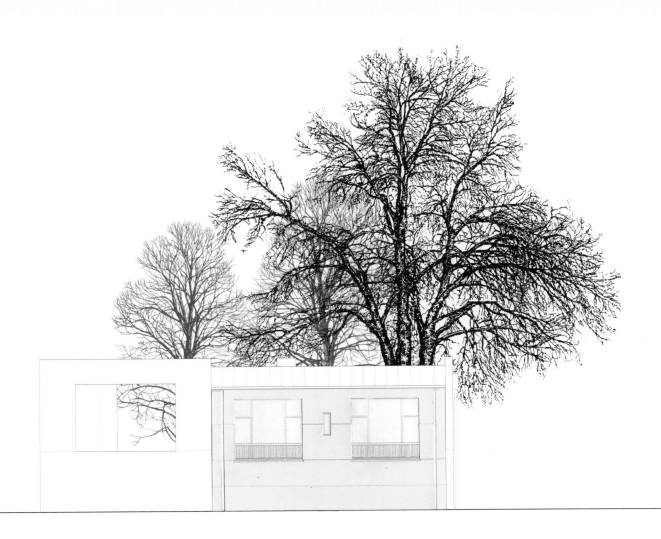

e

1

CONRADIN WEDER

e Ansicht Ost 1:200
e Elevation (east) 1:200

a

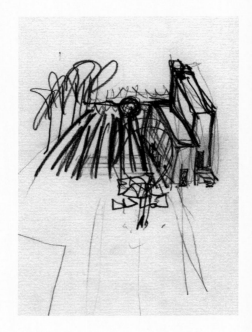

2

DOROTHEA BRAUN

a Situation 1:10 000
a Situation 1:10,000

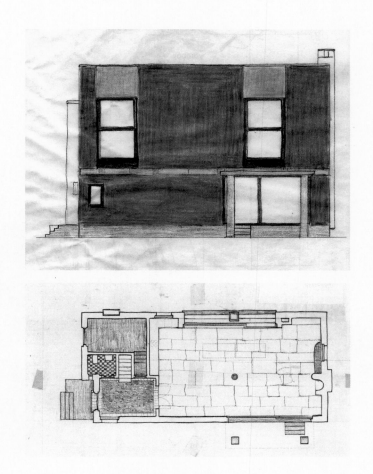

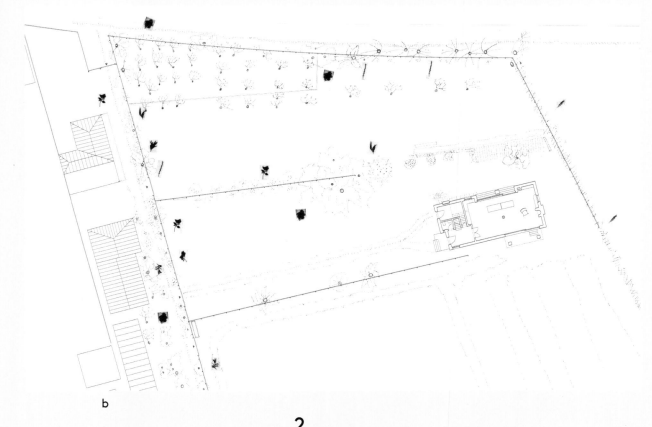

b

2

DOROTHEA BRAUN

b Grundriss Erdgeschoss mit Garten 1:500
b Ground plan ground floor with garden 1:500

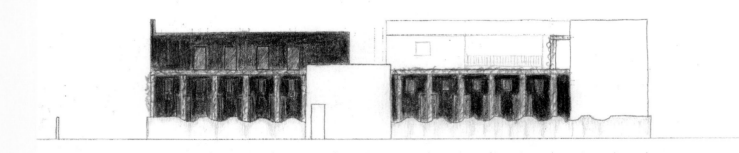

3

SEREINA THOMA

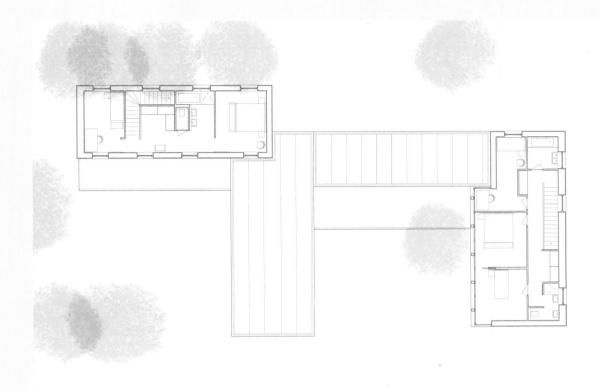

a

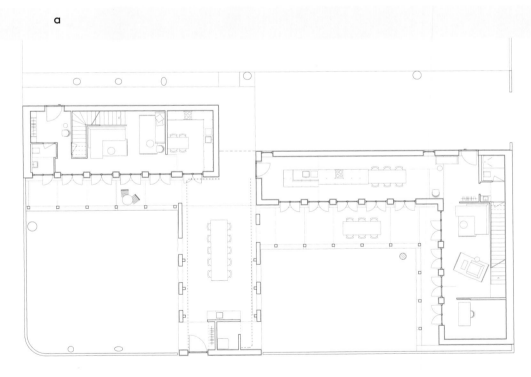

b

3

SEREINA THOMA

a Grundriss Obergeschoss 1:250
b Grundriss Erdgeschoss 1:250

a Ground plan 1st floor 1:250
b Ground plan ground floor 1:250

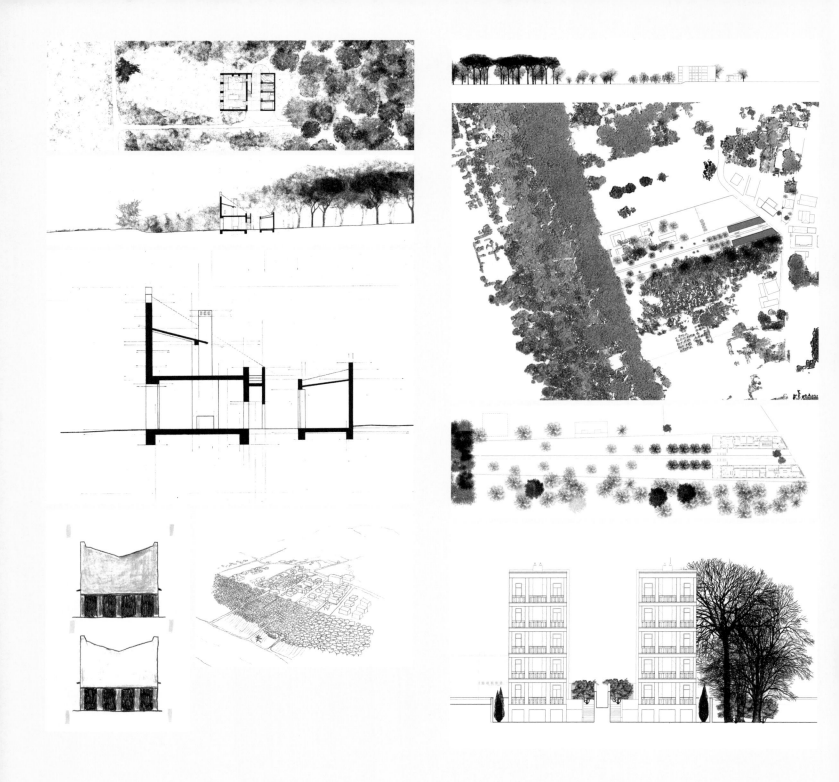

4
DARIO WOHLER

5
ANNA DENKELER

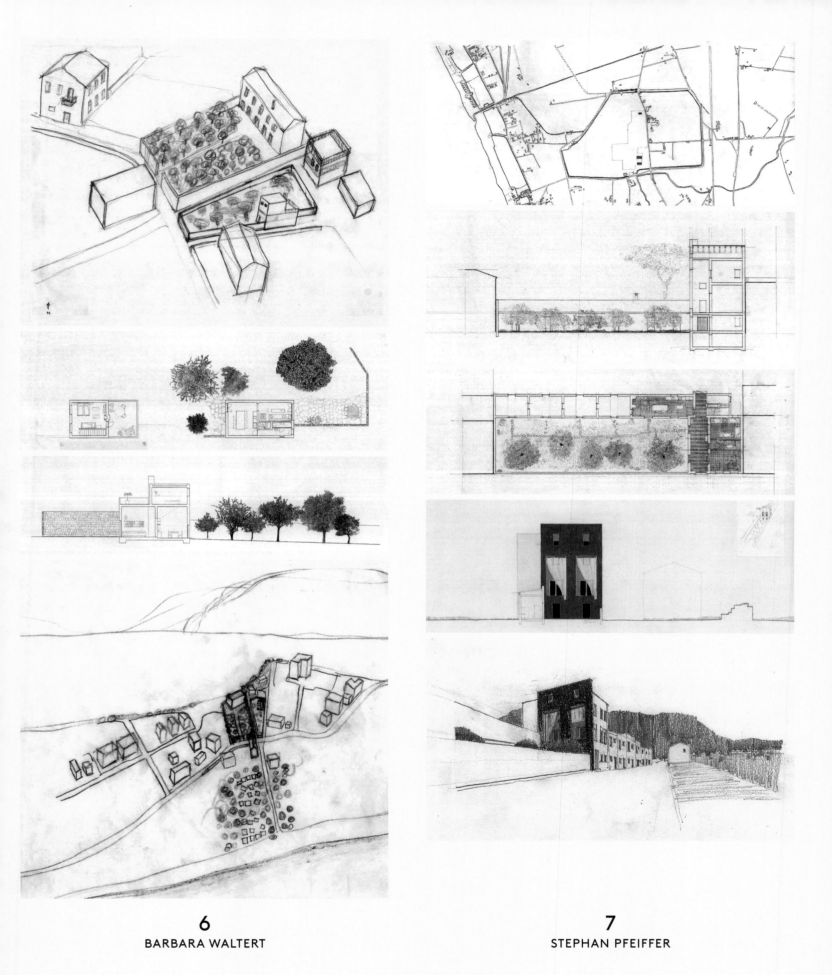

6
BARBARA WALTERT

7
STEPHAN PFEIFFER

Triemli

Birmensdorferstrass

STADT UND WOHNUNG, ZÜRICH

HERBSTSEMESTER 2011

Haben wir eine Vorstellung vom Leben? Wie äussert sich diese in einem Entwurf für ein städtisches Wohnhaus? Wie äussert sich diese Vorstellung im öffentlichen Raum, im Ausdruck des Gebäudes, im Raumplan der Wohnung und in ihrer Erscheinung?

Die Aufgabe lautet, entlang einer bestehenden Strasse in Zürich ein städtisches Wohnhaus zu entwerfen und eine Wohnung genau auszuarbeiten.

Gastkritiker: Florian Beigel, Architekt, London
Philip Cristou, Architekt, London
Anja Maissen, Architektin, Zürich
Markus Peter, Architekt, Zürich

Assistenten: Valentin Loewensberg, Thomas Padmanabhan, Andrea Ringli, Elisabeth Rutz

THE CITY AND THE APARTMENT, ZURICH

AUTUMN SEMESTER 2011

Do we have a certain image of life? How is this given expression in the design of an apartment building? How is it given expression in public space, in the style of a building, or in the ground plan and the look of an apartment?

The task here is to design an apartment building located on a real street in Zurich as well as to draw up highly detailed plans for an apartment.

Guest critics: Florian Beigel, architect, London
Philip Cristou, architect, London
Anja Maissen, architect, Zurich
Markus Peter, architect, Zurich

Assistants: Valentin Loewensberg, Thomas Padmanabhan, Andrea Ringli, Elisabeth Rutz

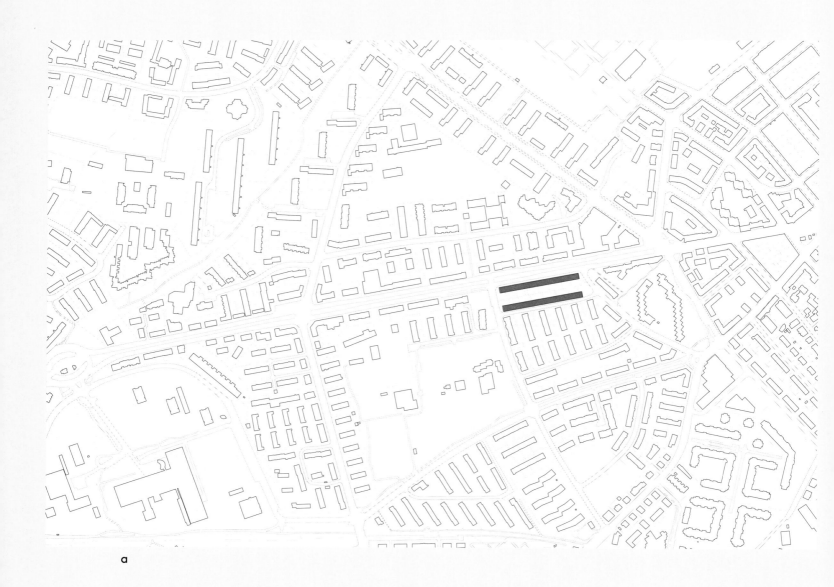

a

1

ANNIKA GEIGER

a Masterplan 1:8000
a Master plan 1:8000

b

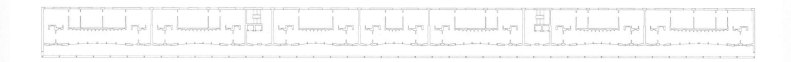

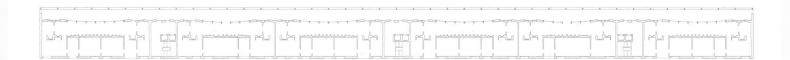

c

1
ANNIKA GEIGER

b Ansicht Hof und Birmensdorferstrasse 1:800
c Grundriss Regelgeschoss 1:800

b Elevation courtyard and Birmensdorferstrasse 1:800
c Ground plan standard floor 1:800

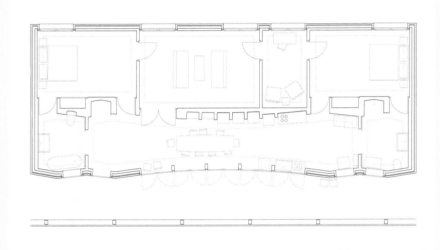

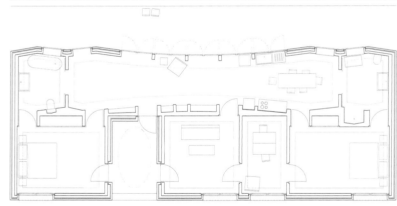

d

1

ANNIKA GEIGER

d Wohnungsgrundrisse 1:200
d Ground plans apartments 1:200

a

2
KIRSTIN KOCH

a Masterplan 1:10 000
a Master plan 1:10,000

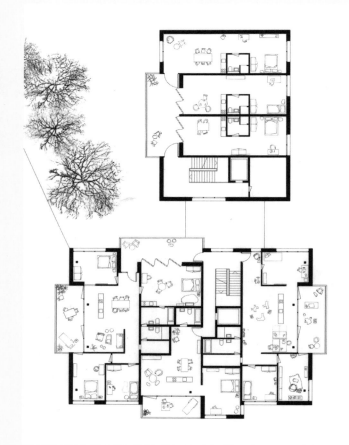

b

c

2

KIRSTIN KOCH

b Regelgeschoss 1:400
c Wohnungsgrundriss 1:200

b Standard floor 1:400
c Ground plan apartment 1:200

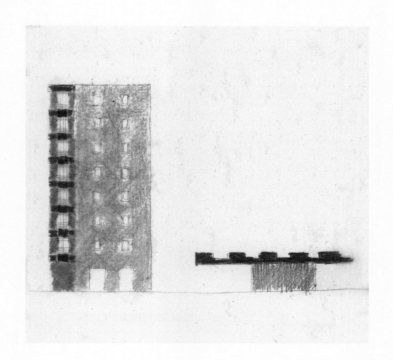

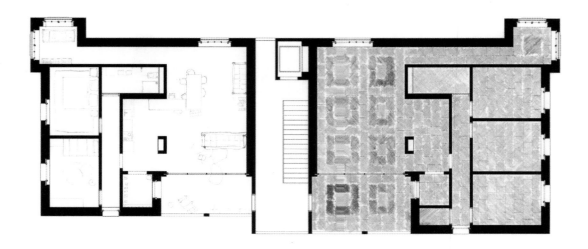

a

b

3

DEBORAH VETSCH

a Situation 1:5000
b Wohnungsgrundriss 1:200

a Situation 1:5000
b Ground plan apartment 1:200

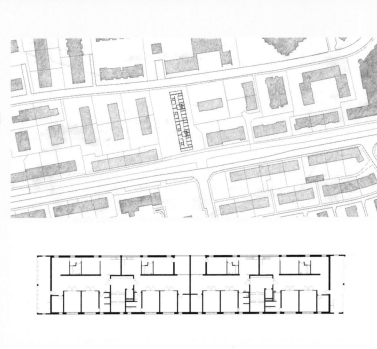

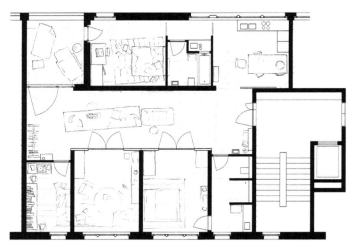

4
FLORIAN SCHWEIZER

5
DARIO WOHLER

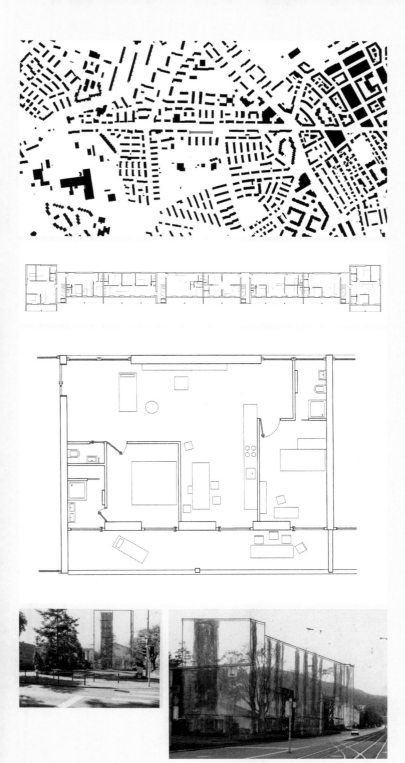

1

2

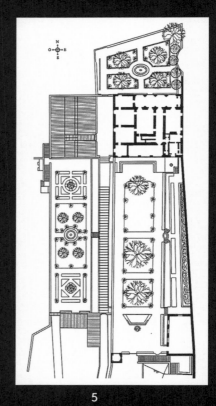

5

6

7

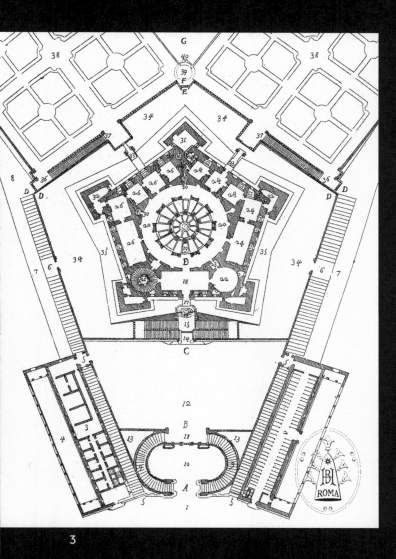

3

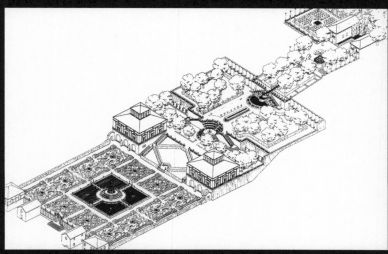

4

VILLEN UND LANDSCHAFT

FRÜHJAHRSSEMESTER 2012 — VON ROM NACH FLORENZ

In der Renaissance wird die Villa zum Mittelpunkt einer neuen Vorstellung von Landschaft.

Der Maler Franz Wanner, ein profunder Kenner der italienischen Architektur, Malerei und Bildhauerei, wird uns auf einer Reise begleiten, deren ideellen Ausgangspunkt die antike Terrassenanlage des Tempels der Fortuna Primigenia in Palestrina bildet.

1 Villa Aldobrandini, Frascati, Giacomo della Porta, Carlo Maderno, Giovanni Fontana, Baubeginn 1598
2 Villa d'Este, Tivoli, Pirro Ligorio, 1509–1572
3 Villa Farnese, Caprarola, Giacomo Barozzi da Vignola, um 1550
4 Villa Rospigliosi, Lamporecchio, Gian Lorenzo Bernini, Baubeginn um 1680
5 Villa Medici, Fiesole, Michelozzo di Bartolommeo, 1451–1457
6 Villa Medici La Ferdinanda, Artimino, Bernardo Buontalenti, Baubeginn 1594
7 Villa Medici, Cerreto Guidi, Architekt unbekannt, 1565–1575

VILLAS AND LANDSCAPES

SPRING SEMESTER 2012 — FROM ROME TO FLORENCE

In the Renaissance the villa becomes the focus of a new notion of landscape.

Franz Wanner, a painter with a profound knowledge of Italian architecture, painting and sculpture, will accompany us on a trip, the ideal starting point of which is the ancient terraced site of the Temple of Fortuna Primigenia in Palestrina.

1 Villa Aldobrandini, Frascati, Giacomo della Porta, Carlo Maderno, Giovanni Fontana, start of construction 1598
2 Villa d'Este, Tivoli, Pirro Ligorio, 1509–1572
3 Villa Farnese, Caprarola, Giacomo Barozzi da Vignola, around 1550
4 Villa Rospigliosi, Lamporecchio, Gian Lorenzo Bernini, start of construction around 1680
5 Villa Medici, Fiesole, Michelozzo di Bartolommeo, 1451–1457
6 Villa Medici La Ferdinanda, Artimino, Bernardo Buontalenti, start of construction 1594
7 Villa Medici, Cerreto Guidi, unknown architect, 1565–1575

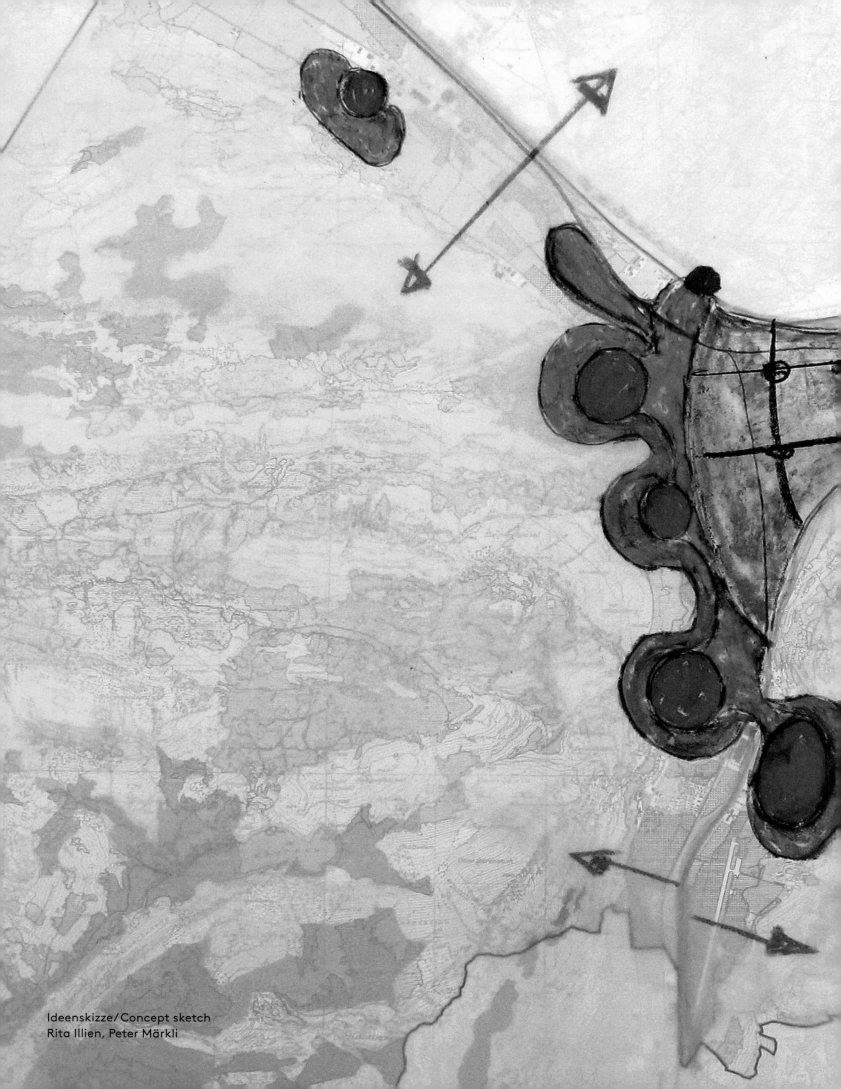

Ideenskizze/ Concept sketch
Rita Illien, Peter Märkli

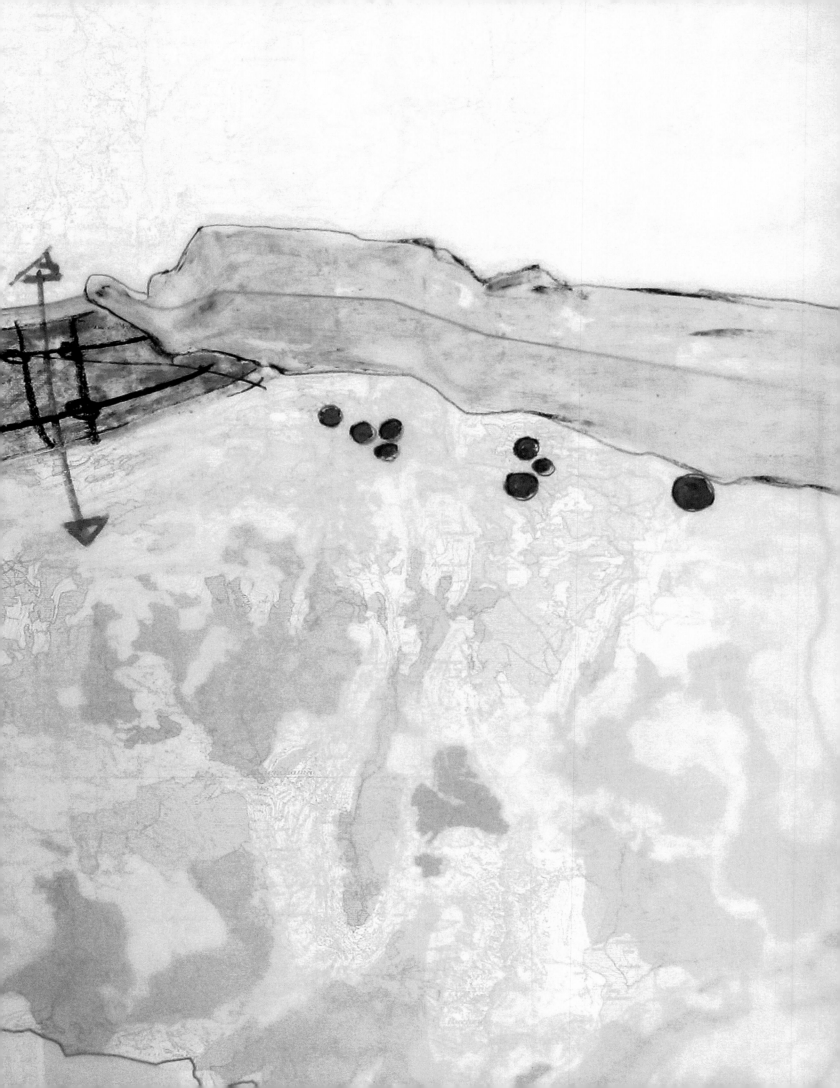

DIE LIEBE ZUR LANDSCHAFT, GLARUS

HERBSTSEMESTER 2012

Was bedeuten Bebauungsstrukturen für das Leben? Bilden sie eine Existenz ab? Sprechen sie von unserem Verständnis von Gemeinschaft? Diesen Fragestellungen werden wir im Semester gemeinsam nachgehen.

Wir werden unterschiedliche Beispiele von Bebauungsstrukturen aus der Geschichte diskutieren. In einem mehrteiligen Vortrag wird die Grammatik der Architektursprache besprochen. Und jede Studentin und jeder Student verfasst ein konkretes Projekt zu einer überschaubaren städtebaulichen Intervention.

Gastkritiker: Rita Illien, Landschaftsarchitektin, Zürich
Peter St John, Architekt, London
Markus Peter, Architekt, Zürich

Assistenten: Valentin Loewensberg, Thomas Padmanabhan, Andrea Ringli, Elisabeth Rutz

A LOVE OF LANDSCAPE, GLARUS

AUTUMN SEMESTER 2012

What impact do urban development structures have on our lives? Are they the very image of our existence? Do they say anything about our notion of community? These are the questions we will explore together this semester.

We will discuss various historical examples of development structures. The grammar of architectural language will be addressed in a multi-part lecture. And each student will elaborate a straightforward urban intervention in the form of a concrete project.

Guest critics: Rita Illien, landscape architect, Zurich
Peter St John, architect, London
Markus Peter, architect, Zurich

Assistants: Valentin Loewensberg, Thomas Padmanabhan, Andrea Ringli, Elisabeth Rutz

a

b

1

NEMANJA ZIMONIJIC

a Situation 1:22500
b Glarus Nord 1:20000

a Situation 1:22,500
b Glarus North 1:20,000

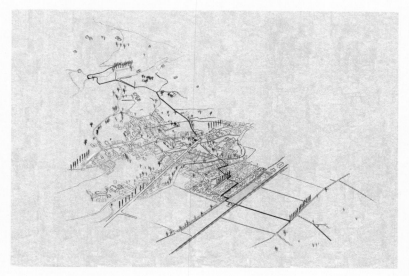

c

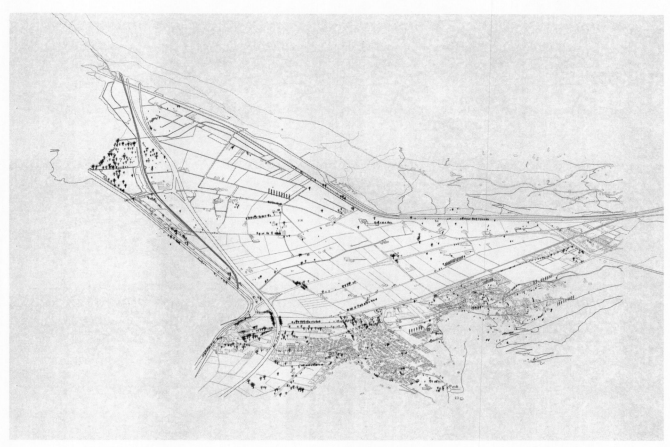

d

1

NEMANJA ZIMONIJIC

c Fussweg
d Vogelperspektive

c Pathway
d Bird's-eye view

e

1

NEMANJA ZIMONIJIC

e Situation und Landschaftsschnitt 1:15 000
e Situation and landscape section 1:15,000

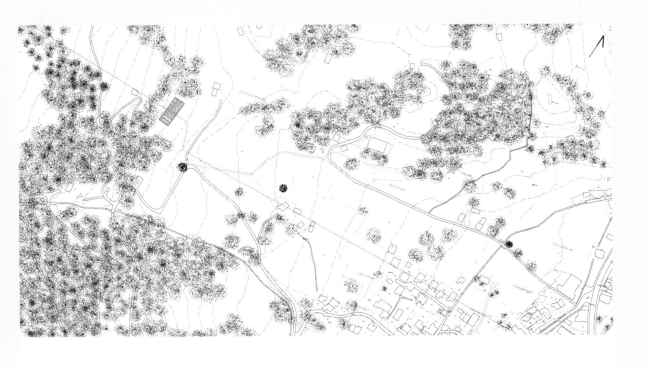

f

g

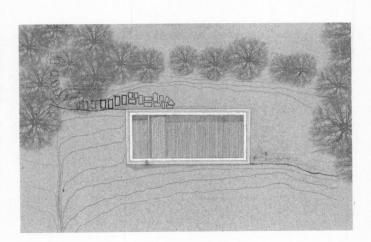

1

NEMANJA ZIMONIJIC

f Situation und Landschaftsschnitt 1:6000
g Ansicht und Grundriss Kaltes Bad 1:1665

f Situation and landscape section 1:6000
g Elevation and ground plan Cold Bath 1:1665

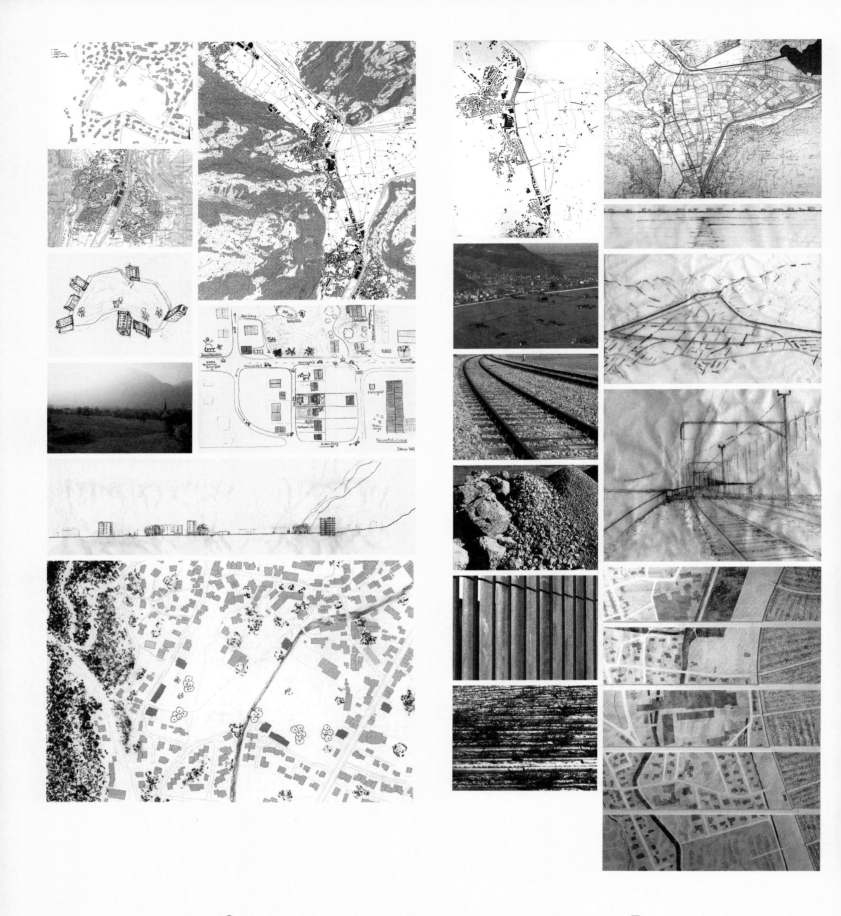

2
RETO WASSER

3
ANNA STOOS

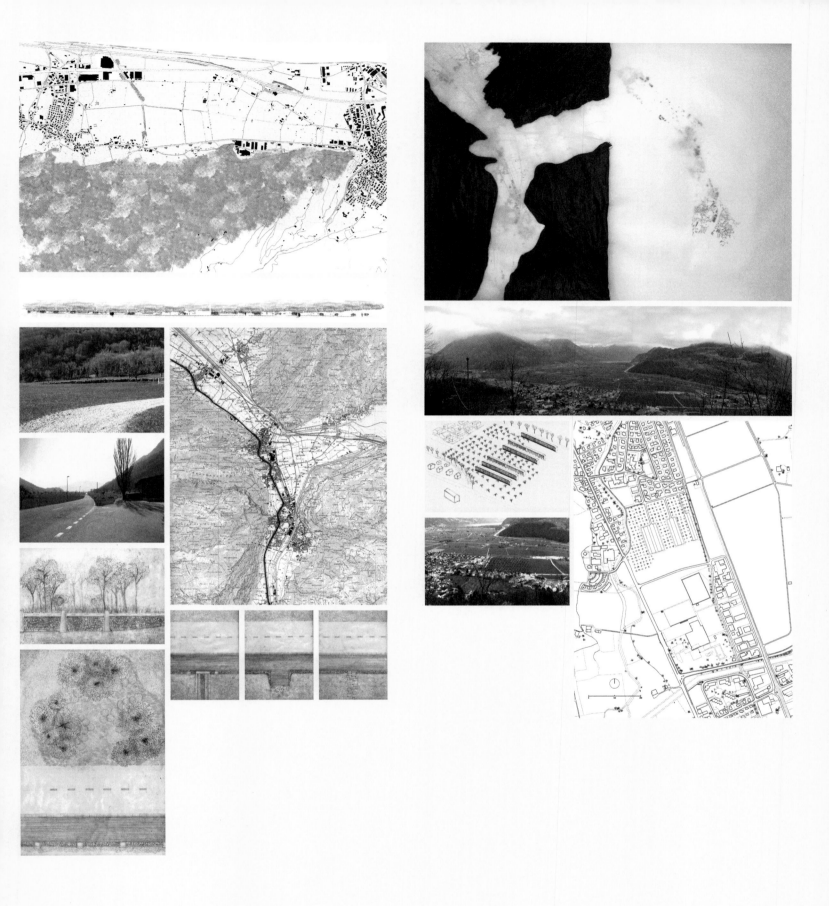

4
NINA EHRENBOLD

5
ROMAN BIRRER

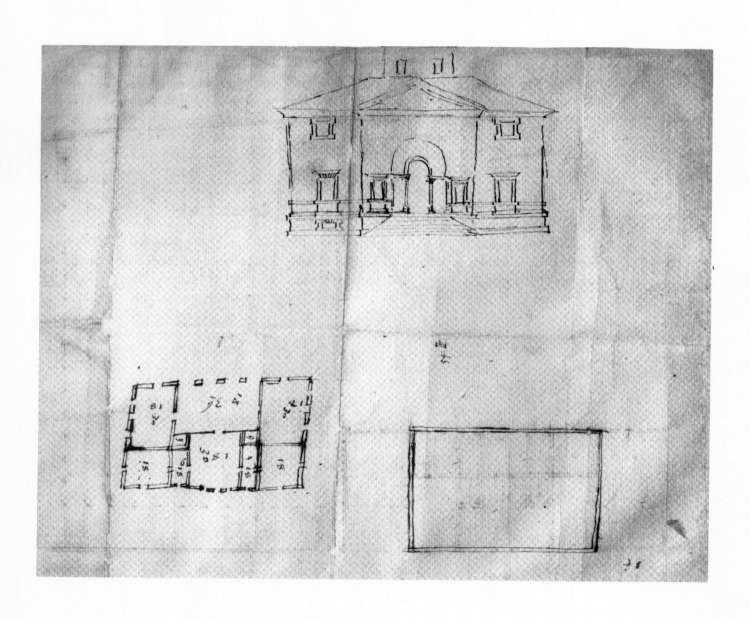

DIE FASSADE

FRÜHJAHRSSEMESTER 2013

Frei von allen Ritualen, welche spezifische Lebensvorstellungen und Religionen prägen, steht in allen Kulturen die Frage nach der menschlichen Existenz im Zentrum. Und die Menschen entwickelten, um miteinander zu kommunizieren und ihr Lebensgefühl ausdrücken zu können, Sprachen. Und diese Sprachen beruhen, damit sie verständlich sind, auf Konventionen. Und jede der vielen Vergangenheiten, seien es alte oder junge, schuf mit diesen Sprachen auf je eigene Weise ein Abbild des Verhältnisses zum Leben.

Viele dieser Sprachen sind alt. Infolge gewisser Ereignisse in der jungen Vergangenheit haben wir wesentliche sprachliche Mittel verloren. Um in der Gegenwart und in der Zukunft unsere Position zum Leben und den sinnlichen Reichtum des Lebens ausdrücken zu können, müssen wir diese verlorenen sprachlichen Mittel wieder zurückgewinnen. Und wir müssen eine Position einnehmen zur Frage, ob wir uns als Einzelwesen oder als Mitglied einer Gemeinschaft begreifen.

Gastkritiker: Adolf Krischanitz, Architekt, Wien
Tony Fretton, Architekt, London
Chantal Imoberdorf, Architektin, Zürich
Markus Peter, Architekt, Zürich

Assistenten: Valentin Loewensberg, Thomas Padmanabhan, Andrea Ringli, Elisabeth Rutz

THE FAÇADE

SPRING SEMESTER 2013

The question of human existence takes centre-stage in all cultures, regardless of which rituals shape their religions and specific lifestyles. And human beings developed languages in order to be able to communicate with one another and give expression to their consciousness of life. And these languages are based on conventions, for only so are they comprehensible. And every bygone epoch, be it recent or long past, created through language its own idiosyncratic image of its attitude to life.

Many of these languages are old. Owing to certain events in the recent past we have lost essential linguistic tools. In order to be able to express, now and in the future, our position on life as well as the richness of a sensory life, we must re-appropriate those lost tools. And we must take a clear stance on the question of whether we see ourselves as individuals or as members of a community.

Guest critics: Adolf Krischanitz, architect, Vienna
Tony Fretton, architect, London
Chantal Imoberdorf, architect, Zurich
Markus Peter, architect, Zurich

Assistants: Valentin Loewensberg, Thomas Padmanabhan, Andrea Ringli, Elisabeth Rutz

a

b

1

SHUJUN FANG

a Skizze zum Ort, Dorf am Flüsschen Xiang, Ningbo, China
b Situation 1:12 000

a Site sketch, village at the Xiang stream, Ningbo, China
b Situation 1:12,000

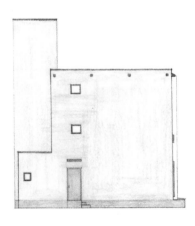

c

d

1

SHUJUN FANG

c Ansicht Seitenfassade 1:250
d Ansicht Eingangsfassade 1:250

c Elevation side façade 1:250
d Elevation entrance façade 1:250

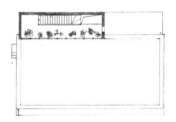
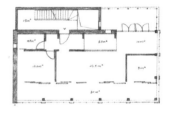

e

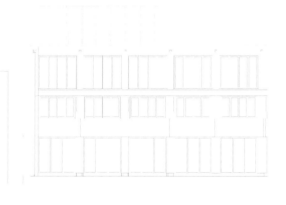

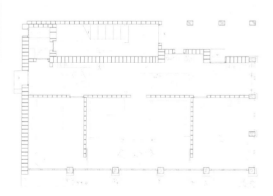

f

1
SHUJUN FANG

e Grundrisse 2. und 3. Obergesschoss und Dachgeschoss 1:400
f Hauptfassade und Grundriss Erdgeschoss 1:250

e Ground plans 2nd and 3rd floor and top floor 1:400
f Main façade and ground-floor ground plan 1:250

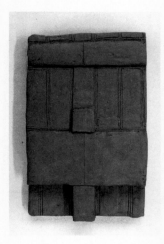

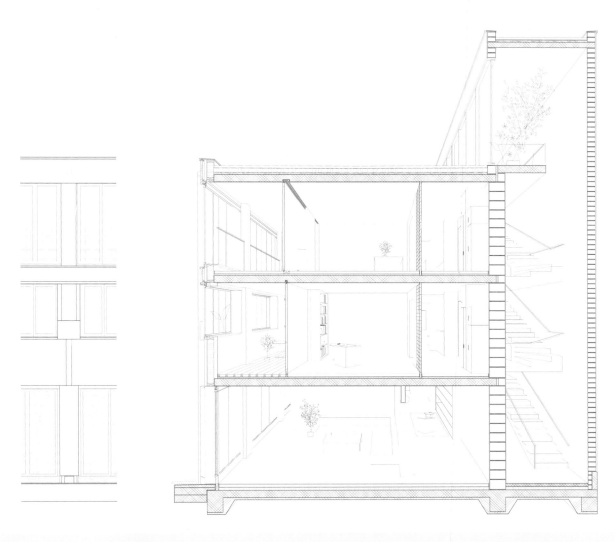

g

1

SHUJUN FANG

g Ansicht und Konstruktionsschnitt 1:100
g Elevation and construction cross section 1:100

a

b

2

MATTHIAS WINTER

a Skizze zum Ort, Baden / Ennetbaden, Aargau
b Situation Baden und Umgebung 1:3750

a Site sketch, Baden/Ennetbaden, Aargau
b Situation Baden and environs 1:3750

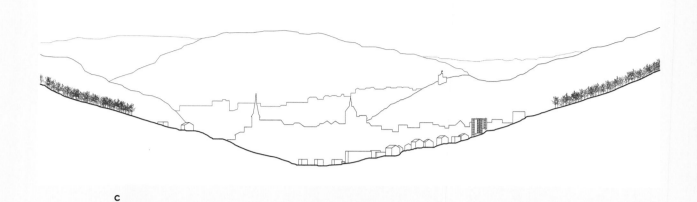

c

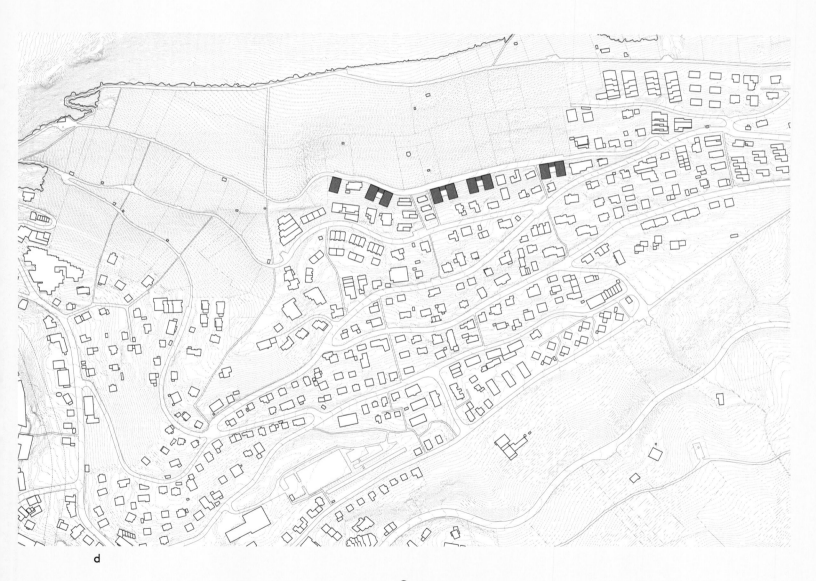

d

2

MATTHIAS WINTER

c Talschnitt, Blick nach Baden 1:5000
d Masterplan Ennetbaden 1:5000

c Valley section, looking towards Baden 1:5000
d Master plan Ennetbaden 1:5000

e

2

MATTHIAS WINTER

e Ansicht Süden und Situation mit Erdgeschoss 1:500
e Elevation (south) and situation with ground plan 1:500

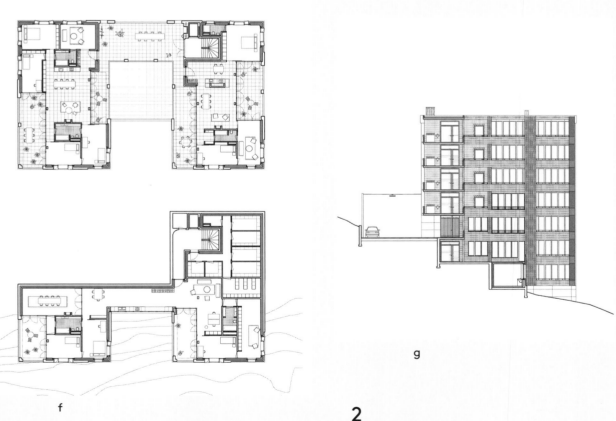

2

MATTHIAS WINTER

f Grundriss Regelgeschoss und 2. Untergeschoss 1:500
g Ansicht West 1:500

f Ground plan standard floor und 2nd basement level 1:500
g Elevation (west) 1:500

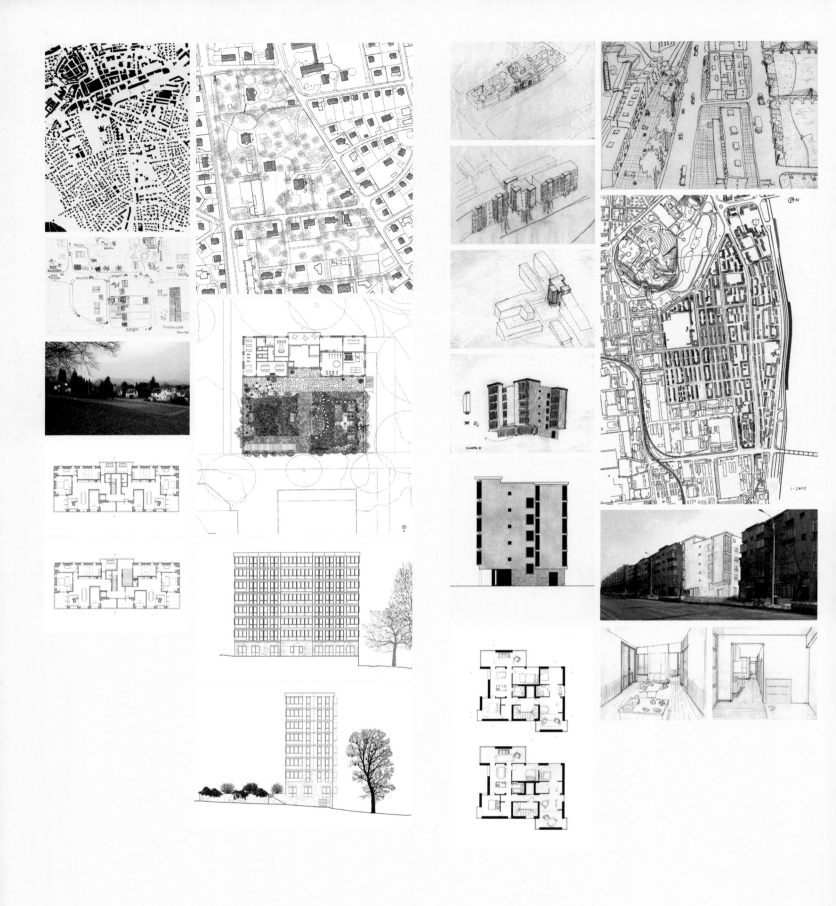

3

SABINE NÄF

Schlittenrain, Aarau, Aargau

4

HUANG LINGHUI

Fushun, Liaoning, China

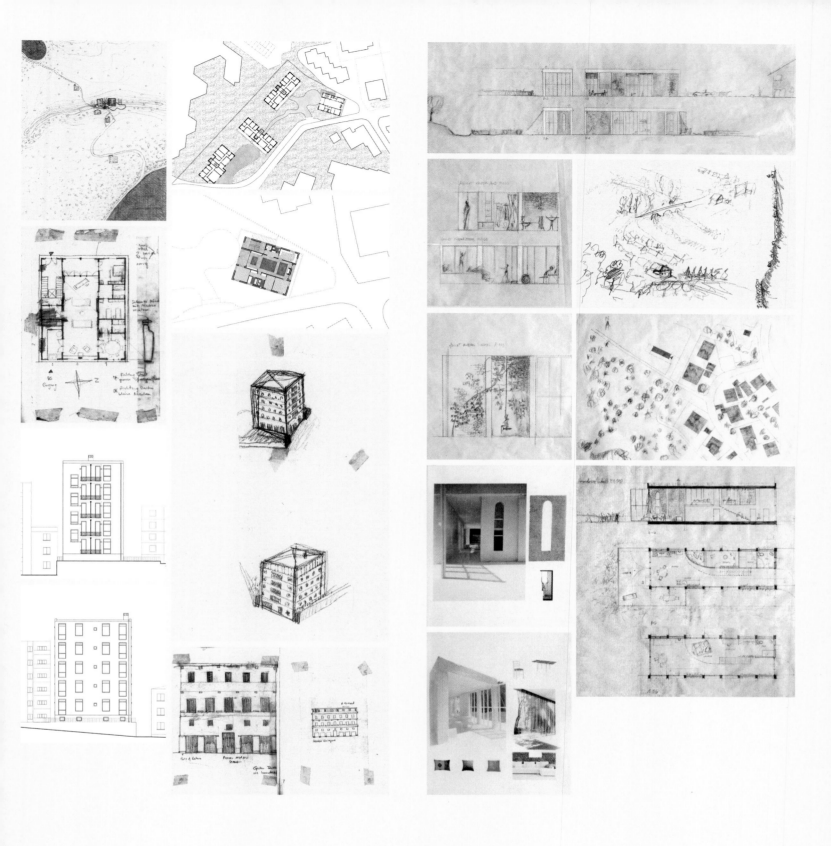

5
CHRISTINA BELLUCCI
Lugano, Tessin

6
SEBASTIAN DENUELL
Kochertürn, Baden-Württemberg, Deutschland
Kochertürn, Baden-Württemberg, Germany

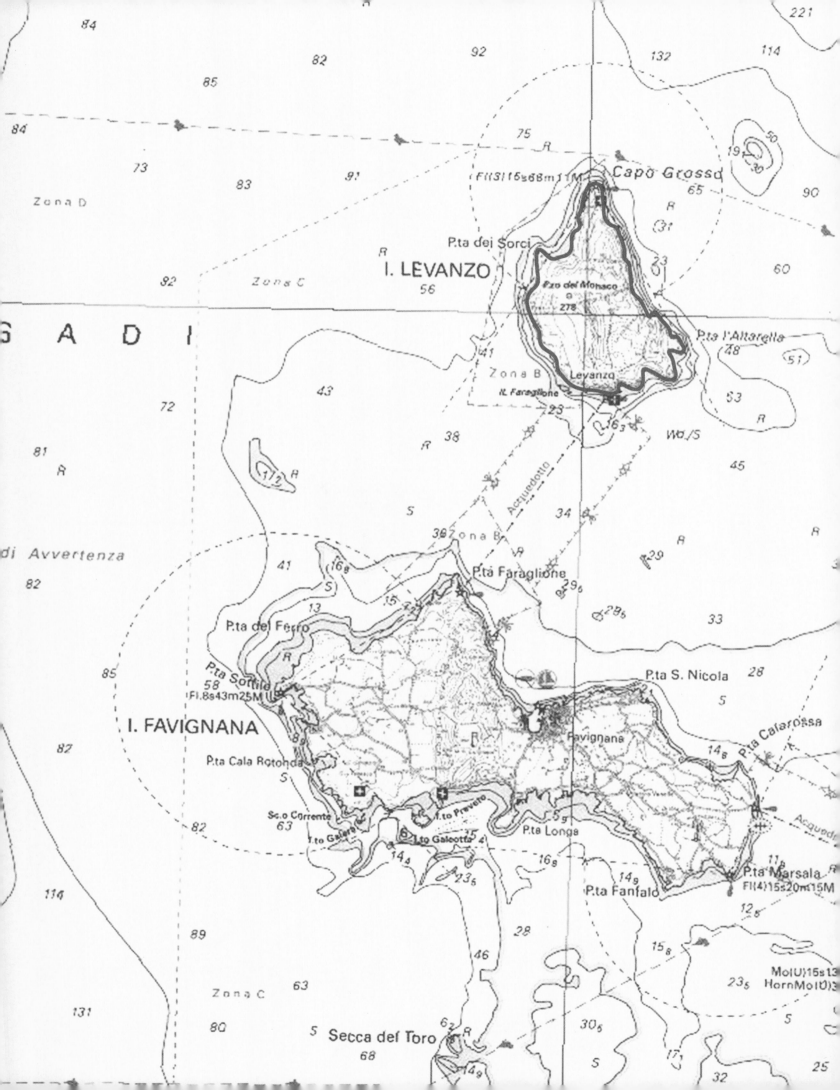

L'ISOLA DI LEVANZO

HERBSTSEMESTER 2013

Der Ort für den Semesterentwurf ist die Isola di Levanzo, die kleinste der in einem grossen Landschaftsraum westlich vor Sizilien gelegenen Ägadischen Inseln. Sie misst etwa 4,5 km in der Länge und 2 km in der Breite. Hügelzüge teilen die Insel in unterschiedliche Raumkammern. Es gibt ein Fischerdorf, ein paar einzelne Häuser und einen Gutshof. Unsere Fragen lauten: Wie situiere ich ein Gebäude ausserhalb der städtischen Bebauungsstruktur? Wenn über die Morphologie der Stadt aufgrund der Bebauungsstrukturen präzise Aussagen gemacht werden können, ist dies im Landschaftsraum gleichermassen möglich? Und wie stellt die Idee des Entwurfs das Verhältnis von Landschaftsraum und gebauter Raumstruktur dar? Wie ist die Erscheinung des Gebäudes? Welche elementaren architektonischen Elemente wählen Sie, um den Ausdruck und die Gestalt zu schaffen? Mit welchen Materialien wird das Haus gebaut, und welche Art von Leben mit welchen Möbeln stellen Sie sich vor?

Die Auseinandersetzung mit Werken der bildenden Kunst und dem Kunsthandwerk und deren Einbeziehung in den Entwurf sind ein wichtiger Teil des Projekts. Geplant wird ein Gebäude mit fünf Betten. Während der Seminarwoche fahren wir für vier Tage auf die Insel, um die bis dahin gemachte Arbeit zu überprüfen. Anschliessend besuchen wir die Stadt Palermo und eine der Tempelanlagen von Selinunt oder Segesta.

Gastkritiker: Joseph Smolenicky, Architekt, Zürich
Christophe Girot, Landschaftsarchitekt, Zürich

Assistenten: Valentin Loewensberg, Thomas Padmanabhan, Andrea Ringli, Elisabeth Rutz

L'ISOLA DI LEVANZO

AUTUMN SEMESTER 2013

The location for this semester's design project is Isola di Levanzo, the smallest of the Aegadian Islands in the scenic spatial expanse off the west coast of Sicily. It is only around 4.5 km long and 2 km wide. Hill ranges divide the island into distinct areas. There is a fishing village and a large farm, with a few isolated houses dotted about. Our questions are: How will you best situate a building outside the present settlement structure? Urban development structures enable us to speak with great precision of the morphology of a city, but does the same hold true for landscape? And how does a design concept represent the relation of the landscape and built space? How is the building here likely to look? Which elementary architectural components will you choose in order to define the building's form and appearance? Which materials will you use to build it, and which image of lifestyle will guide your selection here of fittings and furnishings?

Examining examples of the visual and applied arts and integrating them in your design will be an important part of the project. The planned object is a building with five beds. During the one-week seminar we will first spend four days on the island, surveying the work completed thus far, and then visit the city of Palermo and one of the temple sites in Selinunt or Segesta.

Guest critics: Joseph Smolenicky, architect, Zurich
Christophe Girot, landscape architect, Zurich

Assistants: Valentin Loewensberg, Thomas Padmanabhan, Andrea Ringli, Elisabeth Rutz

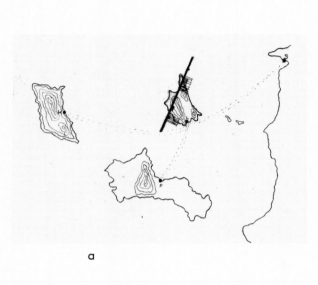

a

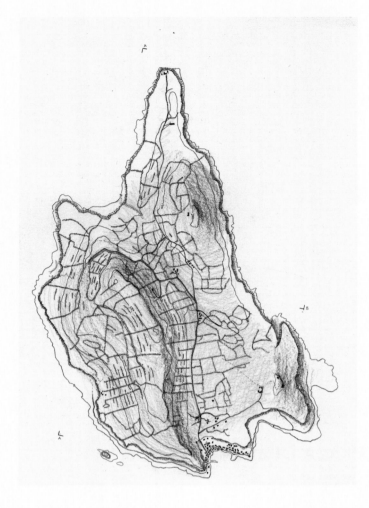

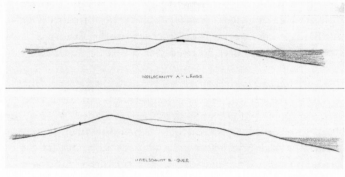

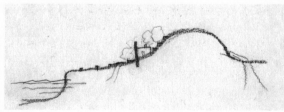

1

ALEXANDRA MARTINEC

a Skizzen und Studien zum Ort
a Site sketches and studies

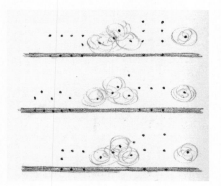

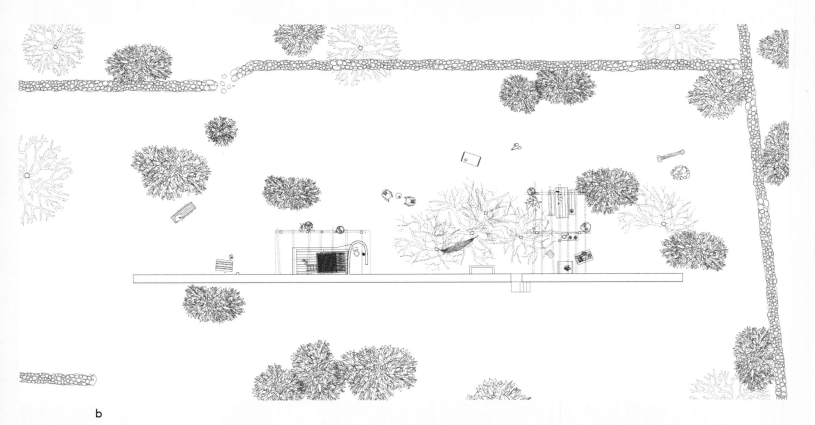

b

1

ALEXANDRA MARTINEC

b Situation mit Grundriss 1:275
b Situation with ground plan 1:275

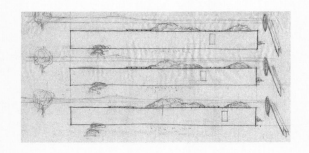

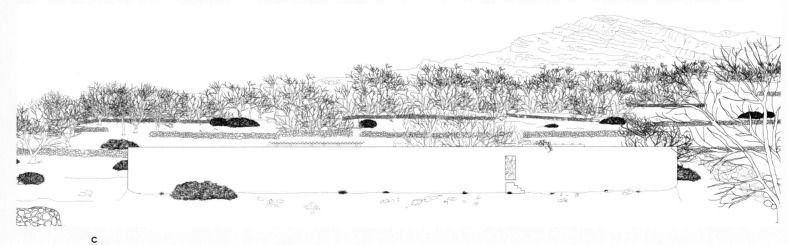

c

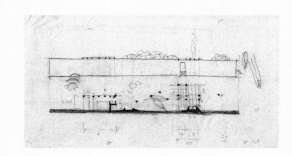

d

1

ALEXANDRA MARTINEC

c Ansicht Nordwest 1:275
d Ansicht Südost 1:275 und Querschnitt 1:200

c Elevation (northwest) 1:275
d Elevation (southeast) 1:275 and cross section 1:200

2

ANNA STOOS

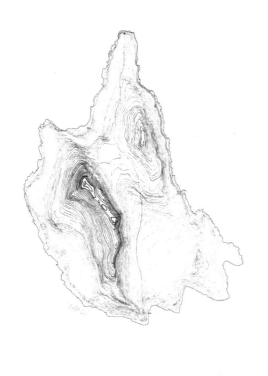

a

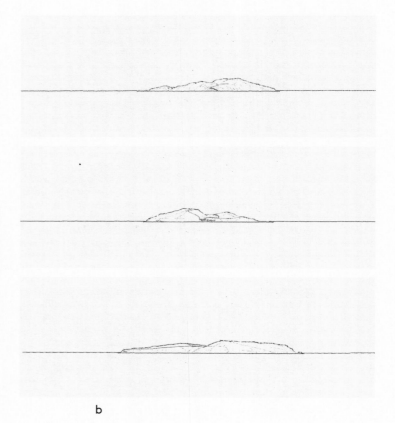

b

2

ANNA STOOS

a Situation 1:50 000
b Ansicht Süden, Westen und Osten

a Situation 1:50,000
b Elevation (south, west and east)

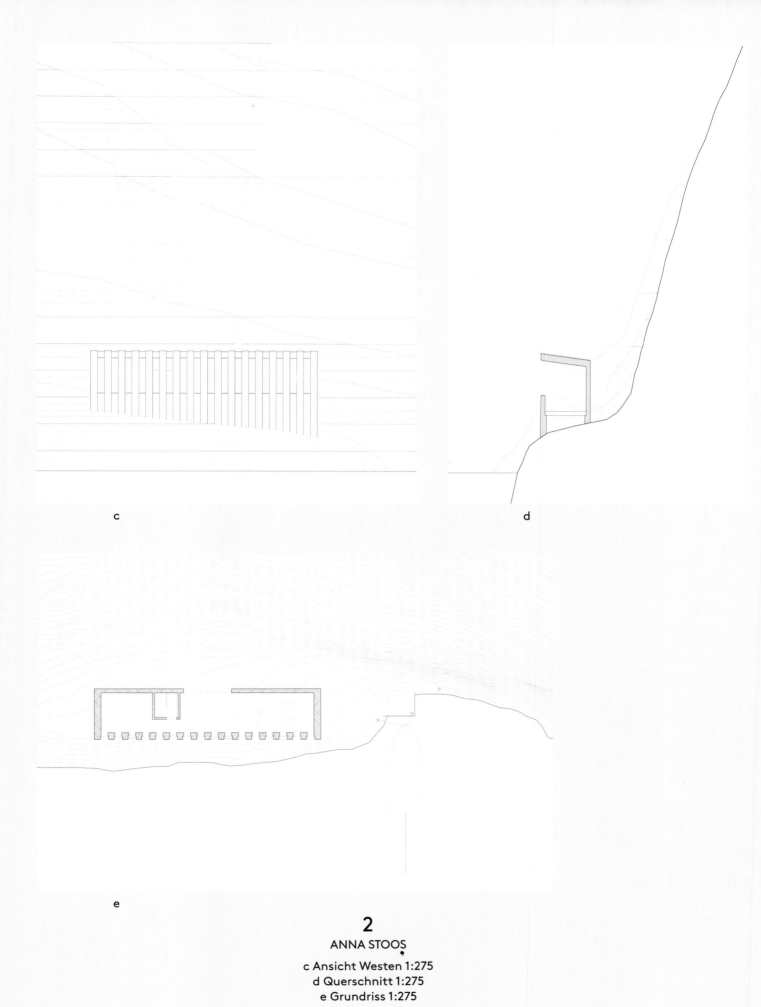

c

d

e

2

ANNA STOOS

c Ansicht Westen 1:275
d Querschnitt 1:275
e Grundriss 1:275

c Elevation (west) 1:275
d Cross section 1:275
e Ground plan 1:275

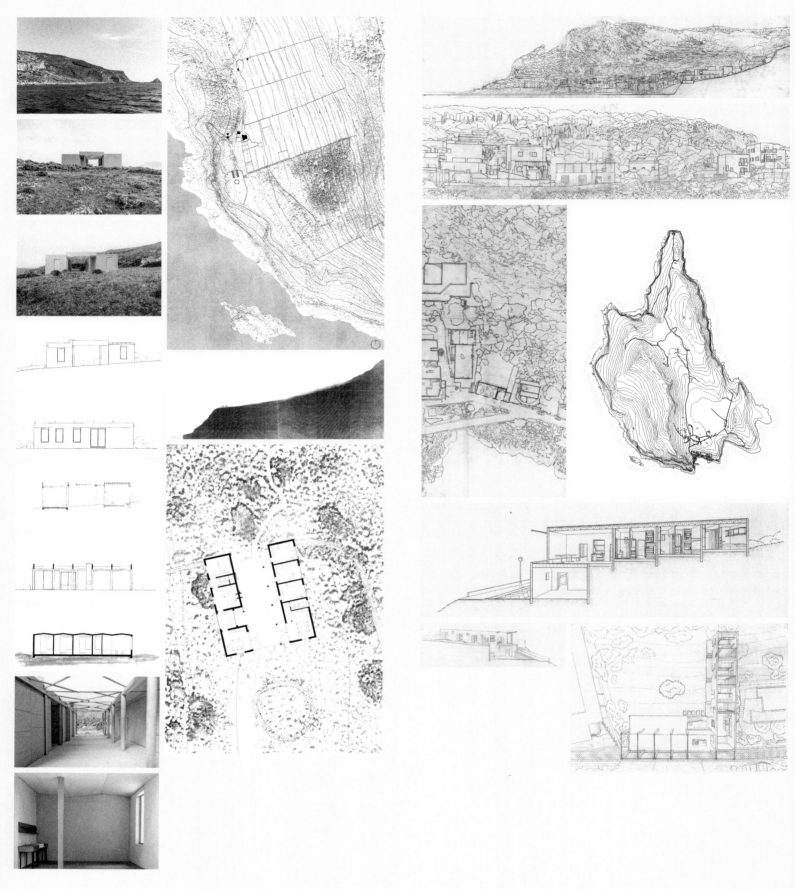

3
BESA ZAJMI

4
CHRISTOPH DANUSER

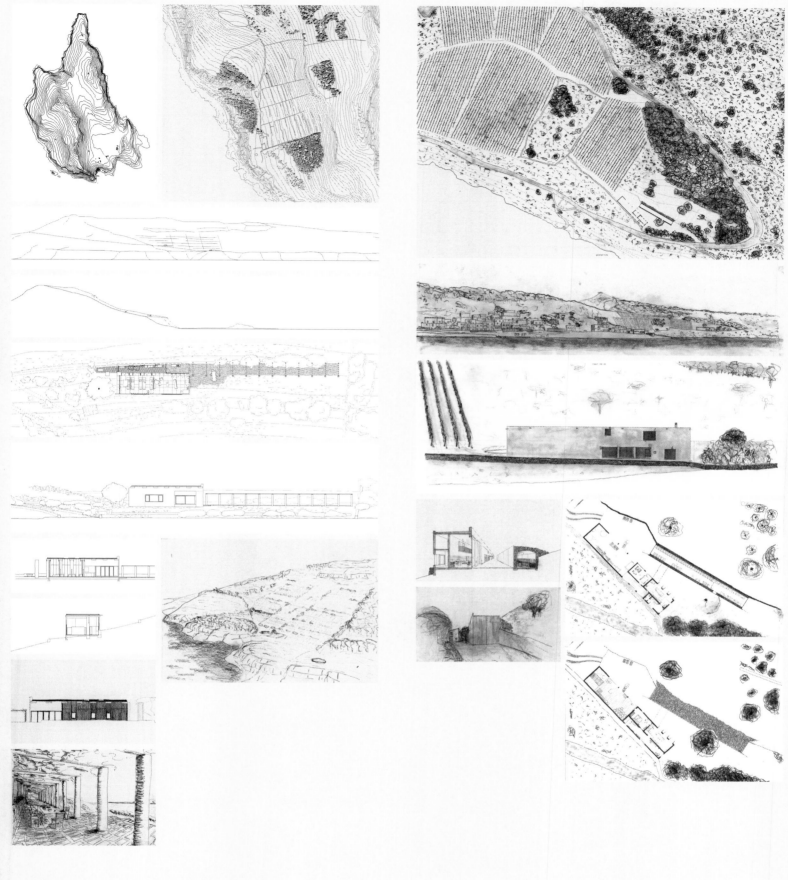

5

GREGOIRE FARQUET

6

GREGOR BENZ

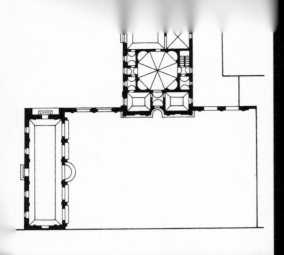

1

2

5

6

7

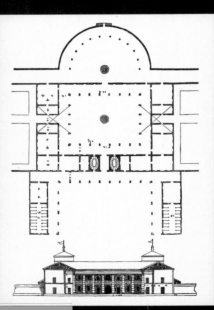

10

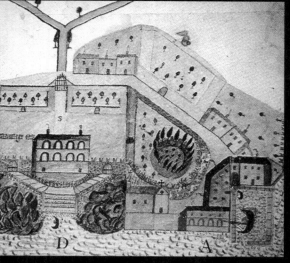

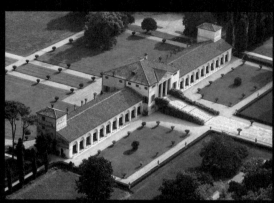

VILLEN UND PALAZZI

FRÜHJAHRSSEMESTER 2014 — VON MANTUA BIS PADUA

Unsere Reise geht in den östlichen Teil der Lombardei und ins angrenzende Veneto, wo wir im Umland der Städte Mantua, Padua, Vicenza und Verona Villen von Giovanni Maria Falconetto, Jacopo Sansovino, Michele Sanmicheli, Giulio Romano, Andrea Palladio und Vincenzo Scamozzi besichtigen werden. In der Stadt Mantua werden wir uns den Palazzo Ducale, den Palazzo del Te, die Basilika Sant' Andrea und die Kirche San Sebastiano anschauen.

Der Maler Franz Wanner, ein Kenner der italienischen Architektur, Malerei, Bildhauerei und der italienischen Küche, wird uns auf der Reise begleiten.

1–2 Loggia und Odeo Cornaro, Padua, Giovanni Maria
     Falconetto, 1524–1530
  3 Villa Brenzone, Punta San Vigilio,
     Michele Sanmicheli, 1541–1550
  4 Villa Garzoni, Pontecasale/Candiana,
     Jacopo Sansovino, um 1540
  5 Palazzo del Te, Mantua, Giulio Romano, 1525–1528
  6 Villa Zani, Villimpenta, Giulio Romano, 1528
  7 Villa Trissino, Vicenza, Giangiorgio Trissino, 1531–1538
  8 Villa Emo, Fanzolo di Vedelago, Andrea Palladio, 1559–1565
  9 Villa Rocca Pisana, Lonigo, Vicenzo Scamozzi, 1574
 10 Villa Serego, Santa Sofia di Pedemonte,
     Andrea Palladio, 1565–1585
 11 Villa Duodo, Monselice, Vicenzo Scamozzi, 1589–1607

VILLAS AND PALACES

SPRING SEMESTER 2014 — FROM MANTUA TO PADUA

Our trip takes us to the eastern part of Lombardy and the neighbouring region of Veneto where on the outskirts of the cities of Mantua, Padua, Vicenza and Verona we will view the villas of Giovanni Maria Falconetto, Jacopo Sansovino, Michele Sanmicheli, Giulio Romano, Andrea Palladio and Vincenzo Scamozzi. In Mantua we will also visit the Palazzo Ducale, the Palazzo del Te, the Basilica of Sant'Andrea and the church of San Sebastiano.

Franz Wanner, an expert on Italian architecture, painting, sculpture and italian cuisine, will accompany us on the trip.

1–2 Loggia and Odeo Cornaro, Padua, Giovanni Maria
     Falconetto, 1524–1530
  3 Villa Brenzone, Punta San Vigilio,
     Michele Sanmicheli, 1541–1550
  4 Villa Garzoni, Pontecasale/Candiana,
     Jacopo Sansovino, around 1540
  5 Palazzo del Te, Mantua, Giulio Romano, 1525–1528
  6 Villa Zani, Villimpenta, Giulio Romano, 1528
  7 Villa Trissino, Vicenza, Giangiorgio Trissino, 1531–1538
  8 Villa Emo, Fanzolo di Vedelago, Andrea Palladio, 1559–1565
  9 Villa Rocca Pisana, Lonigo, Vicenzo Scamozzi, 1574
 10 Villa Serego, Santa Sofia di Pedemonte,
     Andrea Palladio, 1565–1585
 11 Villa Duodo, Monselice, Vicenzo Scamozzi, 1589–1607

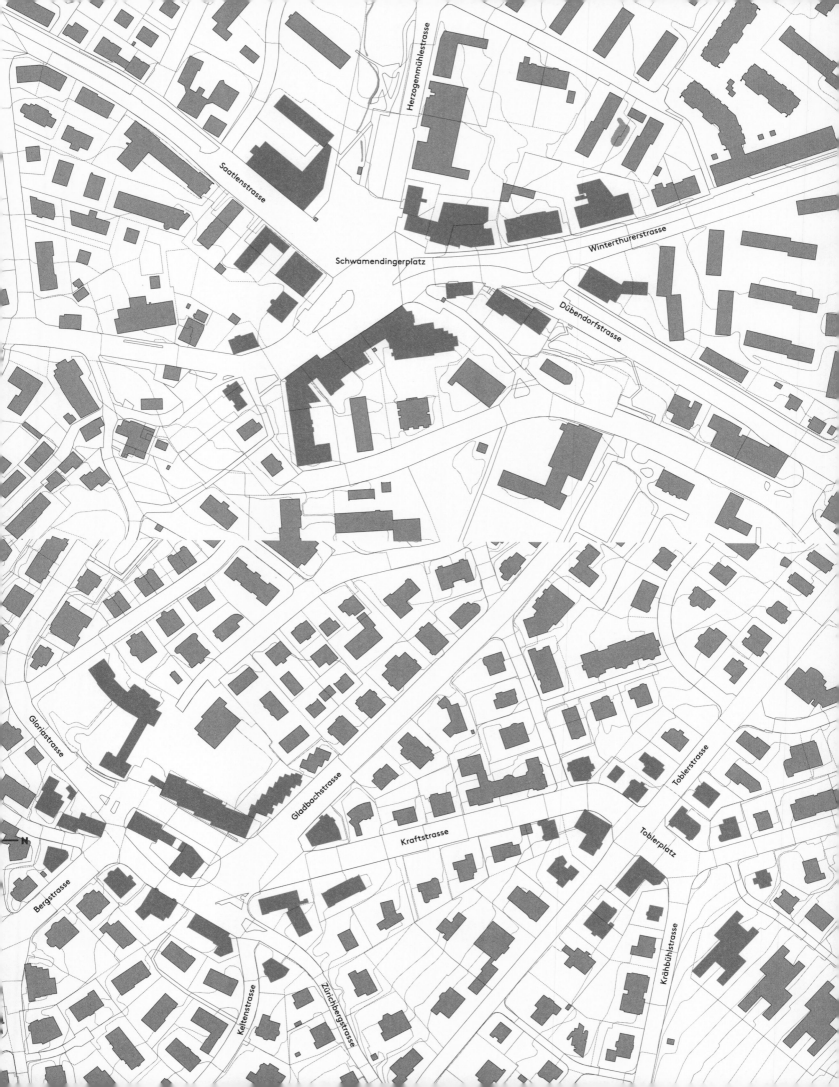

Saatlenstrasse

Herzogenmühlestrasse

Schwamendingerplatz

Winterthurerstrasse

Dübendorfstrasse

Gloriastrasse

Gladbachstrasse

Kraftstrasse

Toblerstrasse

Toblerplatz

N

Bergstrasse

Keltenstrasse

Zürichbergstrasse

Krähbühlstrasse

STADT UND WOHNUNG II, ZÜRICH

FRÜHJAHRSSEMESTER 2014

Für unsere Generation stellen sich zwei grundsätzliche Fragen. Gegenwart und Zukunft verlangen von Architektur und Städtebau eine Antwort für das Weiterbauen oder den Umbau vorhandener Strukturen. Dies gilt in Städten wie in Siedlungsgebieten.

In einer Wohnung wird nicht gewohnt, sondern gelebt! Haben wir eine Vorstellung vom Leben? Wie äussert sich diese im Raumplan einer Wohnung und in ihrer Erscheinung? Und wie äussert sie sich zum Ort in der Stadt, wie im Ausdruck des Gebäudes?

Die Semesteraufgabe ist der Entwurf eines städtischen Gebäudes an einer bestehenden Platzsituation in der Stadt Zürich sowie die genaue Ausarbeitung einer Wohnung.

Gastkritiker: Joseph Smolenicky, Architekt, Zürich
Florian Riegler, Architekt, Graz
Markus Peter, Architekt, Zürich

Assistenten: Felix Krüttli, Johann Reble, Andrea Ringli, Elisabeth Rutz

THE CITY AND THE APARTMENT II, ZURICH

SPRING SEMESTER 2014

Our generation faces two fundamental questions: architecture and urban planning are called upon to respond effectively to the matter of extending or transforming existing structures, both now and in the future. This is the case in cities and towns as well as in smaller settlements.

An apartment is not simply a roof over one's head but a wealth of experience! Do we have a fixed image of life? How is it expressed in the ground plan and the look of our apartment? And how is it expressed in relation to our location in the city or in the profile of our apartment building?

The task here is to design an apartment building located on a real street in Zurich as well as to draw up highly detailed plans for an apartment.

Guest critics: Joseph Smolenicky, architect, Zurich
Florian Riegler, architect, Graz
Markus Peter, architect, Zurich

Assistants: Felix Krüttli, Johann Reble, Andrea Ringli, Elisabeth Rutz

a

b

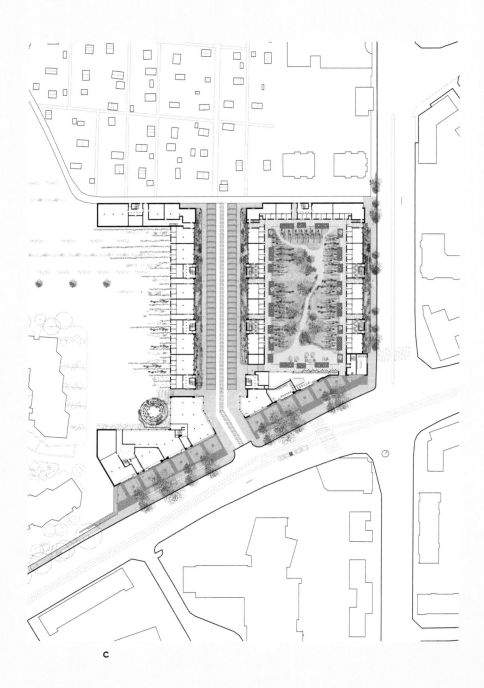

c

1

RAPHAEL JANS

a Stadtplan 1:80 000
b Situation
c Situation mit Erdgeschoss 1:2000

a Urban plan 1:80,000
b Situation
c Situation with ground floor 1:2000

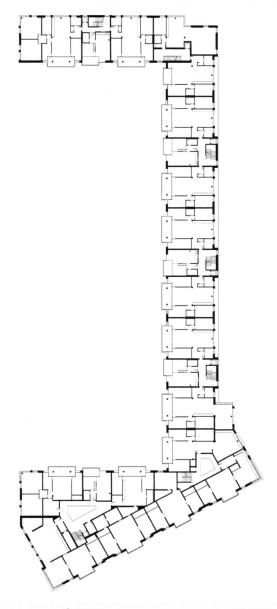
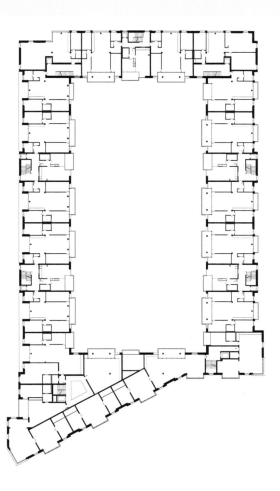

d

1

RAPHAEL JANS

d Grundriss Regelgeschoss 1:1000
d Ground plan standard floor 1:1000

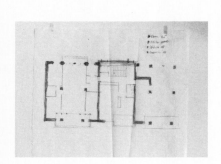

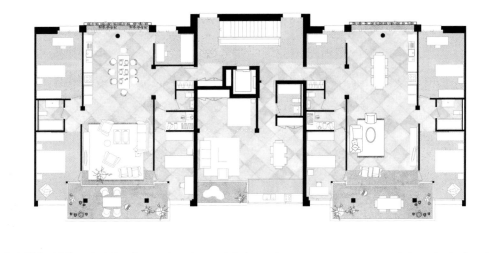

e

f

1

RAPHAEL JANS

e Grundriss Regelwohnung 1:250
f Querschnitt und Ansicht Südheimweg 1:2500

e Ground plan standard apartment 1:250
f Cross section and elevation Südheimweg 1:2500

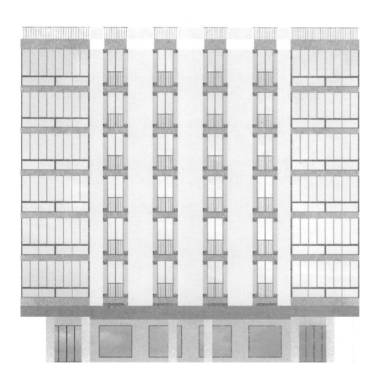

a

b

2

YUKI NOBUKAWA

a Skizze Ansicht
b Situation 1:4000

a Elevation sketch
b Situation 1:4000

c

2

YUKI NOBUKAWA

c Ansicht Süden und Norden 1:1000
c Elevation (south and north) 1:1000

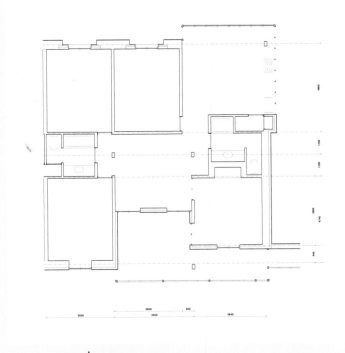

d

e

2

YUKI NOBUKAWA

d Grundriss Wohnung 1:200
e Grundriss Regelgeschoss 1:500

d Ground plan apartment 1:200
e Ground plan standard floor 1:500

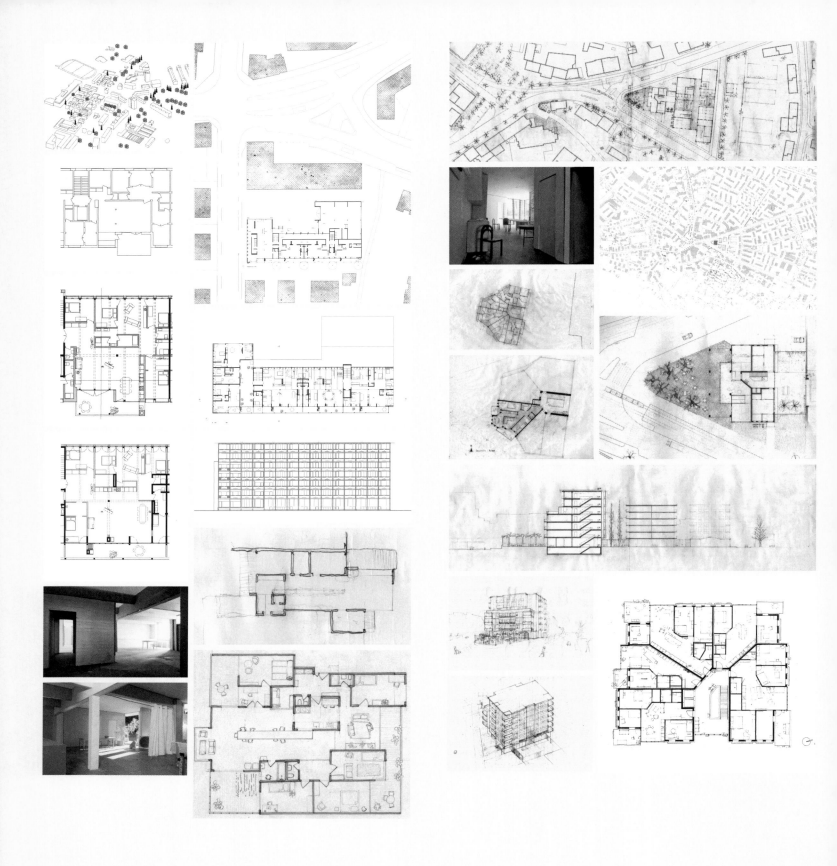

3
LUKAS VOGT

4
CAROLINE SCHILLING

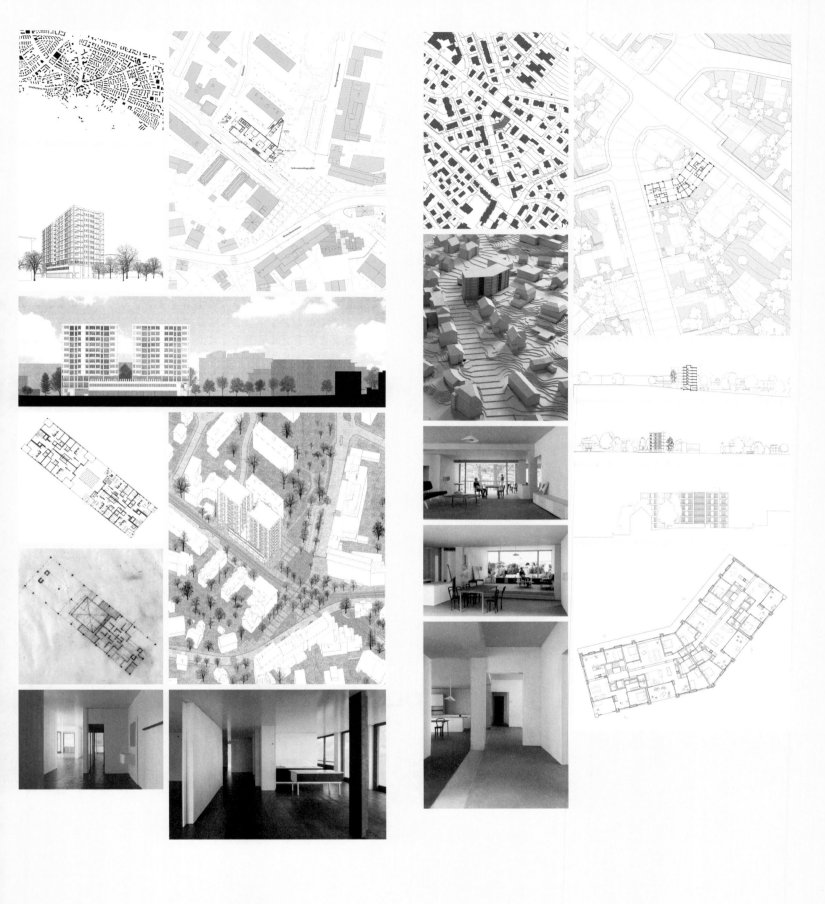

5

MARIO SOMMER

6

DEMIAN PEPPER

KLOPSTOCKWIESE

STADT UND WOHNUNG III, ZÜRICH

FRÜHJAHRSSEMESTER 2015

Unser Generation stellen sich zwei grundsätzliche Fragen: Gegenwart und Zukunft verlangen von Architektur und Städtebau eine Antwort für das Weiterbauen oder den Umbau vorhandener Strukturen; dies gilt in Städten wie in Siedlungsgebieten. Und wir sind aufgefordert uns mit Wohnformen für die unterschiedlichen Lebensweisen der Menschen auseinanderzusetzen.

Der Park ist seinem Wesen nach etwas sehr künstliches. Vielleicht noch künstlicher als die Stadt. Dieser Freiraum – und nicht die Strasse oder der Platz – interessiert uns während des Semesters. Wir untersuchen mehrere schon bestehende parkähnliche Situationen dahingehend, ob wir die Stadt auch an diesen Orten weiterbauen können. Was gibt es Schöneres, als in der Stadt im oder am Park Lebensraum zu schaffen. Die Qualität der Wohnung und die Beziehung ihrer Raumstruktur zur äusseren Raumstruktur der Freiräume ist ein zentrales Thema der Diskussion im Semester. Die Grenze, wo die innere Raumstruktur zur äusseren in Beziehung gesetzt wird und umgekehrt, sowie der Offenheitsgrad dieses Übergangs wird gemeinhin als «Fassade» bezeichnet.

Die Semesteraufgabe handelt vom Entwurf eines städtischen Gebäudes in der Stadt Zürich und dessen Beziehung zu den umgebenden Freiräumen sowie der genauen Ausarbeitung einer Wohnung.

Gastkritiker: Christoph Haerle, Bildhauer und Architekt, Zürich
Axel Fickert, Architekt, Zürich
Joseph Smolenicky, Architekt, Zürich
Markus Peter, Architekt, Zürich

Assistenten: Felix Krüttli, Johann Reble, Andrea Ringli, Elisabeth Rutz

THE CITY AND THE APARTMENT III, ZURICH

SPRING SEMESTER 2015

Our generation is faced with two fundamental questions: architecture and urban planning are called upon to respond effectively to the matter of extending or transforming existing structures, both now and in the future; this is the case in cities and towns as well as in smaller settlements. And a further pressing demand is to address the fact that human beings' diverse lifestyles demand a variety of housing types.

The park is by its very nature an artificial construct, perhaps even more artificial than the city. It is this recreational space – and not the street or public square – which will occupy us this semester. We will examine several existing park-like situations in order to see whether we might also further develop the city on such sites. What is lovelier than to create housing in the city alongside or even within a park? The quality of the apartment and the interrelation of its spatial configuration and that of outdoor recreational spaces is a central theme of debate this semester. The border that marks the interrelation of interior and exterior spatial structures as well as the degree of openness or permeability at this point of transition is generally defined as "a façade".

The task this semester is to design an apartment building located in the city of Zurich and thereby clarify its relationship to the nearby recreational spaces as well as to draw up highly detailed plans for an apartment.

Guest critics: Christoph Haerle, sculptor and architect, Zurich
Axel Fickert, architect, Zurich
Joseph Smolenicky, architect, Zurich
Markus Peter, architect, Zurich

Assistants: Felix Krüttli, Johann Reble, Andrea Ringli, Elisabeth Rutz

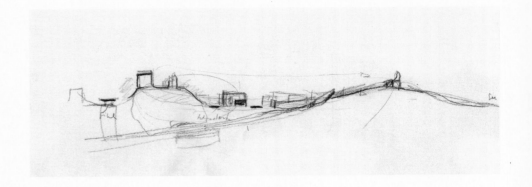

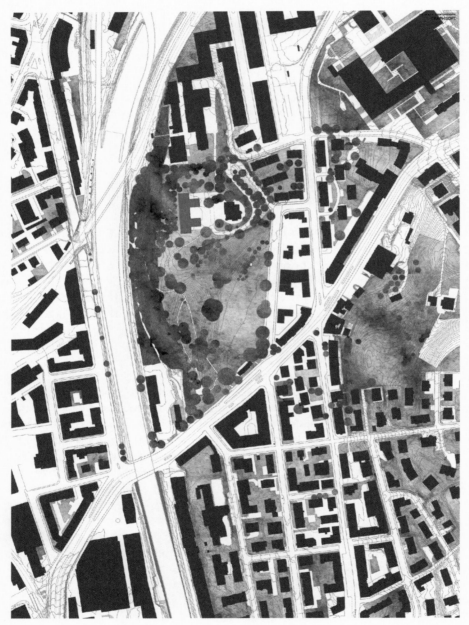

a

1

BASIL WITT

a Situation 1:5000
a Situation 1:5000

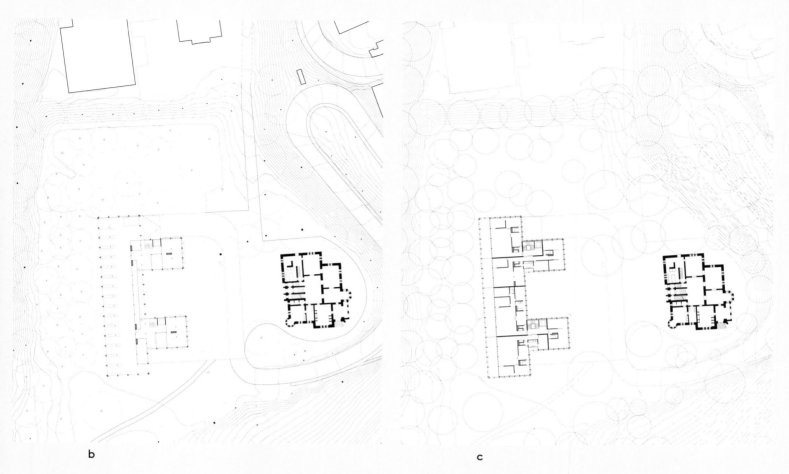

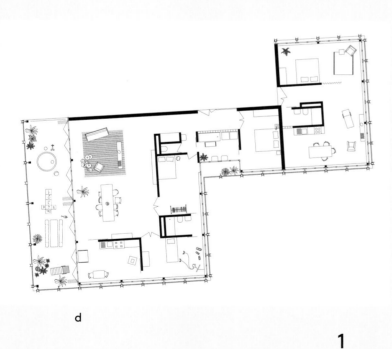

b

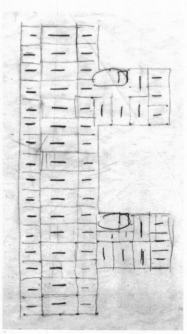

d

1

BASIL WITT

b Situation mit Erdgeschoss 1:1250
c Situation mit Regelgeschoss 1:1250
d Grundriss Wohnung 1:300

b Situation with ground floor 1:1250
c Situation with standard floor 1:1250
d Ground plan apartment 1:300

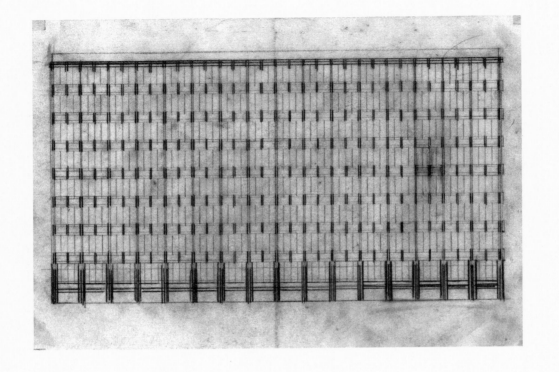

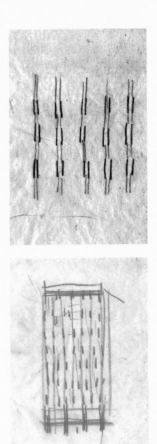

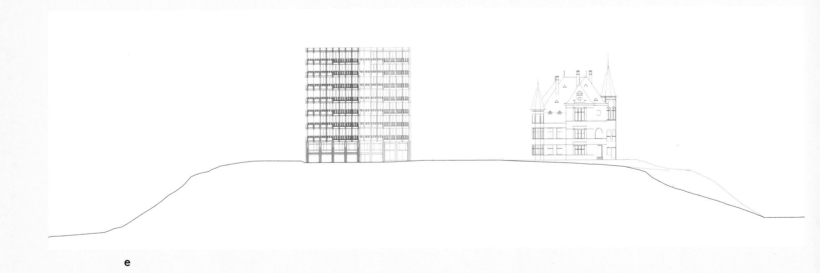

e

1

BASIL WITT

e Ansicht Süden 1:1000
e Elevation (south) 1:1000

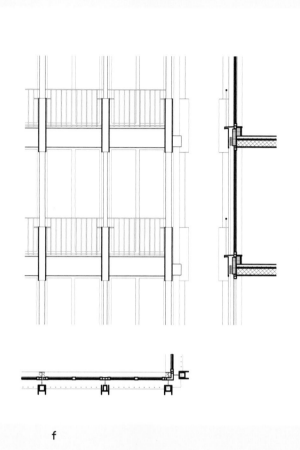

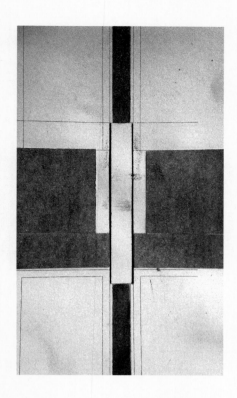

f

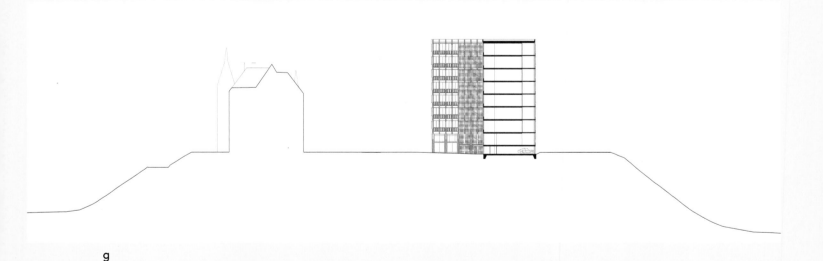

g

1
BASIL WITT

f Ansicht (Detail) und Konstruktionsschnitte (vertikal und horizontal) 1:100
g Querschnitt 1:1000

f Elevation (façade detail) and construction sections (vertical and horizontal) 1:100
g Cross section 1:1000

a

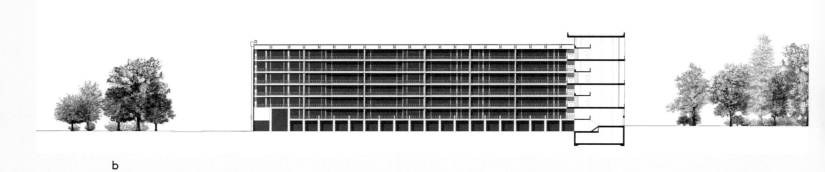

b

2

LUCIANO RAVEANE

a Situation mit Erdgeschoss 1:4000
a Längsschnitt 1:1000

a Situation with ground floor 1:4000
b Longitudinal section 1:1000

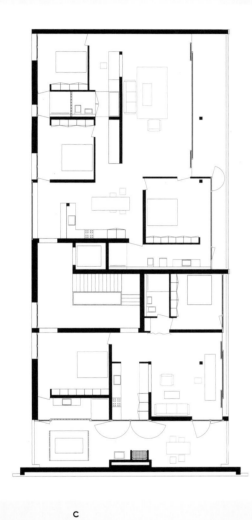

c

d

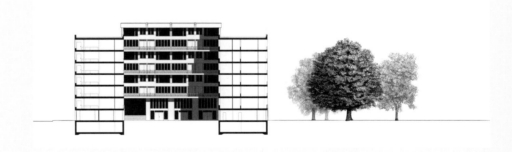

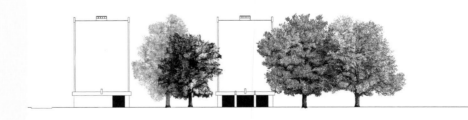

e

2

LUCIANO RAVEANE

c Grundriss Wohnung 1:250
d Grundriss Regelgeschoss 1:1000
e Querschnitt und Ansicht Zeltweg 1:1000

c Ground plan apartment 1:250
d Ground plan standard floor 1:1000
e Cross section and elevation Zeltweg 1:1000

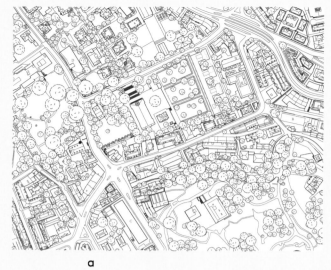

a

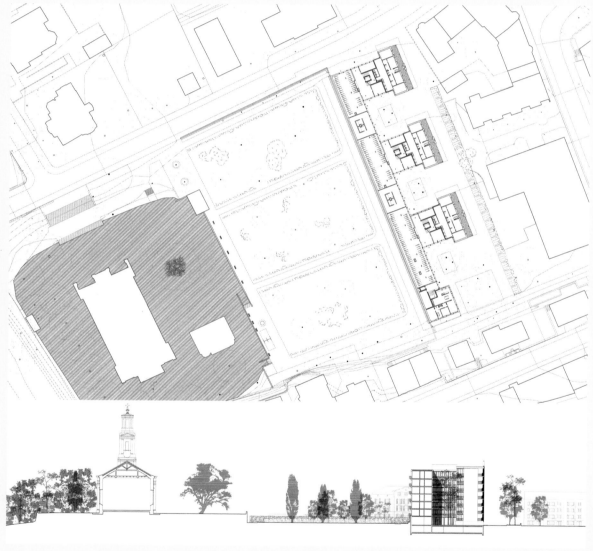

b

3

SEBASTIAN RITTER

a Situation 1:6500
b Situation mit Erdgeschoss und Querschnitt 1:1500

a Situation 1:6500
b Situation with ground floor and cross section 1:1500

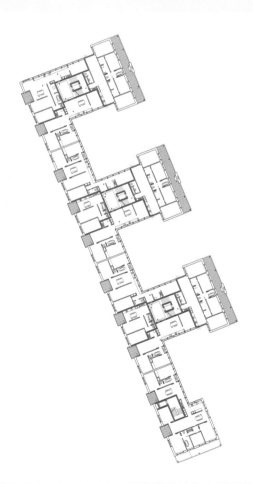

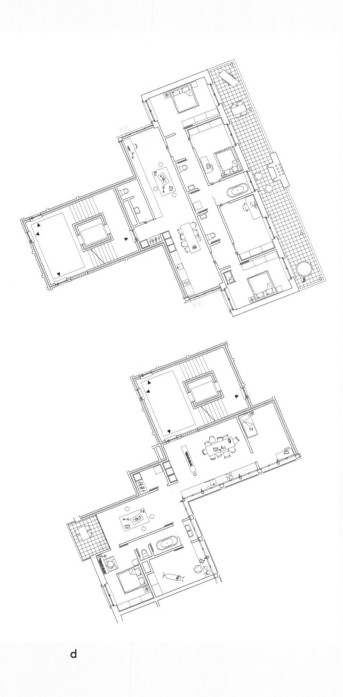

c

d

3

SEBASTIAN RITTER

c Grundriss Regelgeschoss 1:1000
d Grundrisse Wohnung «Arboria» und Wohnung «Scenaria» 1:300

c Ground plan standard floor 1:1000
d Ground plans apartment "Arboria" and apartment "Sceneria" 1:300

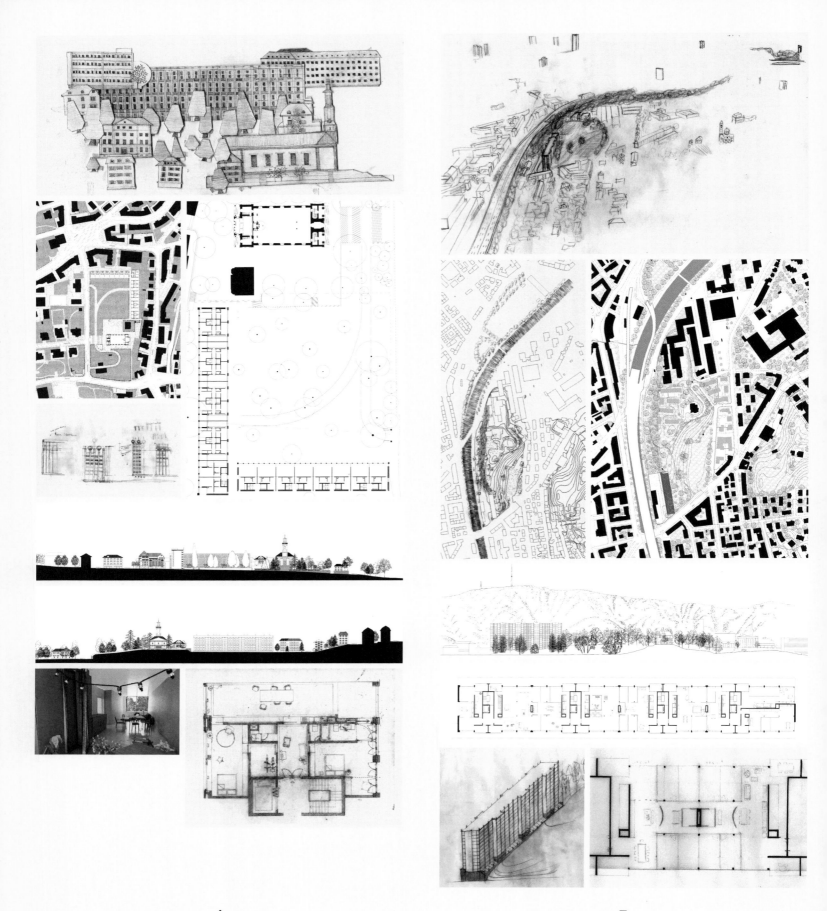

4
ROBERT BERNER

5
ANDREA KUNZ

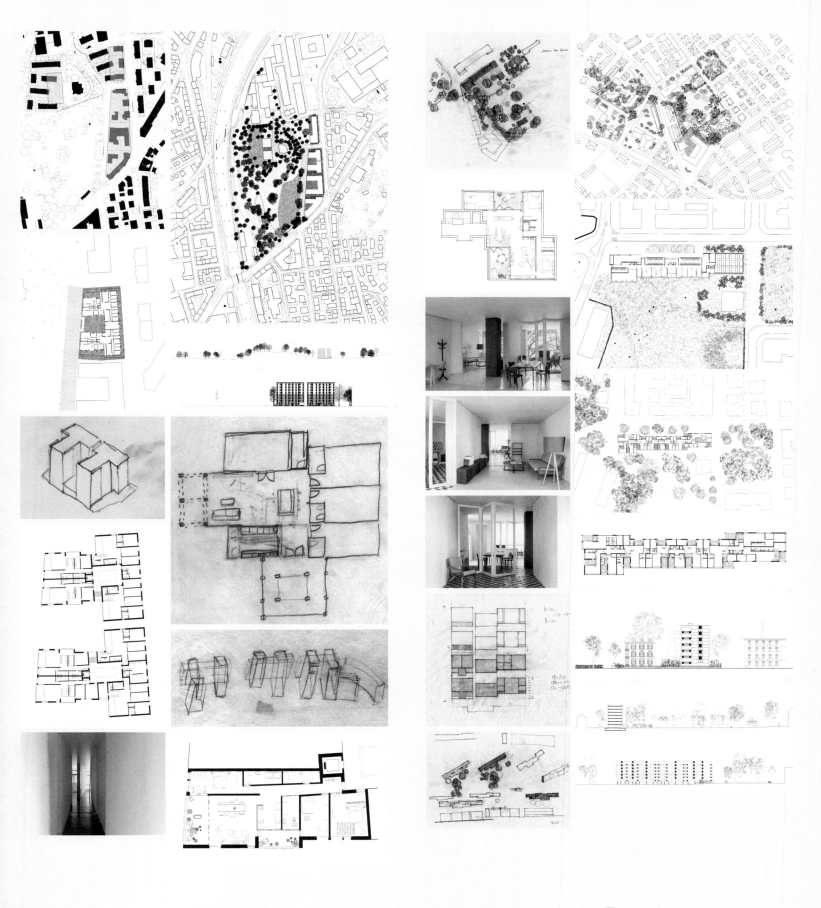

6

JONAS BRÜNDLER

7

PAOLO GIANNACHI

1

2

5

6

9

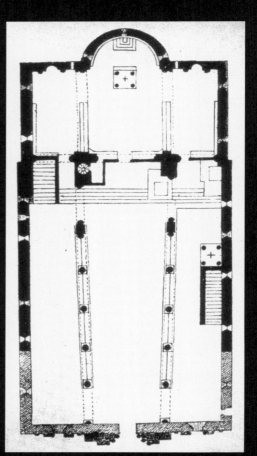

10

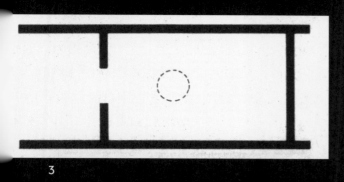

3

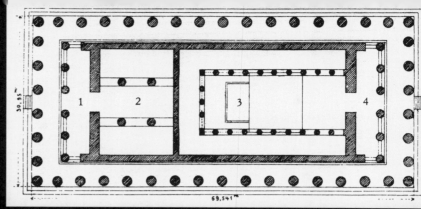

4

7

8

11

13

14

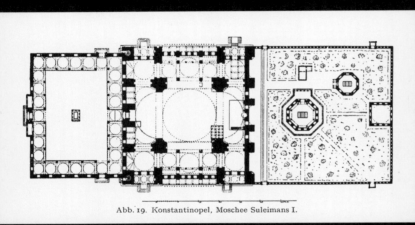

Abb. 19. Konstantinopel, Moschee Suleimans I.

17

18

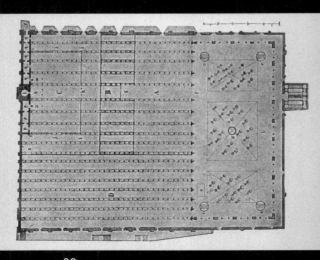

20

15

16

19

24

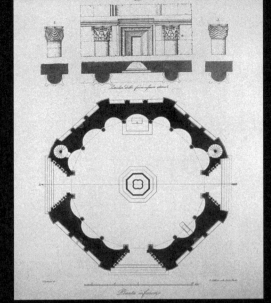

25

28

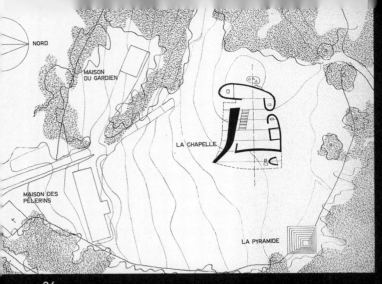

NORD

MAISON
DU GARDIEN

LA CHAPELLE

MAISON DES
PÉLERINS

LA PYRAMIDE

26

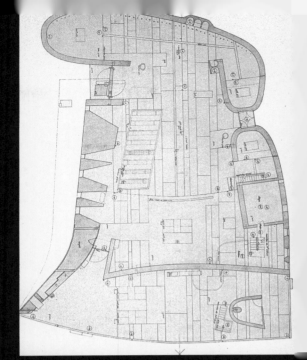

27

29

30

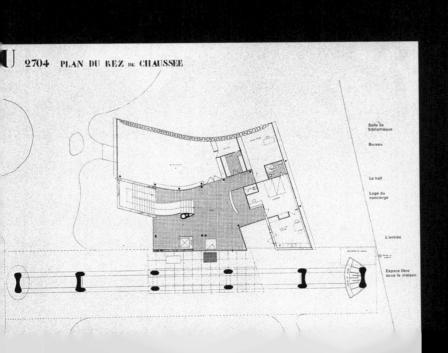

U 2704 PLAN DU REZ DE CHAUSSÉE

Salle de
bibliothèque

Bureau

Le hall

Loge du
concierge

L'entrée

Espace libre
sous la maison

34

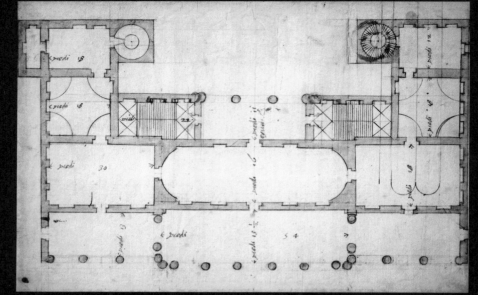

35

38

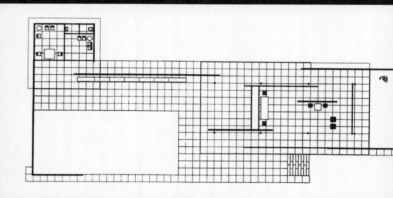

39

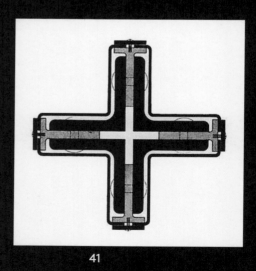

41

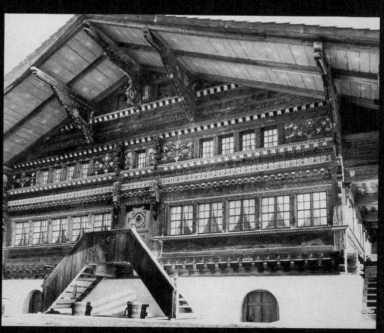

42

36

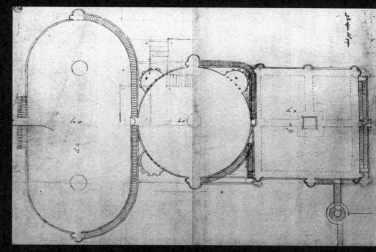

37

40

43

44

45

46

49

51

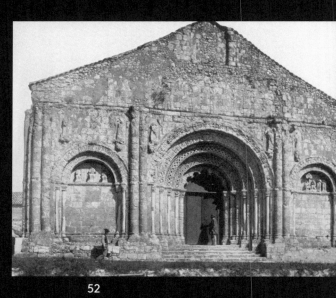

52

47

48

50

53

54

55

56

57

58

59

DIE SPRACHE DER ARCHITEKTUR

VORTRAG VON PETER MÄRKLI, BILDMATERIAL

ON THE GRAMMAR OF ARCHITECTURE

LECTURE BY PETER MÄRKLI, INDEX OF IMAGES

MENSCHEN, TÜREN,
KORRIDORE

FIGURES, DOORS AND
PASSAGES

ROBIN EVANS, 1978

Die alltäglichsten Dinge sind oft von einem dichten Schleier des Geheimnisvollen umgeben. Es fällt schwer, im üblichen Grundriss eines zeitgenössischen Hauses etwas anderes zu sehen als eine von kühler Vernunft diktierte Manifestation des Nützlichen und Selbstverständlichen, und deshalb neigen wir zu der Ansicht, dass eine Sache von so offensichtlicher Plausibilität ein unmittelbarer Ausdruck grundlegender menschlicher Bedürfnisse sein muss. Tatsächlich gehen fast alle Untersuchungen zum Thema Wohnen unabhängig von ihrer jeweiligen Zielsetzung von eben dieser Prämisse aus. «Das Streben nach einem Heim und die Sehnsucht nach dem Schutz, den ein Haus gewährt, nach Privatsphäre, Komfort und Unabhängigkeit», erklärt ein anerkannter Experte, «sind weltweit verbreitet.»[1] Aus diesem Blickwinkel scheinen die Charakteristika des modernen Wohnens über unsere eigene Kultur hinauszugehen und den Status universeller und zeitloser Grundvoraussetzungen eines passablen Lebens anzunehmen – was sich leicht erklären lässt, denn das Vertraute und Gewohnte scheint nicht bloss wertfrei, sondern auch unerlässlich. Doch das ist eine Täuschung, und eine folgenschwere dazu, denn sie verdeckt die Macht, die die gewohnte Gliederung des häuslichen Raums auf unser Leben ausübt, und gleichzeitig verdrängt sie die Tatsache, dass dieses Arrangement einen Ursprung und einen Zweck hat. Das Streben nach Privatsphäre, Komfort und Unabhängigkeit durch Architektur ist relativ neu, und auch wenn diese Begriffe erstmals in Zusammenhang mit Dingen des Haushalts auftauchten, unterschied sich ihre Bedeutung in mancher Hinsicht von der, die wir heute damit verbinden. Die folgenden Erörterungen sind ein ziemlich grober und schematischer Versuch, eines jener Geheimnisse des Alltäglichen zu lüften.

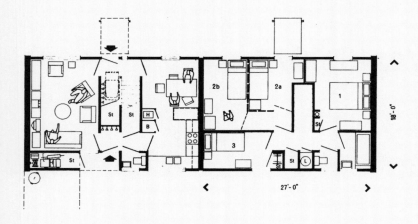

1
Fünf-Personen-Haus, Midland Housing Consortium, 1967: «Der Entwurf dieses Hauses trägt den Erfordernissen eines vollkommen getrennten Grundrisses mit zwei Zugängen Rechnung» – das Wesen zeitgenössischer Architektur verbirgt sich hinter feinsinnigen Tautologien wie dieser.

Five-Person House, Midland Housing Consortium, 1967: "This house has been designed to meet the needs of a fully segregated, dual access layout" – the nature of contemporary house architecture is concealed within subtle tautologies like this.

The most familiar things are often shrouded in the deepest mystery. At first it is difficult to see in the conventional layout of a contemporary house anything but the crystallisation of cold reason, necessity and the obvious, and because of this we are easily led into thinking that a commodity so transparently unexceptional must have been wrought directly from the stuff of basic human needs. Indeed, practically all housing studies are founded on this assumption, whatever their scope. "The struggle to find a home", declares a prominent expert, "and the desire for the shelter, privacy, comfort and independence that a house can provide are familiar the world over."[1] From such a vantage point the characteristics of modern housing appear to transcend our own culture and are lifted to the status of universal and timeless requisites for decent living, which is easily enough explained since everything ordinary seems at once neutral and indispensable, but it is a delusion, and a delusion with consequences too, as it hides the power that the customary arrangement of domestic space exerts over our lives, and at the same time conceals the fact that this organisation has an origin and a purpose. The search for privacy, comfort and independence through the agency of architecture is quite recent, and even when these words first came into play and were used in relation to household affairs, their meanings were quite different from those we now understand. So the following article is a rather crude and schematic attempt to uncover just one of the secrets of what is now so ordinary.

THE PLAN AND ITS OCCUPANTS

If anything is described by an architectural plan it is the nature of human relationships, since the elements whose trace it records – walls, doors, windows and stairs – are employed first to divide and then selectively to re-unite inhabited space. But then what is generally absent in even the most elaborately illustrated building is the way human figures will occupy it. This may be for good reasons, but when figures do appear in architectural drawing, as for example the amoebic outlines that turn up in "Parker-Morris" layouts (Fig. 1), they do so as emblems, as signs of life rather than as substantial creatures.

Surely though, if the circle were widened to take in material beyond architectural drawings, one might expect there to be some tally between the commonplaces of house-planning and the ordinary ways in which people dispose themselves in relation to one another. This might seem an odd connection to make at first, but however different they are, however realistic and particular the descriptions, pictures or photographs of men, women, children and other domestic animals doing what they do, however abstract and diagrammatic the plans, both relate back to the same fundamental issue of human relationships.

Take the portrayal of human figures and take house plans from a given time and place, look at them together as evidence of a way of life and the coupling between everyday conduct and architectural organisation may become more lucid: that is the simple method adopted in what follows, and that is the hope contained in it.

THE MADONNA IN A ROOM

The work of Raphael as painter and architect offers a convenient opening into the subject, if only because it gives

DER PLAN UND SEINE BEWOHNER

Wenn ein architektonischer Plan irgendetwas beschreibt, dann ist es die Art der zwischenmenschlichen Beziehungen, denn die Elemente, deren Anordnung er fixiert – Wände, Türen, Fenster, Treppen –, dienen zunächst dazu, den Wohnraum aufzuteilen, um ihn dann wieder punktuell zu verbinden. Doch selbst die detailliertesten Grundrisse von Gebäuden erlauben in der Regel keinerlei Rückschlüsse darauf, wie die Bewohner die Räumlichkeiten nutzen werden. Das mag seine guten Gründe haben, doch wenn in Architekturzeichnungen tatsächlich menschliche Figuren auftauchen, beispielsweise die amöbenhaften Gestalten in Bauplänen à la Parker-Morris (Abb.1), tun sie das als Embleme, als Symbole von Leben, und weniger als tatsächliche Lebewesen.

Würde man den Kreis erweitern und Material einbeziehen, das den Rahmen herkömmlicher Architekturzeichnungen sprengt, könnte man annehmen, dass es eine gewisse Übereinstimmung zwischen Plänen im konventionellen Sinn und dem Verhalten der Menschen zueinander gibt. Diese Verknüpfung mag zunächst seltsam erscheinen, doch wie verschieden die genannten Dinge auch sein mögen – wie realistisch und spezifisch die Beschreibungen, Bilder oder Fotografien von Männern, Frauen, Kindern und anderen domestizierten Tieren bei ihren täglichen Verrichtungen; wie abstrakt oder schematisch die Baupläne –, beides bezieht sich auf ein und dasselbe fundamentale Thema: auf die Beziehungen der Menschen zueinander.

Zieht man die künstlerische Darstellung menschlicher Figuren und die Baupläne einer bestimmten Epoche und eines bestimmten Kulturkreises heran und betrachtet man beides als Zeugnisse einer Lebensweise, wird die Beziehung zwischen Alltagsverhalten und architektonischer Planung vielleicht deutlicher werden: Genau das ist die schlichte Methode, die im Folgenden zugrunde gelegt wird, und die daran geknüpfte Hoffnung.

DIE MADONNA IM RAUM

Raffaels Werk als Maler und Architekt bietet einen guten Einstieg in die Thematik, und sei es bloss deshalb, weil es einen klaren Beweis dafür liefert, dass das Ideal einer abgeschiedenen Häuslichkeit ein viel begrenzteres Phänomen ist, als wir vielleicht denken mögen. Natürlich ist dies kein Versuch, Raffaels Gesamtwerk zu würdigen; aus seiner Kunst und seiner Architektur sollen lediglich jene Beweise gewonnen werden, die für eine bestimmte Einstellung gegenüber den anderen sprechen: Beweise, die implizit darin enthalten und typisch für jene Epoche sind – nicht bloss für deren Kunst, sondern auch für das tägliche Leben.

In der Malerei der italienischen Hochrenaissance rückte die Interaktion von Figuren im Raum zunehmend in den Vordergrund. Davor hatte sich die Hinwendung zum menschlichen Körper auf physiologische Details konzentriert, auf die Artikulation von Gliedmassen, die Modellierung von Sehnen, Fleisch und Muskeln und die Herausarbeitung individueller Schönheit. Erst im 16. Jahrhundert wurden menschliche Körper auf Grazie reduziert oder zum Sublimen erhöht und dann von Leonardo, Michelangelo, Raffael und deren Schülern zu eigentümlich intensiven, sinnlichen, ja mitunter sogar lasziven Posen zusammengeführt. Auch die Themen wurden häufig zugunsten dieses neuen Konzepts abgewandelt. Die Darstellung von Jungfrau und Kind

a clear indication that the ideal of secluded domesticity is rather more local than we are inclined to think. Of course this is not an attempt to review Raphael's entire work, the intention is only to extract from his art and architecture the evidence of a particular *temperament towards others* implicit in it and indicative of the time, not just in art but in daily transactions too.

During the Italian High Renaissance the interplay of figures in space began to dominate painting. Previous to this the fascination with the human body had centred on physiological detail: the articulation of limbs, the modelling of sinew, flesh and muscle, and the rendering of individual comeliness. It was only in the sixteenth century that bodies were attenuated into the graceful or magnified into the sublime, then brought together in peculiarly intense, carnal, even lascivious poses by Leonardo, Michelangelo, Raphael and their followers. Subject matter too was often modified in favour of this new conception. The treatment of the Virgin and Child illustrates this well. Already in the fifteenth century the posture of the traditionally enthroned matron with demure infant raised above the rest of the world, both staring fixedly out into nothing, had become less hieratic, yet they still retained their holy and untouchable tranquility (Fig. 2).

2
Jungfrau mit Kind und Heilige (das Altarbild von Ravenna), Ercole de'Roberti, 1480. Mehr oder weniger naturalistische, voneinander isolierte Figuren in einem hierarchisch strukturierten Raum, der unterschiedliche Grade von Frömmigkeit symbolisiert.

The Virgin with Child and Saints (the Ravenna Altarpiece), Ercole de'Roberti, 1480. Figures, naturalistic enough in themselves, are isolated within a hierarchical space indicating degrees of spiritual purity.

illustriert diese Entwicklung sehr gut. Schon im 15. Jahrhundert hatte die Körperhaltung der üblicherweise auf einem Thron sitzenden, über den Rest der Welt erhobenen Matrone mit dem ernsten Kind auf dem Schoss – beide unverwandt ins Nichts starrend – an Strenge verloren, aber die Aura heiliger Unnahbarkeit beibehalten (Abb. 2). Im 16. Jahrhundert stiegen Jungfrau und Kind von ihrem hohen Podest herab und landeten inmitten lebhafter Gruppen vertrauter Figuren, die den beiden Gesellschaft leisteten – wie auf Raffaels *Madonna dell'Impannata*, einem typischen Beispiel für die vielen Porträts der «Heiligen Familie» (Abb. 3). Diese Zusammenkünfte waren künstlerische Phantasieprodukte ohne die geringste biblische Entsprechung. Aber Erfindungen dieser Art dienten dazu, ein Gemälde mit Charakteren zu bevölkern, deren gegenseitige Verehrung eindeutig sinnliche Absichten verfolgte, mochten ihre Ursprünge noch so frommer Natur sein. Raffaels Madonna erweckt den Eindruck, als seien die Figuren nicht so sehr in den Raum hineinkomponiert, sondern ohne Berücksichtigung des Raums zusammengeführt worden. Sie schauen einander an, starren sich kurzsichtig in die Augen oder bli-

3

Madonna dell'Impannata, Raffael, 1514. Die Figuren auf Raffaels frühen Bildnissen der Jungfrau mit Kind sind voneinander getrennt und statisch, auf seinen reifen Werken miteinander verbunden und animiert. In einigen späteren Darstellungen der heiligen Familie, vor allem bei Parmigianino und Correggio, sollte die implizite Sinnlichkeit der einander berührenden Körper eindeutig sexuelle Züge annehmen.

Madonna dell'Impannata, Raphael, 1514. Figures in early Raphael Madonnas are distinct and composed, in his mature works crowded and mobile. With some later Holy Family portraits, particularly from Parmigianino and Correggio, the implicit sensuality of touching bodies would become explicitly sexual.

In the sixteenth century they descended from their pedestal to be engulfed by animated groups of familiar figures sharing their company as in Raphael's *Madonna dell'Impannata* (Fig. 3), typical of so many "Holy Family" portraits. These gatherings were a figment of the artistic imagination, with no basis in any biblical text. Nevertheless, it was a fiction that served to populate a painting with characters whose mutual adorations were distinctly sensual in destination, however spiritual their origin. In Raphael's *Madonna*, the figures are not so much composed in space as joined together despite it. They look closely on one another, stare myopically into eyes and at flesh, grasp, embrace, hold and finger each other's bodies as if their recognition rested more firmly on touch than on sight. Only the child St John breaks this intimate circle of reciprocity by acknowledging the observer. And these figures, they are more than the subject of the picture, they are the picture, they fill it. The individual physiological perfection of each body was now lost in a web of linked embraces and gestures; not something entirely new to painting, but reaching a climax of accomplishment at this time.

So if the tally between figures and plans is to be sought anywhere it might as well be sought here, where personal relationships were translated into a principle of painterly composition transcending subject matter and where, also, the solicitations between saints and mortals alike seem so exaggerated to us, or rather they would seem so if we were to think of them as plausible illustrations of conduct.

In 1518 or 1519 plans were submitted to Cardinal Giulio de'Medici of an ambitious villa project sited on the slopes of Monte Mario in Rome. It was later to be called the Villa Madama. Only part of this vast scheme was completed and that under the supervision of Antonio da Sangallo, but the conception was unquestionably Raphael's. Here then was a sumptuous setting for daily life produced by an artist who had helped desecrate the Virgin in his painting. A laboured reconstruction of the villa published by Percier and Fontaine in 1809 emphasised axial symmetries, making the whole complex into one unified pile of building stuck into the hillside, adjusting the layout of rooms to fit what was, at that time, the established idea of strict classical conformity (Fig. 4). How could Raphael have designed it any other way?[2] Yet the portion that was actually built, and the earliest surviving plan (Fig. 5),[3] show something quite different.

Overall symmetry would have created repetitions, each room and each situation having its mirrored counterpart on the other side of the building, whereas in the early plan this never occurs. Although most spaces within the villa were symmetrically composed, there were no duplications; every room was different. Uniformity was restricted to the parts where it could be immediately apprehended; the building as a whole was diverse.[4] Yet despite this striving to create singularity of place, it is very difficult to tell from the plan which parts are enclosed and which open as the relationship between all the spaces is much the same throughout. The chambers, loggias, courts, gardens and so on all register as walled shapes – like large rooms – that add up to fill the site. The building seems to have been conceived as an accumulation of these enclosures, the overall pattern of which was less definite than were the

cken auf nacktes Fleisch, berühren, umarmen und halten sich, oder fingern aneinander herum, so als beruhe ihr gegenseitiges Erkennen viel stärker auf dem Tastsinn als auf dem Sehvermögen. Nur der als Kind dargestellte heilige Johannes unterbricht diesen Kreis gegenseitiger Intimität, indem er sich dem Betrachter zuwendet. Und diese Figuren sind mehr als bloss das Thema des Bildes: Sie sind das Bild, sie füllen es aus. Die physiologische Perfektion jedes einzelnen Körpers geht auf in einem Gespinst ineinander verschlungener Gesten und Umarmungen – für die Malerei nichts völlig Neues, aber zu jener Zeit der Höhepunkt des bis dahin Erreichten.

Wenn man praktisch überall nach der Übereinstimmung zwischen Figuren und Plänen suchen kann, dann können wir auch hier danach suchen, wo menschliche Beziehungen in ein malerisches Kompositionsprinzip überführt worden sind, das die Thematik des Bildes transzendiert und bei dem uns die Kontakte zwischen Heiligen und Sterblichen zugleich äusserst übertrieben anmuten – oder uns jedenfalls so anmuten würden, sollten wir sie uns als glaubhafte Darstellung tatsächlichen Verhaltens vorstellen.

Im Jahre 1518 oder 1519 unterbreitete man Kardinal Giulio de'Medici Pläne für ein ehrgeiziges Villenprojekt an den Hängen des Monte Mario in Rom, ein Bauwerk, das später Villa Madama genannt wurde. Der umfangreiche Entwurf wurde nur teilweise realisiert, unter der Leitung Antonio da Sangallos, aber die ursprüngliche Konzeption stammt unbestritten von Raffael. Hier also gab es eine grosszügige Umgebung für das tägliche Leben, produziert von einem Künstler, der mit seinem Gemälde zur Entweihung der Jungfrau Maria beigetragen hatte. Eine 1809 von Percier und Fontaine veröffentlichte, unbeholfene Rekonstruktion der Villa betonte axiale Symmetrien, machte aus dem Gesamtkomplex ein einheitliches, an den Berghang gesetztes Gebäude und modifizierte den Grundriss der Räumlichkeiten dahingehend, dass er den damals herrschenden Vorstellungen von strenger klassischer Konformität entsprach (Abb. 4). Hätte Raffael den Grundriss denn auf irgendeine andere Weise entwerfen können?[2] Der tatsächlich gebaute Abschnitt und der früheste erhalten gebliebene Entwurf (Abb. 5)[3] widersprechen dem jedoch eindeutig.

Eine durchgängige Symmetrie hätte zwangsläufig zu Wiederholungen geführt: Jeder Raum und jede Situation hätten auf der anderen Seite des Gebäudes ihr spiegelverkehrtes Gegenstück haben müssen, doch dies ist bei dem frühen Plan keineswegs der Fall. Obwohl die meisten Räume innerhalb der Villa symmetrischen Kompositionsprinzipien gehorchten, gab es keine Doppelungen; jeder Raum war anders. Uniformität war auf solche Elemente begrenzt, bei denen sie unmittelbar wahrgenommen werden konnte. Das Gebäude als Ganzes war überaus abwechslungsreich.[4] Doch trotz dieses Strebens nach einer Verwirklichung räumlicher Einzigartigkeit kann man anhand des Plans schwer sagen, welche Teile umbaut und welche offen gewesen sind, da die Beziehung zwischen den einzelnen Flächen bzw. Räumen im Prinzip auf dieselbe Art dargestellt wird. Die Kammern, Loggias, Höfe, Gärten und so weiter werden ausnahmslos als ummauerte Formen wiedergegeben, wie grosse Zimmer, die in ihrer Gesamtheit den Platz ausfüllen. Das Gebäude scheint als eine Ansammlung derartiger Einfriedungen konzipiert,

component spaces. This could not have come from the ultimately classical Raphael dreamed up by eighteenth-century academicians and preyed on by nineteenth-century Romantics.

It is a suggestive anomaly because it illustrates the point beyond which no real sense could any longer be made of the original Raphael: the point where the latent structure of inhabited space burst through the confines of classical planning in his architecture. It had its parallel in his paintings too – the point where carnality shone through the vacuous signalling of gestures in his figure compositions.

DOORS
Looking at the Villa Madama plan as a picture of social relationships, two organisational characteristics become apparent which, though numbered amongst the things we would nowadays never do, are crucially important evidence of the social milieu it was meant to sustain.

First, the rooms have more than one door: some have two doors, many have three, others four, a feature which, since the early years of the nineteenth century, has been regarded as a fault in domestic buildings of whatever kind or size. Why? The answer was given at great length by Robert Kerr. In a characteristic warning he reminded readers of *The Gentleman's House* (1864) of the wretched inconvenience caused by "thoroughfare rooms" which

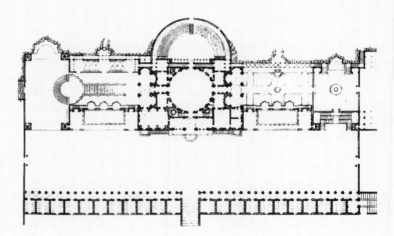

4
Rekonstruktion der Villa Madama, Percier und Fontaine, 1809. Eine Zeichnung, die weniger eine Rekonstruktion des Originalplans ist, sondern eher das Bekenntnis zu einem Kompositionsprinzip: Primat der Symmetrie und allenthalben Wiederholungen. Eins freilich macht diese Zeichnung deutlich: Eine systematische Trennung von Durchgangsraum und bewohntem Raum findet sich nur in den Ställen.

Reconstruction of the Villa Madama by Percier and Fontaine, 1809. A drawing which was less the reconstruction of an original plan, more the reaffirming of a principle of composition: symmetry prevails and repetitions abound. One thing it does show however is that systematic division of circulation space from occupied space occurred in the stables.

wobei sein Grundmuster nicht so regelmässig gewesen ist wie die Räume, die es konstituierten. Ein derartiger Entwurf hätte nie und nimmer von jenem letztendlich klassischen Raffael stammen können, den sich die Akademiemitglieder des 18. Jahrhunderts zusammengeträumt hatten und der von Romantikern des 19. Jahrhunderts ausgeschlachtet wurde.

Percier und Fontaines korrigierte Rekonstruktion mit ihren symmetrischen Räumen innerhalb einer symmetrischen Hülle verdeutlicht den Punkt, jenseits dessen die Vorstellung vom «eigentlichen» Raffael keinen rechten Sinn mehr ergab: jenen Punkt, wo in Raffaels Architektur die latente Struktur des bewohnten Raums die Grenzen klassischer Entwürfe sprengte. Und dazu gab es in seiner Malerei eine Parallele: jenen Punkt, wo in den leeren Gebärden und Posen seiner Figurenkompositionen Sinnlichkeit aufblitzte.

TÜREN

Betrachtet man den Plan der Villa Madama als ein Abbild sozialer Beziehungen, fallen zwei organisatorische Charakteristika auf, die – auch wenn sie zu den Dingen zählen, die wir heutzutage nicht mehr tun würden – äusserst bedeutsame Zeugnisse jenes Sozialmilieus darstellen, das der Plan zu berücksichtigen hatte.

Zuerst fällt auf, dass die Räume mehr als eine Tür haben: Manche haben zwei Türen, andere drei, und es gibt sogar welche mit vier Türen, etwas, das seit Anfang des 19. Jahrhunderts bei Wohnräumen jeder Art und Grösse als Fehler angesehen wird. Warum? Robert Kerr hat sich zu dieser Frage ausführlich geäussert: In einer typischen Warnung erinnerte er die Leser von *The Gentleman's House* (1864) an die scheussliche Unannehmlichkeit von «Durchgangszimmern», die Häuslichkeit und Ungestörtheit von vornherein unterbinden würden. Die bevorzugte Alternative war der in sich geschlossene Raum mit einer einzigen, strategisch plazierten Tür, die in das übrige Haus führt.

Die italienischen Theoretiker hatten sich den genau entgegengesetzten Rat zu eigen gemacht und waren dabei antiken Vorbildern gefolgt: Sie glaubten, dass viele Türen in einem Raum besser seien als nur wenige. So sagte Alberti, nachdem er auf die grosse Vielfalt und Anzahl von Türen in

made domesticity and retirement unobtainable. The favoured alternative was the terminal room with only one strategically placed door into the rest of the house.

Yet exactly the opposite advice had been furnished by the Italian theorists who, following ancient precedent, thought that more doors in a room were preferable to fewer. Alberti, for instance, after drawing attention to the great variety and number of doors in Roman buildings says, "It is also convenient to place the doors in such a Manner that they may lead to as many Parts of the edifice as possible."[5] This was specifically recommended for public buildings, but applied also to domestic arrangements. It generally meant that there was a door wherever there was an adjoining room, making the house a matrix of discrete but thoroughly interconnected chambers. Raphael's plan exemplifies this although it was no more than ordinary practice to do so at the time (Fig. 6).

So between the Italians and Kerr there had been a complete inversion of a simple notion about convenience. In sixteenth-century Italy a convenient room had many doors; in nineteenth-century England a convenient room had but one. The change was important not only because the entire house would need to be rearranged around it, but also because it radically recast the pattern of domestic life.

Together with the limiting of doors came another technique aimed at minimising the necessary intercourse between the various members of a household: the systematic application of independent access. In the Villa Madama, as in virtually all domestic architecture prior to 1650, there is no qualitative distinction between the way through the house and the inhabited spaces within it. The main entrance is at the southern extremity of the villa. A semi-circular flight of steps leads through a turreted wall into a forecourt, up another flight of steps into a columned hall, through a vaulted passage into the central circular court; so far a prescribed sequence through five spaces preliminary to the more specific and intimate areas of the household. From the circular court though there are ten different routes into the villa apartments, none given any particular predominance. Five lead directly off the court or its annexes, three via the magnificent loggia with the walled garden beyond, and two via the belvedere. Once inside it is necessary to pass from one room to the next, then to the next to traverse the building. Where passages and staircases are used, as inevitably they are, they nearly always connect just one space to another and never serve as general distributors of movement. Thus, despite the precise architectural containment offered by the addition of room upon room, the villa was, in terms of occupation, an open plan, relatively permeable to the numerous members of the household,[6] all of whom – men, women, children, servants and visitors – were obliged to pass through a matrix of connecting rooms where the day-to-day business of life was carried on. It was inevitable that during the course of a day paths would intersect, and that every activity was liable to intercession unless very definite measures were taken to avoid it. As with the multiplying of doors there was nothing unusual about this; it was the rule in Italian palaces, villas and farms, a customary way of joining rooms together hardly affecting the style of architecture (which could as well be Gothic or vernacular) but most certainly affecting the style of life.

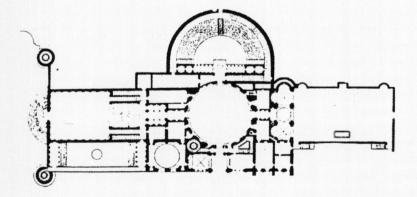

5

Villa Madama, Plan von Antonio da Sangallo (neu gezeichnet)

Villa Madama, plan by Antonio da Sangallo (redrawn)

römischen Gebäuden hingewiesen hatte: «Es ist auch zweckmässig, die Türen so anzuordnen, dass sie zu möglichst vielen Teilen des Gebäudes führen.»[5] Dies wurde vor allem für öffentliche Gebäude empfohlen, aber auch auf private Wohnräume angewendet. Im Allgemeinen sah dies so aus, dass überall dort Türen waren, wo es einen angrenzenden Raum gab, wodurch das Haus zu einer Matrix aus eigenständigen, aber durchgängig miteinander verbundenen Zimmern wurde. Raffaels Plan veranschaulicht dies, doch er gibt nur die damals gängige Praxis wieder (Abb. 6).

Zwischen Kerr und den Italienern herrschte somit eine völlig entgegengesetzte Auffassung in der schlichten Frage, was als annehmlich zu betrachten sei. Im Italien des 16. Jahrhunderts gehörten zu einem annehmlichen Raum viele Türen, im England des 19. Jahrhunderts nur eine einzige. Diese Entwicklung war nicht bloss deshalb bedeutsam, weil sie eine gründliche Neuordnung des Hauses bedingte, sondern auch deshalb, weil sie die Form des häuslichen Zusammenlebens radikal veränderte.

Neben der Verringerung der Türen gab es eine weitere technische Massnahme, die darauf abzielte, die notwendigen Kontakte zwischen den verschiedenen Mitgliedern eines Haushalts zu reduzieren: die systematische Einführung unabhängiger Erschliessung. Bei der Villa Madama gibt es – wie praktisch bei der gesamten Hausarchitektur vor 1650 – keine qualitative Unterscheidung zwischen dem Weg, der durch das Haus führt, und den bewohnten Räumen in seinem Inneren. Der Haupteingang befindet sich an der Südseite des Gebäudes. Eine halbkreisförmige Treppe führt durch eine mit Türmchen versehene Mauer in einen Vorhof, und über eine weitere Treppe geht es dann in eine mit Säulen versehene Halle und anschliessend durch eine überwölbte Passage in den kreisförmigen Haupthof: bis dahin eine feste Abfolge von fünf Räumen, die den spezifischeren und intimeren Bereichen des Haushalts vorgelagert sind. Der kreisförmige Hof ist jedoch Ausgangspunkt für zehn verschiedene Routen in den eigentlichen Wohnbereich der Villa, von denen keine als bevorzugt oder wichtiger als die anderen gelten kann. Fünf zweigen unmittelbar vom Hof oder seinen Anbauten ab, drei führen über die prächtige Loggia mit dem dahinterliegenden ummauerten Garten, zwei über das Belvedere. Befindet man sich einmal im Inneren, muss man, um durch das Gebäude zu gelangen, einen Raum nach dem anderen passieren. Natürlich gibt es Flure und Treppen, aber diese führen in der Regel nur von einem Raum zum nächsten und fungieren nie als allgemeiner Verteiler des Bewohner- oder Besucherverkehrs. Daher war die Villa – trotz der festumrissenen architektonischen Strukturierung, die sich aus der Addition der einzelnen Räume ergab – hinsichtlich ihres Bewohntwerdens ein offenes Gebilde, relativ durchlässig für die zahlreichen Mitglieder des Haushalts,[6] die alle – Männer, Frauen, Kinder, Dienstboten und Besucher – eine Matrix miteinander verbundener Räume passieren mussten, in denen sich das tägliche Leben in all seinen Facetten vollzog. Zwangsläufig mussten sich die Wege im Verlauf eines Tages kreuzen, und jede Tätigkeit war ständig von Unterbrechungen bedroht (es sei denn, man traf sehr entschiedene Massnahmen, um derartiges zu verhindern). Wie die Vervielfachung der Türen galt dies als etwas völlig Normales: In italienischen Palästen, Villen

From the Italian writers who described contemporary events nothing is more evident than the large numbers of people who congregated to pass the time, to watch, discuss, work or eat and the relative frequency of recountable incident amongst them. At one end of the spectrum of manners Castiglione, a close friend of Raphael, recorded four consecutive evening conversations in *The Courtier* supposed to have taken place during March 1507 at the Palace of Urbino (itself an example of the matrix planning described above). Nineteen men and four women participated and apparently there were similar gatherings every day after supper.[7] No doubt, The Courtier was a purified, elaborated and sentimentalised account of actual events, but the portrayal of the group as a natural recourse for passing the time is in perfect accord with other sources. It is known that the majority of characters included were palace guests at the time.

The nether end of the spectrum is described by Cellini in his *Autobiography*. So vivid is the enormous contrast between these two works that the passionate, violent and intemperate creatures in the one hardly resemble the refined, witty conversationalists in the other. They could easily be mistaken for separate species. Yet Cellini, like Castiglione, required an active flow of characters on whom to impress his own illimitable ego. In both company was the ordinary condition and solitude the exceptional state.

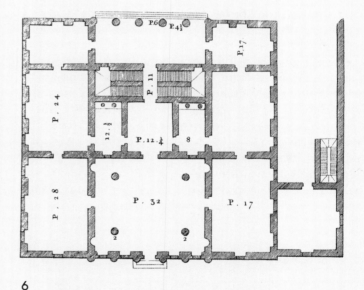

6

Palazzo Antonini, Udine, Andrea Palladio, 1556. Palladios Villen- und Palastentwürfe sind Systeme miteinander verbundener Räume. Das Besondere an diesem besteht darin, dass die Toiletten im Hauptgebäude untergebracht sind. Sie flankieren paarweise den quadratischen Vorraum im Zentrum des Plans (die Belüftung erfolgt von oben). Selbst diese Räume können als Durchgänge benutzt werden.

Palazzo Antonini, Udine, Andrea Palladio, 1556. Palladio's villa and palace plans are sets of connected rooms. The peculiarity of this one is that lavatories were brought within the main building. In pairs they flank the square anteroom at the very centre of the plan (ventilated from above). They can also be used as thoroughfares.

und Bauernhöfen war das eine allgemein gebräuchliche Methode der Verbindung von Räumen, die kaum Auswirkungen auf den Stil der Architektur hatte (der genauso gut gotisch wie regional geprägt sein konnte), dafür aber den Lebensstil um so mehr bestimmte.

In den Werken italienischer Schriftsteller jener Epoche, die zeitgenössische Ereignisse beschrieben, fallen einem zwei Dinge auf: die grosse Zahl von Menschen, die zusammenkamen, um gemeinsam die Zeit zu verbringen, um zu schauen, zu diskutieren, zu arbeiten oder zu essen, und die relative Häufigkeit erzählenswerter Vorfälle, die es dabei gab. Am einen Ende des Sittenspektrums zeichnete Castiglione, ein enger Freund Raffaels, in seinem Buch *Il libro del cortegiano* vier aufeinanderfolgende Abendunterhaltungen auf, die im März des Jahres 1507 im Palast von Urbino (ebenfalls ein gutes Beispiel für den oben beschriebenen Matrix-Grundriss) ereignet haben sollen. Neunzehn Männer und vier Frauen nahmen daran teil, und solche Zusammenkünfte sollen jeden Tag nach dem Abendessen stattgefunden haben.[7] *Il libro del cortegiano* war zweifellos eine bereinigte, ausgeschmückte und verklärende Darstellung tatsächlicher Ereignisse, doch die Beschreibung dieser Abendgesellschaften als eine völlig selbstverständliche Art des Zeitvertreibs stimmt mit anderen historischen Quellen überein. Es steht fest, dass die Mehrzahl der in Castigliones Buch aufgeführten Charaktere zu jener Zeit im Palast von Urbino zu Gast gewesen ist.

Das andere Ende des Spektrums beschreibt Cellini in seiner Vita. Der enorme Kontrast zwischen diesen beiden Werken ist derart ausgeprägt, dass die impulsiven, gewalttätigen und unbeherrschten Gestalten Cellinis kaum etwas gemein haben mit den kultivierten und geistreichen Mitgliedern des Gesprächszirkels Castigliones: Man könnte sie für Angehörige verschiedener Spezies halten. Dennoch bedurfte Cellini, wie Castiglione, eines ununterbrochenen Stroms von Charakteren, denen er sein eigenes grenzenloses Ego aufprägen konnte. In beiden Werken war Geselligkeit der Normalzustand und Alleinsein die Ausnahme.

Es gibt noch eine weitere, vielsagende Ähnlichkeit: Keiner der beiden Autoren beschreibt die jeweiligen Schauplätze des Geschehens. In *Il libro del cortegiano* begnügt sich

7
Die Schule von Athen, Raffael, 1510–1511
The School of Athens, Raphael, 1510–1511

There is another telling similarity which at first seems to contradict the gist of this article; neither writer ever described a place. In *The Courtier* a few hyperbolic sentences suffice to eulogise the Ducal Palace at Urbino, one of the great works of Italian Renaissance architecture, and not one word is said from beginning to end, either directly or indirectly about the appearance, contents, form or arrangements of Elizabetta Gonzaga's apartments which served as the setting. This is all the more strange because Castiglione likened himself to a painter of a scene in his preamble. Cellini's *Autobiography* too, is so packed with relationships of enmity, love, ambition and exploitation that they entirely fill the space of his book. He locates events by saying where they occurred, but these indications are like references to a mental map. No landscape or cityscape is mentioned in even the most cursory terms. Topography, architecture and furnishings are likewise absent, not even raised as backdrops to the intrigues, cabals, triumphs and catastrophes that he recites. Here are the most explicit references to architecture outside of his solitary confinement in the Castle St Angelo.

The first is an account of the circumstances surrounding a robbery:

> "... as was only fitting at the age of twenty-nine, I had taken a charming and very beautiful young girl as my maid servant ... Because of this, I had my room at quite a distance from where the workmen slept, and also some way from the shop. I kept the young girl in a tiny ramshackle bedroom adjoining mine. I used to enjoy her very often ... I sometimes used to sleep very heavily and deeply ... So it happened when one night a thief broke into the shop."

The second is an attempt to engineer a reconciliation with a patron while bedridden:

> "I had myself carried to the Medici Palace, up to where the little terrace is: they left me resting there, waiting for the Duke to come past. A good few friends of mine from the court came up and chatted with me."

The third describes a confrontation with a potential assassin:

> "I left home in a hurry, though as usual I was well armed, and I strode along Strada Julia not expecting to meet anyone at this time of day. I had reached the end of the street, and was turning towards the Farnese Palace – giving the corner a wide berth as usual – when I saw the Corsican stand up and walk into the middle of the road."[8]

Rarely did architecture penetrate into the narrative and then only as an integral feature of some misadventure or encounter. *The Autobiography* and *The Courtier* share a total absorption with the dynamics of human intercourse to the exclusion of all else, and that is why their physical setting is so hard to discern.

The same predominance of figure over ground, the same overwhelming of objects by animation, can be observed in painting. The figures of the *Madonna dell'Impannata* occupy a room, but apart from the recessed window at the

Castiglione mit ein paar hochtönenden Phrasen, um den Herzogspalast von Urbino, eines der berühmtesten Beispiele italienischer Renaissance-Architektur, zu rühmen, und er verliert kein einziges Wort, sei es direkt oder indirekt, über Aussehen, Form, Anlage oder Einrichtung der Gemächer Elizabetta Gonzagas, in denen sein Buch spielt. Dies ist umso verwunderlicher, da Castiglione sich in seinem Vorwort mit dem Maler einer Szene vergleicht. Auch Cellinis Vita ist derart mit zwischenmenschlichen Beziehungen – Feindschaft, Liebe, Konkurrenz oder Ausbeutung – vollgestopft, dass kaum Platz für anderes bleibt. Er lokalisiert Ereignisse, indem er mitteilt, wo sie stattgefunden haben, doch diese Angaben wirken wie Verweise auf eine geistige Landkarte. Nie wird eine Landschaft oder eine Stadt beschrieben, und sei es noch so oberflächlich. Topographie, Architektur und Innenausstattung fehlen ebenso sehr und werden noch nicht einmal als Hintergrund für die erwähnten Intrigen, Komplotte, Triumphe und Katastrophen herangemüht. Hier sind Cellinis deutlichste Bezugnahmen auf Architektur (abgesehen von der Beschreibung seiner einsamen Kerkerzelle in der Engelsburg).

Die erste findet sich in der Schilderung der näheren Umstände eines Einbruchs in seine Werkstatt:

«Ich war nunmehr neunundzwanzig Jahre alt, und da meine Verhältnisse es mir erlaubten, so hatte ich eine wunderschöne und anmutige Magd in meinen Dienst genommen [...] Aus diesem Grunde schlief ich in einem Zimmer, das weit ab von der Kammer meiner Gesellen und von meiner Werkstatt lag; es war aber mit der Kammer meiner Magd [...] verbunden. Infolgedessen erlustigte ich mich sehr oft mit ihr. Obgleich ich nun den allerleichtesten Schlaf habe, so wird doch dieser nach einer Liebesnacht oft sehr tief und schwer. Und genau das war der Fall, als eines Nachts ein Spitzbube in meine Werkstatt einbrach.»

Die zweite betrifft einen Versuch des bettlägerigen Cellini, sich mit einem seiner Auftraggeber auszusöhnen:

«Obwohl ich noch nicht auf den Füssen stehen konnte, liess ich mich nach dem Palazzo der Medici auf die kleine Terrasse tragen. Dort blieb ich sitzen, um zu warten, bis der Herzog vorbeikäme. Da begrüssten mich viele von meinen Freunden, die ich bei Hofe hatte».

Die dritte betrifft seine Begegnung mit einem potentiellen Attentäter:

«Ich verliess eilends mein Haus, jedoch in meiner gewöhnlichen Rüstung, und ging schnell durch die Strada Julia, wo ich um diese Stunde niemanden zu finden glaubte. Als ich am Ende der Strasse nach dem Palazzo Farnese umbiegen wollte, sah ich den kleinen Korsen aufstehen und sich mir in den Weg stellen. Nach meiner Gewohnheit war ich in einem grossen Bogen um die Ecke gegangen».[8]

Architektur taucht nirgendwo in dieser Literatur auf – es sei denn als unabdingbarer Bestandteil irgendeines Missgeschicks oder einer persönlichen Begegnung. Cellinis Vita und Castigliones Il libro del cortegiano widmen sich fast

right-hand edge of the picture there is no indication of what the room is like. The shape of the room does not appear to affect the distribution or interrelation of the figures. This is the case also in Raphael's most architectonic fresco The School of Athens, where the vaulted loggia is accorded as much detailed attention as the throng of philosophers who occupy it (Fig. 7). The effect of the building here (in an arrangement which could well have been the inspiration for the loggia at the Villa Madama) is, if anything, to concentrate the assembly, but otherwise the architecture leaves no decisive mark on the shape of society. Only the more peripheral and self-concerned figures use the building to support their bodies, whether on steps, the odd block of marble or on pilaster bases.

All this raises an unexpected difficulty: it is not easy to explain how, when the Italians were so wrapped up in human affairs, they developed a refined, elaborate architecture which they hardly had time to notice and which seemed to lie outside the orbit of social life. Perhaps that is an exaggeration, but the paradox remains. The marvellous modelling and exquisite decoration of the Villa Madama loggia (Fig. 8), based on Nero's Golden House, and the combined work of Raphael, Giulio Romano and Giovanni da Udine,[9] cannot be accounted for by the urge to impress or in terms of iconography alone. These must have played their part, but such sensibility to form does not issue from status or symbolism like water from a tap. It could be though, that the incidental and accessory nature of architecture was precisely what led to it becoming so visually rich. Of all the senses sight is the most appropriate

8
Villa Madama, Fresko im Gewölbe der Loggia, Raffael, Giulio Romano und Giovanni da Udine, 1518–1525. Woran das Auge sich ergötzen kann, vermag die Hand nicht berühren.

Villa Madama, fresco on loggia vaults, Raphael, Giulio Romano and Giovanni da Udine, 1518–1525. What the eye can feast on, the hand cannot touch.

ausschliesslich der Dynamik zwischenmenschlicher Beziehungen – bis hin zum Ausschluss alles Übrigen –, und deshalb sind die topographischen Schauplätze dieser Bücher kaum zu erkennen.

Die gleiche Vorherrschaft der Figuren über die Szenerie, die gleiche Überwältigung der Objekte durch die belebte Materie lässt sich in der Malerei beobachten. Die Figuren auf Raffaels *Madonna dell'Impannata* befinden sich in einem Innenraum, doch abgesehen von dem zurückgesetzten Fenster auf der rechten Bildseite gibt es keinerlei Hinweis auf die Beschaffenheit des Raums. Die Form des Raums scheint keinen Einfluss auf die Anordnung oder die Beziehungen der Figuren untereinander zu haben. Das trifft auch auf *Die Schule von Athen* zu, Raffaels architektonischstes Fresko, auf dem der überwölbten Loggia ebenso viel detaillierte Aufmerksamkeit geschenkt wird wie der Philosophenschar, die diesen Raum bevölkert (Abb. 7). Der mögliche Einfluss des Gebäudes (dessen Anlage ohne weiteres das Vorbild für die Loggia der Villa Madama gewesen sein könnte) beschränkt sich darauf, einen Rahmen für die Menschenansammlung zu liefern, doch ansonsten drückt die Architektur der Gesellschaft keinen massgeblichen Stempel auf. Nur die Randfiguren und die mit sich selbst befassten Gestalten nutzen das Gebäude, um ihre Körper abzustützen, sei es auf Stufen, dem deplaziert wirkenden Marmorblock oder Pilastersockeln.

All dies summiert sich zu einer unerwarteten Schwierigkeit: Wie lässt es sich erklären, dass die derart von menschlichen Angelegenheiten in Beschlag genommenen Italiener eine so raffinierte und anspruchsvolle Architektur entwickeln konnten, die sie rein zeitlich kaum wahrnehmen konnten und die ausserhalb der Sphäre des gesellschaftlichen Lebens angesiedelt schien? Das mag vielleicht übertrieben sein, doch das Paradoxon ist nicht von der Hand zu weisen. Die herrliche Formgebung und die exquisite Ausschmückung der Loggia der Villa Madama (Abb. 8), die sich an Neros Goldenem Haus orientierte und ein Gemeinschaftswerk von Raffael, Giulio Romano und Giovanni da Udine ist,[9] können nicht bloss mit Prunkentfaltung oder ikonographischen Aspekten erklärt werden. Derlei Dinge haben bestimmt eine Rolle gespielt, aber ein Formgefühl wie dieses entspringt nicht einfach dem Statusdenken oder der Symbolik – etwa so wie Wasser, das aus einem Wasserhahn fliesst. Es könnte jedoch sein, dass die zufällige und nebensächliche Qualität dieser Architektur genau das gewesen ist, was zu ihrem so beeindruckenden visuellen Reichtum geführt hat. Von all unseren Sinnen ist das Sehen der angemessenste, wenn es um Dinge an der Erfahrungsgrenze geht, und genau das ist es, wofür ein Raum – vor allem ein grosser Raum – sorgte; und für eine schärfere Wahrnehmung. In den unmittelbaren Bezirken des Körpers dominierten die anderen Sinne.

Die bisher angeführten Beispiele können vielleicht nichts beweisen, aber sie legen zumindest nahe, dass die im Italien des 16. Jahrhunderts herrschende Vorliebe für Geselligkeit, Nähe und Zufälle mit der Form damaliger Architekturpläne mehr oder weniger korrespondierte. Für Historiker der Wohnungsarchitektur ist es vielleicht zu einfach, in die Vergangenheit zu blicken und die Matrix miteinander verbundener Räume als ein primitives Planungsstadium anzusehen, das nach einer Weiterentwick-

for things at the boundary of experience, and that is exactly what a room – particularly a large room – provided; an edge to perception. In the immediate precincts of the body the other senses prevailed.

The examples given above, though hardly furnishing a proof, serve to indicate that the fondness for company, proximity and incident in sixteenth-century Italy corresponded nicely enough with the format of architectural plans. It is perhaps too easy for historians of domestic architecture to look back and see in the matrix of connected rooms a primitive stage of planning that begged for evolution into something more differentiated since little attempt was made to arrange the parts of the building into independently functioning sets or to distinguish between "serving" and "served", but this was not the absence of principle. For all the different sizes, shapes and circumstances of the rooms in the Villa Madama the connectivity was the same throughout. This did not happen by accident. It too was a principle. And maybe the reason why it was not thrown into high relief by theorists was simply because it was never put in question.

PASSAGES

The history of the corridor as a device for removing traffic from rooms has yet to be written. From the little evidence I have so far managed to glean, it makes its first recorded appearance in England at Beaufort House, Chelsea, designed around 1597 by John Thorpe.[10] Here its power was beginning to be recognised, for on the plan was written "A longe Entry through all". It was something of a curiosity with Thorpe, but as Italianate architecture became established in England, so, ironically enough, did the central corridor also become established, and at the same time staircases began to be attached to the corridors and no longer terminated in rooms.

After 1630 these changes of internal arrangement became very evident in houses built for the rich. Entrance hall, grand open stair, passages and back stairs coalesced to form a penetrating network of circulation space which touched every major room in the household. The most thorough-going application of this novel arrangement was at Coleshill, Berkshire (circa 1650–1667) built by Sir Roger Pratt for his cousin (Fig. 9), where on every floor passages tunnelled through the entire length of the building. At the ends were back stairs, in the centre a double-storey entrance hall with grand staircase which was really no more than a vestibule in spite of its portentous treatment since the inhabitants lived their lives on the other side of its walls (Fig. 10).

Every room had a door into the passage or into the hall. In his notebooks Pratt maintained that the "common way in the middle through the whole length of the house" was to prevent "the offices [i.e.: utility rooms] from one molesting the other by continual passing through them" and also that in the rest of the house "the ordinary servants may never publicly appear in passing to and fro for their occasions there".[11] According to him, then, the passage was for servants: to keep them out of each other's way and, more important still, to keep them out of the way of gentlemen and ladies. There was nothing new in this fastidiousness, the novelty was in the conscious employ-

lung zu etwas Differenzierterem drängte, da kaum ein Versuch unternommen wurde, die Teile des Gebäudes in autonom funktionierende Einheiten zu gliedern oder zwischen «dienen» und «bedient» zu unterscheiden, doch dies war nicht gleichbedeutend mit dem Fehlen eines Prinzips. Trotz der verschiedenen Grössen, Formen und Funktionen der Räume in der Villa Madama war die «Verbundenheit» der Räume überall dieselbe. Dies war kein Zufall, sondern ebenfalls ein Prinzip. Und vielleicht ist dies von den Theoretikern bloss deshalb nicht hervorgehoben worden, weil es niemand in Zweifel gezogen hat.

KORRIDORE

Die Geschichte des Korridors als Mittel zur Entfernung des Bewohner- und Besucherverkehrs aus den Wohnräumen muss erst noch geschrieben werden. Nach dem wenigen Beweismaterial, das ich bisher zusammentragen konnte, taucht der Korridor in England zum ersten Mal urkundlich verbürgt im Beaufort House in Chelsea auf, das John Thorpe um 1597 entworfen hat.[10] Hier begann man die Bedeutung des Korridors zu erkennen, denn auf dem Plan steht geschrieben: «Ein langer Eingang durch das ganze Haus.» Bei Thorpe war er so etwas wie eine Kuriosität, aber als sich die italienisierte Architektur in England durchzusetzen begann, etablierte sich – paradoxerweise – auch der zentrale Korridor, und gleichzeitig begann man, Treppen mit Korridoren zu verbinden und nicht mehr wie früher in Zimmern enden zu lassen.

Nach 1630 fanden sich diese Veränderungen in der internen Raumanordnung besonders ausgeprägt bei jenen Häusern, die sich die Reichen bauen liessen. Eingangshalle, grosse Freitreppe, Flure und Hintertreppen bildeten ein weitverzweigtes Netz von Erschliessungsfläche, die die wichtigen Räume des Haushalts verband. Die gründlichste Anwendung dieser neuen Technik gab es beim Coleshill House, Berkshire (circa 1650–1667), einem Gebäude, das Sir Roger Pratt für seinen Vetter entwarf (Abb.9): Jedes Stockwerk verfügte über einen Flur, der sich über die gesamte Länge des Hauses erstreckte. An den jeweiligen Flurenden befanden sich Hintertreppen, und im Zentrum des Gebäudes gab es eine zweistöckige Eingangshalle mit Doppeltreppe, doch dieser Raum war trotz all seiner Pracht im Grunde kaum mehr als ein Vestibül, da sich das Leben der Bewohner auf der anderen Seite der Wände abspielte (Abb. 10).

Jeder Raum verfügte über eine Tür, die auf den Flur oder in die Eingangshalle führte. In seinen Notizbüchern vertrat Pratt die Ansicht, der «durch die gesamte Länge des Hauses führende allgemeine Weg in der Mitte» würde dafür sorgen, dass «die Arbeit in den Dienststuben [d. h. in den Gebrauchs- und Versorgungsräumen] nicht mehr dadurch beeinträchtigt wird, dass man ständig durch sie hindurchgehen muss.» Zugleich würde dieser Weg gewährleisten, dass man «der gewöhnlichen Dienstboten nicht mehr ansichtig wird», wenn sie im übrigen Haus «ihren Tätigkeiten nachgehen», da sie nun «nicht mehr die Zimmer in dieser oder jener Richtung passieren müssen».[11] Demnach war der Flur für die Dienstboten bestimmt: damit sie sich nicht gegenseitig behinderten und, was noch wichtiger war, ihrer Herrschaft nicht in die Quere kamen. Diese dünkelhafte Einstellung war nicht gerade etwas Neues – neu war jedoch der bewusste Einsatz von Architek-

ment of architecture to dispel it – a measure in part of the antagonism between rich and poor in turbulent times, but also an augury of what was to render household life placid in years to come.

As to the main apartments, they were to be enfiladed into as long a vista of doors as could be got. The corridor was not, therefore, an exclusive means of access at this time, but was installed parallel to interconnecting rooms. Even so, at Coleshill the corridor predominated to the extent of becoming a necessary route through a large part of the house. A more elegant plan, balancing

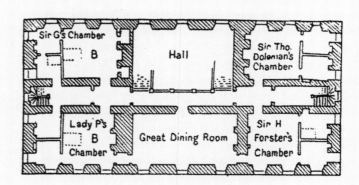

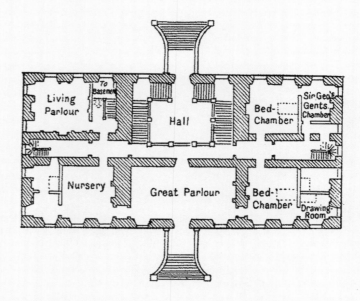

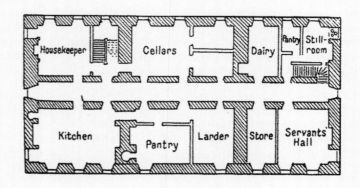

9
Coleshill House, Berkshire, Grundrisse, Sir Roger Pratt, 1650–1667

Coleshill House, Berkshire, plans, Sir Roger Pratt, 1650–1667

tur, um ihr Geltung zu verschaffen: eine Massnahme, die zum Teil dem antagonistischen Gegensatz zwischen Arm und Reich in turbulenten Zeiten entsprang, aber zugleich einen Vorgeschmack auf das bot, was das Haushaltsleben in späteren Jahren so friedlich machen würde.

Die Wohnräume sollten durch Türen zu einer Zimmerflucht von grösstmöglicher Länge verbunden werden. Der Korridor war zu dieser Zeit somit noch nicht der ausschliessliche Zugangsweg, sondern wurde parallel zu einer Reihe untereinander verbundener Räume eingerichtet. Trotzdem dominierte der Korridor von Coleshill House in einem solchen Ausmass, dass er zu einer notwendigen Route durch einen grossen Teil des Hauses wurde. Einen eleganteren Plan, der die beiden Typen des Durchgangs ins Gleichgewicht brachte, bot John Webbs Amesbury House in Wiltshire (Abb. 11), wo der zentrale Korridor zwar das ganze Haus erschloss, aber alle Räume, zumindest im Hauptstockwerk, miteinander verbunden waren. Anhand dieser Pläne lässt sich erkennen, wie die Einführung der Durchgangspassage in die Hausarchitektur erstmals eine tiefere Trennung zwischen den niederen und höheren gesellschaftlichen Ständen vollzog, indem sie dem privilegierten Familienkreis weiterhin einen direkten, internen Zugang zu ihren Räumen gestattete, zugleich aber die Dienerschaft auf ein limitiertes Territorium verwies, das zwar an das eigentliche Haus angrenzte, aber nie wirklich zu ihm gehörte; das Personal war stets bereit, aber nie anwesend, es sei denn, es wurde gebraucht.

10
Coleshill House, Eingangshalle und Hauptaufgang. Treppen nehmen den in Bewegung begriffenen Körper vollständiger auf als jedes andere Architekturelement und scheinen für eine enge Übereinstimmung zwischen dem architektonischen Prunk von Treppenhäusern und dem Einsatz der Korridortechnik zu sprechen. Immerhin erfüllt der Korridor denselben Zweck beinahe genauso gut.

Coleshill House, entrance hall and grand stair. Stairs hold the body captive in movement more completely than any other element of architecture and would seem to be a close correspondence between the architectural aggrandisement of staircases and the application of corridor planning. The corridor after all does the same job nearly as well.

the two types of circulation, was John Webb's Amesbury House, Wiltshire (Fig. 11), where the central passage served all, while every room, on the principal floor at least, was also connected to one or more others. From these plans it can be seen how the introduction of the through-passage into domestic architecture first inscribed a deeper division between the upper and lower ranks of society by maintaining direct sequential access for the privileged family circle while consigning servants to a limited territory always adjacent to, but never within the house proper; always on hand but never present unless required.

Its effects were even more pervasive than this would suggest. The architectural solution of the servant problem (the problem of their presence being part of their service, that is) had wider ramifications. With Pratt a similar caution can be detected in all matters relating to "interference", as if from the architect's point of view all the occupants of a house, whatever their social standing, had become nothing but a potential source of irritation to each other. It is true that he made the magnanimous gesture of putting doors between some of the rooms at Coleshill, as noted above, but then he did so explicitly to obtain the visual effect of a receding perspective through the whole house:

> "As to the smaller doors within, let them all lie in a direct line one against another out of one room into another so that they being all open you may see from one end of the house to the other; answerable to which if the windows be placed at each end, the vista of the whole will be so much the more pleasant."[12]

Accordingly, the integration of household space was now for the sake of beauty, its separation was for convenience – an opposition which has since become deeply engraved into theory and which creates two distinct standards of judgement for two quite separate realities: on the one hand, an extended concatenation of spaces to flatter the eye (the most easily deceived of the senses according to contemporary writers); on the other, a careful containment and isolation of individual compartments in which to preserve the self from others.

This split between an architecture to look through and an architecture to hide in cut an unbridgeable gap dividing commodity from delight, utility from beauty, and function from form. Of course in Raphael's work the distinction between aspects of architecture affecting daily intercourse and aspects of architecture solely concerned with visual form can just as easily be made. What is so different is that in his work they were in general accord with one another. At Coleshill they began to pull in quite contrary directions.

Why the innovation of independent access should have come about at all is not yet clear. Certainly it indicated a change of mood concerning the desirability of exposure to company. Whether exposure to all in the house or just some was at this point a matter of emphasis, but its sudden and purposeful application to domestic planning shows that it did not turn up at the end of a long, predictable evolutionary development of vernacular forms, as often alleged, nor did it have anything to do with the importation of the Italian style or Palladianism, though these were its vehicles. It came apparently out of the blue.

Die Folgen waren viel schwerwiegender, als man vielleicht denkt. Die architektonische Lösung des Dienstbotenproblems (des Problems, dass die physische Anwesenheit des Personals eine unumgängliche Voraussetzung seiner Dienste ist) hatte eine Menge indirekter Konsequenzen. Bei Pratt kann man eine ähnliche Vorsicht gegenüber allem ausmachen, was eine «Störung» darstellen könnte, als seien aus dem Blickwinkel des Architekten sämtliche Bewohner des Hauses, unabhängig von ihrem gesellschaftlichen Rang, potentielle Quellen gegenseitiger Behinderung. Es ist wahr, dass er grossmütig zwischen einigen der Räume von Coleshill House, wie oben beschrieben, Türen einbaute, doch das machte er zugestandenermassen nur deshalb, um den visuellen Effekt einer fliehenden Perspektive durch das gesamte Haus zu erzielen:

«Was nun die kleineren Innentüren betrifft, so sollen diese sich alle auf einer geraden Linie gegenüberliegen, von Raum zu Raum, so dass man, so sie alle geöffnet sind, von einem Ende des Hauses zum anderen sehen kann; werden entsprechende Fenster an jedem Ende des Hauses plaziert, wird der Ausblick um so angenehmer sein.»[12]

Analog dazu richtete sich die Integration des Haushalts nun nach ästhetischen Kriterien. Seine Abtrennung war eine Frage der Bequemlichkeit – ein Gegensatz, der sich seither tief in die Theorie eingegraben hat und zwei unterschiedliche Bewertungsmassstäbe für zwei mehr oder minder getrennte Realitäten hervorgebracht hat: einerseits eine weitläufige Kombination von Räumen, die dem Auge schmeicheln soll (dem am leichtesten zu täuschenden Sinn, glaubt man einigen zeitgenössischen Autoren), andererseits eine sorgfältige Einfriedung und Abschottung individueller Bereiche, in denen das Ich vor anderen bewahrt werden soll.

Diese Kluft zwischen einer Architektur zum Hindurchsehen und einer Architektur, um sich darin zurückziehen zu können, hat einen unüberbrückbaren Graben aufgerissen, der Gebrauch und Vergnügen trennt, Nützlichkeit und Schönheit, Funktion und Form. Natürlich kann man in Raffaels Werk genauso einfach unterscheiden zwischen Architekturaspekten, die Einfluss auf das tägliche Leben nehmen, und solchen, die ausschliesslich die visuelle Form betreffen. Der grosse Unterschied liegt jedoch darin, dass diese Aspekte in seinem Werk noch miteinander harmonieren. Beim Coleshill House begannen sie auseinanderzudriften.

Warum die architektonische Novität des separaten Zugangs überhaupt aufgekommen ist, liegt noch im Dunkeln. Zweifellos deutet diese Neuerung auf eine Änderung in der Einstellung hin, inwieweit der Kontakt mit anderen Menschen erwünscht war – ob dieses Gefühl des Ausgesetztseins allen Hausbewohnern galt oder bloss einigen wenigen, war zu diesem Zeitpunkt eine Frage der Nuancierung –, doch ihre plötzliche und planmässige Einführung beim Hausbau belegt, dass sie nicht, wie häufig angenommen, am Ende einer langen, vorhersehbaren evolutionären Entwicklung regionaler Bauformen stand und auch nichts mit der Übernahme des italienischen Stils oder des Palladianismus zu tun hatte, obwohl diese als ihre Vermittler anzusehen sind: Es scheint, dass diese Neuerung aus heiterem Himmel gekommen ist.

These were the years when the Puritans talked of "armouring" the self against a naughty world. They of course meant spiritual armour, but here was another sort, outside of body and soul: the room made into a closet. The story of Cotton Mather, a New England Puritan, gives some idea of how hard it is to distinguish morality from sensibility in this voluntary sequestration. He is said to have made it a rule "never to enter any company ... without endeavouring to be useful in it", dropping, as opportunities arose, instructive hints, cautions or reproofs. He was later portrayed as a domestic paragon, "doing all the good in his power to his brothers, sisters and servants", but in order to do so much good he found it best to avoid the paying or receiving of any unnecessary or "impertinent" visits. To prevent useless intrusions he inscribed with large letters above the door of his room these admonitory words: "BE SHORT".[13]

Dividing the house into two domains – an inner sanctuary of inhabited, sometimes disconnected rooms and unoccupied circulation space – worked in the same way as Mather's sign, making it difficult to justify entering any room where you had no specific business.

With this came a recognisably modern definition of privacy, not as the answer to a perennial problem of "convenience", but quite possibly as a way of fostering a nascent psychology in which the self was for the first time felt to be not just at risk in the presence of others, but actually disfigured by them.

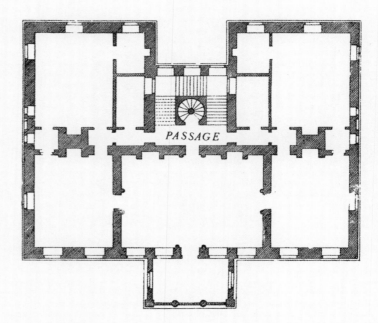

PASSAGE

11
Amesbury House, Wiltshire, Grundriss 1. Obergeschoss, John Webb, 1661. Die Erschliessung war zentralisiert und weniger prägnant, doch die Anordnung unterscheidet sich kaum von der im Coleshill House. Die Wendeltreppe innerhalb des eigentlichen Treppenaufgangs ist für die Dienstboten gedacht.

Amesbury House, Wiltshire, first-floor plan, John Webb, 1661. Space for movement here, was centralised and made less emphatic but the organisation differed little from Coleshill. The spiral stair-within-a-stair was for servants.

Es war die Zeit, als die Puritaner davon sprachen, das Selbst gegen die sündige Welt «zu wappnen». Natürlich meinten sie damit spirituelles Rüstzeug, doch dies hier war etwas anderes, ausserhalb von Körper und Seele angesiedelt: der in eine Zelle verwandelte Raum. Die Geschichte Cotton Mathers, eines Puritaners aus New England, vermittelt eine ungefähre Vorstellung davon, wie schwer es ist, in dieser freiwilligen Zurückgezogenheit zwischen Ethik und Gefühl zu unterscheiden. Es heisst, Mather habe sich die Regel auferlegt, «nie die Gesellschaft anderer zu suchen ... ausser man macht sich dabei nützlich», indem man, je nach Gelegenheit, praktische Ratschläge, Warnungen oder Missbilligungen erteilt. Später wurde er als ein häuslicher Ausbund an Tugend porträtiert, der «seinen Brüdern, Schwestern und Dienern alles Gute tat, was in seiner Macht stand», aber um so viel Gutes tun zu können, hielt er es für das Beste, auf alle unnötigen oder «impertinenten» Besuche zu verzichten und solche Besuche auch nicht zu empfangen. Um fruchtlose Störungen zu unterbinden, schrieb er mit Grossbuchstaben die folgende Mahnung über die Tür zu seiner Kammer: «Fasse Dich kurz!»[13]

Das Haus in zwei verschiedene Sphären aufzuteilen – in ein inneres Refugium bewohnter, mitunter voneinander getrennter Räume und in einen unbewohnten Bewegungsbereich aus Korridoren und Treppen – bewirkte dasselbe wie Mathers Hinweisschild: Ohne einen triftigen Grund war der Zutritt zu einem Zimmer, in dem man nichts verloren hatte, nur schwer zu rechtfertigen.

12
Coleshill House, grosses Empfangszimmer. Die Verbindungstüren zu den angrenzenden Räumen (eine davon hätte rechts neben dem Kamin gelegen) sind später zugemauert worden – eine kleine, doch bedeutende Veränderung, da sie einen für das 17. Jahrhundert typischen Raum mit Korridorzugang und interner Zimmerverbindung in einen Raum des 19. Jahrhunderts verwandelt, der ausschliesslich über den Korridor zu erreichen ist.

Coleshill House, the great parlour. The connecting doors to adjacent rooms (one of which was to have been to the right of the fireplace) have been removed: a small but significant change since it transforms a seventeenth-century room with both corridor access and interconnection into a nineteenth-century room with corridor access alone.

There was a commonplace analogy in seventeenth-century literature that compared man's soul to a privy chamber,[14] but it is hard to tell now which became more private first, the room or the soul. Certainly, their histories are entwined.

All the same, the logic of containment was not pursued with any great rigour during the eighteenth century. Large households tended to follow the pattern of Amesbury, attempting to reconcile independent access and interconnection by providing both, though rarely in as methodical a way. It was only at the approach of the nineteenth century that there was a move back toward greater systematisation of access, observable for example in the plans of Soane and Nash. Soane's work, perhaps more than that of any other architect, lies on the edge of modernity in this respect.

Soane, like Pratt, contrived vistas from his interiors, only he was not content with the aligning of doors. He also layered space upon space so that the eye, no longer constrained into a telescopic recession of portals, could wander wide, up, across and through from one place to another. Or to be more exact, this was the architectural effect he was sometimes able to achieve, as for example in his own house at Lincolns Inn Fields. In other people's houses, the yearning for extension was often held in check by an equal persuasion that all rooms should be sufficiently enclosed to be independent of one another for the purposes of daily use. As the room closed in, so the aesthetic of space unfolded, as if the extensive liberty of the eye were a consolation for the closer confinement of body and soul – a form of compensation which was to become more familiar and more pronounced in twentieth-century architecture. Thus, when characteristically Soanian vistas occurred, they were likely to occur in circulation space or out of windows, not in occupied space. As at Coleshill, the most studied and impressive parts were generally stairs, landings, halls and vestibules – spaces which housed nothing but the way from one place to another, together with ensigns of occupation in the form statuary or paintings.

Half a century later, when Robert Kerr was informing his readership of the perils attending thoroughfare rooms, the issue had been resolved once and for all: the corridor and the universal requirement of privacy were firmly established and principles of planning could be advanced applying more or less equally to all dwellings in all circumstances: large houses, small houses, servants quarters, family apartments, for business, for leisure – these discriminations were subsidiary to the key distinction between route and destination that would henceforth pervade domestic planning (Fig. 12). Kerr made diagrams that reduced house plans to these two categories of trajectory and position, proposing that their proper arrangement was the substratum upon which both architecture and domesticity were to be raised (Fig. 13).

On the face of it, there would seem to be little difference between the complaints made by Alberti, who valued privacy far more than did the sixteenth-century theorists, and those in Kerr's book about the irritations of daily life. Both deplore the mixing of servants and family, the racket of children and the prattle of women. The real difference was the way architecture was used to overcome these

Damit kam es zu einer unverkennbar modernen Definition von Privatsphäre: nicht als eine Antwort auf die ewige Frage der «Annehmlichkeit», sondern ziemlich wahrscheinlich als ein wichtiger Faktor beim Aufkommen einer Psychologie, die das Selbst zum ersten Mal nicht bloss als etwas begriff, das in der Gesellschaft anderer Menschen gefährdet war, sondern tatsächlich von diesen deformiert werden konnte.

In der englischen Literatur des 17. Jahrhunderts gab es eine weitverbreitete Analogie, bei der die menschliche Seele mit einem Privatgemach («privy chamber») gleichgesetzt wurde.[14] Heute ist schwer zu sagen, was zuerst privater wurde: der Wohnraum oder die Seele? Die Geschichten beider sind jedoch zweifellos miteinander verknüpft.

Wie dem auch sei, die Logik der Abgrenzung wurde während des 18. Jahrhunderts eher halbherzig verfolgt. Grosse Haushalte tendierten dazu, dem Muster des Amesbury House zu folgen, und versuchten, separate Erschliessung und interne Zimmerverbindung in Einklang zu bringen, indem man beides realisierte, jedoch selten auf eine derart systematische Weise. Erst am Vorabend des 19. Jahrhunderts erfolgte eine Rückbesinnung auf eine deutlichere Systematisierung der Erschliessung, wie sie beispielsweise in den Plänen von Soane und Nash zu erkennen ist. Soanes Arbeit liegt in dieser Hinsicht näher an der Grenze zur Moderne als die jedes anderen Architekten.

Soane ersann, ähnlich wie Pratt, Durchblicke oder Perspektiven durch die von ihm entworfenen Innenräume, gab sich dabei aber nicht mit einer schnurgeraden Ausrichtung von Verbindungstüren zufrieden. Er schichtete ausserdem Raum auf Raum, sodass der Blick, der nun nicht mehr auf eine teleskopische Abfolge von Portalen eingeengt war, frei umherwandern konnte: nach oben, diagonal oder geradeaus, von einem Ort zum anderen. Oder, genauer gesagt, dies war der architektonische Effekt, den er gelegentlich erzielte, etwa bei seinem eigenen Haus in Lincolns Inn Fields. Bei Häusern, die er für andere entwarf, wurde dieses Streben nach Extensität häufig von der ebenso starken Überzeugung in Schach gehalten, dass alle Räume hinreichend geschlossen sein müssten, damit sie, was ihre tägliche Benutzung betraf, voneinander unabhängig waren. In dem Mass, in dem sich das Zimmer separierte, entfaltete sich die Ästhetik des Raums, als sei die erweiterte Freiheit des Auges eine Entschädigung für die strengere Einfassung von Körper und Seele – eine Form der Kompensation, die in der Architektur des 20. Jahrhunderts noch vertrauter und prononcierter werden sollte. Tauchten Ausblicke à la Soane auf, dann am ehesten im Erschliessungsbereich oder durch Fenster nach draussen, und nicht im bewohnten Raum. Das galt auch für Coleshill House, wo die kunstvollsten und beeindruckendsten Teile in aller Regel die Treppen, Treppenabsätze, Hallen und Vestibüle waren – Räume, die nichts enthielten ausser den Wegen, die von einem Platz zum anderen führten, und, in Form von Standbildern oder Gemälden, Sinnbilder des Bewohntseins.

Ein halbes Jahrhundert später, als Robert Kerr seine Leser über die Gefahren von Durchgangszimmern ins Bild setzte, hatte sich das Thema ein für allemal erledigt: Der Korridor und das allgemeine Bedürfnis nach einer Privatsphäre hatten sich endgültig durchgesetzt, und man entwickelte Planungs- und Bauprinzipien, die im Grunde auf jede

annoyances. For Alberti, it was a matter of arranging proximity within the matrix of rooms. The expedients of installing a heavy door with a lock, or of locating the most tiresome members of the household and the most offensive activities at the greatest distance served his purpose, and these were conceived of as secondary adjustments to harmonise the cacophony of home life rather than to silence it. With Kerr, architecture in its entirety was mobilised against the possibility of commotion and distraction, bringing to bear a range of tactics involving the meticulous planning and furnishing of each part of the building under a general strategy of compartmentalisation on the one hand, coupled with universal accessibility on the other.

Oddly enough, universal accessibility was as necessary an adjunct to privacy as was the one-door room. A compartmentalised building had to be organised by the movement through it because movement was the one thing left that could give it any coherence. If it were not for the paths making the hyphen between departure and arrival things would fall apart in complete irrelation. With connected rooms the situation had been quite different. Here movement through architectural space was by filtration rather than canalisation, which meant that although great store may be set on passing from one place to the next sequentially, movement was not necessarily a generator of form. Considering the difference in terms of composition one might say that with the matrix of connected rooms, spaces would tend to be defined and subsequently joined like the pieces of a quilt, while with compartmentalised plans the connections would be laid down as a basic structure to which spaces could then be attached like apples to a tree.[15]

Hence, in the nineteenth century, "thoroughfares" could be regarded as the backbone of a plan not only because corridors looked like spines, but because they differentiated functions by joining them via a separate distributor, rather as the vertebral column structures the body:

"The relation of rooms to each other being the relationship of their doors, the sole purpose of the thoroughfares is to bring these doors into proper system of communication."[16]

This advanced anatomy made it possible to overcome the restrictions of adjacency and localisation. No longer was it necessary to pass serially through the intractable occupied territory of rooms with all the diversion, incidents and accidents that they might harbour. Instead the door of any room would deliver you into a network of routes from which the room next door and the furthest extremity of the house were almost equally accessible. In other words these thoroughfares were able to draw rooms at a distance closer, but only by disengaging those near at hand. And in this there is another glaring paradox: the corridor facilitated communication and in so doing reduced contact. Yet here too the paradox is superficial since what this meant was that purposeful or necessary communication was facilitated while incidental communication was reduced, and contact, according to the lights of reason and the dictates of morality, was at best incidental and distracting, at worst corrupting and malignant.

Art menschlicher Behausung angewendet werden konnten: auf grosse und kleine Häuser, auf Dienstbotenquartiere und Familienwohnungen, auf Geschäfts- und Vergnügungs-räume – derlei Differenzierungen verblassten angesichts der Hauptunterscheidung zwischen Weg und Ziel, die fortan die Architektur des Hausbaus bestimmen sollte (Abb. 12). Kerr zeichnete Schemata, die die Baupläne auf diese bei-den Kategorien von Trajektorie und Position reduzierten und dadurch nahelegten, dass deren richtige Zuordnung die Grundlage war, auf der nicht bloss die Architektur, sondern zugleich auch das häusliche Leben fusste (Abb. 13).

Oberflächlich betrachtet, schien es kaum einen Unter-schied zu geben zwischen den Beanstandungen Albertis – dem die Privatsphäre mehr bedeutete als den Theoretikern des 16. Jahrhunderts – und denen in Kerrs Buch, die sich auf «Störungen» des Alltagslebens bezogen. Beide missbil-ligten die Vermischung von Dienstboten und Familien-angehörigen, den Lärm der Kinder und das Geschwätz der Frauen. Der wesentliche Unterschied bestand darin, wie sie die Architektur zur Überwindung dieser Unannehmlich-keiten einsetzten. Alberti dachte an pragmatische Lösun-gen für das Problem zwischenmenschlicher Nähe, rea-lisierbar innerhalb der bestehenden Zimmer-Matrix: Der Einbau einer schweren, abschliessbaren Tür diente dem ebenso wie die Verbannung der unangenehmsten Mitglieder des Haushalts und der störendsten Tätigkeiten in die ent-legeneren Räume; doch dies waren im Grunde ergänzende Massnahmen, mit denen die Kakophonie des häuslichen Lebens gemildert, aber nicht restlos unterbunden werden sollte. Kerr mobilisierte die Architektur in ihrer Gesamt-heit gegen potentielle Unruhe- und Störfaktoren und brachte dabei ein ganzes Arsenal taktischer Massnahmen zum Einsatz – unter anderem eine penible Planung und Ausstattung jedes einzelnen Gebäudeteils im Rahmen einer umfassenden Strategie konsequenter Separierung, die allerdings mit einer allgemeinen Zugänglichkeit der Räume kombiniert wurde.

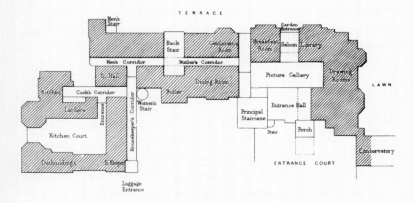

13

Korridorplan des Bearwood House, Robert Kerr, 1864. Als Kerrs ambitioniertestes Landsitz-Projekt gehört es zu den sechs Plänen, die er in seinem Buch *The Gentle-man's House* auf ganz ähnliche Weise analysierte.

Thoroughfare plan of Bearwood House, Robert Kerr, 1864. As Kerr's most ambitious country residence this took its place alongside five other plans similarly analysed in *The Gentleman's House*.

BODIES IN SPACE

Since the middle of the nineteenth century there have been no great changes, only accentuations, modifications and restatements, at least until very recently. Neither the radical Victorian medievalists nor modernists made any noticeable attempt to go back or forward from the accepted conventions of nineteenth-century domestic planning, despite the reams of bombast from each quarter on the great improvements in daily life that were to ensue either from the complete rejection of industrial production or from its wholesale affirmation; it did not matter that much which because what medievalists and modernists shared was a conviction that deliverance lay in the way the house was built. Thus the social aspect of architecture, which surfaced for the first time as an integral feature of theory and criticism, had more to do with the fabrica-tion of buildings than the occupation of buildings. And so, with the house considered first and foremost as an item of production, the stage was set for the arrival of "housing" in the way we now use that term. Housing, as has recently been pointed out, is an activity not a place.[17] Emphasis had shifted from the nature of the place to the procedures of its assembly. Nevertheless, beneath this or that revo-lutionary, workmanlike programme of reconstruction, the house itself remained unaltered in all its essentials. Be-cause of the undeniable dynamism in the modern movement and the crusading utopianism of the Arts and Crafts move-ment, this tends to be overlooked.

The Red House at Bexley by William Morris and Philip Webb is the set piece of craft revivalism. It was begun in 1859, not long after Morris had completed his only easel painting *Queen Guinevere* (Fig. 14). The real subject of both these works was Jane Morris, whom he had recently married. Guinevere was her portrait and the Red House was to be her setting, an altogether romantic project in which Morris sought a medieval authenticity to replace the stylistic shams of contemporary Gothic and Elizabethan. Yet his commit-ment to past practice only went so far. The morality of craft and beauty might transform the procedures of building and the appearance of the finished work but medievalism did not percolate into the plan, which was categorically Victorian and utterly unlike anything built in the fourteenth or fifteenth century (Fig. 15), so much so that it illustrates the principles laid down by the bourgeois Robert Kerr better than Kerr's own plans: rooms never interconnect, never have more than one door, and circulation space is unified and distinct.

So, even though Morris was regarded as bohemian, a rad-ical leading an unorthodox life, flaunting bourgeois stand-ards, despite his gregarious character, and for all the things he loathed about modern times, the planning of the Red House was perfectly contemporary and conventional: its eccentricities lay elsewhere.

Not that Morris refused to pursue medievalism to the point where it would change men's lives. Even at this early date the idea was at the core of his work. What he en-visaged though was not so much a change, more a trans-figuration; a fulfilment of medieval literary idealisations rather than a recreation of medieval conditions of life. These were idealisations of extreme spirituality, so it is not altogether surprising that the more carnal aspects of medievalism, such as interconnecting rooms, had been

Paradoxerweise war diese allgemeine Zugänglichkeit ebenso unerlässlich für die Privatsphäre wie das eintürige Zimmer. Ein in sich separiertes Gebäude musste über die Bewegung in seinem Inneren organisiert werden, denn Bewegung war das einzige, was ihm noch einen Zusammenhalt geben konnte: Ohne die Pfade, die für den Bindestrich zwischen Abschied und Ankunft sorgten, wären die Dinge zu völliger Beziehungslosigkeit zerfallen. Bei untereinander verbundenen Räumen hatte sich die Situation anders dargestellt. Hier erfolgte die Bewegung durch den architektonischen Raum eher in Form von Filtrierung und nicht als Kanalisierung, und daher musste sich Bewegung nicht zwangsläufig in architektonischer Gestalt niederschlagen – auch wenn man grossen Wert darauf legen mochte, nacheinander von einem Raum zum anderen gelangen zu können. Fasst man den Unterschied in planerische Begriffe, dann kann man sagen, dass die Räume bei der Matrix untereinander verbundener Zimmer zunächst definiert und dann zusammengefügt werden, wie die Teile eines Quilts, während bei separierenden Plänen zunächst die Verbindungsrouten festgelegt werden, als eine Art Basisstruktur, der man dann die Räume zuordnet – wie Äpfel, die man an einen Baum hängt.[15]

Daher galten Korridore im 19. Jahrhundert als das Rückgrat jedes Bauplans: Sie sahen nicht nur aus wie Wirbelsäulen, sondern sie grenzten auch Funktionen voneinander ab, indem sie diese über einen autonomen «Verteiler» verbanden, ähnlich wie die Wirbelsäule den Körper strukturiert:

«Da die gegenseitige Beziehung der Zimmer gleichbedeutend mit dem Verhältnis ihrer jeweiligen Türen ist, besteht der einzige Zweck von Korridoren darin, für ein adäquates System der Verbindung dieser Türen zu sorgen.»[16]

Diese fortschrittliche Anatomie ermöglichte die Überwindung all jener Restriktionen, die sich aus Angrenzung und Lokalisierung ergeben hatten. Nun war es nicht mehr notwendig, ein unberechenbares bewohntes Territorium aufeinanderfolgender Zimmer zu passieren und sich den Ablenkungen, Geschehnissen und Zufällen auszusetzen, die es dort geben könnte. Stattdessen führte die Tür jedes Zimmers zu einem Wegenetz, von dem aus der entlegenste Winkel des Hauses beinahe ebenso bequem zugänglich war wie das Zimmer nebenan. Man könnte auch sagen, dass diese Korridore in der Lage waren, entfernt gelegene Zimmer näher heranzuholen, freilich um den Preis, dass die Räume in unmittelbarer Nähe weiter wegrückten. Und hierbei sticht wieder ein Paradoxon ins Auge: Der Korridor erleichterte die Kommunikation, reduzierte dabei aber den Kontakt. Das bedeutet, dass zweckgebundene oder notwendige Kommunikation einfacher wurde, während die zufällige Kommunikation eingeschränkt wurde – und Kontakt war, folgte man dem Licht der Vernunft und den Geboten der Moral, bestenfalls etwas Zufälliges, Ablenkendes und im Übrigen eher schlecht und schädlich.

KÖRPER IM RAUM
Seit der Mitte des 19. Jahrhunderts hat es in dieser Hinsicht keine grossen Veränderungen gegeben, sondern bloss noch Akzentuierungen, Modifizierungen und Umformulierungen, jedenfalls bis vor kurzem. Weder der radikale Mediävismus der viktorianischen Ära noch die Moderne

subtracted from his architecture. When he later moved to a genuine medieval house at Kelmscott he accepted such things with a show of bravado:

"The first floor ... has the peculiarity of being without passages, so that you have to go from one room into another to the confusion of some of our casual visitors, to whom a bed in the close neighbourhood of a sitting room is a dire impropriety. Braving this terror we must pass through ..."[18]

But though it may have been a good test of squeamishness, he found nothing else to commend it.

Similar expurgations were made in his poetry and painting. In *Queen Guinevere*, as in a great deal of Victorian art, the body was treated as a sign of its invisible occupant. Jane, in the guise of the legendary queen, was turned into a languid effigy of an overwrought spirit, radiating that peculiar Pre-Raphaelite loveliness through her listless, dis-

14
Königin Guinevere, William Morris, 1858. Auf diesem Gemälde sind zwei Figuren zu sehen: Guinevere und, im Hintergrund, ein Spielmann. Die beiden sind nicht bloss physisch voneinander getrennt, sondern nehmen auch keine Notiz von der Anwesenheit des anderen; dies war, obwohl Morris Probleme mit der Ölmalerei hatte, nicht bloss das Resultat begrenzter technischer Fertigkeiten.

Queen Guinevere, William Morris, 1858. There are two figures in the painting – Guinevere and a minstrel in the background. Not only are they physically separate, but neither recognises the presence of the other. Although Morris had trouble with oil painting, this was not just the result of limited technique.

unternahmen irgendwelche ernsthaften Versuche – sei es durch die Rückbesinnung auf frühere Bauprinzipien oder durch eine grundlegende Neuorientierung –, die für das 19. Jahrhundert typischen Konventionen in Sachen Hausbau zu überwinden, trotz des aus beiden Lagern dringenden Wortgeklingels über die enormen Erleichterungen des Alltagslebens, die sich entweder aus der prinzipiellen Ablehnung industrieller Produktionsformen oder aus ihrer vorbehaltlosen Bejahung ergeben würden; wer von beiden recht hatte, war im Grunde unerheblich, denn beide, die Verfechter des Mediävismus und die der Moderne, teilten die Überzeugung, dass die Erlösung letztlich davon abhing, wie das Haus gebaut wurde. Der soziale Aspekt der Architektur, der damals zum ersten Mal als integraler Bestandteil von Theorie und Kritik auftauchte, hatte demnach eher mit der Fertigung von Gebäuden zu tun als mit deren Bewohnung. Dadurch, dass man das Haus in erster Linie als einen Fertigungsgegenstand betrachtete, schuf man die Voraussetzungen für das Entstehen des «Wohnens» in seiner heutigen Bedeutung. Wohnen ist aber eine Aktivität, kein Ort.[17] Man konzentrierte sich nun nicht mehr auf die Beschaffenheit oder die Funktion des Hauses, sondern auf die technischen Verfahren seiner Errichtung. Trotz dieses oder jenes revolutionären, fachkundigen Reformprogramms blieb das Haus als solches in seinen wesentlichen Eigenschaften unangetastet. Wegen der unleugbaren Dynamik der Moderne und wegen des kämpferischen Utopismus des Arts and Crafts Movement wird dies jedoch häufig übersehen.

Das von William Morris und Philip Webb entworfene Red House in Bexley ist das Vorzeigestück der Bewegung zur Wiederbelebung klassischer Handwerkstraditionen. Der Bau begann 1859, kurz nachdem Morris sein einziges Tafelbild, *Königin Guinevere*, vollendet hatte (Abb.14). Das eigentliche Subjekt dieser beiden Werke war Jane Morris, die er kurz davor geheiratet hatte. Guinevere war ihr Porträt, und Red House sollte ihr Zuhause sein, ein von Grund auf romantisches Projekt, bei dem Morris nach einer mittelalterlichen Authentizität suchte, die er an die Stelle der stilistischen Scharlatanerie der zeitgenössischen, gotischen oder elisabethanischen Architektur setzen wollte. Doch diese Verpflichtung auf die Praxis der Vergangenheit ging nicht besonders tief. Die Ethik von Handwerk und Schönheit mochte sich auf die Techniken des Bauens und die äussere Erscheinung des fertigen Gebäudes auswirken, aber Morris' Mediävismus schlug sich nicht im Grundriss des Gebäudes nieder: Dieser hatte nicht die geringste Ähnlichkeit mit Häusern des 14. oder 15. Jahrhunderts und war typisch viktorianisch (Abb. 15), und zwar auf eine so ausgeprägte Weise, dass er die Prinzipien des Bourgeois Robert Kerr viel besser illustrierte als Kerrs eigene Zeichnungen: Kein Zimmer ist direkt mit einem anderen verbunden, kein Zimmer hat mehr als eine Tür, und der Erschliessungsbereich ist vereinheitlicht und deutlich herausgehoben.

Obwohl Morris als Bohemien galt, als Radikaler, der ein unorthodoxes Leben führte und der bürgerlichen Welt die Stirn bot, trotz seiner geselligen Art und ungeachtet all der Dinge, die er an den modernen Zeiten hasste, war der Bauplan von Red House absolut zeitgemäss und konventionell: Das Exzentrische des Gebäudes lag woanders.

Das soll nicht heissen, dass Morris davor zurückschreckte, seinen Mediävismus bis zu dem Punkt zu verfolgen, wo er das menschliche Leben verändern würde. Schon zu diesem

tracted expression and lethargic posture. The soul might overflow with febrile energy but the body had been abandoned to lassitude. Everything in the painting is emblematic; more like a still life than the illustration of an event. As in Raphael's *Madonna*, the room is barely decipherable but now for quite different reasons. The space has not been eclipsed by a tangle of figures. In Morris's picture furniture, fittings, drapes, ornaments and other objects, not figures, stand in the way. They too are there as emanations of an exquisite psyche, symbolising a life but not engaging with it in any way. In the heroine's absence this display of lovingly embellished articles would represent her well enough. Her physical isolation from others was anyway complete and these items serve as her proxy.

Morris believed that the great sin of the Middle Ages was violence, though art had been in abundance, while on the other hand the great sin of the nineteenth century was philistinism plain and simple. In the Red House there was art and there were the conditions of a peaceful life too. The pity was that their combination could only magnify the value of objects and diminish carnality till the body appeared as little more than a heavy shadow of the spirit.

The retreat from the body was widespread and took many forms. Morris himself was immensely physical, loved company, hated puritans, tore down curtains, flung unpalatable food out of the window, bit furniture, broke chairs, rammed his head against walls, shouted, swore and wept to the consternation of more restrained contemporaries,[19] but nevertheless worked within the prevailing sensitivities to decorum, passivity and privacy, and so confirmed them. Others who professed no great love of nineteenth-century domesticity were also caught within it. So much might be said of Samuel Butler who, in *The Way of All Flesh*, set out to lay bare the deceits of family life. He did so as if he were dissecting a corpse that became more and more revolting as the knife cut deeper. The following passage describes the intimacies of mother and son on a sofa:

"'My dearest boy', began his mother, taking hold of his hand and placing it within her own, 'promise me never to be afraid either of your dear papa or me; promise me this, my dear, as you love me, promise it to me', and she kissed him again and again and stroked his hair. But with her other hand she still kept hold of his; she had got him and she meant to keep him ... The boy winced at this. It made him feel hot and uncomfortable all over ... His mother saw that he winced, and enjoyed the scratch she had given him. Had she felt less confident of victory, she had better have foregone the pleasure of touching as it were the eyes at the end of the snail's horns in order to enjoy seeing the snail draw them in again – but she knew that when she had got him well down into the sofa, and held his hand, she had the enemy almost absolutely at her mercy, and could do pretty much what she liked."[20]

The thing to notice is that when flesh touched flesh a subtle style of torture was taking place. The yearning for sensation had been turned back on itself to provide a refined method for the suffocation of free spirits. Yet the unscrupulous, cloying advances against freedom, individuality and integrity represented in this incident did not find a place

frühen Zeitpunkt stand dieser Gedanke im Mittelpunkt seines Schaffens. Doch was er anstrebte, war weniger eine Veränderung als vielmehr eine Umgestaltung: eine Vollendung mittelalterlicher literarischer Idealisierungen und weniger eine Rekonstruktion mittelalterlicher Lebensumstände. Dabei handelte es sich um Idealisierungen hochgeistiger Natur, und daher ist es kein Wunder, dass die eher sinnlichen Aspekte des Mediävismus, beispielsweise direkt miteinander verbundene Zimmer, bei Morris' Architektur keine Berücksichtigung fanden. Als er dann später in ein echtes mittelalterliches Haus in Kelmscott zog, ertrug er solche Dinge mit gespielter Gelassenheit:

> «Im ersten Stock [...] gibt es eigenartigerweise keine Flure, so dass man von einem Zimmer durch das nächste gehen muss – sehr zur Bestürzung mancher unserer gelegentlichen Besucher, für die ein Bett in unmittelbarer Nachbarschaft eines Wohnzimmers etwas überaus Unschickliches hat. Innerlich auf alles gefasst, müssen wir da hindurch».[18]

Eine gute Probe auf Zimperlichkeit, mag sein, doch im Übrigen fand Morris nichts daran empfehlenswert.

Ähnliche Reinigungen von allem Anstössigen findet man auch in Morris' Gedichten und Gemälden. Bei *Königin Guinevere* wurde der Körper – wie bei vielen Kunstwerken der viktorianischen Zeit – als ein Symbol seines unsichtbaren Bewohners behandelt. Jane, in der Maske der legendären Königin, wurde zum matten Abbild eines überfeinerten Geistes, und hinter dem leeren, abwesenden Gesichtsausdruck und der lethargischen Pose der Frauenfigur kommt jene typische präraffaelitische Lieblichkeit zum Vorschein. Die Seele mochte überfliegen vor fieberhafter Energie, aber der Körper wurde vernachlässigt bis zur Kraftlosigkeit. Alles auf dem Gemälde ist emblematisch; es wirkt wie ein Stillleben, nicht wie die Wiedergabe eines Vorgangs. Wie bei Raffaels Madonna ist auch hier der Raum als solcher kaum wahrzunehmen – allerdings aus anderen Gründen. Diesmal wird er nicht von einem Figurenknäuel verdeckt: Auf Morris' Gemälde wird die Sicht nicht von Figuren, sondern von Möbeln, Einrichtungsgegenständen, Vorhängen, Ornamenten und anderen Objekten versperrt. Auch diese sind Emanationen einer überfeinerten Psyche und symbolisieren Leben, ohne in irgendeiner Form daran teilzuhaben. Bei Abwesenheit der Heldin wäre dieses Arrangement liebevoll ausgeschmückter Gegenstände durchaus in der Lage, sie zu ersetzen. Ihre physische Isolation von anderen war ohnehin perfekt, und diese Gegenstände fungieren als ihre Stellvertreter.

Morris glaubte, die grosse Sünde des Mittelalters sei die Gewalt gewesen, obwohl es damals Kunst im Überfluss gegeben hatte, und er war andererseits davon überzeugt, dass die grosse Sünde des 19. Jahrhunderts schlicht und einfach das Banausentum war. In seinem Red House gab es Kunst und zugleich die Voraussetzungen für ein friedliches Leben. Bedauerlicherweise konnte die Kombination von beidem lediglich den Wert der Gegenstände vergrössern, während die Sinnlichkeit abnahm – bis hin zu dem Punkt, wo der Körper kaum mehr zu sein schien als ein schwerer Schatten des Geistes.

Die Flucht vor dem Körper war weitverbreitet und hatte viele Gesichter. Morris selbst war ein ausgesprochen

in the general run of nineteenth-century domestic illustrations, where passivity, propriety and politeness held court, as they did even in Butler's own charmless caricature of his family, rigid to the point of petrification. The shameful exploitations on the sofa were a rearguard action fought to maintain the conditions of a far less demonstrative normality. The alternatives were either to admit these violations of the body as a necessary, occasional manipulation of sensuality or to rid human relationships of sanguinity altogether. Either way the body would have to be considered as the easy dupe of a facile emotional subterfuge.

No wonder that the apostles of modernity, who also expressed an unfathomable distaste for the stultifying oppressiveness of nineteenth-century family life, were left with only two possibilities. The first was to dissipate the clammy heat of intimate relationships by collectivising them, the second, more applicable to the house as it turned

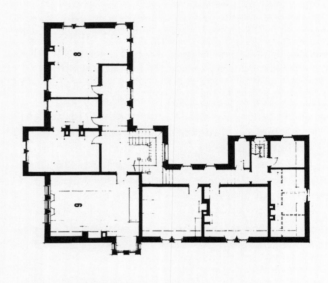

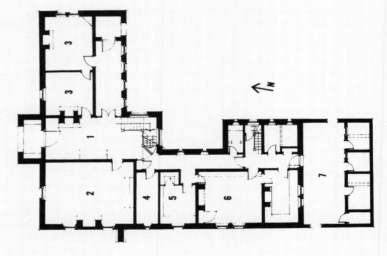

15
Red House, Bexley, Philip Webb und William Morris, 1859. Bei diesen selten reproduzierten Plänen ist von Morris' radikalem Mediävismus keine Spur zu sehen.

Red House, Bexley, Philip Webb and William Morris, 1859. In these plans, which are rarely reproduced, Morris's radical medievalism was invisible.

körperlicher Typ, er liebte Gesellschaft, hasste Puritaner, riss Vorhänge herunter, warf ungeniessbares Essen aus dem Fenster, biss in Möbel, rammte seinen Schädel gegen Wände, brüllte, fluchte und weinte, sehr zur Konsternation seiner eher zurückhaltenden Zeitgenossen,[19] aber er arbeitete trotzdem im Rahmen der damals herrschenden Vorstellungen von Sitte und Moral, von Passivität und Privatsphäre, und dadurch bekannte er sich zu ihnen. Auch andere Leute, die keine grosse Begeisterung für die Häuslichkeit des 19. Jahrhunderts an den Tag legten, verfingen sich darin. Zum Beispiel Samuel Butler, der mit seinem Roman *Der Weg allen Fleisches* die Heuchelei des viktorianischen Familienlebens aufdecken wollte. Er tat dies so, als seziere er eine Leiche, die umso abstossender wurde, je tiefer sein Skalpell eindrang. Der folgende Absatz beschreibt die Zärtlichkeiten zwischen Mutter und Sohn auf einem Sofa:

«‹Mein liebster Junge›, begann seine Mutter und ergriff eine seiner Hände und legte sie zwischen die ihren, ‹versprich mir, nie vor deinem Papa oder vor mir Angst zu haben; versprich mir das, mein gutes Kind, wenn du mich liebhast, versprich mir das›, und sie küsste ihn immer wieder und strich ihm übers Haar. Aber mit ihrer anderen Hand hielt sie noch die seine fest; sie hatte ihn nun einmal gepackt und sie wollte ihn nicht wieder loslassen [...] Der Junge fuhr erschrocken zusammen. Er fühlte sich heiss und unbehaglich [...] Seine Mutter sah, dass er zusammenfuhr, und freute sich, ihn getroffen zu haben. Wäre sie ihres Sieges weniger sicher gewesen, hätte sie besser daran getan, auf das Vergnügen zu verzichten, gewissermassen die Augen am Ende der Schneckenfühler zu berühren, um sich an dem Anblick zu ergötzen, wie die Schnecke sie wieder einzieht – aber sie wusste, dass sich der Feind fast gänzlich in ihrer Gewalt befand. Wenn sie ihn einmal fest auf dem Sofa sitzen hatte und seine Hand hielt, dann konnte sie mit ihm machen, was sie wollte.»[20]

Diese körperlichen Berührungen waren offenkundig eine subtile Form der Folter. Die Sehnsucht nach Gefühl und Empfindung war auf sich selbst zurückgeworfen worden und hatte sich zu einer raffinierten Methode der Erstickung freier Geister entwickelt. Doch solche skrupellosen, widerlichen Angriffe auf Freiheit, Individualität und Integrität, wie sie in der geschilderten Szene zum Ausdruck kommen, sucht man auf den im 19. Jahrhundert entstandenen bildlichen Darstellungen des Familienlebens vergebens: Dort herrschen Passivität, Sittsamkeit und Höflichkeit, selbst auf Butlers plumper Karikatur seiner eigenen Familie, deren Mitglieder so leblos und starr wirken, als seien sie versteinert. Die schändlichen Machenschaften auf dem Sofa waren ein Rückzugsgefecht, ausgetragen, um die Bedingungen einer weniger auffälligen Normalität aufrechtzuerhalten. Es gab nur zwei Alternativen: entweder diese Übergriffe auf den Körper als eine notwendige, vorübergehende Manipulation der Gefühle hinzunehmen oder den zwischenmenschlichen Beziehungen jede Leidenschaft auszutreiben. In beiden Fällen müsste man den Körper als das willfährige Opfer einer einfachen emotionalen List ansehen.

Es ist kein Wunder, dass den Aposteln der Moderne, die ebenfalls einen abgrundtiefen Ekel gegenüber der lähmenden Atmosphäre des Familienlebens des 19. Jahrhunderts

out, was to atomise and individualise and separate each person yet further. From this angle "public" and "private" appear remarkably alike, so there was no contradiction in the propositions of Le Corbusier, Hilberseimer and the constructivists to use the individual private cell as the basic building block for entire new cities in which all other facilities would be collectivised (Fig. 16).[21]

After the brave rhetoric and utopian visions, more pedestrian investigations with less exalted aims would continue, in the name of modernity, the effort undertaken a century earlier, only now even the Victorians were taken to task for their salacious domestic arrangements. "The Functional House for Frictionless Living" was designed from researches carried out for a German housing agency in 1928 by Alexander Klein, who compared his proposal with an odious if typical, nineteenth-century layout (Fig. 17).[22] Flow-line diagrams revealed the superiority of Klein's improved plans. In the nineteenth-century example the "necessary movements" of persons from room to room cross and intersect like rails in a shunting yard, but in the house for frictionless living they remain entirely distinct and do not touch at all; paths would literally never cross. The journey between bed and bath, where trod the naked and from where the rawest acts of the body could be inferred, was treated with particular caution and was isolated from all other routes. The justification for Klein's plan was the metaphor hidden in its title implying that all accidental encounters caused friction and therefore threatened the smooth running of the domestic machine: a delicately balanced and sensitive device it was too, always on the edge of malfunction. But however attenuated this logic appears to be, it is nevertheless the logic now buried in regulations, codes, design methods and rules of thumb – which accounts for the day-to-day production of contemporary housing.

There is not much difference between Klein's terror of bodies in collision and Samuel Butler describing the nausea of touch, except that Butler records experience while Klein defines it. Neither is there much distance between Butler's sour point of view and the condemning of all intimacy as a form of violence, all relationships as forms of bondage, and it is really in this direction we have advanced from the nineteenth century, finding liberty always in the escape from the tyranny of "society". It is exactly the word "bondage" that Dr R. D. Laing now uses to describe, in terms of radical psychiatry, the knots and binds that tie us to other people.[23] What better than to untie them? It is also with the same passage from *The Way of All Flesh* cited above that Edward Hall now examines, from the standpoint of proxemics (study of the spacial organisation of behaviour), the psychological response to intrusions into personal space, a territorial envelope in which we are said to shroud our bodies against the assaults of intimacy.[24] What better than to design things so that no such violations would ever occur? In these, and in many other behavioural and psychological studies, attempts are being made to categorise sensibilities conceived and nurtured only recently as if they were immutable laws of an incontrovertible reality. But perhaps before their definitive classification by the "Linnaeus of human bondage" predicted by Laing,[25] those same sensibilities will have sunk once more into oblivion; with them would disappear their counterparts in architecture.

bekundeten, nur zwei Möglichkeiten blieben. Die erste bestand darin, die Schwülheit intimer Beziehungen aufzuheben, indem man sie kollektivierte. Die zweite – die, wie sich herausstellen sollte, beim Haus- und Wohnungsbau eher zu realisieren war – lief daraus hin aus, die Menschen noch gründlicher voneinander zu isolieren, sie zu individualisieren und zu trennen. Zwei Lösungen: die eine grundlegend politisch, die andere grundlegend privat. Aus einem bestimmten Blickwinkel scheinen beide bemerkenswert gleich, sodass es für Le Corbusier, Hilberseimer und die Konstruktivisten recht logisch war, die individuelle private Wohnzelle als das grundlegende Gebäudemodul völlig neuer Städte heranzuziehen, bei denen alle übrigen Einrichtungen kollektiviert wären (Abb. 16).[21]

Auf die kühnen Reden und die utopischen Visionen folgten eher unbeholfene Untersuchungen, mit nicht ganz so hochgesteckten Zielen, aber der Absicht, die ein Jahrhundert früher begonnene Arbeit fortzuführen, im Namen der Moderne, nur dass diesmal sogar die Viktorianer wegen ihrer aufreizenden häuslichen Arrangements gescholten wurden. «Das funktionale Haus für ein reibungsloses Leben» wurde auf der Basis von Untersuchungen entworfen, die Alexander Klein 1928 im Auftrag der Reichsforschungsgesellschaft für Wirtschaftlichkeit im Bau- und Wohnungswesen durchgeführt hatte. Klein verglich seinen eigenen Vorschlag mit einem scheusslichen, allerdings für das 19. Jahrhundert typischen Entwurf (Abb. 17).[22] Bewegungsablauf-Schemata offenbarten die Überlegenheit von Kleins Verbesserungen. Bei dem «schlechten» Beispiel aus dem 19. Jahrhundert kreuzten und überschnitten sich die «notwendigen Bewegungen» der Bewohner wie die Schienen auf einem Rangierbahnhof, während sie in Kleins Haus für ein reibungsloses Leben parallel liefen und sich nie berührten: Tatsächlich kreuzten sich die Pfade kein einziges Mal. Die Reise zwischen Bett und Bad – der Weg, auf dem die Nackten wandeln und der Schlussfolgerungen auf die primitivsten Akte des Körpers erlaubt – wurde mit besonderer Aufmerksamkeit behandelt und gründlich von allen anderen Wegen isoliert. Die Rechtfertigung für Kleins Plan war die in dessen Titel verborgene Metapher, die darauf hinausläuft, dass alle zufälligen Begegnungen zu Störungen führen und ein reibungsloses Funktionieren der Wohnmaschine in Frage stellen – eines penibel ausbalancierten und empfindlichen Apparatismus, der jederzeit versagen kann. Doch wie schwach diese Logik auch erscheinen mag, sie ist nichtsdestoweniger die Logik, die hinter den gegenwärtigen Vorschriften, Normen, Planungsmethoden und Faustregeln steckt – die Logik der tagtäglichen Planung und Errichtung zeitgenössischen Wohnraums.

Es gibt keinen grossen Unterschied zwischen Kleins Horror vor einem Zusammenstoss von Körpern und der von Butler beschriebenen, durch Berührung hervorgerufenen Übelkeit, sieht man einmal davon ab, dass Butler Erfahrungen notiert, während Klein sie definiert. Es ist auch kein besonders weiter Weg von Butlers sauertöpfischem Standpunkt zur Verdammung jeglicher Intimität als einer Form von Gewalt oder sämtlicher zwischenmenschlichen Beziehungen als Zwang und Abhängigkeit – und genau dies ist die Richtung, die wir seit dem 19. Jahrhundert eingeschlagen haben, indem wir Freiheit ausschliesslich als Flucht vor der Tyrannei der «Gesellschaft» verstehen. [Im englischen Originaltext folgt hier eine Passage mit fünf Sätzen. Anm. der Hg.]

As yet though, no way of altering the modern arrangement of domestic space has been found; true, there are some very interesting recent projects which flaunt the principles, rules and methods that combine to fix the normal dwelling; true, there are many more which extrapolate the same principles, rules and methods, either for the sake of irony and parody or in the vain hope of discovering their ultimate value, but they tend to be offered as commentaries on reality, as alternatives to convention, as eccentric investigations or as momentary escapes from the necessary banality of ordinariness. We have not yet the courage to confront the ordinary as such. Yet for all that, the increasing number of attempts to circumvent it signify that we may well be approaching the outer edge, not just of the modern movement in architecture (for of that there can hardly be much doubt), but the edge of an historical modernity which extends back to the Reformation. It was with a decisive shift of sensibility that we entered that phase of civilisation, and it will be with an equally decisive shift that we shall leave it.

Perhaps this alteration of sensibility could begin to explain why Raphael, of all the great Renaissance artists, has been the least kindly received by posterity, gaining the unique distinction of lending his name to a movement which, three hundred and fifty years after his death, vilified him as the fount of Art's corruption. Pre-Raphaelitism aside, he is still generally thought to have been lacking in spirituality and intellect for all his accomplishment. The Soviet poet Mayakovsky, like the Pre-Raphaelite Brotherhood, singled him out for specific denunciation:

16

Zuyew Club, Moskau, I. Golosow, 1928. Ein sowjetisches Reklamefoto mit einem sozialen Kondensator in Aktion: fünf Personen und eine Statue, gleichmässig in einem isotropen Raum verteilt – eine Illustration des Unterschieds zwischen Geselligkeit und Gesellschaftlichkeit.

Zuyev Club, Moscow, I. Golosov, 1928.
A Soviet publicity photograph of a social condenser in operation: with five figures and a statue evenly distributed in its isotropic space – a picture of the socialised, as opposed to the sociable.

Bisher jedoch wurde noch kein Weg zur Veränderung der modernen Anordnung des häuslichen Raums gefunden; natürlich hat es in jüngster Zeit einige recht vielversprechende Projekte gegeben, die sich nicht um jene Prinzipien, Regeln und Methoden geschert haben, die bei der Planung normaler Behausungen Anwendung finden; natürlich gibt es noch viele andere Projekte, bei denen man dieselben Prinzipien, Regeln und Methoden extrapoliert, sei es aus ironischen oder parodistischen Motiven, sei es, weil man sich dadurch erhofft, deren letztendlichen Wert herauszufinden, doch in der Regel werden diese Projekte als Kommentare zur Realität präsentiert, als Alternativen zum Herkömmlichen, als exzentrische Studien oder als ein vorübergehendes Entkommen aus der unumgänglichen Banalität der Gewöhnlichkeit. Noch haben wir nicht den Mut, uns dem Gewöhnlichen als solchem zu stellen. Doch die steigende Zahl von Versuchen, es zu umgehen, deutet darauf hin, dass wir möglicherweise bald an die Grenzen stossen werden: nicht bloss an die der Moderne innerhalb der Architektur (denn daran kann heute kaum mehr ein Zweifel bestehen), sondern an die einer historischen Moderne, die bis zur Reformation zurückreicht. Es war eine einschneidende Veränderung des Empfindens, mit der wir in jene Phase der Zivilisation eintraten, und mit einer ebenso einschneidenden Veränderung werden wir sie wieder verlassen.

Vielleicht kann dieser Empfindungsumschwung erklären, warum Raffael derjenige unter den grossen Renaissance-Künstlern ist, dem die geringste Wertschätzung der Nachwelt zuteil geworden ist – und die einzigartige Ehre, dass sein Name dreihundertfünfzig Jahre nach seinem Tod von einer künstlerischen Bewegung aufgegriffen wurde, die ihn als den Urheber einer verhängnisvollen Fehlentwicklung der Kunst anprangerte. Doch auch unabhängig von den Präraffaeliten herrscht heute die weitverbreitete Ansicht, Raffael habe es trotz all seines Könnens an Spiritualität und Intellekt gefehlt. Der sowjetische Dichter Majakowski eiferte der Präraffaelitischen Bruderschaft nach und widmete Raffael eine ganz besondere Beschimpfung:

«Wenn ihr auf einen Weissgardisten trefft, dann knallt ihr ihn ab, aber Raffael, den habt ihr vergessen.»[23]

Majakowski schrieb dies während der berauschenden Tage des Jahres 1918, als die Zerschlagung repressiver politischer Institutionen nur den Auftakt zu einer ganzen Reihe von Vernichtungsmassnahmen zu markieren schien, die in der Beseitigung der regressiven Kultur gipfeln sollte. Das Beste wäre es wohl gewesen, Raffael einfach zu vergessen, denn es hätte dem neuen Geist kaum entsprochen, diesen Mann als etwas anderes im Gedächtnis zu bewahren denn als Hindernis für den Fortschritt – seine Gemälde mit all diesen reichen, eleganten Heiligen und den verführerischen, in Seide und Damast gehüllten Madonnen, die an einem bombastischen, absurden Possenspiel teilnehmen, Figuren, die sich unablässig zu allen möglichen gekünstelten Posen zusammenfinden. Was Raffaels Bildkompositionen zum Ausdruck bringen – jenseits ihres offenkundigen Themas –, ergab im 19. Jahrhundert keinen Sinn und in der ersten Hälfte des 20. Jahrhunderts nicht minder. Sie machen eine körperliche Anziehungskraft sichtbar, die die Menschen zusammenführt und vereint, aus keinem anderen Motiv als sinnlichem Begehren; eine Neigung, die nicht bloss die

"If you meet a White Guard, you pin him to the ground, but you have forgotten Raphael."[26]

So he wrote in the heady days of 1918 when it seemed that the destruction of repressive political institutions was only the first of a series of annihilations that would culminate in the liquidation of regressive culture. Maybe Raphael was best forgotten, for certainly it would have been contrary to the New Spirit to remember him as anything but an obstacle in the way of progress – those paintings of his with their rich courtly saints and delectable madonnas in silk and damask, taking part in some grandiloquent, purposeless mime of gestures, figures always reaching, holding and advancing into such elaborate postures. What his compositions illustrated, over and above their obvious subject matter, made no sense in the nineteenth century nor in the first half of the twentieth. They made visible a corporeal attraction drawing people together for no real reason outside of desire; an inclination that could encompass the most violent antagonisms as well as the tenderest affections, but which could throw no light into the private soul. There is nothing represented in these antiquated relics except infatuation with others, which in a society devoted to morality, knowledge and work could seem only a slender pretext for indulgence. The modern conscience suspected this kind of sociability, thinking it an excuse for promiscuity or a sign of degeneracy, and replaced it with socialisation, which is something quite different.

CONCLUSION

The matrix of connected rooms is appropriate to a type of society that feeds on carnality, that recognises the body as the person and in which gregariousness is habitual. The features of this kind of life can be discerned in Raphael's architecture and painting. Such was the typical arrangement of household space in Europe until it was challenged in the seventeenth century and finally displaced in the nineteenth by the corridor plan, which is appropriate to a society that finds carnality distasteful, that sees the body as a vessel of mind and spirit, and in which privacy is habitual. This mode of life was so pervasive in the nineteenth century that it coloured the work even of those who recoiled from it as did William Morris. In this respect modernity itself was an amplification of nineteenth-century sensibilities.

In reaching these conclusions architectural plans have been compared with paintings and various sorts of literature. There is a lot to be said for making architecture once more into an art; rescuing it from the semiology and methodology under which it has largely disappeared. But too often this restitution has been attempted by taking it out from under one stone and putting it under another. This is sometimes done in a rather guileless way by equating architecture with literature or painting so that it becomes an echo of words and shapes, sometimes in a more sophisticated way by adopting the vocabulary and procedures of the literary critic or art historian and applying them to architecture. The result is the same: like novels, like portraiture, architecture is made into a vehicle for observation and reflection. Overloaded with meaning and symbolism its direct intervention in human affairs is spuriously reduced to a question of practicality.

zärtlichsten Gefühle, sondern auch die gewalttätigsten Antagonismen beinhalten konnte, es aber nicht vermochte, die private Seele zu erleuchten. Auf diesen antiquierten Relikten wird nichts ausser gegenseitiger Betörung dargestellt, und so etwas konnte in einer auf Moralität, Wissen und Arbeit verpflichteten Gesellschaft bloss als ein fadenscheiniger Vorwand für hemmungslose Schwelgerei angesehen werden. Das moderne Gewissen betrachtete diese Art von Geselligkeit mit misstrauischen Augen und hielt sie für eine Rechtfertigung von Promiskuität oder für eine Degenerationserscheinung. An ihre Stelle setzte sie Gesellschaftlichkeit, und das ist keineswegs das gleiche.

FAZIT

Die Matrix miteinander verbundener Räume entspricht einem Gesellschaftstyp, der auf Sinnlichkeit basiert, der keinen Unterschied zwischen Körper und Person macht und in dem das tägliche Leben von Geselligkeit geprägt ist. Die Charakteristika dieser Lebensweise kann man in Raffaels Gemälden und in seiner Architektur wiedererkennen. Dies war in Europa die typische Struktur des Haushalts, bis sie im 17. Jahrhundert in Frage gestellt und im 19. Jahrhundert endgültig durch den Korridor-Grundriss verdrängt wurde, eine Struktur, die einer Gesellschaft entspricht, die Sinnlichkeit als etwas Unangenehmes empfindet, die den Körper als ein Gefäss für Geist und Seele erachtet und in der die individuelle Privatsphäre höchste Wertschätzung erfährt. Diese Lebensanschauung hatte sich im 19. Jahrhundert dermassen durchgesetzt, dass sie selbst im Werk solcher Künstler zu spüren ist, die ihr, wie William Morris, ablehnend gegenüberstanden. In dieser Hinsicht war die Moderne lediglich eine Erweiterung von Einstellungen des 19. Jahrhunderts.

Um zu diesen Schlussfolgerungen zu gelangen, wurden Architekturpläne mit Gemälden und Zitaten aus verschiedenen Literaturgenres verglichen. Es spricht viel dafür, aus der Architektur wieder eine Kunst zu machen und sie von der Semiologie und der Methodologie zu befreien, unter denen sie zu weiten Teilen begraben ist. Doch dieser Restitutionsversuch sah bisher leider oft so aus, dass man die Architektur unter einem Stein hervorzog, nur um sie wieder unter einem anderen verschwinden zu lassen. Dies geschieht mitunter auf recht naive Weise, indem man Architektur mit Literatur oder Malerei gleichsetzt, sodass sie zu einem Echo von Worten und Formen wird, oder auf ausgeklügeltere Weise, indem man das Vokabular und die Methoden von Literaturkritikern oder Kunsthistorikern übernimmt und auf die Architektur anwendet. Das Resultat ist das gleiche: Architektur wird, wie Romanliteratur oder Porträtmalerei, zu einem Gegenstand von Betrachtung und Reflexion. Mit Bedeutung und Symbolik überfrachtet, wird ihr unmittelbarer Einfluss auf das menschliche Leben fälschlicherweise auf eine Frage der Praktikabilität reduziert.

Doch Architektur ist etwas anderes als Malerei und Schriftstellerei – und zwar nicht bloss deshalb, weil der Kunst in ihrem Fall noch weitere Zutaten wie Nützlichkeit oder Funktionalität beigemischt werden müssen, sondern weil sie die Alltagsrealität umfasst und dadurch zwangsläufig einen Rahmen für das gesellschaftliche Leben schafft. Deshalb habe ich mich auf den vorangegangenen Seiten darum bemüht, Gebäude nicht so zu behandeln,

Yet architecture is quite distinct from painting and writing, not simply because some extra ingredient like utility or function has to be added to art, but because it encompasses everyday reality and so doing inevitably provides a format for social life. In the foregoing I have therefore tried to avoid treating buildings as if they were like painting or writing. A different kind of link has been sought: plans have been scrutinised for characteristics that could provide the preconditions for the way people occupy space, on the assumption that buildings accommodate what pictures illustrate and what words describe in the field of human relationships. This, I know is a broad assumption, but it is the article of faith round which all these words have been wrapped.

This may not be the only way of reading but, even so, such an approach may offer something more than commentary and symbolism in architecture by clarifying its instrumental role in the formation of everyday events. It hardly needs saying that to give architecture this kind of consequentiality would not entail the reinstatement of functionalism or of behavioural determinism. Certainly

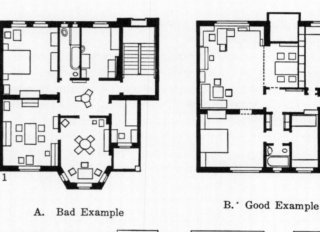

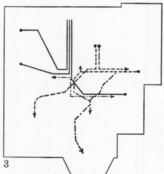
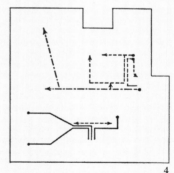

A. Bad Example   B. Good Example

17

Das funktionale Haus für ein reibungsloses Leben, Alexander Klein, 1928. Kleins Methoden und Schlussfolgerungen wurden von Catherine Bauer in ihrem einflussreichen Standardwerk *Modern Housing* (1935) in höchsten Tönen gepriesen.

The Functional House for Frictionless Living, Alexander Klein, 1928. Klein's methods and conclusions were highly praised by Catherine Bauer in her influential work *Modern Housing* (1935).

als wären sie das gleiche wie Gemälde oder Literatur. Ich habe nach einer anderen Verbindung gesucht: Pläne wurden auf Charakteristika untersucht, die verraten können, wie die Bewohner die Räumlichkeiten genutzt haben mögen – immer davon ausgehend, dass im Bereich der zwischenmenschlichen Beziehungen Gebäude das beheimaten, was auf Bildern dargestellt oder mit Worten beschrieben wird. Das ist natürlich eine recht pauschale Annahme, doch es ist der Glaubensartikel, um den herum sich alles gruppiert, was ich bisher geschrieben habe.

Dies mag nicht die einzige Interpretationsmöglichkeit sein, aber so ein Ansatz könnte trotzdem etwas mehr zu bieten haben als blosse Kommentare oder Untersuchungen von Symbolik, da er die instrumentelle Rolle der Architektur bei der Gestaltung des täglichen Lebens erhellt. Es versteht sich beinahe von selbst, dass ein auf diese Weise definierter Einfluss von Architektur keine Wiedereinführung des Funktionalismus oder des behaviouristischen Determinismus bedeutet. Sicherlich wäre es naiv zu glauben, irgendetwas in einem Grundriss könne die Menschen dazu zwingen, sich auf diese oder jene Weise zueinander zu verhalten, oder gar ein tagtägliches Regime geselliger Sinnlichkeit durchsetzen. Allerdings wäre es noch viel naiver zu glauben, ein Grundriss könne Menschen nicht daran hindern, sich auf eine bestimmte Weise zu benehmen, oder es ihnen zumindest erschweren.

Der Gesamteffekt der Architektur der letzten beiden Jahrhunderte gleicht dem einer allgemeinen Lobotomie, vorgenommen an der Gesellschaft insgesamt, wodurch weite Teile der gesellschaftlichen Erfahrung ausgelöscht worden sind. Architektur wird immer häufiger als Präventivmassnahme eingesetzt: Sie ist eine Agentur für Frieden, Sicherheit und Isolierung geworden, die den Erfahrungshorizont automatisch einengt, indem sie Geräuschübertragung herabsetzt, Bewegungsmuster ausdifferenziert, Geruchsbildung unterdrückt, Vandalismus eindämmt, Schmutzentwicklung einschränkt, Krankheitsausbreitung erschwert, Peinliches verschleiert, Unanständiges wegsperrt und Unnötiges abschafft, und, so ganz nebenbei, das tägliche Leben auf ein privates Schattenspiel reduziert. Doch jenseits dieser Definition gibt es sicher noch eine andere Art von Architektur: eine, die versuchen wird, all jene Dinge zur Entfaltung zu bringen, die von ihrem Gegentyp so sorgfältig kaschiert werden; eine, die aufsteigen wird aus den Tiefen jener Faszination, die den Menschen die Nähe anderer suchen lässt; eine, die Leidenschaft, Sinnlichkeit und Geselligkeit einbezieht. Die Matrix miteinander verbundener Räume könnte ein hervorstechendes Charakteristikum solcher Gebäude sein.

it would be foolish to suggest that there is anything in a plan that could compel people to behave specifically in this way or that way towards one another, enforcing a day-to-day regime of gregarious sensuality. It would be still more foolish though, to suggest that a plan could not prevent people behaving in a particular way, or at least hinder them from doing so.

The cumulative effect of architecture during the last two centuries has been like that of a general lobotomy performed on society at large, obliterating vast areas of social experience. It is employed more and more as a preventive measure: an agency for peace, security and segregation, which by its very nature, limits the horizon of experience by reducing noise transmission, differentiating movement patterns, suppressing smells, stemming vandalism, cutting down the accumulation of dirt, impeding the spread of disease, veiling embarrassment, closeting indecency and abolishing the unnecessary, incidentally reducing daily life to a private shadow play. But on the other side of this definition there is surely another kind of architecture that would seek to give full play to the things which have been so carefully masked by its anti-type; an architecture arising out of the deep fascination that draws people towards others; an architecture that recognises passion, carnality and sociality. The matrix of connected rooms might well be an integral feature of such buildings.

Anmerkungen

1 D. V. Donnison, *The Government of Housing*, Harmondsworth 1967, S. 17.
2 Das gilt in besonderem Masse für Bafiles Rekonstruktion, trifft aber auch auf die von Percier und Fontaine zu.
3 Grundriss, gezeichnet von Antonio da Sangallo, Uffizien, 314.
4 Christian Norberg-Schulz, *Meaning in Western Architecture*, London 1975.
5 Leon Battista Alberti, *Ten Books on Architecture*, Buch 1, Kap. 12.
6 D. S. Chambers hat eine interessante Untersuchung eines Kardinal-haushalts vorgelegt: «The Housing Problems of Cardinal Francesco Gonzaga», nachzulesen in: *Journal of the Warburg & Courtauld Institutes*, 39 (1976), S. 27–55.
7 Baldassare Castiglione, *Il libro del cortegiano* (1528); dt. Ausg.: *Der Hofmann* (1565) und *Das Buch vom Hofmann* (1960).
8 Benvenuto Cellini, *Vita* (1728); dt. Ausg.: *Leben des Benvenuto Cellini von ihm selbst geschrieben*, übers. von Heinrich Conrad, Frankfurt a. M./Wien: Gutenberg, 1994, S. 124, 199 und 175 [Der letzte Satz des ersten Zitats findet sich nicht in dieser Ausgabe, sondern wurde nach der von Robin Evans zitierten englischen Fassung übersetzt. Anm. des Übers.].
9 E. W. Greenwood, *The Villa Madama Rome. A Reconstruction*, London 1928.
10 *The Book of Architecture of John Thorpe in Sir John Soane's Museum*, hg. von John Summerson, Glasgow 1966.
11 *The Architecture of Sir Roger Pratt*, hg. von R. T. Gunther, Oxford 1928, S. 62 und 64.
12 Ebd., S. 19.
13 William Davis, *Hints to Philantropists*, Bath 1821, S. 157.
14 Das *Oxford English Dictionary* listet unter dem Stichwort «Privy» etliche Beispiele dafür auf.
15 Erst nachdem ich dies geschrieben hatte, bemerkte ich die grosse Ähnlichkeit zwischen der Matrix miteinander verbundener Zimmer und jener «multiplen Verbundenheit», die Chris Alexander in seinem Essay «The City Is Not a Tree» als städtebauliche Alternative vorgeschlagen hat; *Architectural Forum*, 122 (1965), Nr. 4, S. 58–62, und Nr. 5 (1965), S. 52–61.
16 Robert Kerr, *The Gentleman's House*, London: Murray, 1864, Schlussabsatz.
17 John F. C. Turner zit. in: *The Architects' Journal*, 3 (1975), Nr. 9, S. 458.
18 William Morris, *Gossip about an Old House on the Upper Thames*, Birmingham 1895, S. 11.
19 Vgl. R. D. McLeod, *Morris without MacHail (As Seen by His Contemporaries)*, Glasgow 1954.
20 Samuel Butler, *Der Weg allen Fleisches* [1903], übers. von Helmut Findeisen, Berlin 1960, S. 196–197.
21 Kollektivierung – die keinesfalls das Gegenteil von Privatisierung sein muss – ist bloss eine andere Methode, dieselbe psychische Homogenität zu erreichen. Peter Serenyi, Le Corbusier, Fourier and the Monastery of Ema, in: *Art Bulletin*, 49 (1967), Nr. 4, S. 227–286, hat auf die Ähnlich-keiten zwischen Le Corbusiers frühen Vorschlägen zur Organisation des Wohnens und der klösterlichen Ordnung des täglichen Lebens hinge-wiesen; bei Letzterem bringen Isolation und Kollektivität gleichermas-sen die Ablehnung des Weltlichen zum Ausdruck.
22 Catherine Bauer, *Modern Housing*, Boston, 1935, S. 203.
23 Zit. n. Anatole Kopp, *Town and Revolution. Soviet Architecture and City Planning 1917–1935*, New York 1979, S. 208.

Der englische Originaltext erschien erstmals 1978 in *Architectural Design*, Nr. 4, S. 267–277, und erneut 1997 in der von der Architectural Association in London herausgegebenen Evans-Anthologie *Translations from Drawing to Building and Other Essays*, S. 55–92. Der hier wieder-abgedruckte Text basiert, abgesehen von einigen wenigen kleinen Änderungen, auf der in ARCH+, 29 (1996), Nr. 134/135, S. 85–97, publi-zierten deutschen Übersetzung von Fritz Schneider.
Mit freundlicher Genehmigung von Janet Evans und ARCH+

Notes

1 D. V. Donnison, *The Government of Housing* (Harmondsworth: Penguin, 1967), p. 17.
2 This is particularly so of Bafile's reconstruction but applies also to that of Percier and Fontaine.
3 Ground plan drawn by Antonio da Sangallo, Uffizi, 314.
4 Christian Norberg-Schulz, *Meaning in Western Architecture* (London: Studio Vista, 1975).
5 Leon Battista Alberti, *Ten Books on Architecture*, trans. James Leoni, repr. ed. Joseph Rykwert (London: Tiranti, 1955), Book I, Ch. XII.
6 An interesting study of a Cardinal's household has been made by D. S. Chambers. See "The Housing Problems of Cardinal Francesco Gonzaga", *Journal of the Warburg & Courtauld Institutes*, vol. 39 (1976), pp. 21–58.
7 Baldesar Castiglione, *The Book of the Courtier*, trans. George Bull (Harmondsworth: Penguin, 1967), p. 44.
8 *The Autobiography of Benvenuto Cellini*, trans. George Bull (Harmondsworth: Penguin, 1956), pp. 110, 161, 138.
9 W. E. Greenwood, *The Villa Madama Rome: A Reconstruction* (London: Tiranti, 1928).
10 *The Book of Architecture of John Thorpe in Sir John Soane's Museum*, ed. John Summerson, Walpole Society vol. 40 (Glasgow: Walpole Society, 1966).
11 *The Architecture of Sir Roger Pratt*, ed. R.T. Gunther (Oxford: J. Johnson at the Oxford University Press, 1928), p. 62 and p. 64.
12 Ibid., p. 19.
13 William Davis, *Hints to Philanthropists* (Bath: Wood, Cunningham, Smith, 1821), p. 157.
14 A collection of these can be found in the *Oxford English Dictionary* under "Privy".
15 Only after writing this did it occur to me how similar the matrix of connected rooms is to the multiple connectivity proposed for the city by Chris Alexander in "The City Is Not a Tree", *Architectural Forum*, vol. 122, no. 4 (1965), pp. 58–62 and no. 5 (1965), pp. 52–61.
16 Robert Kerr, *The Gentleman's House* (London: Murray, 1864), concluding paragraph.
17 John F. C. Turner cited in *The Architects' Journal*, vol. 162, no. 36 (1975), p. 458.
18 William Morris, *Gossip about an Old House on the Upper Thames* (Birmingham: Birmingham Guild of Handicraft, 1895), p. 11.
19 See especially R. D. MacLeod, *Morris without Mackail (As Seen by His Contemporaries)* (Glasgow: W & R Holmes, 1954).
20 Samuel Butler, *The Way of All Flesh* (London: Grant Richards, 1903), ch. 40.
21 Collectivisation, far from being the opposite of privatisation is just another way of obtaining the same psychic homogeneity. Peter Serenyi, "Le Corbusier, Fourier, and the Monastery of Ema", *Art Bulletin*, vol. 49, no. 4 (1967), pp. 227–86, has drawn attention to the similarities between Corbusier's early proposals for housing and the monastic organisation of daily life where solitary and collective both represent renunciation of worldliness.
22 Catherine Bauer, *Modern Housing* (Boston: Houghton Mifflin, 1935), p. 203.
23 R. D. Laing, *Knots* (London: Tavistock, 1970).
24 Edward T. Hall, *The Hidden Dimension* (New York: Doubleday, 1969), pp. 89–90.
25 Laing, *Knots*, introduction.
26 Thus translated in Anatole Kopp, *Town and Revolution: Soviet Architecture and City Planning 1917–1935* (New York: Braziller, 1979), p. 208.

This essay first appeared in *Architectural Design*, vol. 48, no. 4 (1978), pp. 267–77, and was reprinted in an anthology of the author's writings with the title *Translations from Drawing to Building and Other Essays*, AA Documents 2 (London: Architectural Association, 1997), pp. 55–92. The version given here is the original one, albeit incorporating some minor alterations from the AA publication and to the footnote apparatus. The images are those that correspond to both the English and the German versions.
Courtesy of Janet Evans

DIE ENTSTEHUNG DER GARTENKUNST

THE ORIGIN OF GARDEN ART

C.TH. SØRENSEN, 1963

I

Die Absicht dieser kleinen Abhandlung ist, einen kurzen Überblick darüber zu geben, was Gartenkunst ist, sowie über die Entwicklung, die in diesem schmalen Bereich der Zivilisations- und Kunstgeschichte stattgefunden hat. Einerseits ist die Absicht eine bescheidene, etwas in der Art eines enzyklopädischen Artikels für Gartenliebhaber, andererseits jedoch ist sie zugleich ziemlich unbescheiden, wie es zweifellos jeder Aufruf an die Öffentlichkeit ist.

Durch meine jahrelangen Studien der Geschichte der Gartenkunst bin ich zu einer Auffassung gelangt, die sich von der vorherrschenden unterscheidet, die oft so überzeugt vertreten wird, als sei sie ein Gesetz der Natur. Doch für diejenigen, die in einem bestimmten Gebiet arbeiten und gestalten, für diejenigen, die Entscheidungen treffen müssen, und für diejenigen, welche die Dinge intensiver erfahren möchten, ist eine Vorstellung von den Grundprinzipien der Entwicklung von eminenter Bedeutung. Aus diesem banalen, aber zweifellos begründeten Blickwinkel heraus wurde das Folgende geschrieben.

II

Was ist ein Garten? Er ist als ein Ort zu definieren, an dem einheimische Pflanzen grössere Vollkommenheit erreichen können als ausserhalb oder wo fremde Gewächse, die bessere oder jedenfalls andere Bedingungen als die örtlichen benötigen, kultiviert werden können.

Der Garten ist sicher eine der ältesten Kulturformen, vielleicht die älteste. Es ist wohl äusserst unwahrscheinlich, dass von der einstigen Gartenkultur jemals ähnliche Spuren wie von vorgeschichtlichen Wohnstätten gefunden werden. Es ist jedoch nicht so schwierig, sich eine Vorstellung von der Entwicklung zu machen. Der erste urzeitliche Gärtner war vermutlich eine Gärtnerin. Sie sammelte für ihre Mitschwestern pflanzliche Nahrung, Wurzeln, Beeren oder Samen. Sie fand vielleicht eine Stelle, die besonders dicht mit etwas Essbarem bewachsen war und wollte sie vor Tieren oder anderen Menschen schützen. Sie erfand die Einfriedung. Logischerweise errichtete sie einen Wall aus dornigen Zweigen. Schwerer zu erraten ist, wie sie selbst hinein- und herauskam. Die Einfriedung war eine grosse Erfindung. Sie breitete sich über Jahrtausende hinweg aus und entwickelte sich dabei. Dornenzweige waren wohl allgemein üblich, doch dauerte es sicher nicht lange, ehe Felsblöcke zu Einfriedungen gestapelt oder Lianen verflochten wurden.

Auf die geniale Erfindung der Einfriedung folgten sehr viel später weitere grosse Ideen. Die Reihenfolge der Fortschritte werden wir allerdings kaum jemals feststellen können. Ob nicht auf die Frau, welche die erste Einfriedung errichtet hatte, die Erfinderin des Jätens folgte. Die essbaren Pflanzen waren nie in Reinkultur vorhanden, und die Gärtnerin musste oft erfahren, dass ihre Nutzpflanzen durch andere, für sie unnütze, geschädigt wurden. Bis zur Erfindung des Jätens vergingen sicher Jahrtausende. Es ist denkbar, dass die Frau, die als erste anpflanzte oder säte, eine Zeitgenossin oder ungefähre Zeitgenossin der ersten Jäterin war. Nach der Erfindung der simplen Einfriedung verging wohl eine aus unserer Sicht unendlich lange Zeit, zwanzig- oder fünfzigtausend Jahre. Aber sobald gejätet, gesät und gepflanzt wird, ändert sich das Tempo der Entwicklung gewaltig. Die Einfriedungen

I

The aim of this little essay is to give a short account of what the art of gardening is and of the development that has taken place in this small sector of the history of civilization and art. In one way the aim is a modest one, something in the nature of an encyclopaedic article for garden enthusiasts, but it is also rather immodest, as every appeal to the public undoubtedly is.

My many years' study of the history of gardening has resulted in a conception that is different from the prevalent one which is often expounded as confidently as if it were a law of nature. But for those who work and create in a definite field, for those who must make decisions and for those who desire to experience things more intensely, a conception of the fundamental principles of development is of very great importance. From this banal but undoubtedly sound point of view the following has been written.

II

What is a garden? It may be defined as a place where native plants can be cultivated to greater perfection than outside it or where one can cultivate foreign plants which demand better or, at any rate, other conditions than the local vegetation.

The garden is probably one of the oldest cultural forms, perhaps the very oldest. Though it is highly improbable that there will ever be found traces of gardening, as there have been of dwellings, from prehistoric times, it is not difficult to imagine how it developed. The first gardener was undoubtedly a woman. She and her sisters gathered tubers, wild grains and berries. Perhaps she found an especially good patch of some edible plant which she wanted to secure against the depredations of wild beasts or her fellow creatures. She invented the fence – probably a hedge of thorny branches – but how she herself entered the enclosure is difficult to imagine. The fence was a great invention which spread far and wide in the course of thousands of years and has gone through a long development. A barrier of thorny branches was presumably the most common type at first but before long man probably began to pile up stones or weave pliant vines together to enclose his garden.

Long, long after the ingenious inventor of the enclosure other gifted persons found better ways to fence-in the cultivated area but in what order the improvements came will probably never be established. Was the woman who built the first fence followed by the one who invented weeding? Edible plants have never grown alone; the gardener soon discovered that her useful growths were being harmed by other, useless, ones. It probably took thousands of years to invent weeding. It is quite conceivable that she who first planted or sowed was more or less contemporary with the first weeder. I imagine that after the invention of the simple enclosure an infinitely long time passed – ten, twenty or even fifty thousand years – before the next step was taken. But when once sowing, planting and weeding began the pace of development speeded up. The enclosure was improved and, in one way or another, the problem of the entrance was solved. Man began to plant and sow in rows and this led naturally to a square or rectangular enclosure where hitherto it had been round, or, at any rate, without

werden verbessert, irgendwie wird das Problem des verschliessbaren Eingangs gelöst. Die Pflanzen werden nun in Reihen gesetzt, was natürlich dazu führt, dass die eingefriedete Stelle quadratisch oder rechteckig wurde, während vorher runde oder jedenfalls eckenlose Formen üblich waren. Bodenverbesserung wird ein Thema, unerwünschte Gewächse und Steine werden eliminiert, und man kommt zur Einsicht, dass die Pflanzen im gelockerten Boden besser gedeihen.

Eine derartige Entwicklung dürfte bei sehr primitive Menschen, bei Sammlern denkbar sein. Aber dann kommt ein Genie und erfindet die Bewässerung. Das ist eine weitaus verwickeltere Geschichte. Die Menschen haben sich an Fluss- und Seeufern niedergelassen, wo ein ziemlich regelmässiger Wasserstandwechsel besonders gute Bedingungen für bestimmte Pflanzen schafft, beispielsweise Reis. Feste Siedler wurden immer häufiger und mussten vor Ort zurechtkommen, wenn sie nicht weiterziehen wollten. Nun war die Überlegungsfähigkeit bereits so weit gediehen, dass es nicht mehr so schwierig war, künstlich bewässerte Gärten ausserhalb der Gebiete anzulegen, in denen eine wechselnde Wasserführung besondere Anbaubedingungen schuf. Die Bewässerungskultur entwickelt sich, wahrscheinlich an verschiedenen Orten gleichzeitig. Hinzu kommen weitere Änderungen: Mehr Tierarten werden gezähmt und anders genutzt, Hütten und Höhlen werden zu Häusern. Kurz und gut, der Urmensch kommt in Bewegung und gewinnt einen der grössten Siege im Kampf, sich die Natur untertänig zu machen. In der Nacht der Urzeit dämmert das Morgenlicht.

III

Für den Begriff des Gartens bedeutet das Entstehen der Bewässerungskultur einen entscheidenden Wendepunkt. Vielleicht ist sie die Voraussetzung für die Gartenkunst.

Diese ist in unserem Bewusstsein meist kaum als ein so klarer Begriff verankert wie Malerei oder Skulptur, Architektur oder Musik, Schauspiel oder Dichtkunst. Gar manchen mag es überraschen, dass in diesem Zusammenhang von Kunst die Rede sein kann. Der einfache Anbauplatz durchlief eine unendlich lange Entwicklung bis zum Garten. Innerhalb seiner Einfriedung bietet er Frieden und Schutz gegen unfriedliche Menschen und Tiere, einen besseren Boden und besseres Klima. Es ist ganz klar, dass Friede und die Milderung unbehaglicher Witterung, ob als Lee und Wärme gegen Wind und Kälte, Kühle bei schwüler Hitze oder Schatten gegen die brennende Sonne, beim Menschen Gefallen finden. Der nützliche Anbauplatz wird zum attraktiven Aufenthaltsort (Abb. 1).

Hier muss an den tiefen Drang des Menschen zur ständigen Verbesserung erinnert werden, an das ewige Streben nach unerreichbarer Vollkommenheit als das eigentliche menschliche Prinzip. Wir möchten die Dinge technisch verbessern, mehr Pflanzen und Tiere besser züchten, in unseren Häusern noch besser wohnen, sie besser gegen die Witterung schützen, sie sollen heller, bequemer und leichter zu unterhalten sein, und unsere Schiffe sollen noch besser und sicherer segeln.

Das alles ist leicht verständlich. Eigentlich ist es jedoch unbegreiflich, dass wir einen ebenso starken, ja richtig besehen einen stärkeren, tieferen und ursprünglicheren Drang haben, die Dinge schön zu machen. Unsere technischen

angles. Man began to improve the soil, undesirable growths were rooted out, stones were gathered up and it was discovered that plants thrive best in loosened soil.

Such development may well have taken place among very primitive people, food gatherers. And then along came the genius who invented watering. This is a more complicated story. Early man settled along the shores of rivers and lakes where more or less regular changes in the water level create especially good conditions for certain plants – rice, for instance. The settlers increased in numbers so rapidly that it became necessary either to move to a new settlement or create better conditions where they were. By now man's ability to reason had become much greater so that it was not too difficult to hit upon the idea of artificially watered gardens beyond the range of naturally flowing water. Artificial watering was probably developed in many places at the same time. Other changes accompanied it: more types of animals were domesticated and they were employed differently, caves and huts were abandoned for less primitive dwellings – in other words, primitive man starts moving, wins one of his greatest victories in his fight to conquer nature; into primeval night dawn begins to break.

1
Lustgarten, Ausschnitt aus einem allegorischen Kupferstich von Matthäus Merian, dem Älteren (1593–1650)

Pleasure garden, section of an allegorical engraving by Matthäus Merian, the Elder (1593–1650)

Ergebnisse, Menge und Qualität von Weizen, Obst und Fleisch, Stärke und Isolierungsfähigkeit einer Wand oder die Brennstoffnutzung eines Ofens lassen sich einfach und leicht bewerten, während wir bei der Schönheit recht unsicher sind. Wir akzeptieren den Begriff und ein ausserordentlich starkes Bedürfnis nach Schönheit. Es genügt uns nicht, zweckmässige, funktionelle Dinge herzustellen. Es sollen ausserdem auch schöne Dinge sein, vielleicht nur schöne Dinge. Ich will hier nicht weiter darauf eingehen, nur betonen, wie wichtig es ist, sich diese Tatsache vor Augen zu halten. Obwohl Gärten in den verschiedensten Formen häufig nur um der Schönheit willen geschaffen werden, ist Gartenkunst vielen ein sehr fremdartiger oder unklarer Begriff. Das ist umso merkwürdiger, als die höchste Seeligkeit, die sich Menschen in der ganzen Welt vorstellen können, doch ein Garten ist, das Paradies.

Es existieren zahlreiche Bücher zu diesem Thema, das auch in Lexika und anderen Handbüchern summarisch behandelt wird. Diese bieten heutzutage immer dieselbe Darstellung der Gartenkunst, nämlich die Unterscheidung zwischen architektonischen und landschaftlichen Gärten, oder populärer gesagt zwischen französischen und englischen, seltener und sachlicher auch zwischen formalen und romantischen. Als Beispiel kann ich eine kleine geschichtliche Übersicht zitieren, die der dänische Gartenarchitekt G. N. Brandt 1934 verfasste: «Jede künstlerische Gartengestaltung folgt zwei ganz verschiedenen Richtungen, die gewöhnlich als architektonisch und landschaftlich bezeichnet werden. Diese beiden Arten haben gewisse gemeinsame Zwecke und Materialien, aber künstlerisch gesehen ist ihr innerstes Prinzip grundverschieden. Eine gestaltet wie die Architektur nach der Gesetzmässigkeit des menschlichen Denkens, die andere nach der Gesetzmässigkeit der Natur. Die übliche Zusammenfassung der bei-

2

Holzschnitt von Pietro Crescentii
Woodcut by Pietro Crescentii

III

The invention of artificial watering marks a definite dividing line in the meaning of the concept *garden*; it was perhaps the decisive factor in the development of gardening as an art.

Most people do not think of gardening in the same way as they do of painting or sculpture, architecture or music, drama or poetry – that is, as one of the arts. Indeed, many will be surprised to learn that we can speak of art in this connection. The simple vegetable patch has come a long way, has become a garden, a place where there is peace, protection from antagonistic creatures (human or animal) better soil and better climate. It is quite obvious that peace and escape from bad weather – from wind and chill to shelter and warmth, from humidity to coolness, from the burning sun to shade – are blessings to mankind. The place where things grow well is a place where man rests well (Fig. 1).

It is important to bear in mind man's deep need to make things better, that eternal striving towards an unobtainable ideal which is the innermost human principle. We want to make things technically better, to cultivate more and better plants and animals; our dwellings must be still better to live in, give better protection against the elements, be lighter, easier to run, more comfortable; our ships must be still better and safer to sail in.

This is more or less understandable but it is quite amazing that we have just as strong – indeed, even stronger, deeper and more primitive – a desire to make things more beautiful. It is easy to evaluate our technical results, the amount or quality of wheat, fruit and meat, the strength and isolating ability of a wall and the rate of fuel consumption of a furnace, but when we try to evaluate beauty we are completely at a loss. We accept the idea of beauty and recognize our extraordinary need of it. We are not satisfied to create things that fulfil their function, they must also be beautiful, sometimes only beautiful. I shall not enlarge upon this but wish to stress how important it is to remember this fact. Gardens of the most diversified kinds are often created with only this end in view, to be beautiful. But nevertheless the idea of gardening as an art is completely foreign or puzzling to many people. This is all the more strange when we consider that the loveliest thing people the world over can imagine is a garden – Paradise.

There are many books on the subject as well as shorter articles in encyclopaedias and other handbooks and, at times, also in histories of civilization and art. Nowadays the matter is always presented in the same way: great gardens are either architectural or landscape gardens, somewhat more popularly they are called French or English gardens, less often, and more technically, formal or romantic gardens. The following quotation, for example, is from a short historical survey written by the Danish landscape gardener G. N. Brandt, in 1934: "All artistic design of gardens follows one of two entirely different trends, ordinarily termed the architectural garden and the landscape garden. These two types of garden have certain aims and certain materials in common but in artistic conception are fundamentally different in their innermost principles. The one, like architecture, is created in accordance with the order and regularity of the human mind, the other according to the laws of nature. The ordinary

den Arten zu einer gemeinsamen Kunstart hat viel Verwirrung gestiftet. Nicht zuletzt hatte die klassifizierende Ästhetik deshalb Schwierigkeiten bei der richtigen Plazierung der ‹Gartenkunst› unter den schönen Künsten».

Ich selbst habe das Problem auch so gesehen, betrachtete den «landschaftlichen» Garten als ziemlich unkünstlerisch und fand zu meiner Freude hie und da Zitate, die meinen Standpunkt untermauerten. Jedoch herrschte ständig eine gewisse Unsicherheit oder vielleicht besser gesagt, es fehlte an einer einfachen und logisch klaren Auffassung.

IV

Meiner Meinung nach bringt es mehr, eine gewisse Kontinuität in der Gartenentwicklung zu sehen. Ich glaube, dass man fünf Hauptformen festlegen kann, die jeweils eine Periode decken. Weil sie jedoch wenig zeitabhängig sind, kann das einzelne Werk durch mehrere Formen geprägt sein.

Am ältesten ist die einfache Urform des Gartens, um hochtrabend mit Kant zu sprechen «der Garten an sich». Dieser ist ganz einfach ein eingefriedeter Ort zum Pflanzenanbau (Abb. 2), ein Raum, wo die Wände das Wesentliche, Typische sind. Lassen Sie uns das lateinische Wort *hortus* verwenden.

Die Vorstellungen von der Entstehung des Gartens in der Urzeit müssen ein gedankliches Konstrukt bleiben, trotz ihrer anscheinend offensichtlichen, logisch begründeten Wahrscheinlichkeit. Zwischen den primitiven urzeitlichen Formen, von denen wir nur phantasieren können, und den frühen Altertumsformen, über die wir etwas wissen, liegt eine unendlich lange Entwicklung, die wir wohl kaum erraten können.

Wie bei so vielen anderen Kulturformen stammen unsere ältesten Kenntnisse der Gartenkunst aus Ägypten. Es sind nämlich einigermassen gesicherte und verständliche rund 5000 Jahre alte Bilder und Texte vorhanden sowie ziemlich deutliche 3500 Jahre alte Darstellungen. Da sich jedoch die ältesten unsicheren von den jüngeren besser gesicherten wenig unterscheiden und die Entwicklung unendlich langsam war, darf man annehmen, dass unser einigermassen gesichertes Wissen 5000 Jahre zurückreicht.

Eine hohe Persönlichkeit unter Amenophis III., ein Würdenträger und Feldherr, besass in Theben eine Wohnanlage, die in einem viel reproduzierten Grabbild dargestellt ist, sehr abstrakt, aber doch erkennbar (Abb. 3).

Wir sehen eine quadratische Fläche, umgeben von einer Mauer mit einem vornehmen Eingangsportal. Die Seitenlänge beträgt rund 100 Meter. Eine schriftliche Beschreibung aus einer viel früheren Zeit gibt für eine ähnliche Anlage 105 Meter an. Wenn die hier gezeigten Bäume richtig sind und wir mit 3 Meter Abstand rechnen, ergeben sich auch hier 105 Meter. Die Dimensionen sind kaum kleiner, könnten aber durchaus eineinhalb Mal grösser sein.

Die Anlage ist offensichtlich axial ausgerichtet und symmetrisch. Vom Portal in der Mitte einer Mauerseite führt ein Gang zum Haus – dem Palast –, von dem das Bild allerdings nur eine sehr unklare Vorstellung vermittelt. In der Mitte des Gartens erstreckt sich von der Pforte bis zum Haus ein breiter Weingarten, dessen Ranken deutlich an einem Spalier hochklettern. Auf vier Teichen oder Becken schwimmen Enten und Lotus. Auch zwei kleinere Pavillons oder Lusthäuser sind zu sehen und eine Innenaufteilung in klei-

conception of the two as one and the same branch of art has caused much confusion; due to this the classifying aesthetic, particularly, has had difficulties in placing 'the art of gardening' suitably among the fine arts."

I myself have regarded the "landscape" garden as rather inartistic and it has been very gratifying to me to find quotations here and there which support this point of view. But there has always been some uncertainty, or perhaps it would be more correct to say lack of simple and logical clarity, in the conception.

IV

It seems to me that it is more fruitful to see a certain continuity in the development of the garden. I believe that we can list five main forms, each one covering a certain period. They are, however, not very typical of any definite epoch and the individual garden may combine characteristics of two or more styles.

The oldest is the garden in its primitive, original form – to misquote Kant: "der Garten an sich". This was simply an enclosed patch for the cultivation of plants (Fig. 2), a "room" in which the walls are the essential part, that which gives it its character. Let us employ the Latin word *hortus*.

Our conception of the origin of the garden in the dim past of unrecorded history must be pure fancy, no matter how logically plausible it appears. And between the primitive forms of time immemorial, which we can only guess at, and

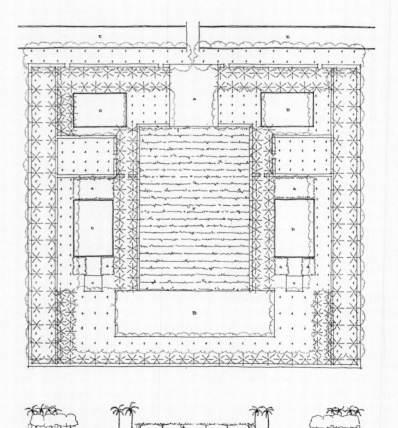

3
Rekonstruktion eines ägyptischen
Gartens bei Theben, um 1400 v. Chr.

Reconstruction of an Egyptian Gardens
near Thebes, around 1400 BC

nere Räume. Die zahlreichen Bäume sind in Reihen, vielleicht Alleen, angeordnet und die Arten angedeutet. Gelehrte meinen, es seien Bergahorn oder Maulbeerfeigenbäume, aus deren unvergänglichem Holz Mumiensärge angefertigt wurden, Dattel- und Doompalmen (Pfefferkuchenbaum). Letztere sind mehrstämmig, was deutlich charakterisiert ist. Vielleicht sind die Becken von Grasrabatten umgeben, und eine Pflanze könnte Papyrus sein.

Es ist recht verblüffend, dass es schon damals einen so klar organisierten Garten gab, der gärtnerisch und künstlerisch auf dem Niveau der Renaissancegärten liegt, diesen vielleicht sogar überlegen ist. In Anbetracht der auch in anderen Bereichen hochstehenden ägyptischen Kultur wundert es natürlich keineswegs.

Erwähnenswert ist, dass trotz der Abhängigkeit des Gartens von der Bewässerung anscheinend nichts in der Darstellung auf ein Bewässerungssystem hinweist. Die Erklärung ist möglicherweise, dass Wasser in Krügen und anderen Gefässen zu den Pflanzen gebracht wurde, eine in alten Abbildungen oft gezeigte Arbeit.

V

Landwirtschaft mit künstlicher Bewässerung gibt es in vielen Gegenden. Vor allem gilt dies für einen breiten Gürtel, der sich von China und Indonesien im Osten über Indien, Persien, Ägypten, die Mittelmeerländer und ganz nach Westen bis Nordafrika, Spanien und Portugal erstreckt. Zwar können die nützlichen Bewässerungsanlagen der Bauern ganz verschiedenartig sein, aber Verteilung und Verwendung des gewöhnlich kostbaren Wassers erzwingen eindeutig eine gewisse Ordnung. Die gewundenen Böschungen terrassenförmiger Reisfelder an Berghängen umrahmen völlig unregelmässig ausgeformte Wasserspiegel, die ganz von der Neigung und Grösse des Geländes abhängen, aber ebenso natürlich sind wie die gleichmässigen Felder im Flachland. Für andere Kulturen müssen kleine Beete mit einem gut durchdachten System von Verteilungsrinnen angelegt werden. Und schliesslich lassen sich Baumpflanzen vielleicht am besten mit einfachen Rinnen zwischen den Reihen bewässern. Eine derartige Kulturlandschaft strahlt eine eigene Anmut aus, auch weil sie häufig einen Kontrast zum nahen oder angrenzenden Öd- oder Wüstenland bildet.

Wenn in solchen Gegenden Gärten für andere Zwecke geschaffen wurden – zum Verweilen, für festliche Anlässe oder einfach als etwas Schönes –, kommt es praktisch immer zu einer Verfeinerung der natürlichen oder vom Menschen geschaffenen Landschaftselemente. Ich möchte das als eine Stilisierung der Landschaftsformen, etwa der Bewässerungsanlagen, bezeichnen. In den von Indien bis Spanien reichenden Ländern entwickelte sich ein Gartentyp, dessen Raum durch Wasser in einem Becken und Kanalsystem bereichert wird, eine notwendige Anlage, jedoch so elegant ausgeführt, dass sie einer künstlerischen Aneignung gleichkommt.

Diese Form entstand vielleicht in Persien. Es gab viele Gärten dieser Art in Indien, und in Europa schufen die Mauren solche Anlagen in Spanien. Córdobas Orangenhof und der Generalife in Granada sind exquisite Kleinodien. Somit wäre es angezeigt, diese Form als stilisierte Bewässerungsanlage aufzufassen und als spanischen Garten zu bezeichnen.

the early forms of Antiquity, of which we do know something, a tremendous development must have taken place which it is now useless to try to fathom.

Our earliest knowledge of gardening as an art, like that of so many other forms of culture, comes from Egypt. Illustrations and texts exist from about 3000 BC of which we are fairly certain and quite clear accounts from about 1500 BC, but as there is little difference between the earliest uncertain evidence and the later more certain, and as development was immeasurably slow, it is not unreasonable to assume that our more or less definite knowledge goes back some 5000 years.

An official under Amenophis III, a chief or military commander, had a dwelling in Thebes which is seen on an often-published picture from a tomb – quite abstract but still comprehensible (Fig. 3).

It shows a rectangular area enclosed by walls in which there is a stately entrance gate. The length of the sides must have been about 100 metres – a text from a much earlier period mentions 105 metres for a similar layout. If the number of trees depicted is correct and if we reckon with a distance of 3 metres between trees, we would also get 105 metres here. The measurements were hardly less and very possibly 50 per cent greater.

The layout was evidently axial and symmetrical. From the entrance gate in the middle of one wall a path leads to the house – the palace, but of this the picture gives only a vague idea. In the middle of the garden, between the gate and the house, is a broad vineyard, the vines clearly seen climbing up a trellis. There are four ponds, or basins, containing ducks and lotus plants, and two small garden pavilions, while the rest of the garden is divided into beds of different sizes. There are many trees arranged in rows, perhaps even avenues, and the different species are suggested. Experts believe them to be sycamore figs, the wood of which is indestructible and was used for mummy cases, date-palms and a species of fan-palm that is multi-trunked, which is clearly seen. The ponds are possibly edged with grass and a plant is seen which may be a papyrus.

It is quite amazing that so well arranged a garden existed already at that time. Both from a horticultural and an artistic point of view it is up to the standard of Renaissance gardens and possibly even superior to them. But when we recall Egypt's high cultural standard in other fields at that time there is, naturally, no reason for astonishment.

It should be added that though the garden's very existence was dependent on artificial watering, there is no sign of an irrigation system. The explanation may be that the water was brought to the plants in jars or other receptacles, as is so often seen in ancient illustrations.

V

Agriculture with artificial watering is found in many regions, particularly in a broad belt stretching from China and Indonesia in the east over India, Persia, Egypt, the Mediterranean countries and all the way west to North Africa, Spain and Portugal. This great boon to farmers may take very different forms but the distribution of the usually expensive water compels a certain order. Terraced rice fields on hill-sides are surrounded by winding earthern walls enclosing stretches of water of most irregular shapes,

Der Orangenhof – Patio de los Naranjos – bei der weltberühmten Moschee in Córdoba ist ein sehr eindeutiges Beispiel einer stilisierten Bewässerungsanlage (Abb. 4). Die Moschee wurde um 785 von Abd-ar-Rahman erbaut und mehrmals erweitert, zuletzt um das Jahr 1000. Wie alt der Orangenhof in der Form, die wir kennen, ist, lässt sich kaum mit Sicherheit sagen. Am ältesten ist der nordwestliche Teil der Moschee, beim elften Fach. Der Garten war für die Araber *sahn*, ein heiliger Vorhof, wo sich die Gläubigen wuschen, ehe sie sich unter das Dach der Moschee begaben. Ursprünglich bildeten Arkaden die Wand zum Garten, sie wurden jedoch in christlicher Zeit grösstenteils zugemauert. Man könnte sich vorstellen, dass die Orangenbäume die Säulenreihen der Moschee im Freien präzis fortsetzen, aber wie entsprechende Vermessungen zeigen, ist das nur gegen Westen der Fall, und auch nur ungefähr.

Boden und Bewässerungsanlage des Orangenhofs sind so primitiv, dass kaum von Stilisierung die Rede sein kann. Um jeden Baum befindet sich eine kreisrunde Vertiefung mit einem Steinkreis. Diese Gruben sind mit Rinnen verbunden, die wieder an eine Zufuhrleitung an der Nordseite angeschlossen sind. In die Steinkanten sind Bretter eingepasst, die geöffnet werden, um das Wasser einfliessen zu lassen. Das Wasser kommt aus einem höhergelegenen Becken mit vier Fontänen in den Ecken, die vielleicht eher als Brunnen bezeichnet werden müssen, denn hier wird das Wasser für die umliegenden Wohngebäude geholt. Ausserdem besitzt der Hof drei kleinere Springbrunnen. Der Hof ist mit Kopfsteinpflaster in einfachen Mustern ausgelegt, nur entlang der Moschee sind Fliesen. Neben den Orangenbäumen sind etwa ein Dutzend Palmen vorhanden.

VI

Von 1200 an erwachte in Italien grosses Interesse für Gartenkunst, das Mitte des 16. Jahrhunderts in Anlagen wie der Villa d'Este, Villa Lante in Bagnaia und Villa Farnese in Caprarola kulminierte. Oft ähneln diese Gärten den spanischen, jedoch gibt es gewisse Unterschiede. Sie werden häufig an Berghängen angelegt, wo der Pflanzenwuchs nicht so sehr von der Bewässerung abhängig ist, und das Wasser wird anders genutzt. Die gefassten Bergbäche werden zu einem zentralen Element der Komposition, eine Bewegung, aus der eine Art einfacher Symphonie aus Fallen, Springen, Strömen, Wallen und Ruhe geschaffen wird, festlicher als man es bisher kannte. In Italiens Gärten gibt es viele andere Elemente, Anpflanzungen, Mauern und Treppenanlagen. Trotzdem glaube ich, dass der stilisierte Bergbach das Eigentliche ist und dass man von italienischen Gärten sprechen kann.

Die Villa Lante ist vielleicht das interessanteste Beispiel dafür. Sie liegt im Städtchen Bagnaia, etwa 6 Kilometer östlich von Viterbo. Ihre Geschichte ist ziemlich unklar, doch dürfte der Bauherr Gian Francesco Gambara sein, der 1566 Bischof von Viterbo wurde. Der Schöpfer war vielleicht Giacomo Barozzi, genannt Vignola, obwohl dies nicht gesichert ist. Die Bauarbeiten begannen bereits 1560, und Gambara bewohnte die Villa bis zu seinem Tod im Jahr 1587. Später gelangte die Villa in den Besitz der Familie Lante, bei der sie bis in die heutige Zeit verblieb.

Der hier abgebildete Stich ist von Laurus – Giacomo Laurii [Lauro] – und stammt aus einem Werk aus dem Jahr 1612 (Abb. 5). Zwar ist die Zeichnung ziemlich schlecht, aber sie

determined entirely by the fall and extent of the terrain, but just as natural as the regular-shaped fields of flat country. For other crops small beds must be prepared with a rational system of distribution channels, and, finally, trees can best be watered by simple trenches between the rows. A cultivated landscape of this kind has a charm all its own, partly due to the contrast it forms with the surrounding barren or desert-like country.

When in such regions gardens are laid out for other purposes – gardens in which to while away the time, gardens for entertainment, or simply gardens for beauty's sake – the end product is usually a refinement of the landscape's natural or man-made elements. I would like to use the expression stylization of the form of landscape, in this case stylization of irrigation systems. In the extensive regions from India to Spain a type of garden developed in which the cultivated area was enriched by water in a system of basins and canals, a purely utilitarian measure but so elegantly carried out that it became an artistic acquisition.

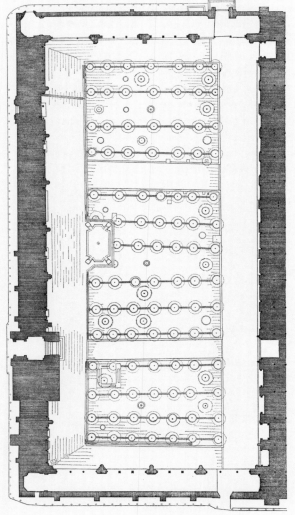

4
Orangenhof der Grossen Moschee von Córdoba, um 987

Orange Tree Courtyard at the Great Mosque of Córdoba, around 987

vermittelt einen guten Eindruck des Ganzen: Haus, Garten, Park. Im Grossen und Ganzen sind die Verhältnisse heute dieselben wie damals, wie aus dem Stadtplan klar ersichtlich ist.

Der Garten ist ein unregelmässiges eingefriedetes Grundstück, das auf der Darstellung von Norden nach Süden verläuft und in dieser Richtung etwas ansteigt. Im östlichen – linken – Teil liegt der italienische Garten, gegen Westen ein Park, ein landschaftlicher oder romantischer Garten, 200 Jahre vor der Zeit der englischen Gärten. Oben bei der Planziffer 16 wird ein Bergbach in den Garten eingeleitet, der Kaskaden, Fontänen, Becken und Springbrunnen bildet, bis er endlich im grossen vierteiligen Becken ganz unten zur Ruhe kommt. Bemerkenswert ist dabei die sekundäre Rolle des Hauptgebäudes, das aus zwei identischen Casinos besteht, sodass es sich hier in erster Linie um eine gartenkünstlerische Komposition handelt, noch dazu um eine äusserst reiche. Der rein italienische Garten in der Achse zwischen den Kasinos bietet vielfältige Wasserspiele. Sein unterer Abschluss ist gleichzeitig reich und einfach. Gegen Westen liegt der Park mit Becken, Labyrinthen, Alleen, Spalieren und vielem anderen (Abb. 6). Er unterscheidet sich nicht grundlegend von den 3000 Jahre älteren ägyptischen Gärten. Neu sind Fontänen, Kaskaden und andere Wasserkünste sowie die durch die Geländeform bedingten Terrassen und Treppenanlagen. Genau die für den italienischen Garten typischen Komponenten.

Die Villa d'Este in Tivoli östlich von Rom ist das berühmteste Beispiel dieser Art. Seinen markantesten Ausdruck findet der Stil aber in der Villa Aldobrandini in Frascati südöstlich von Rom (Abb. 7).

Die aus den Jahren um 1600 stammende Villa wurde für den Kardinal Pietro Aldobrandini von Giacomo della

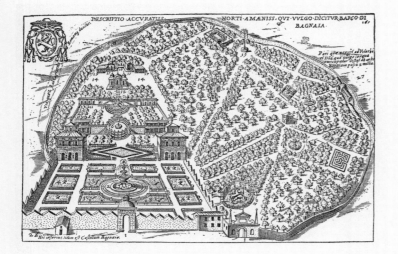

5

Garten der Villa Lante in Bagnaia
gegen Süden, Baubeginn um 1560/66.
Kupferstich aus Giacomo Lauro,
Antiquae urbis splendor, 1612

Gardens of the Villa Lante in Bagnaia
seen toward the south, start of
construction around 1560/66.
Engraving from Giacomo Lauro,
Antiquae urbis splendor, 1612

This form of garden probably originated in Persia; it was often employed in India and was brought to Europe by the Moors who created similar gardens in Spain where Córdoba's Orange Tree Courtyard and Generalife in Granada are pearls of their kind. Indeed, this form of garden, a stylized irrigation system, might well be called the "Spanish garden".

The Orange Tree Courtyard – *patio de los Naranjos* – of the world-famous Córdoba mosque is a perfect example of such a stylized irrigation system (Fig. 4). The mosque was built about AD 785 by Abd-er-Rahmân I and was added to several times, last about the year 1000. It is hardly possible to determine how old the orange court in its present form is. The north-western part of the mosque – the first eleven arches – is oldest. The court was the Arabs' *sahn*, the sacred forecourt where the Faithful performed their ablutions before entering the mosque. Originally, the wall facing the court consisted of open arches; after it became a Christian edifice most of them were walled up. One would like to imagine that the rows of orange trees were a precise continuation of the mosque's columns outdoors but the accompanying plan shows that this was true only towards the west and then only approximately.

The Orange Tree Courtyard's pavement and irrigation system are so primitive that here we can hardly use the word "stylized". Around each tree is a hollow basin rimmed with stone; these are connected with runnels which are hooked up with an open trench on the north side. Sluice "doors", consisting of small boards, were let into the stone rims and by means of these the water was admitted. The water comes from a large, raised basin with a fountain at each corner – "well" would probably be a better name for it, for here the surrounding households fetch their water. There are three smaller fountains in the court and it is paved with pebbles in a simple pattern; alongside the mosque, however, the pavement is of tile. Besides orange trees the court contains about a half dozen palms.

VI

From the year 1200 there was great interest in the art of gardening in Italy which culminated during the first half of the sixteenth century with the laying out of such estates as Villa d'Este in Tivoli, Villa Lante in Bagnaia and Villa Farnese in Caprarola. The gardens were often similar to the Spanish type but with certain differences. They were frequently laid out on hill-sides, the vegetation was not so entirely dependent on irrigation and water was employed in a different way. Mountain brooks were diverted to the garden and became a main element in its composition, a movement over which was created a sort of simple symphony of falling, rising, flowing, bubbling and tranquil water, something much more festive than had hitherto been seen. There are many other elements in Italian gardens: plantings, walls, and flights of steps, but the stylized mountain brook is the essential feature, that which characterizes the "Italian garden".

Villa Lante is probably the most interesting example. It lies in the little town of Bagnaia, about 6 kilometres from Viterbo. The history of the villa is not very clear but apparently it was built for Gian Francesco Gambara who became bishop of Viterbo in 1566. Its creator was possibly Giacomo Barozzi, called Vignola, but this is not certain. Work was started in 1560 and Gambara lived at the villa until his death

Porta geplant und von Carlo Maderna gemeinsam mit den Brüdern Fontana ausgeführt. Die Komposition ist derart axial gegliedert, dass man fast sagen möchte, sie besteht nur aus einer Achse, an der verschiedenartige, nicht begrenzte Elemente festgehakt sind. Die Achse liegt an der Nordseite eines Berges, Nord-Nordwest bis Süd-Südost. Ihr Ausgangspunkt ist ein Platz in Frascati. 50 Meter höher liegt das quergestellte Schloss mit seiner mächtigen, dramatischen Rampenanlage an der Nordseite. In dem grossen Dreieck zur Stadt hin bildeten ursprünglich drei Alleen ein Gänsefussmuster. Jetzt ist nur noch die mittlere vorhanden, zu einem dichten Laubdach gestutzte Steineichen.

Südlich des Schlosses, eine Etage höher als die nordseitige Terrasse, liegt ein weiter Platz, der von schönen beschnittenen Platanen flankiert und gegen Süden durch ein dramatisches Bauwerk als Stützmauer begrenzt ist. In der Mitte wird ein gewaltiger Halbkreis zum Berg hin geführt. Er ist in fünf Nischen mit davor angebrachten Becken unterteilt. Die Seitenflügel sind ebenfalls fünfteilig, mit verschiedenen Räumen nach innen, gegen Osten eine Kapelle. Der Bau wird gewöhnlich Wassertheater oder nur Theater genannt. Nymphäum wäre vielleicht eine bessere Bezeichnung, weil dieser Begriff sehr kühle Räume meint, die mehr oder weniger unterirdisch liegen und durch bewegtes Wasser gekühlt werden. Über dem Theater verläuft die Achse nach oben zu einer 30 Meter höheren *fontana di natura*, wo das Wasser eines 10 Kilometer entfernten Bergbachs aus einem Aquädukt eingeleitet wird. Über Kaskaden, Springbrunnen und Fontänen mündet der Wasserfluss mit einem letzten brausenden Schlussakkord ins Nymphäum. Ein vielbewunderter Einfall sind zwei hohe Säulen, aus deren Kapitellen das Wasser quillt und in spiralförmigen Girlanden abfliesst.

Marie Luise Gothein schreibt dazu: «In dieser Wasserkunstanlage ist zur Vollendung geführt, was tastend eine lange Entwicklung gesucht hat: von den ersten, zarten Anfängen, wie sie Bembo in den Asolani schildert, über die liebliche Schöpfung in Villa Lante zu diesem stolzen Bilde, das die Zeitgenossen, die die Wasserfluten und Brunnen noch in ungeminderter Kraft sahen, mit Staunen und Entzücken erfüllte.»

VII

Im 17. Jahrhundert blühte die Gartenkunst in Frankreich, wobei sich ein Mann, André Le Nôtre, vor allen anderen als Meister hervortat. Er und andere wollten eigentlich den italienischen Garten weiterführen, doch gab es in Frankreich selten Bergbäche: Das Wasser, mit dem Le Nôtre trotzdem sehr viel arbeitete, wurde in seinen Werken zu ruhigen und oft gewaltigen Bassins und Kanälen. Um es in Bewegung zu bringen – Springbrunnen oder Kaskaden – mussten Maschinen und Reservoirs gebaut werden. Seine Gärten sind reicher gestaltet mit Parterres als einem unglaublich verfeinertem Gartenelement, Bosketten, Quinconces und Alleen als stilisiertem Wald, der zu Mauerwerk und Treppenanlagen führt, ähnlich, aber doch anders als in Italien. Er stilisiert ganz offenbar – so kommt es mir vor – die Flusslandschaften der Île-de-France. Das ist der französische Garten.

Seltsamerweise könnte man schwerlich ein besseres Beispiel für diese Form finden als André le Nôtres erste grosse Arbeit, Vaux-le-Vicomte.

in 1587. Later, the estate came to the Lante family who owned it right up to our time.

We reproduce an engraving by Laurus – Giacomo Laurii [Lauro] – which is found in a work from 1612 (Fig. 5). It is rather badly drawn but gives a clear impression of the whole: house, garden, park. The layout today is more or less the same, the town plan gives a graphic picture of it.

The enclosed garden, irregular in shape, is seen in the engraving from north to south, rising gently in that direction. In the eastern – left-hand – part is the water garden, towards the west the park, a landscape or romantic garden 200 years older than the English landscape garden. The water garden has its mountain brook, led into it from above (No. 16 on the plan) and transformed into cascades, fountains, pools and jets before ending placidly in the large, four-part basin at the bottom. The main building, divided in two identical casinos, is, strangely enough, of secondary importance, the whole being, above all, a garden composition, and one of extreme richness: at the top, towards the south, the Italian or water garden, below it a fine *hortus*, towards the north the park with basins, labyrinth, avenues, trellises, and much more (Fig. 6). It is

6
Bagnaia mit der Villa Lante.
Nach einer Bauaufnahme von
Margherita Asso (Norden oben)

Bagnaia with Villa Lante.
From a survey drawing by
Margherita Asso (north up)

Das Schloss liegt bei Melun, südöstlich von Paris. Bauherr war Nicholas Foucquet, Kardinal Mazarin's Finanzminister unter Ludwig XIV. 1643 begann sein Architekt Louis Le Vau mit den Bauarbeiten. Le Nôtre war vermutlich seit 1656 dabei. Die Dimensionen des rechteckig angelegten Parks können sich sehen lassen, von Süden nach Norden 2500 Meter und von Osten nach Westen 1300 Meter (Abb. 8). Von der Südseite des Schlosses bis zum höchsten Punkt der Mittelachse sind es 1500 Meter, und der lange Querkanal ist rund 900 Meter lang. Auch diese Anlage ist axial gegliedert, aber der Garten ist jetzt reicher geworden, mit vielfältigeren und mehr verfeinerten Einzelheiten als jemals zuvor. Nur was das Wasser anbelangt, kann Frankreich es nicht mit dem italienischen Garten aufnehmen.

Es herrscht vielfach die Ansicht, dass alle französischen Gärten nach demselben Schema angelegt sind. Aber je mehr man sich mit dem Thema auseinandersetzt, umso mehr wird einem bewusst, wie verschieden und originell die besten französischen Gärten sind. Die Hauptwerke von

not essentially different from the 3000-year-older Egyptian garden but the new elements – fountains, cascades and other water devices, and terraces with their flights of steps – are precisely the features that constitute the Italian garden.

Villa d'Este in Tivoli, east of Rome, is the most famous of the type but it is most clearly illustrated in Villa Aldobrandini in Frascati, south-east of Rome (Fig. 7).

This estate, built for Cardinal Pietro Aldobrandini around 1600, was designed by Giacomo della Porta and completed by Carlo Maderna in collaboration with the Fontana brothers. The composition is so dependent on the axis that one is tempted to say that it is simply an axis with diverse and un-delimited elements hooked on to it. The axis lies on the north side of a mountain – north-northwest to south-southwest – beginning somewhere in Frascati. Fifty metres above it, lying across the axis, is the villa with a great, dramatic ramp on the north side. Originally, the large triangle towards the town had three avenues in a goose-foot pattern, today only the middle one is left, its holm-oaks clipped to form a thick, leafy canopy.

South of the villa, one storey higher than the north terrace, is a large open space flanked by beautiful, heavily pruned plane trees and closed on the south side by a dramatic structure like a supporting wall. In the centre a huge semi-circle, cutting into the mountain-side, is divided into five niches with water basins in front of them; the side-wings are similarly divided up into five rooms, at the eastern end a chapel. This grotto-like structure is usually called a water-theatre or simply a theatre, nymphaeum would probably be a better name, denoting as it does very cool rooms more or less underground, cooled by running water. Above the theatre the axis continues upwards to a *fontana di natura*, 30 metres higher, where the water from a mountain brook 10 kilometres away is led in from an aqueduct. Through cascades, jets and fountains the brook reaches the large nymphaeum in a final foaming burst of melody. A much-admired feature consists of two tall columns entwined with garlands down which water trickles from the capitals.

Marie Luise Gothein writes enthusiastically of Aldobrandini: "This water garden has brought to perfection that which had been gropingly sought during a long development, from the first faint attempts described by Bembo in Asolani, via Villa Lante's lovely garden to this glorious work which those who saw its cascades and fountains in all their original abundance beheld with amazement and delight."

VII

In the seventeenth century the art of gardening flourished in France where one man, André Le Nôtre, was the master par excellence. His original idea – and that of others, too – was undoubtedly to carry on where the Italian garden had left off, but there were few mountain brooks in France. Water, which Le Nôtre nevertheless employed so lavishly, was transformed in his work into placid and often huge basins and canals. To create movement – fountains and cascades – hydraulic machines and reservoirs had to be constructed. His gardens are more elaborate than the Italian, with parterres – an amazingly refined garden element – bosquets, quincunxes and avenues that were stylized woods, as well as walls and flights of steps which were

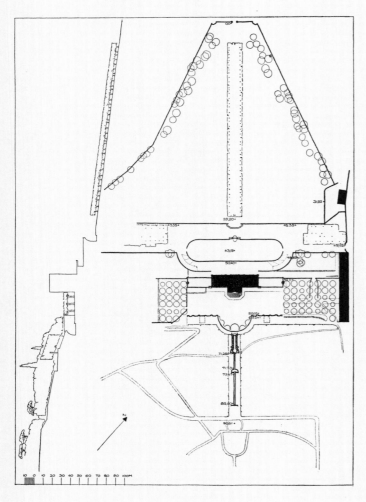

7

Villa Aldobrandini in Frascati, Giacomo della Porta, 1598–1603. Baufnahme von Architekturstudenten der Königlich Dänischen Kunstakademie

Villa Aldobrandini in Frascati, Giacomo della Porta, 1598–1603. Survey drawing by architectural students of the Danish Royal Academy

Le Nôtre, Vaux, Versailles und Chantilly, sind völlig verschieden. Dasselbe gilt für die Monumente des Stils überall in Europa, wie La Granja in Spanien, Caserta in Italien, Schönbrunn in Österreich, Nymphenburg in Deutschland, Frederiksborg in Dänemark, Drottningholm in Schweden, Honselaersdijk in Holland, Beloeil in Belgien und Chatsworth in England. Etwas anderes ist die Tatsache, dass die Komponenten allmählich vorbestimmte Formen annehmen. Der Garten muss dieses und jenes enthalten, und diese Dinge müssen so und so sein. Die Bauanlagen der Epoche waren barock, symmetrisch und fest um eine Achse angeordnet. (Vergessen wir jedoch nicht, dass auch Renaissance-schlösser französische Gartenanlagen besitzen, beispielsweise Chantilly und Frederiksborg.)

In Vaux steht das Hauptgebäude auf einer Insel, die Wassergräben sind etwas unmodern für die Zeit, hier liegt der schöne Hof, die Cour d'honneur, nördlich davon sind Stallungen und Gesindequartiere symmetrisch um eine gewaltige Hofanlage angeordnet. Allerdings nicht ganz symmetrisch, nach Osten fehlt ein Flügel, dort befindet sich eine kleine Kapelle.

An den Seiten und vor dem Schloss erstrecken sich von Laubwänden umrahmte offene Parterres und Gewässer.

Die Entwicklung des Parterres ist ebenso interessant wie lehrreich. Ein Beet ist sicher etwas sehr altes und existiert ja noch immer in seiner einfachen Form. In der aufgegrabenen Erde markiert der Gärtner Streifen in einer bestimmten Breite, die für eine bestimmte Anzahl Reihen einer bestimmten Pflanze passen sollen. Indem er die Füsse versetzt, ohne eigentliche Schritte zu machen, drückt er einen schmalen Weg in die weiche Erde und erhält so Beete, die etwas höher als die schmalen Wege sind. Aber ein ordentlicher, ein wirklich ordentlicher Gärtner klopft den Rand des Beetes mit Spaten oder Schaufel fest, so wie Pieter Brueghel der Ältere es in seiner Darstellung des Frühlingsbilds wiedergibt (Abb. 9). Das Bild zeigt noch zwei weitere Entwicklungsstufen des Beetes. Es gibt lange rechteckige Beete, kleinere quadratische und schliesslich ein quadratisches Beet, das durch ein Wegkreuz unterteilt ist, das wiederum von einem runden Mittelbeet unterbrochen wird. Die Wege sind gekiest. Gerahmte oder umrandete Beete kannte man bereits lange vor Brueghels Zeit. Dazu wurden Bretter oder Sparren, verschiedenartige Steine, Kiesel, Schiefer, Ziegel, ja sogar Muscheln und ähnliches verwendet oder Pflanzen wie Buchsbaum, Lavendel, Rosmarin und dergleichen. Lorenzo de'Medicis (il Magnifico) Schloss Poggio im toskanischen Caiano lag auf einer gewaltigen Terrasse, die an drei Seiten des Gebäudes drei Reihen quadratischer Kleinbeete aufwies, das heisst ein sehr einfaches Parterre (Abb.10). Als der Italiener Pasello da Mercogliano Karl VIII. folgte, um in Frankreich Gärten anzulegen, pflanzte er Parterres mit kompliziert gestalteten geometrischen Figuren, die vor einiger Zeit in Villandry bei Tours nachgeschaffen wurden. Auch Blumen und dergleichen konnten in solchen Beeten wachsen, aber man begnügte sich wohl oft mit der Schönheit des Buchsbaum-musters an sich. Französische Gartenarchitekten wie Boyceau und Mollet schufen schliesslich das Broderie-parterre, Arabesken aus Buchsbaum als reine Verzierung. Für mich ist das Parterre weder eine Messgewandsticke-rei noch eine Buchverzierung, die in Buchsbaum umgesetzt wurde, sondern eine bemerkenswerte und jedenfalls

similar to and yet different from those in Italy. His work, it seems to me, is obviously a stylization of Ile de France's river landscape: this, then, is the "French garden".

Interestingly enough, it would be difficult to find a better example of this than André Le Nôtre's first great work, Vaux-le-Vicomte.

The chateau lies near Melun, south-east of Paris. It was built for Nicolas Foucquet, Cardinal Mazarin's minister of finance under Louis XIV. The architect, Louis Le Vau, began construction in 1643 and Le Nôtre probably started work on the grounds about 13 years later. The dimensions are impressive, the park covering a rectangular area of 2500 metres north–south by 1300 east–west (Fig. 8).

8
Gartenanlage Schloss Vaux-le-Vicomte,
Seine-et-Marne, André Le Nôtre, 1656–1661.
Plan aus Prosper Péan, *Jardins de France*,
1920 (Süden oben)

Gardens of Château de Vaux-le-Vicomte,
Seine-et-Marne, André Le Nôtre, 1656–1661.
Plan from Prosper Péan, *Jardins de France*,
1920 (south up)

deutliche Weiterentwicklung des Beetes. Was bisher der Rahmen um einen Inhalt war, wird nun selbst zum Inhalt (Abb. 11).

Jacques Boyceau teilte das Parterre in vier Typen ein. Das Broderieparterre bestand aus einem reinen Buchsbaummuster, vielfach auf einem farbigen Boden aus Kies, Sand, Ziegelscherben, Kohlestücken usw. Das Parterre de Compartiment enthielt ausserdem Gras und Wasserbänder in der einen oder anderen Form. Das Parterre à l'Angloise umfasste schöne Rasenflächen mit Blumenbeeten, und wenn Blumenbeete das Wesentliche waren, sprach man vom Parterre des Fleurs. Zu sämtlichen Formen gehörten auch Skulpturen, Vasen und beschnittene Bäume. Grüne Skulpturen, «topiary works», waren in Italien, Holland und England beliebt, wurden aber in Frankreich wenig verwendet. Ferner ist von Wasserparterres die Rede. Le Nôtre schuf eines in Chantilly, ein Beckensystem. In England gab es eine besondere Parterreform, das «knotted bed». Knotenbeete sind weniger elegant als bei den Franzosen, passen jedoch besser zu der lebenden Materie, auch wurde mehr mit Variationen gespielt. Ein Knoten konnte ein dichter Teppich mit einem Muster aus Buchsbaum, Lavendel und Rosmarin sein. Elisabethanische Gärtner hatten einen eigenartigen Sinn für eigentümliche Möglichkeiten.

Vaux besass ein sehr schönes Broderieparterre direkt vor der Südseite des Schlosses. An dessen beiden Seiten befanden sich einfachere gemischte Parterres mit Gras, Blumen und Wasser, alle verschieden. Östlich der Broderie lag ein einzelnes Parterre, im Wesentlichen Rasen mit drei grossen Bassins. Südlich des Broderieparterres erstreckte sich wieder ein Rasenparterre um zwei grosse Becken. Daran schloss sich axial auf einem etwas niedrigeren Niveau ein viereckiges Becken an, gefolgt von einer aufwendigen Kaskadenanlage, danach der lange Querka-

9

Der Frühling. Kupferstich von Pieter van der Heyden nach Peter Brueghel dem Älteren, 1570

Spring. Engraving by Pieter van der Heyden after Peter Brueghel the Elder, 1570

The distance from the south front of the chateau to the highest point on the central axis is about 1500 metres, the long canal crossing the axis is about 900 metres. Here, too, the garden is an axial layout but it has become much richer, with more, and more refined, details than ever before; but when it comes to the utilization of water, the French garden cannot be compared with the Italian.

Many are inclined to regard all French gardens as based on a single scheme but the more one knows about the subject, the more one realizes how different and original the best French gardens are. Le Nôtre's three great works, Vaux, Versailles and Chantilly, are widely dissimilar and this is also true of the finest examples of the style in other countries, such as la Granja in Spain, Caserta in Italy, Schönbrunn in Austria, Nymphenburg in Germany, Frederiksborg in Denmark, Drottningholm in Sweden, Honselaersdijk in Holland, Beloeil in Belgium and Chatsworth in England. It is another matter that the components gradually were given standard forms: there must be such and such features in the garden and these features must be of certain types. The buildings of the period were Baroque, symmetrical and firmly placed on an axis (but it should be remembered that French gardens were also laid out for Renaissance buildings, such as Chantilly and Frederiksborg Castle).

Vaux's main building lies on a small island; it is elaborately moated, which was somewhat old-fashioned, has a fine courtyard – *cour d'honneur* – and north of this stables and domestic quarters – the whole symmetrically arranged round an extensive court. And yet not entirely symmetrical: the east wing is lacking, instead there is a small chapel.

The space on either side in front of the chateau is open, with parterres and water-works surrounded by leafy walls.

The development of the parterre is both interesting and instructive. A garden bed must be a very ancient form but is still employed in its simplest guise even today. The gardener, having dug and raked the soil, marks off strips of a certain width suitable for a certain number of rows of a certain plant. Then, shuffling along, he trods out sunken paths in the soft earth, thus obtaining a bed that is a little higher than the narrow paths surrounding it. The very orderly gardener smoothes the sides of his bed with his spade or shovel in the way depicted by Peter Brueghel the Elder in his painting of Spring (Fig. 9). This picture shows two other stages in the development of the bed. It includes long rectangular beds and smaller square ones and, finally, a square bed divided by paths in the form of a cross which are interrupted by a round bed at the centre. The paths are gravelled. Long before Brueghel's time beds were framed or bordered. For this wooden boards or rafters were employed or stones of various kinds: pebbles, slate, tile, shell and the like, or plant borders were used, such as box, lavender, rosemary, etc. At Lorenzo di Medici's (il Magnifico's) Poggio a Caiano, in Tuscany, the villa stood on an enormous terrace which, on three sides, had three rows of small square beds, i.e. very simple parterres (Fig. 10). When the Italian Pasello da Mercogliano went to France with Charles VIII to lay out gardens there, he made parterres of more intricate geometrical figures which in modern times have been re-created at Villandry, near Tours. Flowers were still planted in such beds but the gardener was often content with the beauty of the pattern formed by the box alone and

nal, der sich zu einem grösseren Bassin mit Fontänen ausweitete, und dahinter endete die Sichtachse auf einer steil ansteigenden Rasenfläche – einem *tapis vert*.

Um die offenen axial gegliederten Areale waren unterschiedlich eingesetzte Bäume gepflanzt, stilisierter Wald. Hecken wurden viel verwendet, zur Aufteilung und Abgrenzung der Parterres. Das auffälligste Merkmal war jedoch das Boskett, ein quadratisches oder rechteckiges von einer Hecke umgebenes Wäldchen, das von sich im rechten Winkel – manchmal auch diagonal – kreuzenden Wegen durchschnitten wird. Das Ganze bildete eine Sternenfigur mit Hecken an allen Wegen. In der Mitte befand sich ein grösserer oder kleinerer Raum, häufig mit einer Fontäne oder einem Bassin. Das Boskett konnte jedoch noch komplizierter sein, mit kleinen Flächen, Blumen, freistehenden Bäumen usw. in der Mitte. Die Dimensionen variieren stark, von 20 bis 30 Meter bis weit über 100 Meter. In sehr kleinen Bosketten waren die Zwischenräume der Wege mit Büschen ausgefüllt, die aussen zu Wänden gestutzt wurden. Grössere Boskette waren mit Bäumen bepflanzt, die oft frei über die Hecken hinaus wachsen durften, was sehr hübsch und anmutig wirkte. Später kamen Wälder oder Haine, *les Bois*, die sich eigentlich nicht von Bosketten unterschieden, sondern nur grösser waren und gewöhnlich keine Hecken hatten. Manchmal zeichneten die Alleen einen Stern.

Regelmässig gepflanzte Bäume, Alleen oder Quinconces waren wie im alten Ägypten noch immer eines der allerwichtigsten Elemente einer Gartenkomposition. In Vaux führen fünf Alleen auf den Platz nördlich des äusseren Schlosshofs, Alleen umrahmen das gesamte Parkareal und durchschneiden kreuz und quer die Wälder und grossen Boskette.

Obwohl Alleen schon seit langer Zeit angepflanzt wurden, musste die Epoche, die in der Architektur den Barockstil pflegte, offensichtlich auch die Möglichkeiten der Baumanlagen nutzen, den Raum in einer Allee und zwischen Alleen und die mauerartige Wirkung von Laubwänden. Es wurden Regeln für Alleen festgelegt. Der Abstand zwischen den Reihen muss umso grösser sein, je länger die Allee ist, mindestens jedoch 4 Meter betragen. Häufig werden vierreihige (dreischiffige) Alleen gepflanzt, die äussersten Reihen sind vielfach doppelt so dicht wie die mittleren Reihen, zum Beispiel 4 + 8 + 4 Meter. Der Abstand zwischen den Bäumen einer Reihe soll am liebsten nicht grösser sein als der Abstand zwischen den Reihen, am besten etwas kleiner. Die Kronen werden oft verschiedentlich gestutzt, in Form einer Halbkugel, eines Bienenstocks oder Kegels, oder die Bäume werden zu Stammhecken beschnitten, Palissade à l'Italienne.

VIII

Die nächste Epoche der Gartenkunst gehört England. Hier entwickelte sich eine Gartenform, die eine Revolte gegen den Formalismus darstellte, ein Garten geschaffen «nach der Gesetzmässigkeit der Natur». Seltsamerweise vertrat Steen Eiler Rasmussen in seinem 1934 erschienenen Buch über London eine völlig andere Ansicht über den englischen Garten, die ich damals völlig übersehen habe, die aber eine Auffassung andeutet, zu der ich erst 25 Jahre später gelangen sollte. Steeen Eiler Rasmussen schreibt: «In England waren Chamber's romantische Ideen

finally gardeners like Boyceau and Mollet created the so-called embroidered parterres, parterres of box planted in arabesque patterns as pure decoration. I do not look on a parterre as an embroidered chasuble or ornamental book-binding done in box but as a curious but very definite development of the flower bed: that which was once the frame round the contents had now become the contents itself (Fig. 11).

Jacques Boyceau classifies the parterre in four types: Parterre de Broderie was exclusively a pattern of box, often on a coloured ground of gravel, sand, bits of tile and coal, etc.; Parterre de Compartiment also included strips of turf and water in one form or another; Parterre à l'Angloise consisted of fine turf and flowers; and when flowers were the main feature he called it Parterre des Fleurs. Sculpture, vases and clipped trees were included in all four types. Green sculpture – topiary work – was greatly admired in Italy, Holland and England but was used very little in France. Water parterres were also popular; Le Nôtre's at Chantilly was a system of basins. England had a special parterre form called knotted beds. These were not as elegant as the French but were more suitable to the living material and the gardener could give his fancy free rein in the creation of new variations. A knot could be like a closely woven carpet with a design in box, lavender and rosemary. Elizabethan gardeners, especially, had a fine sense of its possibilities.

At Vaux there was a very handsome embroidered parterre just south of the chateau. On either side of it were simple, mixed parterres of turf, flowers and water, each one different. East of it was a very plain parterre, chiefly of turf surrounding three large basins, while towards the west was a flower parterre with two fountains. To the south was again a parterre of turf and two large basins and farther

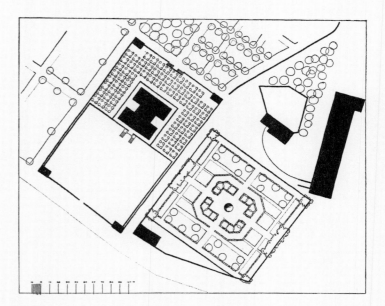

10

Villa Medici in Poggio a Caiano. Giuliano da Sangallos Plan umgezeichnet in ein aktuelles Aufmass (Norden oben)

Villa Medici in Poggio a Caiano. Giuliano da Sangallo's plan drawn in on a modern survey drawing (north up)

nur von vorübergehender Bedeutung, während der grandiosere und einfache Stil, dessen Vertreter Kent war, sich hielt. Die ganze Entwicklung, die als eine ausgesprochene Reaktion gegen Frankreich begonnen hatte, mündete in eine englische Weiterführung des grossen Stils, den französische Gartenkünstler und Maler geschaffen hatten. Wie es sich zeigte, kam die Kultur, selbst, wenn man sie gewaltsam vertrieb, doch immer zurück – und von England breitete sie sich wieder über Europa aus.»

Die Geschichte des sogenannten Landschaftsgartens ist höchst merkwürdig, und es ist leicht verständlich, dass wir uns alle verwirren liessen. Zwei Dinge sind offensichtlich. Erstens wurden Gärten von allen möglichen Dilettanten angelegt, die bei ihren Einfällen und Effekten oft ganz hemmungslos waren, und zweitens wurde wie kaum je vorher oder nachher über Gartenkunst geschrieben. Die Epoche wird völlig von Dilettantentum und Literatur beherrscht, aber in diesem Berg liebenswürdiger Narreteien steckte – fast verborgen – die natürliche Fortsetzung des französischen Gartens. In England stilisierten William Kent und Lancelot «Capability» Brown die Hügellandschaft wie sie war, mit ihren sanften Bodenformen, verstreuten Bäumen und Hainen, gewundenen Wasserläufen und Seen. Es ist wohl konsequent vom «englischen Garten» zu sprechen, aber ich finde es schade, die Bezeichnung nicht für eine andere Art englischer Gärten gelten zu lassen, nämlich die «Formal Gardens», über die Reginald Blomfield 1892

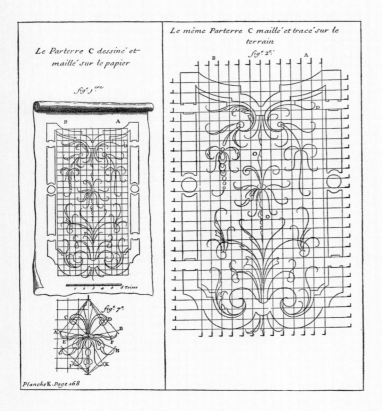

Le Parterre C dessiné et maillé sur le papier
fig. 1ere

Le même Parterre C maillé et tracé sur le terrain
fig. 2e

fig. 7e

Planche K. Page 168

11
Werkzeichnung für ein Parterre aus
Antoine-Joseph Dezallier d'Argenville,
La Théorie et la Pratique du Jardinage, 1709

Working drawing for a parterre from
Antoine-Joseph Dezallier d'Argenville,
La Théorie et la Pratique du Jardinage, 1709

along the axis was a square basin followed by an intricate cascade on a somewhat lower level; next came a long, transverse canal with a large basin in the centre containing fountains and behind this the axial vista ended in a steeply rising lawn – a *tapis vert*.

Surrounding the open areas in an axis were plantations of trees employed in different ways: stylized woods. Hedges were also used a great deal, parterres being often divided by and bordered with them. But the most characteristic feature was the bosquet, a square or rectangular thicket bordered by hedges and intersected by paths crossing each other at right angles, sometimes also diagonally, the whole forming a star with hedges bordering all walks. In the centre was an open space, large or small, often containing a fountain or bassin. But the bosquet could be even more complicated, with lawns, flowers, solitary trees and other features in its midst. Dimensions varied greatly, from 20 to 30 metres to much over 100 metres. In a very small bosquet the spaces between the walks were entirely filled with shrubbery which, on the path sides, was clipped sheer, like a wall. Larger bosquets were planted with trees, the branches of which were often allowed to grow out over the hedges, producing a lovely effect. Beyond the bosquets came the woods or groves, *les Bois*, which were actually the same, only larger, and usually without a bordering hedge. In some cases a star was laid out with avenues radiating from its centre.

Regular rows of trees, avenues and quincunxes were still, as in ancient Egypt, one of the most important features of a garden. In Vaux five avenues lead towards the place north of the chateau's outer court, avenues enclose the entire area of the park and avenues intersect the woods and the large bosquets in all directions.

Avenues were laid out long before the advent of the French garden but it was natural that the age which cultivated the Baroque style of architecture should also utilize the possibilities avenues offered: the space in the avenue itself and between avenues, and the mural effects of leafy walls. Rules were laid down for the construction of avenues: the distance between the rows should be greater the longer the avenue, with 4 metres as the minimum. When four rows of trees – a three-aisled nave – were planted the outer aisles were to be twice as narrow as the one in the middle, e.g. 4 + 8 + 4 metres. The distance between the trees of a row should not be greater than the distance between the rows, preferably somewhat less. The trees were often clipped to form hemispheres, beehives, cones or a Palissade à l'Italienne.

VIII

The next epoch in the art of gardening belongs entirely to England. There, a form of garden developed which was a revolt against formalism, a garden created "according to the laws of nature". Strangely enough, in his book on London, published in 1934, Steen Eiler Rasmussen has an entirely different idea of the English garden which, at the time, I overlooked but which I was to reach myself 25 years later. He writes: "In England, Chamber's romantic ideas were of only passing importance while the more impressive and simple style of which Kent was an exponent persisted. The entire development that began as a pronounced reaction against French culture ended in the further devel-

so begeistert schrieb, Gärten mit einer dichten alten Taxus-hecke, «topiary works», Staudengärten, Teichen, Rasen-flächen und schönen alten Bäumen. Diese Formen bieten die schönsten Beispiele für etwas, das ich eigentliche *hortus* nenne.

Ein Kupferstichwerk über das Herrenhaus Houghton in Norfolk enthält einen bemerkenswerten Plan, der meines Erachtens die Entwicklung des französischen zum engli-schen Garten auf eine erstaunliche Weise erklärt und die nahe Verwandtschaft belegt (Abb. 12). Es ist hier nicht möglich, näher darauf einzugehen. Der Plan stammt aus dem Jahr 1717 und ist vermutlich Charles Bridgeman zu ver-danken, aber es ist möglich, dass er von William Kent ist. Wir sehen deutlich eine englische Landschaft mit Wiesen, Feldern, Hainen und einem See. Vom grossen Haus ist nur wenig zu erkennen. Südlich liegt ein aus vier Flügeln bestehender Gutshof mit einem grossen runden Teich und von Hecken umgebenen Gemüsegärten. Das eingezeich-nete alte Strassennetz existiert im Wesentlichen noch heute.

Ich habe wohl tausende von Gartenplänen gesehen, aber dieser ist in seiner einfachen Grösse und Natürlichkeit einmalig. Ein gewaltiges Alleensystem ist in Form eines schiefen Sechsecks über die Landschaft gebreitet. Am längsten ist die Ostseite mit rund 3,5 Kilometer, eine vier-reihige Allee, die auf das Herrenhaus zuführt und von ihm unterbrochen wird. An der Nord-, West- und Südseite verlaufen 80 Meter breite grüne Wege zwischen Baum-reihen und daran schliessen sich rechteckige Haine, etwa 200 auf 60 Meter, die abwechselnd auf der einen und der anderen Seite der Wege liegen. Dieses Alleensystem wurde möglicherweise als das Element eines Parks ge-plant, das Thomas Whately mit «riding» (Reitweg) bezeich-nete. Insgesamt beträgt die Rundtour vom Herrenhaus aus und wieder zurück mehr als zwölf Kilometer, eine or-dentliche und abwechslungsreiche Strecke zu Pferd.

Westlich des Hauses markieren Einschnitte in den Hainen eine Achse und ergeben einen Kulisseneffekt. Auch östlich verläuft eine Achse, hier in Form eines Wegs, der teilweise im Boden versenkt zu sein scheint. Auf dem Plan sieht dies etwas bewegt aus, übertrieben im Verhältnis zur Wirklichkeit.

William Kent zeichnete 1738 den Plan für den Garten des kleinen Landguts Rousham in Buckinghamshire, 20 Kilometer nordöstlich von Oxford (Abb. 13). Es ist wohl der erste «englische Garten». Man möchte sagen, dass er eine Epoche einleitet, selbst wenn es seltsam vorkommen mag, dass dieses bescheidene Werk eine solche Bedeutung erlangt. Wir sind versucht, die Sache ganz einfach so zu sehen, dass der allseitige, hochbegabte Kent, als er den Garten in Rousham schuf, sich voll bewusst war, dass dieser eine Stilisierung der typischen englischen Hügelland-schaft darstellte, die in unserer Kindheit im Geographie-unterricht als wellige Ebene bezeichnet wurde.

Nach Kent wurde Lancelot «Capability» Brown zum Ex-ponenten des Stils. Er, der solch weitverbreiteten Ein-fluss haben und so viele Gärten anlegen sollte, wurde wohl unterschiedlicher bewertet als irgendein anderer Garten-künstler. Er wurde bewundert wie heute ein Filmstar und gleichzeitig ebenso heftig verurteilt. Tragisch war, dass er so viele Gartenkunstwerke zerstörte, um ihnen die Form zu geben, die er beherrschte und als ideal betrachtete.

Browns Arbeit ist schwer zu beschreiben. Zu dem, was sich unmittelbar aus Plänen und Bildern ablesen lässt,

opment in England of the grand style created by French gardeners and painters. It proved that even if one drove out culture by main force it always came back – and from England it spread again out over Europe."

The story of the so-called landscape garden is strange in-deed and it is very understandable that we have all been confused by it. Two things are evident: firstly, that all kinds of amateurs laid out gardens in the eighteenth century and were often uninhibited as regards whimsicalities and outside influences, and, secondly, that more books on gardening were written then than ever before or since. The epoch was completely dominated by dilettantism and literature but in this mountain of amiable folly there existed – almost completely hidden – the natural con-tinuation of the French garden. In England William Kent and Lancelot "Capability" Brown stylized the hilly land-scape of their country with its soft contours, its scattered trees and small groves, its winding streams and lakes. Though we must be consistent and call this the "English garden", I would rather use the term for a different type of English garden, the "Formal Gardens" about which Reginald Blomfield wrote so enthusiastically in 1892, gardens with old, thick, yew hedges, topiary work, peren-nial borders, ponds, lawns and beautiful old trees. But in such gardens are found some of the finest examples of what I call *hortus*, the garden per se.

In a volume of engravings of the country estate of Houghton, in Norfolk, there is a remarkable plan which seems to me to illustrate graphically the development

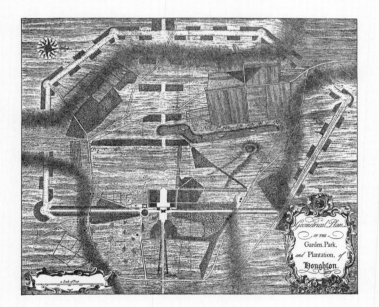

12
Houghton Hall, Norfolk, Charles Bridgeman, um 1720/30. Plan aus Isaac Ware, *The Plans, Elevations, and Section; Chimney-Pieces and Cielings of Houghton in Norfolk*, 1735 (Norden rechts)

Houghton Hall, Norfolk, Charles Bridgeman, around 1720/30. Plan from Isaac Ware, *The Plans, Elevations, and Section; Chimney-Pieces and Cielings of Houghton in Norfolk*, 1735 (north right)

ist nur wenig hinzuzufügen. Sehr typisch ist Heveningham Hall in Suffolk, rund 5 Kilometer südwestlich von Halesworth (Abb. 14). Brown arbeitete hier 1781, zwei Jahre vor seinem Tod. Der grasbedeckte Park misst in jeder Richtung gut einen Kilometer und ist mit Wäldern, Hainen und freistehenden – einzelnen – Bäumen bewachsen. Einen kleinen Wasserlauf lies Brown zu einem länglichen See eindämmen und das anscheinend bestehende Wegenetz wurde hie und da berichtigt.

Das Herrenhaus liegt mitten im Park in einem von einer Mauer umgebenen Garten, der eine unregelmässige Birnenform aufweist. Der Garten ist «parkartig» ausgeformt, enthält aber auch einen regelmässigen Gemüsegarten. Stall und Wagenschuppen befinden sich westlich des Hauses in einem Rundbau.

Obwohl ich Capability Brown aus ganzem Herzen respektiere, muss doch gesagt werden, dass er und seine wenigen guten Nachfolger ein recht begrenztes Register hatten, ganz wenige Effekte, die sie aber sehr souverän einsetzten. Es waren begraste Bodenformen, Bäume, Pflanzungen, Gewässer und natürlich Gebäude (Abb. 15). Andere jedoch verkleideten diesen einfachen, sanften

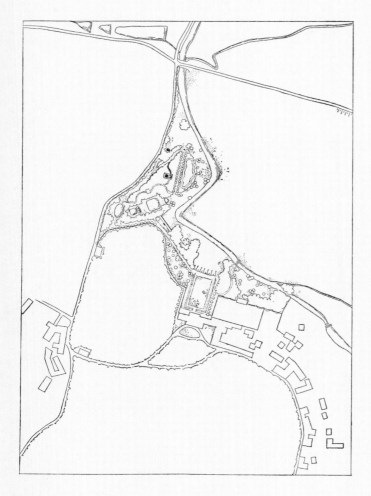

13
Rousham Park, Oxfordshire, William Kent, 1733–1740. Rekonstruktion nach alten Plänen und neuen Karten (Norden oben)

Rousham Park, Oxfordshire, William Kent, 1733–1740. Reconstruction after old plans and new maps (north up)

from the French garden to the English garden, a clear proof of the close relationship between them (Fig. 12). There is not space here for a detailed account of it so the following must suffice. The plan is from 1717 and was presumably drawn by Charles Bridgeman though it is possible that William Kent made it. We see clearly an English landscape with meadows, fields, groves and a lake. The large house is quite dwarfed; to the south of it is a four-winged home farm with a large round pond and fenced-in vegetable gardens. The old road net, which is much the same today, is also shown.

I have probably seen thousands of garden plans but this one is unique in its simple grandeur and naturalness. A great system of avenues in a crooked hexagon stretches out over the landscape. The east side is the longest, circa 3.5 kilometres. An avenue of four rows of trees leads to the house and is cut off by it. The north, west and south sides are 80-metres-broad grass walks flanked by rows of trees with rectangular groves, 200 to 60 metres, alternately on one side or the other. This system of avenues may possibly have been planned as that element of a park which Thomas Whately calls a "riding". A circular tour of the grounds from the house and back again covers more than 12 kilometres, a considerable distance on horseback through a fascinating and varied landscape.

West of the house an axis is marked by clearings in groves of trees which are like stage settings. There is also an axis to the east, here in the form of a road, one stretch of which appears lower than the rest. On the plan this is somewhat exaggerated.

In 1738 William Kent designed a garden for the small estate of Rousham in Buckinghamshire, 20 kilometres north-east of Oxford (Fig. 13). This was probably the first "English garden". It undoubtedly introduced an epoch, strange though it may seem that so modest a garden should be given such importance. It is tempting to imagine that the versatile and highly talented Kent consciously created the garden at Rousham as a stylization of the typical undulating landscape of the English countryside.

After Kent, Lancelot "Capability" Brown became the leading exponent of the style. He, who was to have such widespread influence and "do" so many gardens, has been probably more variously judged than any other landscape gardener. He was idolized as much as any cinema star today and, at the same time, denounced just as passionately. It was tragic that he should destroy so many great gardens in order to remake them in his version of what a garden should be – a form of which he was undoubtedly a master.

There is very little to say about Brown's work that is not immediately apparent in the plans and pictures of his gardens. Heveningham Hall in Suffolk, about 5 kilometres south-west of Halesworth, is typical (Fig. 14). Brown worked there in 1781, two years before his death. The park is one great lawn, extending more than a kilometre on every side, over it are scattered woods, groves and solitary trees. Brown dammed up a flowing stream to make a longish lake while the net of roads seems to have been left much as it originally was.

The house lies in the middle of the park surrounded by an irregular, pear-shaped, walled garden. The garden is "park-like" but includes a rectangular kitchen-garden.

Stil so sehr, dass der englische Garten meist als etwas Romantisches erscheint, als eine Art Spielzeug, das einen künstlerischen Wert besitzen kann wie das Petit Trianon und das dänische Liselund, bezaubert wie Ermenonville und grossartig ist wie der Bois de Boulogne. Er kann aber auch recht kindisch sein, wie es Hohenheim in Deutschland war, und allzu oft ist die Form monoton bis zur Langeweile.

IX

Auf den vorhergehenden Seiten habe ich versucht, eine Auffassung der Gartenkunstentwicklung darzustellen, die zusammenfassend auf fünf Hauptformen gründet, die auch als Epochen und geographisch bestimmt gesehen werden können.

Der Garten – hortus – ist der Ort, wo etwas angebaut wird, die einfache Urform des Begriffs, die eingefriedete Stelle, die das Wort in allen Sprachen meint.

Der spanische Garten wird als eine stilisierte Bewässerungsanlage betrachtet.

Der italienische Garten wird als ein stilisierter Bergbach aufgefasst, eine Weiterentwicklung der Bewässerungsanlage.

Der französische Garten lässt sich als stilisierte Flusslandschaft charakterisieren, vielleicht die reichste Form mit Parterres, Bosketten und Alleen.

Der englische Garten ist eine stilisierte Hügellandschaft. Er ist die natürliche Weiterentwicklung der anderen Formen und erscheint mir – abweichend von der allgemeinen Annahme – von diesen nicht wesentlich verschieden zu sein.

Den Ausdruck «stilisiert» verwende ich, als ob es eine eindeutige Lesart des Wortes gäbe. Das ist leider nicht der Fall. Stil bedeutet Beherrschung, heisst es im Wörterbuch, aber er kann auch als Reinheit, Reinigung, Klarheit verstanden werden. Hier ist Stilisierung im Sinne einer Verfeinerung, Perfektionierung und Verstärkung der Merkmale eines Objekts gebraucht. Vielleicht deckt sich ein Wort wie «Vervollkommnung» mit meinem Verständnis.

Nun wird sich ein Künstler vermutlich nicht – oder jedenfalls sehr selten – bewusst sein, dass er beispielsweise einen Bergbach stilisiert. Er ist natürlich bestrebt, die Möglichkeiten zu nutzen, die das fallende Wasser bietet, was für den originellen Künstler, der neue Wege weist, so ziemlich auf dasselbe hinausläuft. Aber von diesen gibt es ja nun einmal ganz wenige. Wer Bilder malt, Skulpturen modelliert, Häuser baut oder Gärten bepflanzt, folgt fast immer der Mode oder arbeitet im Stil der Zeit oder, wie es heisst, in der Formsprache der Zeit. Hier muss nachdrücklich hervorgehoben werden, dass Eklektiker grosse Künstler sein und sehr Wertvolles schaffen können. Einen klaren Beweis dafür liefert Nicodemus Tessin der Jüngere. Merkwürdigerweise muss man wohl annehmen, dass es dem originellen Geist ziemlich gleichgültig ist, ob klar zu erkennen ist oder nicht, dass er zum Beispiel einen Bergbach stilisiert. Aber für jemanden, der mehr oder weniger originell «mit der Zeit geht», dürfte es entscheidend sein, die gedankliche Grundlage zu kennen, die er als sein Ideal betrachtet.

Der Künstler wird oft in einem gegensätzlichen Verhältnis zu jenen stehen, für die er arbeitet, allgemein zum Begriff des Publikums. Er ist bestrebt, sich einer Vollkommenheit zu nähern, die immer unerreichbar sein wird. Obwohl der Laie dies akzeptieren kann, wird er auch andere Dinge verlangen, die sich ungefähr durch die Begriffe Unterhaltung und Spiel abdecken lassen, in manchen

The stables and carriage-house are in a circular building west of the manor.

Though I greatly respect Capability Brown, it cannot be denied that he and his few good imitators had a very limited register, but though their artistic means were few they employed them with great virtuosity. These were grass-covered earth formations, trees, plantings, water and, of course, buildings (Fig. 15). But others disguised this simple and gentle style so thoroughly that in most cases the English garden stands forth as a romantic fancy, a lovely toy which can often be of great artistic merit, like the Petit Trianon and the Danish Liselund, or fascinating, like Ermenonville, or grandiose, like the Bois de Boulogne. But it can also be pure childishness, like Hohenheim in Germany, and the form is much too often monotonous to the point of boredom.

IX

In the preceding pages I have attempted to give my impression of the development of the art of gardening. This may be summarized as a conception of five main forms which may also be regarded as epochs and as geographically determined.

The garden – hortus – is simply a place in which to grow things – an enclosed area, as the word means in all languages.

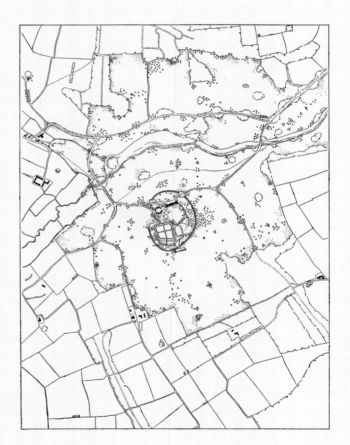

14
Heveningham Park, Suffolk, Lancelot Brown, begonnen 1782. Rekonstruktion nach dem Plan Browns und neuen Karten (Norden oben)

Heveningham Park, Suffolk, Lancelot Brown, begun in 1782. Reconstruction after Brown's plan and modern maps (north up)

Fällen auch Propaganda, und dazu ist gar mancher Künstler gern bereit. Dieser Dualismus ist in allen Kunstarten vorhanden. Die Bildhauerei ist vielleicht fast frei von ihm, während er in der Gartenkunst stark dominiert.

X

Der Leser mag sich fragen, ob sich aus den obigen Ausführungen eine Schlussfolgerung ergibt oder eine Lehre oder ein Ziel für die Zukunft. Wir fühlen intuitiv, dass alles über die Entwicklung von Kunst und Ästhetik in geschichtlicher Zeit Gesagte nur Unwissenheit ausdrückt. Die Völker des Altertums besassen eine Kunst, die sich mit der unserer Zeit wohl messen kann. Ehrlich gesagt können wir nicht von einer Entwicklung sprechen, sondern müssen die Bewegung in der Kunst als Wellen, Höhen und Tiefen mit langen, ruhigen Wogen dazwischen sehen. Mir persönlich erscheinen Michelangelo, Raffael und Leonardo als etwas sehr Hohes, etwas nie Übertroffenes, andere werden Meister unter Lascaux, Rembrandt oder Picasso wählen. Das ist an und für sich gleichgültig.

Hier möchte ich gern hervorheben, dass die Schöpfungen der freien Kunst und Kunsthandwerk nicht zwei verschiedene Dinge sind, sondern die beiden Enden ein und derselben Sache. Die Gartenkunst – oder vielleicht richtiger die Möglichkeiten der Gartenkunst – ist wohl der freien Kunst näher als etwa der Architektur, sie kann Selbstzweck sein, obwohl sie äusserst selten so aufgefasst wird.

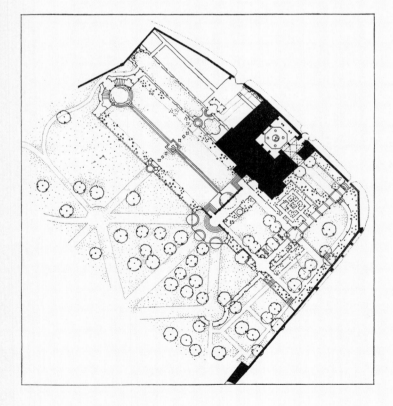

15
Deanery Garden, Sonning, Berkshire,
Edwin Lutyens und Gertrude Jekyll,
1899–1901 (Norden oben)

Deanery Garden, Sonning, Berkshire,
Edwin Lutyens and Gertrude Jekyll,
1899–1901 (north up)

The *Spanish Garden* is considered as a stylized watering system, often it is also a *hortus*.

The *Italian Garden* is viewed as a stylized mountain brook, a more developed form of watering system.

The *French Garden* is characterized as a stylized river landscape, perhaps the richest form with its parterres, bosquets and avenues.

The *English Garden* is seen as a stylized undulating landscape, a natural development of the other forms, and it does not seem to me – as is often claimed – essentially different from them.

I use the word "stylized" as though it had only one meaning, like the word "read". Unfortunately, this is not true. Style may mean a manner of expression but also restraint, purity, clarity, effectivity, and much more. As the word is used here it connotes refining, perfecting and strengthening that which is characteristic of a thing. Perhaps the word "improvement" would cover my meaning.

An artist would hardly ever – or, at any rate, very seldom – consciously stylize, for instance, a mountain brook. His intention would undoubtedly be to utilize the possibilities offered by falling water, which, as a matter of fact, amounts to the same thing in the case of an original artist, one who opens up new paths. But such are, of course, very rare; most of those who paint pictures, carve statues, build houses or plant gardens follow the current fashion, "work in the idiom of the day" as it is called. But we must not forget that the imitator can be a fine artist who often produces great works, as the name Nicodemus Tessin the Younger testifies. Strangely enough, the original artist seems quite indifferent to whether or not it is obvious that he has stylized – for example – a mountain brook. But for the artist who more or less originally follows the current style it is essential to be aware of the basic idea for which his work stands.

The artist will often be in opposition to those he works for, indeed, to the public as a whole. His aspiration is to come as close as possible to that perfection which is forever unattainable. But even though laymen may accept this, they will still demand something more, something that infers distraction and amusement and even, at times, propaganda. And many artists are willing to give it to them. This dualism is present in all branches of art, though sculpture, perhaps, is least affected by it – in the art of gardening it is very dominating.

X

The reader may ask himself whether the foregoing leads to any conclusion, whether it contains a lesson or a goal for the future. We intuitively feel that all talk of development in art and aesthetics during historical times is simply an expression of ignorance. Antiquity had an art which can be compared with the art of today. We cannot, if we are honest, speak of development, we must see movement in art as waves, rising and falling with long periods of stagnation in between. I, personally, consider Michelangelo, Raffael and Leonardo on the topmost crest, a peak that has never been surpassed, others may prefer the artists of Lascaux or Rembrandt or Picasso – it is all a matter of personal choice.

Here, I would like to emphasize that the products of the fine arts and of fine craftmanship are not two different things but opposite ends of the same thing. The art of

Ferner glaube ich, dass man sich darüber im Klaren sein muss, wie unabhängig die verschiedenen Elemente unserer Kultur sind. Diese wird oft mit einem Baum verglichen, wo die unterschiedlichen Formen sozusagen eng verbundene und voneinander abhängige Zweige und Äste sind. Ich meine, dass die Vorstellung eines Gartens mit vielen verschiedenen Gewächsen ein wahrhaftigeres Bild vermittelt. Beherrschende Bäume haben ebenso ihren Platz wie unansehnliche Kräuter, manche sind robust und vital, andere gedeihen nur bei sorgfältiger Pflege. Der Garten ist wohl ein Ganzes, doch hat jedes Gewächs sein selbständiges und eigenartiges Leben. Gewiss sind die Bedingungen des Anbauplatzes und der Einfluss anderer Pflanzen entscheidend für das Gedeihen oder Nichtgedeihen einer Art, aber das einzelne Gewächs ist nicht absolut abhängig vom Ganzen oder durch dieses bedingt. Damit möchte ich zum Ausdruck bringen, dass die Entwicklung bei einem Phänomen wie der Gartenkunst ganz anders verlaufen kann als bei anderen gleichzeitigen oder verwandten Kulturelementen, so wie politische und wirtschaftliche Situationen ganz verschiedene Bedeutung haben können.

Aber die Lehre oder das Ziel?

Die Gartenkunst ist heute von enormer Bedeutung. Worte wie Naturschutz, Landschaftspflege, Erholungsgebiete, Nationalparks, Sportplätze usw. schwirren nur so in der Luft herum. Aber man sieht hier nur die technischen Probleme. Lewis Mumford hat neben anderen sehr davor gewarnt, sich mit Standardlösungen zu begnügen, weil dies in Wirklichkeit bedeutet, dass man sich mit der Lösung der technischen Seite des Problems zufrieden gibt. Unser eigentümlicher, aber tiefer und starker Schönheitsimpuls will auch berücksichtigt werden. Deshalb finde ich es angebracht, ein paar simple Worte über das Wesen der Kunst zu sagen. Ich bin um die Jahrhundertwende in einer entlegenen Gegend unter Bauern aufgewachsen. Das Dasein war zwar nicht armselig, aber doch hart und recht einfach. Vieles wurde verweigert, weil «es unnütz war». Ich hatte dann eine ästhetisch orientierte Tätigkeit, die mir lange ein schlechtes Gewissen verursachte, weil ich sie als unnütz empfand, denn ich produzierte nichts für das nackte Leben. Dann aber kam ich – allzu spät – nach Italien, und dort wurde mir offenbar, dass die Kunst das Bestehende und Eigentliche war. Politiker, Krieger und Krämer existierten nur als blasse Erinnerungen an alles Schlimme und Leidvolle, aber das Land war eine von Bauern, Handwerkern und Künstlern geschaffene wundervolle, reiche Wirklichkeit. Als ein Gleichnis kann ich das Bild der Kultur als Baum akzeptieren. Der wächst viele, viele Jahre, das Ziel des Wachstums sind Blumen und Früchte. Für unsere Kultur ist die Kunst der Sinn der Entwicklung. Aber Kunst ist ein gnadenloser, ein undemokratischer und primitiver Begriff. Nur selten und zufällig sind Menschen mit künstlerischen Fähigkeiten gesegnet – oder belastet –, die in Wirklichkeit ein Schatz sind, den die Gesellschaft nach besten Kräften heben oder nutzen sollte, solange dies möglich ist.

Der Text erschien erstmals 1963 als Buch in einer englisch-dänischen Ausgabe, *The Origin of Garden Art / Havekunstens oprindelse* (Kopenhagen: Arkitektens Forlag) und wurde erneut 1975 in C. Th. Sørensen, *Haver. Tanker og arbejder* (Kopenhagen: Ejlers) abgedruckt. Die leicht revidierte Übersetzung von der Consultra AG basiert auf der Version von 1975. Mit freundlicher Genehmigung von Sonja Poll

gardening or, rather, the possibilities of that art, is closer to the arts of painting and sculpture than, for example, architecture – gardening has an aim in itself, though this is seldom understood.

Furthermore, I believe it is important to recognize how independent the various elements of our culture are. Civilization is often compared to a tree on which the various forms of culture are like closely connected and mutually dependent branches and twigs. To my mind, the idea of a garden containing many different plants gives a better picture. There can be dominating trees and modest little growths, some strong and vigorous, others that thrive only under diligent cultivation. Though the garden is a unit, each plant has its special character and independent life. The conditions of the soil and the influence of the other plants determine, of course, whether a particular species shall thrive or not but the individual plant is not absolutely dependent on or determined by the whole. In other words, what I wish to say is that development in a phenomenon like gardening may proceed quite differently from development in other contemporary or related cultural elements, just as political and economic conditions may be of varying importance.

But the lesson, the goal?

Today, the art of gardening is of enormous importance. The air fairly rings with phrases like preservation of natural scenery, landscape preservation, recreational areas, national parks, sports fields, etc., etc. But they all are regarded as technical problems. Lewis Mumford, among others, has warned against standard solutions, that is to say, against being satisfied with having solved the technical aspects of a problem. Our strange, but deep and strong craving for beauty demands fulfilment. Therefore, I think it would be fitting to close with a few words on the nature of art.

I grew up round the turn of the century in a remote part of the country among simple farmers. Though there was no actual want, life was hard and very austere, much was rejected because it was "useless". When I chose as my life's work a profession in which beauty plays a major role, I long had a bad conscience because I felt that it had no useful purpose; I produced nothing to ameliorate naked life. But then I came – much too late – to Italy and there it was revealed to me that perhaps exactly the opposite is true: art is the essential, the eternal thing. Politicians, warriors and merchants existed only as colourless reminders of harm and evil but the country was a wonderful, teeming reality created by peasants, craftsmen and artists. As a metaphor, I can accept the picture of civilization as a tree. It takes many, many years for a tree to reach maturity, the object of its growth being to bring forth flowers and fruit. The goal of the progress of civilization is to bring forth art. But art is a ruthless, an undemocratic and primitive concept. Seldom, and then quite fortuitously, are individuals blessed – or burdened – with artistic ability; it is in truth a great treasure which society should use every resource to honour and employ wherever possible.

This text is reproduced here in the original form, first appearing in book form in 1963 in an English-Danish edition, *The Origin of Garden Art / Havekunstens oprindelse* (Copenhagen: Arkitektens Forlag), and reprinted in 1975 in C. Th. Sørensen, *Haver: Tanker og arbejder* (Copenhagen: Ejlers). Courtesy of Sonja Poll

PETER MÄRKLI IM GESPRÄCH MIT LAURENT STALDER

PETER MÄRKLI IN CONVERSATION WITH LAURENT STALDER

APRIL 2015

BILDUNG

Laurent Stalder (LS) In einem früheren Gespräch sagtest Du, Du seiest seit jeher Architekt.

Peter Märkli (PM) «Seit jeher» heisst, dass ich seit dem Gymnasium keinen anderen Beruf ins Auge gefasst habe.

LS Gab es für Deinen Entschluss Vorbilder?

PM Nein. Mein Vater war Lokomotivführer. Als ich noch Kind war, zogen wir von Zürich ins St. Galler Oberland. Die Ebene war damals noch leer, die Dörfer lagen an den Hängen.

Im Laufe der 1960er Jahre nahm die Bevölkerung zu. Die Autobahn wurde gebaut und wegen der guten Verkehrslage auch ein Einkaufszentrum. Es war für die Vorbeireisenden geplant worden, doch am Wochenende wurde es zur Begegnungsstätte für uns Jugendliche. Dadurch kamen wir in dieser sehr ländlichen Umgebung mit Dingen in Kontakt, die wir vorher nie gesehen hatten.

In den Haushalten, in denen ich verkehrte, gab es keine Akademiker. Im besten Fall war man Mitglied einer Buchgemeinschaft; so entdeckte ich zum Beispiel Theodor Storms *Menschen hinter Deich und Dünen*. Aber das war eigentlich schon alles. Im Einkaufszentrum Pizolpark gab es unter anderem einen ExLibris-Buchladen. Dort bin ich auf eine Buchreihe mit Zeichnungen von der Renaissance bis zur Gegenwart gestossen, deren Bände ich dann mehr oder weniger wahllos kaufte.

LS Wir sind Anfang der 1970er Jahre.

PM Ja, in diese Zeit fällt auch eine Begegnung mit Karl Bickel in Walenstadtberg, einem der damals führenden Schweizer Graphiker. Jeder, der in der Region etwas auf sich hielt, besass einen Stich von Bickel. Sein Sohn Karl war mein Zeichenlehrer am Gymnasium in Sargans.

Bickel hatte mit Illustrationen in Modekatalogen und Briefmarken-Serien sein Geld verdient und damit das Paxmal oberhalb des Walensees gebaut; über dieses habe ich mich viele Jahre später mit Harald Szeemann anlässlich unserer Zusammenarbeit bei Novartis in Basel unterhalten.

Bickel empfing mich in seinem Haus, das er oberhalb des Sanatoriums unter den Felsen der Churfirsten in den Formen des Neuen Bauens errichtet hatte. Zum ersten Mal in meinem Leben sah ich ein Haus, das nicht nur dem Wohnen und der Repräsentation diente, sondern das auch Arbeitsort, Atelier war. Dort herrschte eine für mich komplett neue Atmosphäre.

LS Wie hast Du mit Deiner Familie gewohnt?

PM In Zürich wohnten wir an der Brauerstrasse, in einem der schönen neuen Häuser an den Gleisen. In Sargans zogen wir in den obersten Stock eines mehrgeschossigen Mietshauses. Wer es sich leisten konnte, baute ein eigenes Haus. Auch wir bewohnten später ein solches.

Mein Vater, ein gelernter Maschinenschlosser, hatte wie viele seiner Kollegen den Wunsch, eine eigene Firma zu gründen. Dafür war ein Telefon unerlässlich. Doch in diesen

EDUCATION

Laurent Stalder (LS) You said in an earlier interview that you have always been an architect.

Peter Märkli (PM) "Always" meaning that since my schooldays I have never envisaged myself in any other profession.

LS Did any role models influence your choice?

PM No. My father was a train driver. When I was still a child we moved from Zurich to the Sankt Galler Oberland. The plain was empty then; villages were dotted across the slopes.

The population increased in the 1960s. A motorway was built and then, once transport had improved a shopping centre, too. It was planned for passers-through but soon became a weekend hangout for us youngsters. It put us in touch, in that very rural environment, with things we'd not laid eyes on before.

There were no academics in the households I frequented; at best perhaps, a member of a book club. Which was how I discovered Theodor Storm's *Dykemaster* anthology, for example. But that was about it. Yet among other things, there was an ExLibris bookshop in the Pizolpark shopping centre. And there I came across a series of illustrated books covering the Renaissance to the present, of which I bought several volumes, more or less at random.

LS We're talking the early 1970s?

PM Yes, and this was also when I met Karl Bickel in Walenstadtberg, one of the foremost Swiss graphic designers, at the time. Anyone in the region who aspired to even a modicum of culture owned a Bickel print. His son Karl taught my drawing class at Sargans High School.

Bickel had made money illustrating fashion catalogues and series of postage stamps – that's how he came to be able to build the Paxmal above Lake Walen, a project that Harald Szeemann and I had occasion to discuss many years later, when we worked together for Novartis in Basel.

Bickel received me at the house he had built for himself in the *Neues Bauen* style, above the sanatorium, below the Churfirsten mountain range. It was the first time in my life I ever saw a house that served not only as a residence and showpiece, but also as a workplace, a studio. The atmosphere there was a total novelty for me.

LS How did your family live?

PM In Zurich we lived on Brauerstrasse in one of the nice new houses by the tracks. In Sargans we moved onto the top floor of a large apartment building. Anyone who could afford it built a house of his own. We did too, later on.

My father was an engine fitter by trade and had hoped, like many of his colleagues, to start his own business. But a telephone was vital and, in those post-war years, no one in the family could get one. To make a living, he and others like him retrained as train drivers. They put their creativity into some hobby or other. My father liked to draw and he drew well. He loved geometry and used to give lessons to us and to the neighbours' children.

Jahren nach dem Krieg konnte ihnen niemand in der Verwandtschaft eines beschaffen. Um ihren Lebensunterhalt zu verdienen, liessen sie sich zu Lokomotivführern umschulen. Ihre Kreativität investierten sie in verschiedenste Hobbys. Mein Vater zeichnete gern und gut. Er liebte die Geometrie und unterrichtete uns und die Nachbarskinder darin.

LS Und in der Schule?

PM Mein Primarlehrer in der 5. und 6. Klasse leitete an der Kantonsschule eine Theatergruppe, mit der er Stücke von Frisch, Goldoni, Brecht und anderen aufführte. Für Goldonis *Diener zweier Herren* fragte er mich, ob ich die Kulissen malen würde, was ich mit solcher Energie und Leidenschaft tat, dass ich deswegen beinahe die Klasse wiederholen musste.

Eine weitere wichtige Person war mein Physiklehrer, Sergio Bariletti. Seine Frau führte in Chur ein Geschäft mit neuesten italienischen Designobjekten. Bariletti selbst war an Architektur interessiert. Als er hörte, dass ich Architekt werden wollte, empfahl er mir, Rudolf Olgiati zu besuchen.

LS Du warst damals achtzehn Jahre alt.

PM Achtzehn oder neunzehn, zwischen Matura und Studium.

LS Hast Du Rudolf Olgiati in seinem Haus in Flims besucht?

PM Bei Olgiati habe ich, wie bei Bickel, einfach angeklopft. Er öffnete die Tür und bat mich ins Haus. Es war kurz vor Mittag, und er lud mich zu Spaghetti bolognese ein. Ist es nicht erstaunlich, dass er – anstatt mich abzuweisen – fragte, ob ich mitessen wolle?

ETH ZÜRICH

LS Hat Dir Olgiati seine Arbeiten gezeigt?

PM Es brauchte noch ein wenig Zeit, bis ich über diese Dinge sprechen konnte. Ich schrieb mich an der ETH Zürich für das Architekturstudium ein und besuchte, wie alle anderen, im ersten Jahr den Entwurfskurs von Bernhard Hoesli. Dort geriet ich erstmals in Not: Ich hatte eine Skizze meines Entwurfs gezeichnet. Der Assistent fand sie recht gelungen und forderte mich auf, sie in einen Plan zu übersetzen. Auf meine Frage jedoch, wie ich die Masse im Entwurf festlegen sollte, vermochte er mir keine befriedigende Antwort zu geben. Ich solle doch einfach die Länge eines Backsteins mit Fuge als Mass nehmen. Allerdings kann man Backsteine ja auch schneiden.

Antworten auf solch einfache, aber grundlegenden Fragen erhielten wir damals an der ETH nicht. Man sprach über kombinierbare Wohnungstypen, über Semiotik, aber kaum über Gestalt – die Frage, die mich als angehender Architekt interessierte. Daraufhin begann ich, in Bibliotheken Bücher über Proportion und Masssysteme zu studieren und zu kopieren, um mir einige Grundlagen selbst anzueignen. Ich hatte zwar im Gymnasium die Reifeprüfung bestanden, doch für die Sprache der Architektur fehlten mir die elementaren Kenntnisse.

LS And in school?

PM When I was around ten or eleven, my teacher at the local primary school ran a theatre group, with which he put on the plays of Frisch, Goldoni and Brecht, among others. He asked me to paint the scenery for Goldoni's *Servant of Two Masters* and I put such energy and enthusiasm into the task that I almost had to repeat a year of classes.

Another formative influence was my physics teacher, Sergio Bariletti. His wife managed a store in Chur, which stocked the latest in Italian design. Bariletti himself was interested in architecture. When he heard I wanted to be an architect, he recommended I pay Rudolf Olgiati a visit.

LS You were eighteen years old at the time.

PM Eighteen or nineteen, in between general certificate and university.

LS Did you visit Rudolf Olgiati at his house in Flims?

PM At Olgiati's place, as at Bickel's, I simply knocked. He opened the door and asked me in. It was shortly before midday and he invited me to have some spaghetti Bolognese with him. Isn't it amazing that he didn't turn me away but instead asked me to join him for lunch?

ETH ZURICH

LS Did Olgiati show you his projects?

PM It took a while before I was able to talk about things like that. I enrolled for architecture at the ETH and, like everyone else in the foundation year, took Bernhard Hoesli's design course. That's where I first ran into difficulty. I'd made a sketch of my design. The teaching assistant thought it pretty good and asked me to translate it into plan form. Yet when I asked how I should establish the dimensions of my design, he couldn't give me a satisfactory answer. He suggested I take the length of a single brick and its mortar joint as my measure. Of course, one can also cut a brick to size.

Answers to such simple yet fundamental questions were not to be had at the ETH, back then. We spoke about combinable apartment types and semiotics but rarely about form – the very topic that I, as an aspiring architect, found of most interest. So I began to study library books on proportion and systems of measurement, and also to copy out certain sections, to acquire some basics. I had gained my general certificate in high school yet I lacked even the most elementary knowledge of the language of architecture.

By contrast, the introduction in primary school to spoken and written language is still vivid in my memory, and I remember it fondly. It was unforgivable to say "B" instead of "C", or to write a letter back to front. First, one had to learn the letters; next, to string them together as words; and then came the day when one could form whole sentences, and see the sense of them.

Another thing that shaped my early childhood was my mother saying a short prayer with me each evening, before

An die Einführung in die gesprochene und geschriebene Sprache in der Schule erinnere ich mich hingegen sehr genau. Es gab kein Pardon, wenn man «B» anstatt «C» sagte oder wenn man spiegelverkehrt schrieb. Man musste zuerst die Buchstaben erlernen, sie dann zu Wörtern aneinanderfügen und eines Tages konnte man ganze Sätze bilden und deren Sinn erkennen.

Auch ein anderes prägendes Ereignis meiner Kindheit ist mir in Erinnerung geblieben. Meine Mutter sprach mit mir jeden Abend vor dem Zubettgehen ein kurzes Gebet. Zunächst war ich lediglich vom Klang angezogen. Doch irgendwann stellte ich fest, dass hinter dem Klang auch ein Sinn steckte.

Der Weg, bis man schreiben, vielleicht eine Emotion beschreiben kann, ist lang. Eine entsprechende Bildung des Auges und über das Auge fand in der Schule hingegen nicht statt. Mit dem Auge zu sehen und zu begreifen, wurde dort nicht gelehrt. Das einzige Freifach, das stets angeboten wurde, war Musik.

Jene Zeit, um die neunzehn und die drei folgenden Jahre an der ETH möchte ich nicht unbedingt noch einmal durchleben.

LS An anderer Stelle erwähnst Du, dass Du die ETH als einen von der Aussenwelt geschützten Ort durchaus auch als positiv empfunden hast.

PM Ich hatte zur ETH von Anfang an ein ambivalentes Verhältnis. Dort eröffneten sich einem Studenten, der mit seiner Bildung noch einmal von vorn beginnen musste, zahlreiche Möglichkeiten: eine Bibliothek, die Vorlesungen. Von den Vorlesungen über die klassische Moderne verstand ich jedoch kaum etwas. Zwar konnte ich nacherzählen, was gesagt wurde, aber begriffen habe ich es nicht. Bevor mir die Bauten der Moderne zugänglich wurden, musste ich deren Vorgeschichte und Vorläufer kennen. In meiner Not bin ich dann nach Italien gefahren.

LS Hatte Dich Rudolf Olgiati dazu ermuntert?

PM Nein. Soweit ich mich erinnere, waren es eher die Vorlesungen oder einfach ein Instinkt.

LS Du warst 22 Jahre alt.

PM Ja. Ich reiste für zwei Wochen nach Italien. Die Stimmung der Landschaften, Städte und Bauten berührte mich emotional. Ich habe dort viele Dinge zum ersten Mal gesehen, aber eben nur gesehen.

LS Wie fremde Bilder?

PM Genau so.

LS Wohin bist Du gefahren?

PM Die Toskana war das Naheliegendste. Auf meinem Rückweg besichtigte ich ein Olgiati-Haus. Beim Anblick der Säulen vor dem Haus habe ich zum ersten Mal etwas für mich selbst erkannt. Ich hatte endlich ein kleines festes Stück Boden unter den Füssen. Es war ein Glücksgefühl. Aus solch winzigen Schritten bestand meine Bildung. Ich konnte mir sagen, jetzt verstehe ich etwas. Wie hat Goethe

bedtime. At first the appeal lay only in the sound. Then at some point I realised there was a message too, hidden within it.

It is a long road to learning to write, to learning perhaps to describe an emotion. A comparable instruction of the eye, through the eye, did not take place in school however. To see, and to understand with the eye, was never taught. Typically, music alone was offered as an optional subject.

That period from around the age of nineteen through the following three years at the ETH is not necessarily one I'd like to repeat.

LS You've mentioned that you experienced the ETH positively too, as a refuge from the wider world.

PM I always had mixed feelings about the ETH. For a student like me, who had to start over from scratch, the ETH offered ample opportunities: a library and lectures. But I didn't understand a word of the lectures on modern architecture. True, I could rattle off whatever had been said, but I didn't grasp at all what was meant. Before I could understand modern architecture I needed to learn about its past and its predecessors. In despair, I set off for Italy.

LS On Rudolf Olgiati's advice?

PM No. As far as I recall, it was either the lectures or simply my instinct.

LS You were twenty-two years old.

PM Yes. I toured Italy for two weeks. The mood of the place – the landscapes, the cities, the buildings – completely bowled me over. I saw many things there for the first time ever, but I did nothing more than see them.

LS As alien images?

PM Precisely.

LS Where did you go?

PM Tuscany was the most obvious choice. On my way back I visited an Olgiati house. At the sight of the columns in front of it, I had my first-ever personal flash of insight. At last I'd gained a foothold! It was a wonderful feeling. My entire education was made up of small steps like that, when I was able to say to myself: "Yes. I see it now." Goethe hit the nail on the head, when he said: "That which you inherit from your fathers You must earn in order to possess."

LS You continued your studies at the ETH?

PM Yes. I continued with the degree course, in my second year under Felix Schwarz, with whom we read left-wing political tracts, among other things.

LS So you barely came into contact with the ETH tradition of construction-oriented teaching?

PM To be honest, I was still a world away from understand-

es so schön formuliert: Was du ererbt von deinen Vätern hast, erwirb es, um es zu besitzen.

LS Du studiertest weiterhin an der ETH?

PM Ja. Ich setzte das Studium fort, im zweiten Jahr bei Felix Schwarz, mit dem wir unter anderem auch politisch linke Texte lasen.

LS Du bist demnach mit der Tradition der Konstruktionslehre an der ETH kaum in Kontakt gekommen.

PM Ehrlich gesagt: Ich war weit davon entfernt, Konstruktion begreifen zu können. Bevor man etwas machen kann, muss man es verstehen.

Mit Felix Schwarz ist eine entscheidende Erfahrung verbunden. Die ganzen Sommerferien hindurch hatte ich allein an einem Grundriss gearbeitet, ihn für die Abgabe auf meinem kleinen Reissbrett auf A4-Blätter gezeichnet und mit einer Kopiermaschine vervielfältigt; die Kopien rochen stark und verschmierten gern. Im Zeichensaal sass neben mir ein Kollege, der an einem Technikum studiert hatte und dessen Abgabe mit Plankopf, Vermassungen etc. von allen bewundert wurde. Doch Schwarz gab mir die bessere Note. Die Unbedarftheit meiner Zeichnungen interessierte ihn weniger als das, was ich gezeichnet hatte.

Im dritten Jahreskurs hatte ich ein weiteres wichtiges Erlebnis. Mein Entwurf bei Alberto Camenzind widerspiegelte meine Bewunderung für Rudolf Olgiati – das Wesen der Bewunderung besteht meist in einer Übertreibung des Vorbilds: Mein Haus hatte zahlreiche Säulen.

LS Und das an der damaligen, immer noch der Moderne verpflichteten Architekturabteilung der ETH?

PM Ich war an einer anderen Welt interessiert. Die Assistenten von Camenzind verstanden meinen Entwurf jedenfalls nicht – was ich rückblickend nachvollziehen kann. Daraufhin kam es zu einem Gespräch mit Camenzind, das ich mit einer generellen Anklage gegen die Schule eröffnete: Was alles fehle, was man lernen sollte und so weiter. Camenzind antwortete mit seinem Tessiner Charme: «Weisst Du, Märkli, das kannst Du auch nicht ändern.»

Camenzind und Schwarz unterstützten mich, weil sie meine Leidenschaft bemerkten. Der Schutz dieser Personen war für mich existentiell. Einen solchen Schutz zu geben, gehört zu den Aufgaben einer Schule.

LS Hast Du Lehrer wie Aldo Rossi oder Luigi Snozzi, die zu der Zeit an der Schule unterrichteten und für andere prägend waren, wahrgenommen?

PM Ich war mit anderem eingedeckt. Ich hatte schlicht sehr viele Eindrücke zu verarbeiten. In der Zwischenzeit war ich auch Hans Josephsohn begegnet. Josephsohn, Olgiati und die ETH bildeten das Dreieck, in dem ich mich bewegte.

LS Wer waren Deine weiteren Lehrer an der ETH?

PM Bernhard Hoesli, Felix Schwarz, Alberto Camenzind und Fritz Schwarz.

ing construction. One has to understand a thing before one can do it.

I recall a formative experience I had with Felix Schwarz. All through the summer holidays I'd worked alone on a ground plan I had to hand in, sketching it out on A4 sheets on my little drawing board then making copies on a Xerox machine – copies that had a strong odour and easily smeared. Beside me in the classroom sat a fellow who had been to technical college and whose work, with its clear headings, perfect dimensions, et cetera, impressed us all. Yet Schwarz gave me the better mark. The shortcomings of my drawings interested him far less than their content.

I had another decisive moment in the third year of the course. A design I did for Alberto Camenzind's class reflected my huge admiration for Rudolf Olgiati – and since we tend to inflate whatever we admire, my house had numerous columns.

LS And this, at the then still avowedly modernist Architecture Department of the ETH?

PM My interests lay elsewhere entirely. In any case, Camenzind's assistants did not understand my design – which in retrospect I can well understand. I ended up having a discussion with Camenzind, which I launched into with a general complaint about the school, about all that was lacking, what one should learn and so forth. Camenzind answered with that typical Ticino charm of his: "You know, Märkli, not even you will be able to alter that."

Camenzind and Schwarz supported me because they saw that I was driven by a passion. The protection of such individuals was vital to me. To provide that sort of protection is the task of any school worth its salt.

LS Were you aware also of other lecturers at the school at the time: Aldo Rossi or Luigi Snozzi, for instance, who were formative for other students?

PM I was already well provided for. I had enough impressions on my plate. I'd meanwhile also met Hans Josephsohn. He, Olgiati and the ETH were the points of the triangle in which I moved.

LS Who were your other teachers at the ETH?

PM Bernhard Hoesli, Felix Schwarz, Alberto Camenzind and Fritz Schwarz.

LS Did you do any work placements?

PM No. I was already building.

RUDOLF OLGIATI

LS Were you still in contact then with Rudolf Olgiati?

PM We saw each other at varying intervals, but regularly, and later also with Lisbeth [Elisabeth Märkli].

Our meetings were full of spontaneity and intense moments of exchange and inquiry. Near the entrance to

LS Hast Du ein Praktikum gemacht?

PM Nein, denn ich baute damals bereits.

RUDOLF OLGIATI

LS Standest Du in dieser Zeit noch in Kontakt mit Rudolf Olgiati?

PM Wir trafen uns in unterschiedlichen Abständen, aber regelmässig; später besuchten wir uns auch gegenseitig gemeinsam mit Lisbeth [Elisabeth Märkli].

Die Zusammenkünfte waren spontan, verbunden mit intensiven Momenten des Austausches und Befragens: Neben der Eingangstür seines Hauses in Flims, einer alten Holztür, hing links ein Gemälde, das in gelbe Felder aufge- teilt war, in der Grösse regelmässig, in der Farbe unter- schiedlich intensiv. Was das solle, fragte ich, es seien doch bloss gelbe Felder. «Immerhin das!» lautete die Antwort. Es war ein Gemälde von Antonio Calderara.

Auch über seine Säulen und die schwarze Stelle über dem Schaft führten wir immer wieder Gespräche.

LS Über das fehlende Kapitell der Säulen?

PM Für mich war die Lücke unbegreiflich. Sie erschien mir wie eine Tragödie. Die Architektur hatte doch über die Jahrtausende hinweg so viel entwerferische Energie und Geld in dieses Bauteil gesteckt, um das Abtragen der Last durch einen Moment der Anmut zu überhöhen. Olgiati erklärte mir: «Wir haben heute an dieser Stelle nichts. Diese dunkle Stelle ist einfach ein Ersatz. Ich kann nicht mehr machen, als diesen schattigen, schwarzen Zwischenraum darzustellen.»

Selten habe ich es erlebt, dass man mit jemandem, ohne abzuschweifen, zwei Stunden lang über eine solche Frage reden kann.

LS War diese Lösung nicht auch aus der Not geboren?

PM Olgiati war souverän. In seiner Arbeit berief er sich auf die Archaik der Griechen, die Engadiner Häuser und Le Corbusier. Sie waren für ihn das Fundament und eine Quelle der Inspiration. Für das Kapitell hatte er eine Form ge- funden, die im Gesamtzusammenhang ihre volle Wirkung entfalten kann.

LS Olgiati hat sich auch für das lokale Kunsthandwerk interessiert und die damit verbundenen Lebensformen. Er hat Artefakte und Bauteile gesammelt …

PM … eingebaut …

LS … und wiederverwendet.

PM Davon hat er viel erzählt. Sein Umgang mit dem Bestand machte mir grossen Eindruck. Doch dieses Thema war oder blieb mir fremder. Nicht uninteressant, aber fremder.

Was mich an unseren Gesprächen anzog, waren die grund- sätzlichen Fragen, der Architektur, mit denen ich mich

his house in Flims, an old wooden door, there was a paint- ing on the left, which was divided into fields of yellow that were regular in size but varied in hue. "What's that?" I asked. "Nothing but yellow fields!" "And how!" he re- torted. It was a painting by Antonio Calderara.

We also talked repeatedly about his columns, particu- larly about the black section above the shaft.

LS About the missing capital on the columns?

PM I found the gap inconceivable. It seemed like a tragedy to me. For centuries, architecture had ploughed so much creative energy and money into this structural element in order to lend the mundane task of load-bearing an elevating touch of grace. Olgiati explained it to me thus: "Today, we have nothing at this point. This dark part is quite simply an ersatz. I can do nothing but represent this shadowy, black, in-between space."

It is rare in my experience to be able to discuss a question like that with someone for a good two hours without digression.

LS Wasn't his solution born also of necessity?

PM Olgiati was a law unto himself. His treasure trove was Ancient Greece, the houses of the Engadine and Le Corbusier. That was his bedrock and his inspiration. For the capital he had found a form that unfolds to full effect in its overall context.

LS Olgiati also took an interest in local crafts, and the livelihoods that went with them. He collected architectural salvage, artefacts …

PM … integrated them in his work …

LS … and re-cycled them.

PM He talked a lot about that. The way he dealt with existing contexts made a lasting impression on me. But this theme was more alien to me, and remained so. Not without interest, but more alien.

The appeal of our conversations, for me, lay in the fun- damental questions of architecture, which I had to con- front with an open mind, without preconceived ideas: How does a thing function? Which language can express it? What are its components? Why is it beautiful, and how come we experience it as beautiful? And why has it been held to be beautiful time after time, in different civil- isations and over many generations?

LS And you could discuss these questions with Olgiati?

PM Anytime. He loved to get to the bottom of a thing. The questions he posed were of a universal nature. That people absurdly labelled him a regionalist always mystified me.

Would anyone ever reproach Morandi for painting only tin cans and bottles? Morandi portrayed in those pain- tings existential questions, the most pressing issues of the post-war era. It was in Morandi's studio that Michel- angelo Antonioni discovered the void between objects

auseinandersetzen musste, vorurteilslos, ohne ein Bild im Kopf zu haben: Wie funktioniert etwas? Welche Sprache gibt es dafür? Was sind deren Elemente? Warum ist etwas schön und warum empfinden wir es als schön? Und warum wurde es über die Kulturen und Generationen hinweg wiederkehrend als schön empfunden?

LS Und diese Fragen konntest du mit Olgiati diskutieren?

PM Jederzeit. Er vermochte tief in die Dinge einzudringen. Die Fragen, die er stellte, waren universeller Natur. Deshalb befremdet es mich, wenn Olgiati ständig als Regionalist bezeichnet wird.

Würde man Morandi den Vorwurf machen, nur Büchsen und Flaschen zu malen? Morandi hat in diesen Bildern das Thema der Nachkriegsgeneration, die Frage nach dem Existentiellen dargestellt. Michelangelo Antonioni entdeckte in Morandis Atelier jene Leere zwischen den nah beieinander angeordneten Gegenständen, die sich nicht berühren und einzeln für sich stehen. Daraufhin gab er seine neorealistische Sprache auf und schuf jene eindringliche Bildwelt seiner berühmten Filme.

LS Hast Du mit Olgiati auch gewisse entwerferische Probleme diskutiert?

PM Es gibt keine Probleme, nur Fragen. Und darin besteht die eigentliche Arbeit. Die habe ich mit ihm diskutiert.

Einmal ging es um Vorhänge, um diese Art Vorhänge, die, um nicht schmutzig zu werden, zehn Zentimeter über dem Boden abgeschnitten steif herunterhängen. Mich dünkte das sehr bieder. Darauf meinte Olgiati: «Vorhänge sollten länger sein, damit sich Falten bilden, wie bei den Tüchern und Bekleidungen in Gemälden.» Daraus erst entsteht jener Kontrast zwischen der präzisen Geometrie und den geknickten, organischen Linien, der für das Auge den eigentlichen Reichtum bildet.

HANS JOSEPHSOHN

LS Auf das Werk von Hans Josephsohn wurdest Du 1975 über einen Artikel im Magazin des *Tages-Anzeigers* aufmerksam.

PM In diesem Artikel sah ich erstmals Arbeiten von Josephsohn, die mich sofort komplett einnahmen. Daraufhin bin ich an einem Mittag zu ihm gefahren, habe angeklopft und bin erst abends wieder gegangen. Ich hatte ein neues Universum betreten.

Als Josephsohn die Tür öffnete, zögerte er kurz und fragte, ob ich eine Bildhauerlehre machen wolle. «Nein, ich will Architekt werden», gab ich zur Antwort. Von da an war alles gut. Wir begannen einfach zu diskutieren. Zwischendurch fragte er mich, ob er etwas Kleines essen könne.

LS Ist es wieder eine Lebenswelt, in der Wohnen und Arbeiten eine Einheit bilden, in die Du eintauchst?

PM Es war ein grosses Atelier, mit einem Tauchsieder, um heisses Wasser für den Espresso aufzubereiten, und einem Bett auf einer Galerie.

that are assembled but never touch, that stand uniquely for themselves – whereupon he abandoned his language of Neorealism and created that incredible visual world of his famous films.

LS Did you also discuss certain design problems with Olgiati?

PM There are no problems, only inquiry. And inquiry is the very essence of design. I discussed that with him.

One day the subject was curtains, those stiff curtains that end ten centimetres above the ground so as not to trail in the dirt. Which I find is a stuffy solution. Olgiati then argued: "Curtains should always be a little longer, so that folds form, as they do in the drapes and clothes in paintings." For that's what assures the striking contrast, between geometric precision and the broken yet flowing lines upon which the eye actually feasts.

HANS JOSEPHSOHN

LS The work of Hans Josephsohn caught your eye in 1975, in an article in a *Tages-Anzeiger* supplement.

PM In that article I saw Josephsohn's work for the very first time and I was hooked. I walked over to his place around noon one day, knocked at the door, and was still there at nightfall. I had stepped into a whole new cosmos.

When Josephsohn opened the door, he hesitated an instant then asked whether I was after an apprenticeship in sculpture. "No", I replied. "I want to be an architect." After that, everything was fine. We simply launched into a discussion. At some point, he asked whether I'd mind if he had a little snack.

LS So this was yet another world you dived into, in which living and working flowed into one?

PM It was a large studio with a little gadget for boiling water for espresso, and a bed on a mezzanine.

LS Did you discuss the same kinds of question with Josephsohn as with Olgiati?

PM The questions were the same but in some respects it was another world. Josephsohn called me one day and asked me to help him. That forged a closer bond.

Josephsohn and Olgiati were very different. With Olgiati, I felt I had to express myself more cautiously. With Josephsohn, for a long while, I could say almost anything. I once said that the days of sculpting heads were over. He just laughed and carried on smoking. Perhaps it reminded him of his youth. I was able to redeem myself two or three years later, with a large and lovely exhibition in which his drawings and a series of his sculpted heads were shown. To err is a prerogative of youth.

LS What did you talk about with Josephsohn?

PM About whatever was on our minds: women, work, other professions and politics. We never spoke solely about

LS Gingst Du mit Josephsohn ähnlichen Fragen nach wie mit Olgiati?

PM Es waren die gleichen Fragen, aber die Welt war zum Teil eine andere. Eines Tages rief Josephsohn an und bat mich, ihm zu helfen. Dadurch wurde der Kontakt enger.

Josephsohn und Olgiati waren sehr verschieden. Bei Olgiati glaubte ich, mich vorsichtiger äussern zu müssen. Bei Josephson konnte ich lange Zeit fast alles sagen. So meinte ich einmal, dass man in der Bildhauerei keine Köpfe mehr machen könne. Er lachte nur und rauchte weiter. Vielleicht erinnerte er sich an seine Jugend. Zwei, drei Jahre später konnte ich mich mit einer grossen, schönen Ausstellung rehabilitieren, in der seine Zeichnungen und eine Reihe seiner Kopf-Plastiken zu sehen waren. Der Irrtum ist ein Privileg der Jugend.

LS Worüber sprachst Du mit Josephsohn?

PM Über alles, was einen beschäftigte: Frauen, die Arbeit, andere Berufe und Politik. Wir sprachen nie allein über Bildhauerei, sondern ebenso über Malerei, Architektur, Film und den Rhythmus im Film, über Literatur.

LS Bist Du ihm regelmässig zur Hand gegangen?

PM Josephsohn befand sich zu jener Zeit in einer tiefen Krise, die ihn auch körperlich mitnahm. Er fragte, ob ich für ihn arbeiten könne. So hörte er, wenn er auf dem Bett lag, wie jemand arbeitete.

Die Vorlage für seine Reliefs war entweder eine kleine Skizze in Lehm oder eine Zeichnung. Wenn es eine Zeichnung war, haben wir zusammen besprochen, welche Fläche höher, welche etwas tiefer liegen musste. Danach bat er mich, das Relief aufzubauen.

Mit der Zeit wuchs das Vertrauen. Ich äusserte sogar Wünsche, wie den nach einer liegenden Figur. Und er kam auch zu mir ins Atelier und schaute meine Arbeit an.

LS In der Beziehung zu Olgiati hast Du eine Reihe von Momenten der Erkenntnis erwähnt. Die Beziehung zu Josephsohn scheint eine andere gewesen zu sein.

PM Bisher ist nur vom äusseren Rahmen die Rede gewesen. Die Arbeit bei Josephsohn war eine ungeheuer intensive Bildung des Auges. Es war eine ganzheitliche Bildung, selbstverständlich auf der Grundlage seiner Vorlieben und Leidenschaften. Diese erfuhr immer wieder kleine Korrekturen durch Olgiati und die ETH. Ich würde behaupten, dass wir aber beide eigenständig waren.

LS Du übtest auch einen anderen Beruf als Josephsohn aus.

PM Kurz nach dem Studium kam es zu einer weiteren Begegnung. Ich hatte mit meinen kleinen Zeichnungen angefangen, die für mich wesentlich sind, um die Dinge, die ich in Büchern sehe, zu verarbeiten. Ich muss sie verarbeiten, um die Eigenschaften ihrer Gestalt zu verstehen.

Ein Freund von Josephsohn, ein Maler, wenig älter als ich, kam ins Atelier zu Besuch.

LS Wer war das?

sculpture but also about painting, architecture, cinema and rhythm in cinema, about literature.

LS Did you regularly give him a hand?

PM Josephsohn was going through a major crisis at the time, one that laid him low also physically. He asked whether I could work for him. So that even when bedridden he'd be able to hear someone working.

The reference for each of his reliefs was either a small clay model or a drawing. In the case of a drawing, we'd discuss which areas should be negative, which positive. And then he'd ask me to form and build up the relief.

The trust grew over time. I even stated personal preferences, for example, for a reclining figure. And he also used to visit me at my studio and look at my work.

LS You've spoken of your relationship with Olgiati as a string of flashes of insight. Your relationship with Josephsohn seems to have been something else again.

PM Until then, all the talk had been only of external circumstance. Whereas working with Josephsohn was an incredibly intense instruction of the eye. It was a holistic education, built of course on the fundament of his predilections and passions, but also subject to minor revision from time to time, thanks to Olgiati and the ETH. I would say that each of us was independent.

LS You were also in different professions.

PM I had another encounter, shortly after I graduated. I'd begun making my little drawings, which are vital to me, as a way to work through and digest the things I see in books. I have to process things in order to grasp the properties of their shape.

A friend of Josephsohn, a painter slightly older than myself, paid me a visit at my studio.

LS Who was it?

PM Erich Brändle. He saw the drawings and asked whether he might take four or five of them home. This incident sparked in me a whole new appreciation of my drawings.

LS Did Erich Brändle see in them something of universal validity?

PM Exactly! He also recognised some overriding principle.

LS With Josephsohn you also travelled a lot.

PM A great deal. Josephsohn couldn't drive but he loved road trips. Right after we met we set off for three or four days in Fidenza, Piacenza and Verona. It was on those trips that I learned to see. Josephsohn – like Olgiati – did not associate seeing a thing with knowing all about it. The value of an artwork never lies solely in its history.

Thanks to all the trips and conversations, especially in light of my earlier despair, I slowly became more self-assured.

PM Erich Brändle. Er sah die Zeichnungen und bat mich, vier oder fünf davon mitnehmen zu dürfen. Diesem Ereignis verdanke ich ein ganz anderes Bewusstsein gegenüber diesen Zeichnungen.

LS Fand Erich Brändle in ihnen etwas Allgemeingültiges?

PM Ganz genau! Er erkannte darin auch etwas Übergeordnetes.

LS Mit Josephsohn bist Du ausserdem viel gereist?

PM Sehr viel. Josephsohn konnte nicht autofahren, aber war ein leidenschaftlicher Mitfahrer. Bereits ganz zu Beginn unserer Bekanntschaft reisten wir drei oder vier Tage nach Fidenza, Piacenza und Verona. Ich habe auf diesen Fahrten gelernt, zu sehen. Josephsohn verknüpfte, und das war bei Olgiati genauso, das Sehen nicht nur mit einem Wissen. Der Wert eines Kunstwerks liegt nicht allein in seiner Geschichte.

Dank all der Reisen und Gespräche stellte sich bei mir, gerade angesichts der anfangs geschilderten Not, langsam eine gewisse Sicherheit ein.

BAUEN

LS Mitten im Studium beginnst Du mit dem Bauen?

PM Eines Tages sprach mich beim Skilaufen Gody Kühnis an. Ich würde doch Architektur studieren. Er machte mir das Angebot, kleine und grössere Projekte, mit denen er beauftragt worden war, zu entwerfen. Das war souverän.

So begann ich relativ früh im Studium, und ohne jegliche Erfahrung, mit dem Bauen.

LS Vom zweiten Jahr an?

PM Ungefähr seit der Mitte des Studiums.

In der ETH-Bibliothek, in einem Flügel der Erweiterung von Gustav Gull, auf den wunderbaren Holztischen, arbeitete ich zwischen den Vorlesungen an den Plänen. Dort entstand auch der Entwurf für das Haus eines Ehepaars [Azmoos, um 1977–1978], das ich beim Skilaufen getroffen hatte. Olgiati besichtigte das fertige Haus, ohne mich, und hatte grundsätzlich nichts einzuwenden. Doch er tadelte einen Bogen, den ich schräg in den Grund geführt hatte: «Das kannst du nicht machen.» Der Satz tönt mir noch heute in den Ohren. Olgiati hat in seinen kleinen Bauten flache Bögen entworfen, die Bogenlinie jedoch tangential zu den in den Ecken eingeschriebenen Kreisen senkrecht in den Boden geführt.

Meine Haltung beim Entwerfen dieses Hauses war noch nicht vollkommen gefestigt. Ich erinnere mich an das Gefühl. Das Haus ist das Werk einer ganz jungen Person. Bei meinem zweiten Haus, kurz darauf, fühlte ich mich schon sicher …

LS … weil der Bau Deinen Vorstellungen entsprach …

PM … in meinem Innern. Bei diesem Haus hatte ich klare Vorstellungen. Da war ich der, der ich bin. Ich hatte zwar

BUILDING

LS Mid-way through your studies you began to build?

PM I was out skiing one day when Gody Kühnis approached me. I after all was a student of architecture. He had an offer to make. Would I design several small and not so small projects that he'd been commissioned to build? It was civil of him.

So, relatively early on in my studies, and with no experience to speak of, I began building.

LS In your second year at university?

PM From about mid-way through the course.

I worked on the plans between lectures, in the ETH library, in a wing of Gustav Gull's extension, at those wonderful wooden tables. It was there that I designed a house for a couple I'd met out skiing [Azmoos, around 1977–1978]. Olgiati viewed the finished house without me and had no fundamental objections. But he did reproof me severely for an arch that I'd set obliquely to the ground: "You cannot do that." His words still ring in my ears to this day. Olgiati had designed flat arches in his small buildings, but in his case, the line of the arch was tangential to the circles inscribed in each corner, as well as perpendicular to the ground.

My position when designing that house was still a little shaky. I well remember the feeling. The house is the work of a very young person. With my second house, shortly afterwards, I felt confident …

LS … because the building was how you'd envisaged it …

PM … at the core of my being. For that house my plan was clear. And I was true to myself. I still lacked experience but I already knew why I designed a thing as well as why I designed it this way or that.

LS Had you already finished your course at the ETH?

PM Yes. I built the house shortly after I finished university.

GODY KÜHNIS

LS How was the cooperation with Gody Kühnis?

PM Working together gave rise to new solutions, architectural and constructive, which Kühnis alone would probably not have come up with and which I alone could never have built. Thanks to his generous and open-minded support, I was able to gain experience step by step, also of execution.

LS You mean you spent time on site?

PM To take a look. I literally hadn't a clue. I was dogged by mistakes, omissions and misunderstandings. That's not something one easily forgets.

LS Were you also responsible for site management?

noch nicht viel Erfahrung, aber ich wusste, warum ich etwas entwarf und warum ich es auf diese Weise entwarf.

LS Hattest Du Deine Ausbildung an der ETH bereits abgeschlossen?

PM Ja. Ich baute das Haus gleich nach dem Ende meines Studiums.

GODY KÜHNIS

LS Wie war die Zusammenarbeit mit Gody Kühnis?

PM Die Zusammenarbeit führte zu ganz neuen architektonischen und konstruktiven Lösungen, die Kühnis sich allein wohl nicht vorgestellt und die ich allein kaum zustande gebracht hätte. Dank seiner grosszügigen und unvoreingenommenen Unterstützung konnte ich Schritt für Schritt Erfahrungen sammeln, auch in der Ausführung.

LS Das heisst, Du gingst auf die Baustelle?

PM Um zu schauen. Ich hatte schlicht keine Ahnung. Fehler haben mich begleitet, Irrtümer, Missverständnisse. Das vergisst man nicht.

LS Hast Du auch die Bauleitung übernommen?

PM Nie. Ich habe schnell erkannt, dass sie nicht meine Sache ist. Ich bin viel auf der Baustelle, aber ich brauche jemanden für die Bauleitung. Die Zeit, die sie erfordert, benötige ich für den Entwurf.
    Dennoch interessiert mich jede Fuge. Ich weiss, was das Bauhandwerk heute kann und was nicht. Bereits als Jugendlicher habe ich auf Baustellen gearbeitet; verstehe also sehr genau, was auf einer Baustelle vor sich geht. Deshalb machen meine Mitarbeiter parallel zur offiziellen Bauleitung noch eine interne Bauleitung. Ich kann den Dingen auf dem Bau keinesfalls einfach ihren Lauf lassen.

LS Du hast als Jugendlicher auf Baustellen gearbeitet?

PM Auf dem Bau konnte man in den 1970er Jahren am meisten Geld verdienen. Während der Zeit im Gymnasium arbeiteten wir immer für dasselbe Baugeschäft, das einen guten Stundenlohn zahlte. Zwei oder drei Wochen in den Schulferien, damit wir anschliessend auf Reisen gehen konnten.

LS Du bautest für Kühnis im Rheintal, hattest aber ein kleines Studio in Zürich.

PM Mein erstes Atelier lag an der Schipfe. Lisbeth und ich lebten damals mit ganz wenig, dafür waren wir frei. Ich habe mich nie von materiellen Dingen abhängig gemacht. Ich hatte Interessen und denen wollte ich nachgehen. Und wenn noch etwas Geld von einem Auftrag übrigblieb, war das wunderbar.

LS Die Zusammenarbeit mit Gody Kühnis dauerte bis Giornico?

PM Never. I quickly realised I can't do that. I am on site a lot, but I still need someone for overall management. The time that it takes is time I need for design.
    Still, I find fascination in every joint. I know what the building trade can do today, and what it can't. I worked on building sites even before I left school; my understanding of how things work there is very precise. That's why my staff does its own site management, in parallel to the statutory inspections. I'm incapable of leaving things on site simply to run their course.

LS So you worked in construction as a lad?

PM Building sites were the best place to make money in the 1970s. We worked for the same construction company all through high school, since it paid a decent hourly rate. Two or three weeks during summer break and we were able to go off travelling.

LS You were building for Kühnis in the Rhine Valley but had a small studio in Zurich?

PM My first studio was on the Schipfe [downtown, riverside]. Lisbeth and I got by on a shoestring at the time, but we were free. I've never been dependent on material things. I had interests and I intended to pursue them. And if ever there was money left over, once a job was done, all the better!

LS Your collaboration with Gody Kühnis lasted until Giornico?

PM La Congiunta [1986–1992] in Giornico I built with Stefan Bellwalder. I develop all of my projects in close cooperation with others.

FIRST COMMISSIONS

LS What were your first commissions for Kühnis?

PM I initially carried out various conversions for Kühnis. Often, when I tore down a wall, I'd put Olgiati columns and a wooden top beam in its place. Kühnis later built for himself the two houses with columns in Trübbach.

LS But to your design?

PM Yes. Always to my design.

LS And the large house in Mels?

PM That was earlier, my second project, built right after I graduated from the ETH [1978/79]: a commission for a pair of semi-detached homes. At its core I set a large, two-storey garden hall, which has a barrel vault roof and connects the two parts of the house. The rooms accordingly turned out rather small. I've no idea how I managed to win over the clients. But it was built as planned.
    The columns of the front façade are borrowed from Olgiati. But the main inspiration for the project was the Romanesque church of San Pietro in Tuscania. It was only

PM La Congiunta [1986–1992] in Giornico habe ich gemeinsam mit Stefan Bellwalder realisiert. All meine Projekte entstehen in enger Zusammenarbeit mit anderen.

ERSTE AUFTRÄGE

LS Was waren Deine ersten Aufträge für Kühnis?

PM Für ihn führte ich anfangs verschiedene Umbauten aus. Wenn ich eine Wand abriss, setzte ich oftmals an ihre Stelle Olgiati-Säulen mit einem Holzbalken darüber. Später baute Kühnis für sich in Trübbach die beiden Häuser mit den Säulen.

LS Aber nach Deinen Entwürfen?

PM Ja, die Entwürfe stammten immer von mir.

LS Und das grosse Haus in Mels?

PM Das war noch davor entstanden, mein zweites Haus, gleich nachdem ich das Studium an der ETH beendet hatte [1978/79]. Ein Auftrag für ein Doppelhaus. Ins Zentrum setzte ich eine grosse zweigeschossige Gartenhalle, die mit einem Tonnengewölbe überdeckt ist und welche die beiden Teile des Hauses verbindet. Entsprechend klein wurden die Zimmer. Ich weiss nicht, wie ich den Bauherrn überzeugen konnte. Doch das Haus wurde so gebaut.
   Die Säulen der Frontfassade sind von Olgiati übernommen. Vor allem jedoch war das Projekt von der romanischen Kirche San Pietro in Tuscania beeinflusst. Erst sehr viel später entdeckte ich die Verwandtschaft mit der Gartenfassade der Villa Valmarana von Andrea Palladio in Vigardolo, und – ohne Koketterie – die Proportionen des Hauses sind nicht schlechter als die der Villa.

LS Dabei waren die Proportionsstudien hilfreich, die Du parallel zum Studium betrieben hattest?

PM Ich besass damit ein Hilfsmittel, um die unterschiedlichsten Masse, wie sie in jedem Bauplan auftauchen, aufeinander abzustimmen.

LS Von wem war der Auftrag für das Doppelhaus gekommen?

PM Über Kühnis.

LS Hast Du zwischen dem Doppelhaus in Mels und den zwei Häusern in Azmoos an anderen Projekten gearbeitet?

PM Zwischen dem Beginn eines Projekts und seiner Fertigstellung liegt ja immer noch die Phase der eigentlichen Planung.
   Kühnis besass in der Nähe der beiden Häuser noch ein weiteres Grundstück, für das ich in der Zwischenzeit auch ein Projekt entwarf. Wir hatten bereits eine Baubewilligung erhalten. Doch als die beiden neuen Häuser standen, sammelten die Nachbarn Unterschriften gegen die Erteilung der Baubewilligung. Die Gemeinde musste sie zurückziehen. So etwas Drastisches geschieht selten.

at a much later date that I discovered the similarity with the garden façade of Andrea Palladio's Villa Valmarana in Vigardolo and – although I don't mean to boast – the proportions of my house are no worse than those of the Villa.

LS The work you did on proportion in parallel to your studies at the ETH presumably helped?

PM It was the tool with which I was able to coordinate the broad variety of volumes that occurs in any construction plan.

LS How did you land the commission for the pair of semi-detached?

PM Through Kühnis.

LS Between the house in Mels and the two in Azmoos did you work on other projects?

PM Between the start of a project and its completion there's always also the planning phase.
   Kühnis owned another lot, not far from the two new houses and for which I drafted a project in this interim. We'd already been granted permission to build. But once the first two new houses were finished, the neighbours began collecting signatures, petitioning the council to revoke our permit. And the council did. So drastic an outcome is rare, however.

LS And on the heels of the thwarted project came the apartment building in Sargans [1985–1986]?

PM And, in parallel, the Hobi house with the two reliefs on the pillars – the house for my sister in Sargans [1982–1983].

LS And how did the commission come about for the Wegmann house in Seen, near Winterthur [1986–1987]?

PM Through Lisbeth's sister. I've built houses for a good many relatives. Because I once threatened that if any of them built with anyone but me, I'd cut all my family ties.

GIORNICO

LS Another commission from within your own circle was the museum for Josephsohn in Giornico.

PM To realise La Congiunta in Giornico took six years. The opening was in 1992.
   In parallel we did the three-storey house in Trübbach [1988–1989]. All three – the house in Trübbach, the house in Seen and La Congiunta – were clearly influenced by the visits I had made to the Romanesque churches of the Saintonge.

LS And the churches' additive structures?

PM A great many of those churches were extended in the Gothic era and later. Individual volumes of different height are juxtaposed and come together in expressive figures.

LS Auf dieses unausgeführte Projekt folgt das Mehrfamilienhaus in Sargans [1985–1986]?

PM Parallel dazu noch das Haus Hobi mit den zwei Reliefs an den Pfeilern, das Haus für meine Schwester in Sargans [1982–1983].

LS Und wie kamst Du zum Auftrag für das Haus Wegmann in Seen bei Winterthur [1986–1987]?

PM Über die Schwester von Lisbeth. Ich habe für viele Verwandte ein Haus gebaut. Denn ich hatte ihnen gedroht: Wenn sie nicht mit mir, sondern mit einem anderen bauen würden, wären wir die längste Zeit verwandt gewesen.

GIORNICO

LS Ein weiterer Auftrag, der aus Deinem Umkreis kommt, ist das Museum für Josephsohn in Giornico.

PM Die Realisierung von La Congiunta in Giornico benötigte sechs Jahre. 1992 fand die Eröffnung statt.
  Parallel dazu entstand das Drei-Etagen-Haus in Trübbach [1988–1989]. Das Haus in Trübbach, das Haus in Seen und La Congiunta – alle drei sind offensichtlich durch meine Besuche der romanischen Kirchen in der Saintonge beeinflusst.

LS Und deren additivem Aufbau?

PM Viele dieser Kirchen wurden in der Gotik und später weitergebaut. Die einzelnen Baukörper sind dadurch gegeneinander in der Höhe versetzt und fügen sich zu expressiven Figuren zusammen.

LS Hat Josephsohn Dich mit La Congiunta beauftragt?

PM Nein, der Auftrag kam über eine Stiftung.
  Bei den Autofahrten mit Josephsohn unterhielten wir uns oft über die hohe Konzentration unterschiedlichster Kunstwerke in den Museen und die Rolle der Kunst im öffentlichen Raum. Irgendwann kam das Gespräch auf seine Plastiken. Josephsohn meinte, es wäre doch schön, für sie ein eigenes Gebäude zu haben.
  Etwas später stiess ich in der Zeitung auf eine Anzeige für den Verkauf eines Grundstücks in Giornico. Ich kannte den Ort wegen seiner romanischen Kirche, der Brücke über dem Fluss, der tollen Flusslandschaft und den ersten Rebbergen der oberen Leventina. Das Grundstück war herrlich gelegen, zwischen Bahnlinie, Fluss und Rebberg. Das Umland war unverbaubar.
  Dann musste eine Stiftung gegründet und Geld gesucht werden.

LS Hat La Congiunta die allgemeine Wahrnehmung Deiner Arbeit beeinflusst?

PM Das kann ich nicht einschätzen. Meine Bauten wurden schon zuvor wahrgenommen. Nur mich kannte niemand. Ich denke, es hat mir sehr gut getan, auf mich allein gestellt zu sein – mit den Freunden Josephsohn und Olgiati.

LS Did Josephsohn commission you to build La Congiunta?

PM No. The commission came from a foundation.
  On our road trips with Josephsohn we often talked about the high concentration of extremely different types of artwork in museums, and about the role of art in public space. At some point talk turned to his sculptures. Josephsohn said how delightful it would be, to have a building especially for them.
  Shortly afterwards I came across an ad in the paper for a plot of land in Giornico. I knew the place already on account of its Romanesque church, the bridge over the river, the fantastic fluvial topography and the first vineyards of the Upper Leventina. The site was superbly situated between the railway line, the river and the vineyard. The surrounding land was already landmarked.
  So a foundation had to be set up, and funding acquired.

LS Has La Congiunta influenced the public's perception of your work?

PM I cannot say. My buildings drew attention beforehand. But no one knew me. I think it did me a lot of good to be left to my own devices – along with my friends Josephsohn and Olgiati.
  I had a lot of freedom. That was the real luxury. Not the size of my studio. That was cramped and very cheap.

FIRST COMPETITIONS

LS Did that change in the 1990s?

PM In other people's eyes, perhaps. It was then I began taking part in competitions. I also realised several buildings with Stefan Bellwalder in this period: the apartment building in Brig [1994–1995], for one.
  In-between times there were other conversions and projects, some of which I had to abandon because I couldn't agree with the client. I've always felt at liberty to turn down a project.

LS Since the 1990s you have worked on much larger projects, such as the schoolhouse in Wörgl [Tyrol, Austria, 1998–2003] and the school Im Birch in Zurich-Oerlikon [1999–2004].

PM It was then I began designing competition projects. I have very fond memories of the first competitions. My studio was in the Niederdorf district, opposite the Dada House, on Spiegelgasse. Down on Marktgasse there was Bianchi, a fishmonger's, from where I'd hear the first stirrings of life. Then I'd know it was 5 a.m.
  The design idea was paramount still, in competitions back then. One specialist at most was brought in, an engineer, as a rule, unlike today, when an entire team of experts is required.
  The competition in Wörgl I won in 1998. The brief was to extend a pioneering school built by Viktor Hufnagl, a 1970s experimental structure with a broad central hall that assured a high degree of transparency throughout the whole building. The largesse of the design, down to its

Ich besass die Freiheit, zu tun, was ich wollte. Das war wirklicher Luxus. Nicht die Grösse des Ateliers, das war klein und sehr günstig.

ERSTE WETTBEWERBE

LS Ändert sich das im Laufe der 1990er Jahre?

PM Von aussen betrachtet vielleicht. Damals nahm ich an den ersten Wettbewerben teil. Ausserdem realisierte ich in der Zeit zusammen mit Stefan Bellwalder einige Bauten, so das Mehrfamilienhaus in Brig [1994–1995].

Dazwischen kamen Umbauten und Aufträge für Projekte, die ich manchmal wieder zurückgeben musste, weil ich mich mit dem Auftraggeber nicht einigen konnte. Ich habe mir immer die Freiheit genommen, Arbeiten abzulehnen.

LS Seit den 1990er Jahren arbeitest Du an viel grösseren Projekten wie dem Schulhaus in Wörgl [Tirol, Österreich, 1998–2003] oder der Schule Im Birch in Zürich-Oerlikon [1999–2004].

PM In dieser Zeit begann ich Entwürfe für Wettbewerbe zu zeichnen. Die Erinnerungen an die ersten Wettbewerbe sind sehr schön. Mein Atelier lag im Niederdorf, vis-à-vis dem Dada-Haus, an der Spiegelgasse. Unten in der Marktgasse war das Fischgeschäft Bianchi, und wenn ich die ersten Geräusche von dort hörte, wusste ich, dass es fünf Uhr morgens war.

Damals stand bei Wettbewerben noch die Entwurfsidee im Vordergrund. Man musste in der Regel höchstens einen Spezialisten, den Ingenieur, beiziehen, im Unterschied zu heute, wo man ein ganzes Team von Spezialisten braucht.

Den Wettbewerb in Wörgl gewann ich 1998: Es handelte sich um die Erweiterung der Modellschule von Viktor Hufnagl, eines Experimentalbaus aus den 1970er Jahren mit einer weiten, zentralen Halle, die einen hohen Grad an Transparenz in das gesamte Gebäude brachte. Die Grosszügigkeit des Entwurfs bis in die Konstruktion hinein machte mir bewusst, dass bei einem grossen Bau das einzelne Detail ungezwungener behandelt werden kann. Ein kleiner Bau ist dagegen verletzlicher.

LS Das erste grosse Projekt war demnach ein Umbau.

PM In Walenstadtberg [1989–1992; 1999] hatten wir bereits den Umbau einer Hoteldependance aus Holz realisiert, bei dem es galt, sehr differenziert mit den Materialien und Bauteilen umzugehen. Dieser Umbau verdankt sich einem tollen Bauleiter, Benno John, der Schreiner und Architekt ist. Da wir die Erscheinung des Holzbaus erhalten wollten, wurden nur die morschen Stellen im Holz herausgeschnitten und ersetzt.

In Wörgl waren es andere Fragestellungen. Der Hufnagl-Bau hat keine tragenden Wände, es ist ein struktureller Bau mit Kassettendecke, in dem eine Reihe neuer Leitungen gelegt und an dem verschiedene bauphysikalische Massnahmen vorgenommen werden mussten. Wörgl war zudem ein Umbau mit einer städtebaulichen Dimension. Diese Arbeit lehrte mich viel.

construction, opened my eyes to the fact that in a large building, the individual detail can be handled more casually. A small building is more vulnerable in this respect.

LS So the first large project was a conversion?

PM In Walenstadtberg [1989–1992; 1999] we had already completed the conversion of a hotel annex in timber, which had required a nuanced approach to the materials and architectural elements. That conversion owed a great deal to our excellent site manager, the carpenter and architect Benno John. Since we wanted to retain the original look of the annex, we merely cut away and replaced the rotten timbers.

In Wörgl we faced other challenges. The Hufnagl building has no loadbearing walls; rather, it's a prefab modular structure with a coffered ceiling, in which we had to install a number of new circuits. Various building physics measures were required. And there was the urban scale dimension too. I learned a lot from that project.

After that, we won the competition for the new school in Zurich, Im Birch. It's hard to say, which was the bigger challenge, the new building or the conversion in Wörgl.

LS Then followed the major projects for corporate clients, such as UBS [2002–2008], Novartis [2002–2006] and Synthes [2007–2012]. Did you win those commissions in invited competitions?

PM Yes, and likewise the design of the new organ in Basel Minster [2000–2003]. Synthes, however, was a regular commission.

THEMES

LS You have repeatedly said that your work consists in slowly grappling with various themes, which you gradually appropriate.

PM Which come my way.

Initially, I was unable to do more than convey a sense of the moods which I felt drawn to or found relevant to the respective environment: moods on a landscape, moods in a city, moods on trips, moods that repel, or appeal. Moods trigger an emotional response, even without visual training.

In my early houses I always asked my clients whether they could sense the mood, which I had consciously created. The fundamental questions, the disposal of apertures, and the proportions of a building, I discussed above all with Josephsohn.

VOLUMES

LS The first houses are simple volumes.

PM I couldn't design anything but simple structures when I was young. The house in Azmoos is based on a rectangular ground plan. It consists of a series of large rooms interlinked by a long corridor. Initially there were no ancillary rooms on the upper floor – as in Palladio's houses, for ex-

Danach gewannen wir den Wettbewerb für den Schulhausneubau Im Birch. Schwierig zu sagen, ob dieser Neubau oder der Umbau in Wörgl die grössere Herausforderung war.

LS Nun folgen umfangreichere Projekte für Unternehmen wie die UBS [2002–2008], Novartis [2002–2006] und Synthes [2007–2012]. Gewinnst Du die Aufträge dafür in eingeladenen Wettbewerben?

PM Ja, so auch für den Entwurf der neuen Orgel im Basler Münster [2000–2003]. Synthes hingegen war ein Direktauftrag.

THEMEN

LS Du beschreibst Deine Arbeit immer wieder als ein langsames Herantasten an unterschiedliche Themen, die Du Dir nach und nach aneignest.

PM Die zu mir kommen.
   Anfangs konnte ich nur Stimmungen wiedergeben, die ich schätzte und die mir für das Lebensumfeld wichtig erschienen. Stimmungen in der Landschaft, Stimmungen in der Stadt, Stimmungen auf Reisen, Stimmungen, die einem widerstreben, und Stimmungen, die einen anziehen. Stimmungen nimmt man über Emotionen wahr, auch ohne visuelle Bildung.
   Bei meinen frühen Häusern fragte ich meine Bauherren immer, ob sie diese oder jene von mir beabsichtigte Stimmung empfinden würden. Die grundsätzlichen Fragen, die Anordnung der Öffnungen und die Proportionen eines Gebäudes, besprach ich vor allem mit Josephsohn.

DER BAUKÖRPER

LS Die ersten Häuser sind einfache Baukörper.

PM Als ich jung war, vermochte ich nur einfache Gebäudekörper entwerfen. Das Haus in Azmoos basiert auf einer rechteckigen Grundfigur. Es besteht aus einer Folge grosser Räume, die über einen langen Korridor verbunden sind. Im Obergeschoss fehlten zunächst, wie zum Beispiel in den Häusern Palladios, die dienenden Räume. Ich habe sie daraufhin in den Korridor eingeschrieben: Das Bad ist offen, die Toilette geschlossen.
   Die Fassade sollte eine konvexe Wirkung erhalten, gespannt, wie die Oberfläche der Äpfel, die Cézanne gemalt hat. Deswegen musste der Maueranteil an der Ecke geringer sein als zwischen den Öffnungen in der Mittelpartie. Da mir die asymmetrische Setzung einer Öffnung im Raum noch nicht vertraut war, konnte ich im Innenraum die Öffnungen nur symmetrisch zur Raummitte setzen. Um die erwünschte Wirkung in der Fassade zu erzeugen, mussten somit im Obergeschoss in der Mitte des Hauses zwei breite und an den Seiten je ein schmaler Raum angeordnet werden.

LS Das Haus in Seen ist das erste Deiner Häuser, das sich aus mehreren Baukörpern zusammensetzt.

ample. I subsequently inscribed them in the corridor: the bathroom is open, the toilet closed.
   The façade was to be given a convex form, as taut as the surface of an apple by Cézanne. The sections of wall at the outer ends of the façade therefore had to be narrower than those between the apertures in the central section. Since I wasn't yet familiar with the asymmetrical arrangement of an aperture, I had no choice but to set the apertures symmetrically to the centre of each interior space. To attain the façade effect I was after, two wide rooms had to be set at the centre of the upper floor, and a narrow one at either end.

LS The house in Seen was the first to be composed of several volumes.

PM The additive and the ancillary buildings were a response to the setting.
   The site lies above the access road. It is a southwest-facing slope. Access and the main orientation are thus on the same side. As in the case of the Romanesque church of Saint-Pierre d'Échebrune in the Saintonge, which is built atop a wall that shores up the slope, the house in Seen is set parallel to a hip-height retaining wall. Between the road and the wall is a sloping space, the garage at its top, the house with the entrance and the swimming pool to one side.
   The pool has thermal windows, set very high. It could therefore be located on this public forecourt. The inspiration came from those very private, extremely cloistered buildings one finds, often directly on the street line, in Italian towns. Within the angle described by the pool and the house are a geometric garden and a large terrace. A meadow and a herb garden are located on the slope. Here, there are also two small additions to the main volume, which anchor it in the landscape.
   I took a similar approach at La Congiunta in Giornico, in arranging small annexes along one side of the main gallery. These laterally extend the interior volume. Outside, thanks to the annexes, the building has four distinct aspects. And in combination with the retaining wall, the road and the vineyard, it describes a square.

LS So La Congiunta and the house in Seen were the first of your houses to consist of several volumes.

PM Up to the apartment building in Sargans all of my buildings were simple rectangles.
   In Seen it proved possible to use the garage and pool to create a complex structure: an urban space that is oriented to Winterthur, and a private garden space.

LS In the inner angle of the house, three standalone components come together: the pool, the main volume and the loggia.

PM I consciously kept them distinct.

LS The hotel training school at Belvoir Park in Zurich [2010–2014] is neither a simple volume like the house in Sargans nor an additive complex like the house in Seen; rather, it is a complex volume, the main façade of which

PM Die An- und Nebenbauten ergaben sich aus städtebaulichen Überlegungen.

Das Grundstück befindet sich oberhalb der erschliessenden Strasse an einem nach Südwesten orientierten Hang. Dadurch kommen Zugang und Hauptausrichtung auf der gleichen Seite zu liegen. Wie bei der romanischen Kirche Saint-Pierre d'Échebrune in der Saintonge, wo entlang einer Mauer, die den Hügelrücken auffängt, die Kirche steht, ist das Haus in Seen parallel zu einer hüfthohen Stützmauer gesetzt. Zwischen Strasse und Mauer erstreckt sich ein schräger Platz: Zuoberst lagert die Garage, seitlich das Wohnhaus mit Eingang und Schwimmbad.

Das Schwimmbad hat weit oben angebrachte Thermenfenster. Deshalb konnte es an diesem öffentlichen Vorplatz situiert werden. Vorbild waren die zum Teil direkt an der Strasse stehenden, sehr privaten, stark geschlossenen Baukörper in italienischen Städten. Im Winkel zwischen Schwimmbad und Wohnhaus sind ein geometrischer Garten und eine grosse Terrasse angelegt. Zum Hang hin hat es eine Wiese und einen Kräutergarten für die Küche. Zwei kleine Anbauten verschränken den Hauptbau hangseitig mit der Landschaft.

Einen ähnlichen Ansatz verfolgte ich bei La Congiunta mit der Anordnung der Kabinette seitlich der Hauptgalerie. Sie erweitern den Innenraum, und im Aussenraum ergeben sich dadurch vier verschiedene Gebäudeansichten. Und zusammen mit der Stützmauer der Strasse und dem Rebberg bildet der Bau einen Platz aus.

LS La Congiunta und das Haus in Seen sind demnach Deine ersten Häuser, die aus mehreren Baukörpern bestehen.

PM Bis zum Mehrfamilienhaus in Sargans waren alle meine Bauten reine Rechtecke.

In Seen ergab sich die Möglichkeit, mit der Garage und dem Schwimmbad eine Gesamtanlage zu schaffen: einen städtischen Raum, der nach Winterthur gerichtet ist, und einen privaten Gartenraum.

LS In der inneren Ecke des Hauses kommen drei voneinander unabhängige Elemente zusammen: Schwimmbad, Hauptbau und Loggia.

PM Sie sind bewusst unabhängig.

LS Die Hotelfachschule am Belvoir Park in Zürich [2010–2014] ist kein einfaches Volumen wie das Haus in Sargans, aber auch keine additive Anlage wie das Haus in Seen, sondern es handelt sich um einen mehrgliedrigen, geknickten Baukörper. Die programmatischen Widersprüche sind weder einem einheitlichen Volumen einverleibt noch auf unterschiedliche Volumina verteilt.

PM Das ist ein interessanter Gedanke. Kannst Du ihn ausführen?

LS Beispielhaft ist etwa der Umgang mit der zentralen Achse auf der Hauptfassade. Sie betont die Mitte des Baus, liegt jedoch wegen des vertikalen Knicks des Gebäudes sowie der ungleichen Zahl an Achsen auf beiden Seiten has a slight vertical fold at its centre. The ambiguities of the scheme are neither incorporated in a homogenous volume nor distributed among a variety of volumes.

PM That's an interesting slant. Can you expound it?

LS Take the treatment of the central axis on the main façade. The axis draws attention to the centre of the building but doesn't lie at its actual centre, on account of the vertical fold in the façade and the uneven number of axes on each of its sides. Then there is a narrow space inside, between the central hall and the large window, which articulates the two different ordering principles. And finally, the lecture hall and the seminar rooms, which are symmetrically arranged but asymmetrically accessed, are given an antechamber. You speak recurrently about the first two phases of your work – the simple volume and the additive complex – yet not about the third phase.

PM To my mind Belvoir Park is still a simple volume, but one with a complex spatial structure. All my experience is fused in that building.

My early houses attest a classical reading of space as a combination of floor, ceiling and walls. That this order can be broken up dawned on me when I studied certain paintings of Pissaro, Cézanne, and Matisse, the collages of Braque and Picasso, and the paintings of the American Expressionists. The ground-breaking visual scope of those artists enabled the architect in me to see urban and interior spaces in new ways.

One example is Matisse's *The Painter and His Model*, in which he portrays two figures seated by a window in an interior setting. Astonishing, here, is not so much the scene itself, but how Matisse dealt with the floor and one wall: he used black paint to unite them. Thanks to the work of Matisse, I realised that novel spatial effects can be attained without taking geometric space apart.

LS Does the rejection of the classical space informed by perspective generate this complexity?

PM Certainly, the new pictorial spaces created then in painting helped broaden the spatial range of my buildings. Giacometti explained their potential wonderfully in reference to Cézanne, who, in his view, had a sensational ability, in a portrait, to use tonal values to rupture the harmony of a face and thereby establish other connections, for example, between spots of colour on the pullover and the model's nose.

In my buildings I try in a similar manner to open up new relational fields. The allocation of primary construction materials to floors or walls, inside or outside, doesn't follow an iron law. It's perfectly feasible, therefore, to do a floor and a wall in one material, and the remaining three walls and the ceiling in another. One can create a wealth of visual effects that way, with a minimum of materials. Technical installations, too, can be regarded as an integral part of architecture, and contribute to the architectural expression.

Such insights make it possible for me to operate under the conditions now prevailing in the building sector. The present challenge consists not only in negotiating new

nicht in der tatsächlichen Mitte des Volumens. Im Inneren wiederum befindet sich zwischen der zentralen Halle und dem grossen Fenster ein schmaler Raum, der zwischen den verschiedenen Ordnungen vermittelt. Dem Vortragsaal und den Seminarräumen schliesslich, die symmetrisch angelegt, aber asymmetrisch erschlossen sind, ist ein Vorraum vorgelagert. Über die zwei ersten Etappen in Deiner Arbeit – den einfachen Baukörper und die additive Anlage – sprichst Du immer wieder, über die dritte Etappe hingegen nicht.

PM Mir scheint, dass der Belvoirpark nach wie vor ein einfacher Körper ist, aber mit einer komplexen Raumstruktur. In diesem Bau sind meine gesamten Erfahrungen zusammengeführt.

Meine frühen Häuser gehören einem klassischen Verständnis von Raum mit Boden, Decke und Wand an. Wie man diese Ordnung aufbrechen kann, haben mir einige Bilder von Pissaro, Cézanne und Matisse, die Collagen von Braque und Picasso sowie die Malerei der amerikanischen Expressionisten gezeigt. Diese Maler schufen neuartige Bildräume, die es mir als Architekten ermöglichten, Stadt- und Innenräume neu zu sehen.

Ein Beispiel ist das Gemälde *Der Maler und sein Modell* von Matisse, das einen Innenraum mit zwei am Fenster sitzenden Personen darstellt. Das Überraschende ist weniger die Szene selbst, sondern der Umgang mit dem Boden und einer Wand, die Matisse über die schwarze Farbe miteinander vereint. Durch die Werke von Matisse habe ich entdeckt, dass man neue Raumwirkungen erzeugen kann, ohne den geometrischen Raum aufzulösen.

LS Erzeugt die Abkehr vom klassischen, durch die Perspektive geprägten Raum diese Komplexität?

PM Gewiss, die Bildräume der modernen Malerei haben die Raumwirkung in meinen Gebäuden ganz entscheidend beeinflusst. Mit welchen Mitteln eine solch neuartige Wirkung erreicht wird, hat Giacometti bei Cézanne wunderbar erklärt. Das Sensationelle liegt seiner Ansicht nach in Cézannes Fähigkeit, in einem Porträt die Einheit eines Gesichtes über den Farbwert zu sprengen und damit andere Zusammenhänge, etwa zwischen dem Flecken des Pullovers und der Nase des Modells, darstellen zu können.

In meinen Bauten versuche ich in ähnlicher Weise neue Beziehungsfelder zu schaffen. Für die wichtigsten Materialien eines Gebäudes gibt es grundsätzlich keine spezifische räumliche Zuordnung, weder für Boden oder Wand noch für innen oder aussen. So können zum Beispiel der Boden und die eine Wand eines Raumes aus demselben Material sein und die übrigen drei Wände und die Decke aus einem anderen. Auf die Art und Weise kann man mit einer geringen Anzahl Materialien einen grossen visuellen Reichtum erzeugen. Auch die Haustechnik kann als Teil der Architektur verstanden werden und zum architektonischen Ausdrucks beitragen.

Diese Erkenntnisse ermöglichen es mir, mit den im Baugewerbe herrschenden Bedingungen zu arbeiten. Die heutige Herausforderung beschränkt sich nicht nur auf die Bewältigung eines neuen Raumprogramms oder der Beherrschung neuer Techniken, sondern betrifft auch die Position, die wir als Baukünstler dazu beziehen.

spatial programmes or mastering new technologies, but also in the positions that we as architects represent.

FAÇADES

LS You have paid particular attention to façades since the earliest days.

At the two Kühnis houses in Trübbach, however, the main façade is oriented to the garden and insofar turns its back on public life. Does this mean that detached homes in a family neighbourhood are wrapped up nowadays in their own concerns?

PM Why should it? On the contrary. The access road too, is a part of that design. The garage building and the two houses comprise an urban row.

To differentiate between the main and the rear elevations is likewise an urban design decision. Depending on the situation, there are three or in any case two different façade orders: the Belvoir Park project has three – the access side, the garden side and the two lateral façades –, the Kühnis houses likewise. The main façade in their case is oriented to the garden. This hierarchy can be varied. The Hobi house in Sargans is in the second row and therefore has three sides of equal value and a main side giving onto the garden. At the three-storey house in Trübbach, likewise in the second row, the main elevation gives onto the street, as does the access area with its small forecourt. At the house in Seen the main side is oriented to the asphalted yard. Buildings with four sides of equal value, however, are an exception.

The various house façades, for their part, are differentiated through the shape of their walls. In Seen the main side features an overly high front door that has a window aperture to its left and a bas-relief on the wall to its right. The houses in Trübbach have a row of columns. These are interpretations of settings.

LS And how do you set about these urban design questions?

PM All of your questions so far have concerned built projects. Yet a major part of my work takes place in parallel to those, in my sketches. It is there that I systematically tackle the language of architecture, its elements and its expression. The drawings serve as a means to process all that I read in books or see on my travels. They are small and two-dimensional.

When it comes to commissioned projects, however, I make sketches from the bird's-eye view. These take note of the street, of a path winding upward, of the drive leading to the garage, of a forest of firs and a neighbouring house, perhaps of a hill or an urban situation.

PROPORTIONS

LS When does the work with proportions begin?

PM The moment one picks up a ruler. It's a huge task. The point is to turn a sketch into a plan that is accurately drawn in all its constructive detail and equipped with a

FASSADE

LS Eine besondere Aufmerksamkeit widmest Du seit Deinen Anfängen der Fassade.

Bei den beiden Häusern Kühnis in Trübbach ist die Hauptfassade allerdings zum Garten gerichtet, somit von der Öffentlichkeit abgewandt. Heisst das, dass die Häuser in einem Einfamilienhausquartier nur noch auf sich selbst bezogen sind?

PM Warum? Im Gegenteil. Die Stichstrasse ist gleichermassen Teil des Entwurfs. Das Garagengebäude und die beiden Wohnhäuser bilden städtebaulich eine Reihe.

Die Differenzierung zwischen Schauseite und Nicht-Schauseite ist ebenfalls ein städtebaulicher Entscheid. Je nach Situation gibt es drei, in jedem Fall jedoch zwei unterschiedliche Fassadenordnungen: Der Belvoirpark hat drei – Zugangsseite, Gartenseite und die beiden seitlichen Fassaden –, so auch die Häuser Kühnis; dort weist die repräsentative Fassade zum Garten. Diese Hierarchie kann variiert werden. Das Haus Hobi in Sargans liegt in der zweiten Reihe und hat deshalb drei gleichwertige Seiten sowie eine Schauseite zum Garten. Beim Drei-Etagen-Haus in Trübbach, das ebenfalls in der zweiten Reihe steht, richtet sich die Hauptfront zum Strassenraum. Dort befindet sich ausserdem der Zugang mit einem kleinen Vorplatz. Beim Haus in Seen ist die Schauseite auf den asphaltierten Platz orientiert. Bauten mit vier gleichwertigen Seiten stellen hingegen eine Ausnahme dar.

Die unterschiedlichen Hausfassaden ihrerseits werden über die Gestalt ihrer Wände differenziert. In Seen hat die Schauseite eine überhohe Eingangstür, links davon eine Fensteröffnung und rechts ein Relief an der Wand. Die Häuser in Trübbach haben eine Säulenreihe. Es sind Interpretationen von Orten.

LS Und wie gehst Du diesen städtebaulichen Fragen nach?

PM All Deine bisherigen Fragen beschäftigen sich mit Bauprojekten. Ein wichtiger Teil meiner Arbeit findet jedoch parallel dazu in meinen Zeichnungen statt. Dort setze ich mich systematisch mit der Sprache der Architektur, ihren Elementen und ihrem Ausdruck auseinander. Die Zeichnungen dienen dazu, all den Stoff, den ich in einem Buch oder auf einer Reise entdecke, zu verarbeiten. Diese Zeichnungen sind klein und zweidimensional.

Die Aufträge hingegen stelle ich in vogelperspektivischen Skizzen dar: Sie notieren die Strasse, einen Weg, der hinaufgeht, die Zufahrt zur Garage, einen Waldkörper mit Nadelbäumen und ein Nachbarhaus, manchmal einen Hügel oder eine Situation in der Stadt.

PROPORTIONEN

LS Wann beginnt die Arbeit mit den Proportionen?

PM Von dem Moment an, in dem man ein Lineal in die Hand nimmt. Es ist eine Arbeit von grundlegender Bedeutung. Die Skizze muss in eine exakte Planzeichnung übertragen werden, in all ihren konstruktiven Details und mit einem Masssystem, das die einzelnen Elemente unter sich und system of measurement that brings the individual elements into a very precise relationship – with one another as well as with the whole, and without losing any of the sketch's immediacy.

I began to explore proportion systems, the Golden Ratio and triangulation, while at university. I discovered Leonardo da Vinci's famous study of proportion and combined it with a chart I had seen in a lecture on occupational physiology and which depicted the different sizes of the male and the female bodies. Leonardo, in his drawing, depicted that figure with an arm-span equal to its height. Which is why the hands don't reach the corner of the square. However, this figure in reality is exceptional.

If one modifies da Vinci's geometry and describes the circle such that it intersects the upper two angles of the square, the result is a simple geometric drawing that combines triangulation and the Golden Ratio. The centre of the circle can be easily constructed, geometrically, at the intersection of the central orthogonal axis of the square and that of the diagonal connecting the mid-point of the square's horizontal side and the angle. The centre of the circle lies at 5/8 of the vertical side of the square. The central orthogonal axis, above the diagonal, intersects the two vertical sides of the square at 3/8 respectively at 7/8. I call this the eighth-straight. The measures 5/8 and 7/8 correspond, within a few thousandths, to the proportions of the Golden Ratio respectively of triangulation. Ever since then, I have worked with the one-eighth fraction respectively with its division into 1/16, 1/32, 1/64, etc.

LS In Palladio's work, there are deviations between the system of measurement in the plan and in his buildings.

PM If by deviations you mean slight inaccuracies: these can always occur. Paramount is the accuracy of the ossature, the coherence of the elements. Conscious deviations from a system of measurement are major architectural statements.

The restrictive rules that youth imposes on itself can be a pitfall. The Kühnis house in Trübbach, for example, where the half-figure stands between the columns, is inscribed in the aforementioned geometric drawing: the windows and all the apertures, the ornamental coffered cornice. The house is 8/8, that element is 7/8, this one 5/8 and others again a fraction of that. But gradually I've liberated myself from any too precise inscription of a façade in a geometric drawing, although I continue to use the system of measurement.

COLOUR

LS At your brother's house, the Märkli house in Azmoos [1999–2000], you used a chequered pattern for the façade, a pattern you had played around with in numerous earlier drawings: a kind of rustication. In Azmoos, this same motif very evidently became a visual tool with an entirely different meaning.

PM It's not evenly chequered. It consists of fields of different sizes. This enabled me to integrate by means of dissimulation or camouflage apertures that would otherwise

zum Ganzen in eine präzise Beziehung setzt. Dabei darf die Unmittelbarkeit der Skizze nicht verlorengehen.

Während des Studiums begann ich, mich mit den Proportionssystemen, dem Goldenen Schnitt und dem Triangulum zu beschäftigen. Ich entdeckte Leonardo da Vincis berühmte Proportionsstudie, kombinierte sie mit einer Tabelle, auf die ich in der Vorlesung über Arbeitsphysiologie im ersten Semester gestossen war, und welche die unterschiedlichen Körpergrössen von Männern und Frauen aufführte. Leonardo hat in seiner Zeichnung eine Figur dargestellt, bei der die Spannweite der Arme der Körpergrösse entspricht. Darum reichen die Hände nicht bis in die Ecken des Quadrats. Diese Figur ist jedoch in Wirklichkeit ein Ausnahmefall.

Wenn man die geometrische Zeichnung da Vincis verändert und den Kreis so konstruiert, dass er durch die beiden oberen Ecken des Quadrats verläuft, erhält man eine einfache geometrische Zeichnung, die Triangulum und Goldenen Schnitt vereint. Der Kreismittelpunkt lässt sich über die Mittelsenkrechten der Quadratseite und die der Diagonale, die Quadratmitte und Ecke verbindet, geometrisch einfach konstruieren. Der Mittelpunkt des Kreises liegt bei 5/8 der Quadratseite. Die Mittelsenkrechte über der Diagonale schneidet die beiden gegenüberliegenden Quadratseiten bei 3/8 beziehungsweise 7/8. Ich nenne sie Achtelgerade. Die Masse 5/8 und 7/8 entsprechen bis auf ein paar Tausendstel den Verhältnissen des Goldenen Schnitts und des Triangulums. Seither arbeite ich mit einer Achtel-Einteilung, die immer feiner dividiert werden kann in 1/16, 1/32, 1/64 etc.

LS Bei Palladio gibt es Abweichungen zwischen dem Masssystem in den Plänen und in den Bauten.

PM Wenn du mit Abweichungen Ungenauigkeiten meinst: Die kann es immer geben. Es ist wichtig, dass das Gerüst, der Zusammenhang der Elemente stimmt. Bewusste Abweichungen von einem Masssystem sind entscheidende baukünstlerische Äusserungen.

In jungen Jahren ist man oft in den selbstauferlegten engen Regeln gefangen. Das Haus Kühnis in Trübbach beispielsweise, bei dem die Halbfigur zwischen den Säulen steht, ist in die vorhin erläuterte geometrische Zeichnung eingeschrieben: die Fenster und alle Öffnungen, das Blendwerk mit seiner Kassettierung. Das Haus ist 8/8, jenes Element ist 7/8, dieses 5/8 und andere wiederum ein Teil davon. Doch nach und nach habe ich mich von einer exakten Einschreibung einer Fassade in die geometrische Zeichnung gelöst, das Masssystem aber beibehalten.

FARBE

LS Beim Haus Deines Bruders, dem Haus Märkli in Azmoos [1999–2000], verwendest Du ein Schachbrettmuster für die Fassade, ein Muster, mit dem Du Dich in zahlreichen früheren Zeichnungen auseinandergesetzt hast, eine Art Rustizierung. In Azmoos wird das gleiche Motiv ganz offensichtlich zu einem visuellen Instrument mit völlig anderer Bedeutung.

PM Es sind grössere und kleinere Felder, nicht einfach ein

have looked stranded, given the expressive volumes of the house.

The house is in a residential zone with a three-storey height limit. The carport and the entrance are at ground level. From there, one goes up past the bedrooms to the second floor. This is the level for those who are home a lot: a two-room apartment kind of set-up, with a bathroom, kitchen, living room and a terrace. This explains the cantilever. From there, one has a fine view of the landscape.

LS The windows are not only a part of the pattern, but serve also to frame the landscape.

PM They frame a view of the Rhine Knee and the bluffs.

LS In the studio house for two musicians in Rumisberg [2011–2013], you used colour to play off spaces and planes against each other.

PM I had a similar time with colour as with the language of architecture. I first had to comprehend its relevance in architecture. I had to learn to see, for example, that, as in Bonnard's interiors, there is a very broad spectrum of white, from a warmer white to a much cooler white, and also that a cool white is vastly different from the RAL-white that the building industry typically uses for interiors.

The early buildings are therefore finished in simple tones of the sort one finds in the chromaticity of a beautiful black and white drawing. These tone values, along with exposed concrete, made up my basic palette. At the three-storey house in Trübbach I added Bakelite bonded plywood and colourful linoleum flooring. At the Kühnis houses I applied the pigments to a white primer, to give the alizarin crimson more depth.

LS Crucial in Rumisberg was not only the temperature of the colours but first and foremost their spatial impact.

PM It takes a lot of experience to use the colour of building materials to spatial effect. In Rumisberg we needed a solution that would allow us to leave the black foam glass exposed. We used a matt gloss to stabilise the surface. For the exposed brick walls we chose a cool white.

SPACE

LS You break with spatial conventions also regarding the separation of functions. Way back in the Kühnis houses, the bathroom and toilet were inscribed in the corridor.

PM It caused a furore at the time.

Our point of departure in this respect differs completely from that of our predecessors. Bathrooms and toilets hardly featured at all in ground plans in the past. Nowadays, the challenge is to interweave the two different spatial orders. The main room figure has to be complemented by the ancillary room figure.

It was in the three-storey house in Sargans that I first featured two parallel routes: a more public one leading directly into the living spaces, and a more informal one running via the shower room or the kitchen. These different

Schachbrett. Über dieses Muster konnte ich die Öffnungen, die ansonsten isoliert gewirkt hätten, integrieren, tarnen oder einbetten. Das expressive Volumen des Hauses erfordert dies.

Das Haus steht in der Zone W3. Im Erdgeschoss hat es einen Unterstand für das Auto und den Eingang. Von dort steigt man an den Zimmern vorbei in das zweite Obergeschoss. Dieses Geschoss ist für diejenigen Personen, die sich viel im Haus aufhalten, und wie eine Zweizimmerwohnung angelegt, mit Bad, Küche, Wohnraum, Zimmer und Terrasse. Deswegen auch die Auskragung. Von dort bietet sich eine freie Sicht auf die Landschaft.

LS Die Fenster sind nicht nur Flächen im Muster, sondern zugleich Rahmungen der Landschaft.

PM Sie rahmen den Blick auf das Rheinknie und den Felsen.

LS Im Atelierhaus für zwei Musiker in Rumisberg [2011–2013] erlaubt Dir die Farbe, Raum und Fläche gegeneinander auszuspielen.

PM Mit der Farbe erging es mir wie mit der Architektursprache. Ich musste ihre Bedeutung für die Architektur zuerst erlernen. Ich musste etwa erkennen, dass es wie in den Interieurs von Bonnard eine vielfältige Palette von Weiss gibt, ein wärmeres Weiss oder ein sehr viel kühleres Weiss, und dass sich das kühle Weiss von dem typischen RAL-Weiss, das in der Baubranche üblicherweise für das Weiss der Innenräume verwendet wird, stark unterscheidet.

Die ersten Gebäude sind deshalb in einfachen Tonwerten gehalten, wie sie sich in der Farbigkeit einer schönen Schwarzweiss-Zeichnung zeigen. Diese Tonwerte oder der nackte Beton waren meine Grundfarben. Beim Drei-Etagen-Haus in Trübbach kommt bakelisiertes Sperrholz dazu und ein farbiger Linoleumboden. Das Krapplack-rot der Häuser Kühnis erhält seine Tiefenwirkung durch den Auftrag der Farbpigmente auf weissem Untergrund.

LS In Rumisberg geht es nicht nur um die Temperatur der Farben, sondern vor allem um ihre räumliche Wirkung.

PM Ich brauchte viel Erfahrung, um den Farbwert eines Baumaterials für die Raumwirkung zu nutzen. In Rumisberg mussten wir eine Lösung finden, die es uns erlaubte, das schwarze Foamglas unverputzt zu belassen. Wir haben einen Mattlack verwendet, um die Oberfläche zu festigen. Für die unverputzten Backsteinwände wählten wir ein kühles Weiss.

RAUM

LS Auch auf der Ebene der Funktionstrennung brichst Du mit tradierten Raumvorstellungen. Bereits in den Häuser Kühnis sind Bad und Toilette im Korridor eingeschrieben.

PM Das sorgte damals für Aufsehen.

Wir haben in dieser Hinsicht eine ganz andere Ausgangslage als unsere Vorfahren. Bad und Toilette sind in den Grundrissplänen der Häuser früherer Epochen oft gar nicht existent. Heute geht es darum, zwei unterschiedliche paths open up new constellations in the apartment and thus enhance everyday life.

LS You further pursued this theme in the cooperative residential development Im Gut [2007–2014] in Zurich.

PM Wherever possible and whenever applicable, in fact.

After all, these small spaces in an apartment are not simply "wet rooms", but spaces we live in. And spaces must be designed. This takes some extra mental effort but vastly improves the plan, without causing much additional expense.

LS Is there scope for this approach also in public projects, such as the Im Birch school?

PM Less so, but certainly in some respects. The school was first and foremost an urban design challenge. It was to serve both as a hub for a newly built neighbourhood and as a place for local kids to hang out, also during the school holidays.

The individual volumes of the complex are arranged on the trapezoid lot along a main axis. They frame open zones, from where the various sections of the school are accessed. The nursery, primary and secondary sections each have their own entrance, the common facilities and sports hall likewise. Also, all the public spaces have level access. So the sports hall, for instance, can be used also for festivities outside of school hours.

The open zones, including the sports fields, take the form of public squares. As in Milan, where paving stones highlight the city centre's urban character, concrete slabs here clearly demarcate these zones from the asphalt around them.

For the school itself we chose a structure of non-load-bearing walls. This allowed us to remain responsive to the users' changing demands during the planning phase. For the senior pupils we also proposed clusters of three classrooms set around a central space that could be individually furnished. In certain cases this space is now used as a large classroom, and the classrooms around it, which can be easily surveyed, diagonally, from the central space, are used for group activities.

LS Do you have more leeway when designing for private clients, such as Novartis or Synthes?

PM Indeed. In both those cases I was in touch directly with the client, with no need of intermediaries. I was in particularly close contact with Hansjörg Wyss, the founder of Synthes. He wanted to be involved, to take control. Thanks to Wyss's interest and involvement in the arts, I was able to discuss certain architectural matters with him. When the in-house technicians began installing infrastructure, Wyss said that the effect unfolding on the ceiling resembled a Léger. We even discussed the knots on the pillars. He almost always accepted novel proposals.

Some interior walls of the building are finished in gravel aggregate. Our innovation was to use only half the usual quantity. So the glint of the render shows through. This finish with its diverse tones of grey and soft limestone creates an all-over effect with varying degrees of luminosity.

Raumordnungen zueinander in Beziehung zu setzen. Die Hauptraumfigur muss durch die Figur der dienenden Räume erweitert werden.

Im Drei-Etagen-Haus in Sargans habe ich erstmals zwei Wege in der Wohnung angelegt: Der eine ist öffentlicher und führt direkt in die Wohnräume, der andere verläuft informell über die Dusche oder die Küche. Diese unterschiedlichen Wege eröffnen neue Raumbeziehungen in der Wohnung, die das alltägliche Leben bereichern.

LS Dieses Thema führst Du in der genossenschaftlichen Wohnüberbauung Im Gut [2007–2014] in Zürich weiter.

PM Ich mache das, wo es geht und wenn es wichtig ist.
Diese kleinen Räume in der Wohnung sind eben nicht nur «Nasszellen», sondern Lebensräume. Und Räume muss man entwerfen. Der Mehraufwand ist ein gedanklicher, der den Plan, ohne bedeutende zusätzliche Baukosten, wesentlich bereichert.

LS Inwiefern ist diese Auseinandersetzung auch in öffentlichen Bauten wie dem Schulhaus Im Birch möglich?

PM Sie ist beschränkt, aber dafür auf unterschiedlichen Ebenen möglich. Die Schule war zunächst einmal eine städtebauliche Herausforderung. Sie sollte zum Zentrum eines neuen Quartiers werden und für die Jugendlichen auch während der Ferien Aufenthaltsort sein.
Die einzelnen Gebäudekörper sind auf der trapezförmigen Parzelle entlang einer Schwerpunktachse angeordnet. Sie bilden verschiedene Freiräume, von denen aus die unterschiedlichen Schulbereiche erschlossen werden. Unter-, Mittel- und Oberstufe haben jeweils einen eigenen Zugang, ebenso die Sporthalle. Alle öffentlichen Räume sind ausserdem ebenerdig. So kann die Sporthalle zum Beispiel auch ausserhalb des Schulbetriebs für Feste genutzt werden.
Die Freiräume einschliesslich des Sportplatzes sind als Plätze ausgebildet. Wie in Mailand, wo der Steinbelag den städtischen Charakter des Zentrums betont, setzen sich diese Plätze über ihre Platten aus Beton von der asphaltierten Umgebung ab.
Für die Schule selbst wählten wir eine Struktur aus nichttragenden Wänden. Während der Planungszeit konnten wir somit auf die sich ändernden Wünsche der Nutzer eingehen. Für die Oberstufe schlugen wir zudem Clusters mit drei Klassenzimmern vor, die um einen frei möblierbaren Zentralraum angelegt sind. Dieser ist in gewissen Fällen zu einem grossen Klassenraum geworden, und die Klassenräume um ihn herum, die aus der Diagonale heraus zu überschauen sind, werden dann für Gruppenarbeiten gebraucht.

LS Ist die Gestaltungsfreiheit bei privaten Bauherren wie Novartis oder Synthes grösser?

PM Das ist so. Ich hatte dort einen persönlichen Kontakt mit dem Bauherrn ohne Vermittlung über Bauherrenvertreter. Bei Hansjörg Wyss, dem Gründer der Synthes, war die Beziehung am direktesten. Er wollte sich einbringen und die Kontrolle behalten. Dank Wyss' engem Verhältnis zur Kunst konnte ich mich mit ihm über gewisse architek-

In construction, one has to know what one is up against. This is crucial to the work: Who can one count on for support? Who can one work with on the basis of trust? Will it be the general planner, the general contractor, the foreman or the client? Time alone will tell whether one has allies enough to carry out as much as possible of whatever it is one is hoping to do.

COLUMNS AND PILLARS

LS The school Im Birch seems to me pivotal also in another respect. It was here that the hitherto solid volume ceded for the first time to a finely structured façade of supports and architraves.

PM We defined four different ceiling heights and proportioned the structure accordingly. The scheme was not yet conclusively planned. This structure left leeway for adaptation of the spaces, as required.

LS This is also where you began working with prefab elements.

PM The façade has in its expression that which in the case of the house with the columns I described as mood.
It's difficult to express this correctly, easier perhaps, to explain it with an example. The archaic Greek temple has a distinctive mood all of its own, since it is precise in composition, not only technically, but also and above all with regard to its shape and its structural elements. A specific mood becomes corporeality, a lived-in space. This was the effect I hoped to attain in shaping a precise and rational façade at Im Birch.

LS Is the severe grid also a part of the mood?

PM No. This is not a grid.
The shape of the building is the outcome of joining vertical and horizontal elements. The tension in the in-between spaces in combination with these architectural elements determines the expression of the building. The shape of the building is not only a direct expression of the interior spaces but equally responds to the urban challenges posed by a neighbourhood under development. It establishes the school as a public building.

LS The theme of the column or the pillar ...

PM ... a hybrid ...

LS ... becomes the structuring motif here. The column assumed this role in your early work. Has the pillar replaced the column?

PM The pillar simply entered my world. I hope that the column will come to move me again, some day. The pillar affords architecture a multiplicity of formal options, just as the phoneme does language. At the Cave Fin Bec in Pont-de-la-Morge [2009–2012], it takes shape in a way that perhaps vaguely suggests an entasis. I wanted to see whether the pillar ...

tonische Fragen austauschen. Als die Haustechniker mit dem Einbau der Infrastruktur begannen, meinte Wyss, dass das Bild, das sich an der Decke ergab, wie ein Léger aussehe. Auch über die Knoten an den Pfeilern haben wir diskutiert. Meist hat er sich auf die neuen Vorschläge eingelassen.

Im Inneren des Gebäudes sind einige Wände mit Kieselwurf ausgeführt. Da nur die Hälfte der üblichen Menge aufgetragen wurde, schimmert der Grundputz durch. Die über die Materialität erzeugte Farbstimmung in Grau und einem cremigen Kalkton schafft eine einheitliche Wirkung in unterschiedlichen Helligkeiten.

Beim Bauen muss man sich im Klaren sein – und das ist ein entscheidender Teil der Arbeit –, wer einen unterstützt, mit wem man eine vertrauensvolle Beziehung eingehen kann und mit wem nicht: Ist es der Generalplaner, der Totalunternehmer, der Bauführer oder der Bauherr? Mit der Zeit zeigt sich, ob man Verbündete hat, die es einem erlauben, möglichst viel von dem, was einem vorschwebt, zu realisieren.

SÄULE UND PFEILER

LS Die Schule Im Birch scheint mir auch in anderer Hinsicht ein zentrales Projekt zu sein. Zum ersten Mal ist der bisher wandartig geschlossene Baukörper in eine feingegliederte Fassade aus Stützen und Architraven aufgelöst.

PM Wir haben vier verschiedene Raumhöhen bestimmt und die Struktur entsprechend proportioniert. Das Programm war noch nicht definitiv festgelegt. Innerhalb dieser Struktur konnten die Räume angepasst werden.

LS Du beginnst dort auch mit vorfabrizierten Elementen zu arbeiten.

PM Die Fassade besitzt in ihrem Ausdruck das, was ich beim Haus mit den Säulen als Stimmung beschrieben habe.
Es ist schwer, dies richtig auszudrücken. Vielleicht lässt es sich an einem Beispiel erklären: Dem archaisch-griechischen Tempel ist eine charakteristische Stimmung eigen. Sein Aufbau ist sehr präzis, aber nicht nur in technischer Hinsicht, sondern insbesondere mit Blick auf seine Gestalt und seine Bauglieder. Eine spezifische Stimmung wird sinnlich erfahrbar. Eine vergleichbare Wirkung wollte ich beim Schulhaus Im Birch durch den klaren, geradezu rationalen Aufbau der Fassade erreichen.

LS Gehört zur Stimmung auch der sehr strenge Raster?

PM Nein. Es handelt sich nicht um einen Raster.
Die Gestalt des Gebäudes ergibt sich durch das Fügen vertikaler und horizontaler Elemente. In den dazwischenliegenden Raumfeldern entsteht die Spannung, die zusammen mit den architektonischen Gliedern den Ausdruck des Gebäudes hauptsächlich bestimmt. Die Gestalt ist nicht allein das direkte Abbild der Innenräume gegen aussen, sondern im gleichen Mass eine Reaktion auf die städtebaulichen Herausforderungen eines sich in der Entwicklung befindenden Quartiers. Sie zeichnet die Schule als öffentliches Bauwerk aus.

LS ... even without an architrave ...

PM ... can, like the column, substantiate entasis. Entasis makes the cylinder more plastic; and it is this, which makes the cylinder a column. The pillar has similar formal potential.

LS The pillars at the Synthes headquarters in Solothurn or the Minoan columns in Azmoos are emphatically expressive.

PM Since I didn't want the house in Azmoos to have a socle, I had to shift the focus of the façade to its centre, to obviate any impression of a socle. I therefore designed these columns – Minoan columns, as you call them.

LS At the Synthes building, for its part, the knot of the four-storey pillar is in the architrave ...

PM ... but also at its base, where it evokes the vestige of a socle and thus anchors the pillared façade in the site. It also conveys a human scale.

LS At Belvoir Park, by contrast, a projecting block distinguishes the ground-floor pillars.

PM I had never designed a pillar like this before. The projecting block serves several purposes. The upper four levels rest directly on the pillars, without a top-beam, so the park level enjoys a much greater degree of openness than them. The projecting blocks, in sequence, induce the eye to see a built horizontal that is not actually built. On the park façade they have the additional effect of effortlessly highlighting the new footpath alongside the building. And, lastly, the projecting block suggests a capital.

TECHNICAL INSTALLATIONS

LS Technical installations play a special role at Belvoir Park. What significance do they have?

PM A pioneering approach to technical installations is evident, in my view, in Sigurd Lewerentz's work. His on-wall mountings, be it for plumbing or wiring, are designed as architectural ornament. And even the most minor details, such as zinc edging on windowsills and roof cladding, attest his attentiveness to the broader urban context.
In architecture the question invariably arises as to whether one should ignore technical installations or showcase them. We decided to use them as an architectural feature. At Belvoir Park, the halls are different in character on each floor but uniformly structured by four large pillars – two on each of the longer sides of the stacked halls, from where the lateral tracts may be accessed. Since the pillars incorporate all the vertical services, the halls remain free of clutter and retain their purely representative character. Infrastructure here is conceived not only as a pictorial motif, but also structures the space. The pillars/shafts are equally visible on the roof. If the building were to fall into ruin, they would still be its defining feature.

LS Das Thema der Stütze oder des Pfeilers …

PM … ein Mischding …

LS … wird hier zum strukturierenden Motiv. Diese Funktion hatte in Deinem Frühwerk die Säule. Hat der Pfeiler die Säule ersetzt?

PM Der Pfeiler ist einfach in meine Welt getreten. Ich hoffe, dass mich irgendwann die Säule wieder berührt. Der Pfeiler bietet der Architektur, wie ein Phonem in der Sprache, eine Vielfalt formaler Möglichkeiten. Beim der Cave Fin Bec in Pont-de-la-Morge [2009–2012] nimmt er eine Gestalt an, die vielleicht entfernt an eine Entasis erinnert. Ich wollte sehen, ob der Pfeiler …

LS … auch ohne Architrav …

PM … wie die Säule die Wirkung der Entasis entfalten kann. Die Entasis macht den Zylinder plastischer. Er wird dadurch erst zur Säule. Ähnliche formale Möglichkeiten bietet auch der Pfeiler.

LS Die Pfeiler bei der Synthes in Solothurn oder die minoischen Säulen in Azmoos sind betont expressiv.

PM Da ich beim Haus in Azmoos keine Sockelpartie wollte, musste der Schwerpunkt der Fassade auf ihre Mitte verlagert werden, um die Wirkung eines Sockels zu vermeiden. Dafür habe ich diese – von Dir als minoisch bezeichneten – Säulen entworfen.

LS Bei Synthes wiederum befindet sich der Knoten der vierstöckigen Pfeiler im Architrav …

PM … aber ebenso unten, wo er den Rest eines Sockels evoziert und die Pfeilerfassade an das Terrain zurückbindet. Zugleich schafft er für den Menschen einen Massstab.

LS Im Belvoirpark zeichnet sich der Pfeiler im Erdgeschoss wiederum durch eine kleine Auskragung aus.

PM Ich hatte bisher noch nie einen Pfeiler mit einer Auskragung entworfen. Die Auskragung hat verschiedene Funktionen: Die Obergeschosse liegen direkt auf den Pfeilern auf, ohne ein vermittelndes horizontales Element. Das Parkgeschoss hat dadurch einen Grad an Offenheit der viel höher ist, als derjenige der oberen vier Geschosse. Darüber hinaus verleitet die Abfolge der Auskragungen das Auge, eine in Wirklichkeit nicht gebaute Horizontale zu sehen. Die Auskragung erzeugt in der Parkfassade zudem eine räumliche Wirkung und fasst dadurch den neuen Fussweg entlang des Gebäudes ganz leicht ein. Schliesslich verweist sie auch auf ein Kapitell.

HAUSTECHNIK

LS Im Belvoirpark spielt die Haustechnik eine besondere Rolle. Welche Bedeutung hat sie?

PM Wegweisend im Umgang mit technischen Installatio-

ART

LS Which other artists interest you, besides Josephsohn?

PM Alberto Giacometti and his figures. At the Architecture Biennale in Venice [2012], we showed one of Giacometti's figures together with four of Josephsohn's – at the Arsenal, in one of those fantastic rooms with two columns.

LS And how did your cooperation with Jenny Holzer in Basel come about?

PM Our building on the Novartis Campus is on the square, not on Fabrikstrasse. To realise the proportions we wanted, it was necessary to install a shingle made of vertical rods in front of the mezzanine level of the double-storey arcade. Had we left the arcade completely open, it would have been out of proportion with the height of the building. Jenny Holzer's scrolling installation plays on these rods, which blend laterally with the diamond pattern on the mezzanine level.

LS Irritating, I find, is that Holzer's work introduces movement into your very static building.

PM In Romannesque churches one occasionally comes across corbels with carvings of figures or heads. Some corbels project straight ahead, others obliquely. Those at an angle serve to rhythmically punctuate those that are not, thus prompting a scenic sequence. Holzer's installation, integrated in the façade design, has a similar effect. It animates something that is otherwise static.
  The bas-reliefs by Josephsohn on the façade of my sister's house serve this same purpose.

ACADEMIA

LS You ended your studies at the ETH Zurich, without graduating.

PM I gained my intermediate diploma and attended all the requisite classes through to the end of the final semester, but I didn't do the diploma. It was an intuitive decision. I trusted my gut. And it completely bewildered my circle.

LS Your relationship with the ETH had been ambivalent from the start.

PM I never had negative feelings towards the school. But as a youngster, one has very high expectations of an institution like the ETH, as also of one's parents. One overlooks that it, too, has to negotiate the broader social context. Still, an institution like the ETH clearly has responsibilities: it must reflect social developments, voice its position and defend its values. For instance, someone addressing dwindling planetary resources shouldn't reduce the issue to one of calculable insulation coefficients, but must also find the courage to take a critical look at consumer society. By the same token, a school such as the Architecture Department of the ETH must face up to pluralism, certainly; but at the same time, it must ask

nen ist für mich das Werk von Sigurd Lewerentz. Seine Aufputz-Installationen, etwa für Sanitär- und Elektroleitungen, sind als architektonischer Schmuck entworfen. Und die kleinsten Details, wie Blechabschlüsse an Fensterbänken und Dacheindeckungen richten sich nach städtebaulichen Überlegungen aus.

In der Architektur stellt sich immer die Frage, ob man die technischen Anlagen ignorieren oder sie zu einem Bestandteil der Architektur machen soll. Wir entschieden uns, sie architektonisch zu nutzen. Im Belvoirpark sind die Hallen, die in jedem Geschoss eine andere räumliche Ausprägung haben, durch die vier grossen Pfeiler bestimmt, welche die vertikalen Leitungen der Haustechnik aufnehmen. Je zwei dieser Pfeiler stehen an den Längsseiten der übereinanderliegenden Hallen, von denen aus die Seitentrakte erschlossen werden können. So bleiben die Hallen frei von der Leitungsführung und erhalten dadurch ihren repräsentativen Charakter. Die Infrastruktur ist hier nicht nur bildhaft gedacht, sondern strukturiert den Raum. Entsprechend treten die Schächte/Pfeiler auch auf dem Dach in Erscheinung. Würde das Gebäude zerfallen – diese Struktur würde selbst noch die Ruine des Baus auszeichnen.

KUNST

LS Abgesehen von Josephsohn, welche anderen Künstlern interessieren Dich?

PM Alberto Giacometti und seine Figuren. An der Architekturbiennale in Venedig [2012] haben wir – in einem der grossartigen Räume mit zwei Säulen im Arsenale – eine Figur Giacomettis zusammen mit vier Figuren von Josephsohn gezeigt.

LS Und wie kam die Zusammenarbeit mit Jenny Holzer in Basel zustande?

PM Unser Haus auf dem Novartis-Campus steht am Platz und nicht an der Fabrikstrasse. Um die gewünschte Proportion des Baus zu erreichen, mussten wir in der zweigeschossigen Arkade vor dem Mezzanin ein Schild aus vertikalen Stäben entwerfen. Die volle zweigeschossige Arkade wäre im Verhältnis zur Gebäudehöhe zu hoch gewesen. In diesen Stäben, die seitlich in das Rautenmuster des Mezzaningeschosses übergehen, läuft die Installation von Jenny Holzer.

LS Irritierend an der Arbeit von Holzer ist die Bewegung, die sie in Dein sehr statisches Haus einführt.

PM In romanischen Kirchen findet man bisweilen Konsolen mit Figuren oder Köpfen. Einige Konsolen kragen frontal hervor, andere sind schräg abgedreht; diese versetzen diejenigen, die nicht abgedreht sind, in einen Rhythmus und initiieren eine szenische Bewegung. Die Einbindung der Arbeit von Jenny Holzer in die Gestalt der Fassade hat einen ähnlichen Effekt. Die Installation schreibt eine Bewegung in etwas ansonsten Statisches ein.

Diese Funktion haben auch die Reliefs von Josephsohn am Haus meiner Schwester.

itself, whether pluralism is not perhaps causing seasoned conventions to be thrown overboard, recklessly and without good reason.

APPOINTMENTS

LS In 1996 you returned to the ETH as a lecturer.

PM Ivano Gianola had a position then as a visiting lecturer but he left before the appointed time, to pursue new architectural commissions. So they called me. I took over the lectureship from Gianola and taught for the next four semesters.

LS In 2002 you returned to the ETH a second time.

PM In the meantime I had taught at Lausanne for a year, at the invitation of Martin Steinmann.

One day Vittorio Magnago Lampugnani called me and offered me a professorship in Zurich. I suggested I should just step in occasionally, as and when required. The following semester Adrian Meyer came to my studio. Over whisky served in cheap plastic beakers (which made a lasting impression on him), he persuaded me to take up a position at the ETH. I accepted, that time, also in light of the fact that I would be able to share the position with Markus Peter. I teach three semesters in a row, each including a design studio, then Markus teaches one semester; and he gives a lecture, too, on account of his interest in research and construction history. We both supervise the diploma theses.

I was willing to accept only on condition that I'd still have enough time for my own work, since much of the experience gained there effectively feeds into my teaching.

LS Is the cooperation with Markus Peter a chance constellation or did you know each other beforehand?

PM We were acquainted. I was regularly in touch with two or three offices at the time. We'd visit one another in order to critique our various projects.

LS Meili Peter was one of those offices. And the others?

PM Annette Gigon sometimes took part. But I mostly talked things over with Markus Peter and Marcel Meili: first with Marcel and then with Markus.

Of course I continued to see Josephsohn at the time.

LS After fourteen years at the ETH you're taking early retirement from teaching. Why is that?

PM There's a very simple explanation. It has nothing to do with the ETH as an institution or with the students, or with any kind of exhaustion or disinterest on my part. Fourteen years is simply a very long time. I need to be able to spend some time again looking for answers to architectural questions that I've been obliged to put on hold. In the past I always had time. Now I don't.

LS Are you also afraid perhaps that your teaching at the ETH could become a rigid methodology?

LEHRE

LS Du schliesst Dein Studium an der ETH Zürich ohne Diplom ab?

PM Nach dem Vordiplom habe ich die Hauptfächer gemäss dem damaligen Studienplan bis zum letzten Semester besucht, doch ohne das Diplom zu machen. Das war eine gefühlsmässige Entscheidung. Ich habe es einfach getan. Für mein Umfeld war das unverständlich.

LS Dein Verhältnis zur ETH war von Anfang an ambivalent.

PM Ich habe die Schule nie als negativ empfunden. Gegenüber einer Institution wie der ETH hat man, wenn man jung ist, wie gegenüber den Eltern einen maximalen Anspruch. Man übersieht deren übergeordneten, gesellschaftlichen Rahmen. Doch eine Institution wie die ETH ist einer solchen Rolle gleichzeitig auch verpflichtet, sie muss gesellschaftliche Entwicklungen reflektieren, dazu Position beziehen und zudem eigene Wertvorstellungen verteidigen. Wer zum Beispiel die Ressourcenknappheit zum Thema macht, darf diese Frage nicht auf berechenbare Isolationskoeffizienten reduzieren, sondern muss den Mut haben, die Konsumgesellschaft kritisch zu hinterfragen. Ebenso muss sich eine Architekturschule wie das Departement Architektur an der ETH mit dem Pluralismus auseinandersetzen, sich dabei allerdings zugleich fragen, inwiefern dadurch nicht bewährte Konventionen leichtsinnig und ohne Grund verdrängt werden.

BERUFUNG

LS 1996 kehrst Du als Dozent an die ETH zurück.

PM Damals war Ivano Gianola Gastdozent. Wegen neuer Bauaufträge brach er seine Gastdozentur frühzeitig ab. Daraufhin wurde ich angefragt. Ich habe den Lehrauftrag von Gianola übernommen und vier weitere Semester unterrichtet.

LS 2002 kommst Du erneut an die ETH Zürich?

PM Vorher war ich noch in Lausanne, wohin Martin Steinmann mich für ein Jahr eingeladen hatte.
Eines Tages rief mich Vittorio Magnago Lampugnani an und bot mir eine Professur in Zürich an. Ich schlug vor, interimsweise und bei Bedarf einzuspringen. Ein Semester später kam Adrian Meyer ins Atelier. Er überredete mich bei einem Whiskey in einem billigen Plastikbecher (was ihn nachhaltig beeindruckt hat), die Stelle an der ETH anzunehmen. Ich sagte zu, auch vor dem Hintergrund, dass ich die Stelle mit Markus Peter teilen konnte. Ich unterrichte turnusmässig drei Semester, jeweils mit Seminarreisen, Markus übernimmt ein Semester und hält wegen seines Interesses für Forschung und Konstruktionsgeschichte eine Vorlesung. Diplome betreuen wir beide.
Ich wollte nur unter der Bedingung zusagen, dass ich weiterhin genügend Zeit für die eigene Arbeit finden würde, denn die dort gewonnenen Erfahrungen fliessen in hohem Masse in die Lehre ein.

PM No. Nothing is further from my mind, because I see architecture as the art of building, which is an art that must be learned, and which one never ceases to learn. Besides, our profession has too much zest for life and society ever to be at risk of growing stale.

TEACHING

LS What plans did you have when you began teaching at the ETH, in 1996 as a visiting lecturer, in 2002 as a professor?

PM I've spent my entire life among people who have always, and with great generosity, passed on all they know. To pass on knowledge is the essence of culture. My teaching at the ETH was accordingly shaped by my desire to pass on all the knowledge that I had acquired for myself over the years. The sole difference between my students and me is that I have more experience.
At the start of his studies, emotional intelligence is the greatest capital a young person has. Not everyone is drawn in the exact same way to the exact same things. This makes projects more individual. But of especial interest to me, above and beyond that, is how students relate to society, and not only in terms of their profession. If they feel indebted to society, they must adopt certain architectural conventions and make them their own. Just as the grammar of written and spoken language is a key to mutual understanding, so, too, knowledge of the grammar of architecture is a condition of our ability to communicate.

LS Do you believe it is your task as a teacher and experienced listener-mentor to open students' eyes to the value of their own work?

PM Yes. We often have a very skewed notion of our own work. We are incapable of reading our own sketches and drawings. Many students, when discussing their projects with me, have the same experience as I had with Brändle. And it has an immediate impact on their work.

LS Do you see students once a week in the studio?

PM I did as a visiting lecturer, for many semesters. I worked very closely with students in the early days. We also invited experts – landscape architects, engineers or art historians – to discuss various topics with us.
In the meantime student numbers have exploded. We currently have fifty students. So for some years now, I've begun each semester with a comprehensive lecture spread over two or three days. Of course we continue to invite experts. I also take part in three interim assessments as well as the final one, which allows me to gain a very clear picture of each student. The week-to-week work with students is my assistants' responsibility. Thanks to their independence, opinions diverge when we assess the students' projects. This is all the more crucial, given that we frequently don't yet have answers to all the questions we posed during the semester.

LS You stopped giving your introductory lecture on propor-

LS Ist die Zusammenarbeit mit Markus Peter eine zufällige Konstellation oder kanntet Ihr Euch schon vorher?

PM Wir kannten uns. Ich tauschte mich damals regelmässig mit zwei, drei Büros aus. Wir besuchten uns gegenseitig, um die eigenen Projekte kritisch zu diskutieren.

LS Meili Peter war eines dieser Büros. Wer waren die anderen?

PM Annette Gigon war manchmal dabei. Doch am meisten habe ich mich mit Markus Peter und Marcel Meili ausgetauscht, zuerst mit Marcel und dann mit Markus.
  Selbstverständlich traf ich mich damals weiterhin mit Josephsohn.

LS Nach 14 Jahren ETH beendest Du nun vorzeitig Deine Lehrtätigkeit. Warum?

PM Die Erklärung ist sehr einfach. Es hat weder mit der ETH als Institution noch mit den Studenten und Studentinnen noch mit einer Form von Erschöpfung oder einem Desinteresse zu tun. 14 Jahre sind eine lange Zeit. Ich habe das Bedürfnis, mir wieder Zeit für gewisse Fragen nehmen zu können, welche die Architektur betreffen und deren Beantwortung ich zurückstellen musste. Früher hatte ich immer Zeit. Sie fehlt mir heute.

LS Liegt es daran, dass Du befürchtest, Deine Lehre an der ETH könnte zu einer starren Methode werden?

PM Nein. Dieser Gedanke ist mir fern, denn ich verstehe Architektur als Kunst des Bauens, die man erlernen muss und die unerschöpflich ist. Das Starre einer Methode ist nicht zu befürchten, denn unser Beruf ist in die Vitalität des Lebens und die der Gesellschaft eingebunden.

UNTERRICHT

LS Mit welchen Vorstellungen bist Du als Lehrender, 1996 als Gastdozent, 2002 als Professor, an die ETH gekommen?

PM Ich habe mein Leben lang nur mit Menschen verkehrt, die stets alles in hohem Mass grosszügig weitergegeben haben. Kultur bedeutet Weitergeben. Mein Unterricht an der ETH war deshalb vom Wunsch geleitet, das zu vermitteln, was ich mir in all den Jahren angeeignet hatte. Was mich von den Studierenden unterscheidet, ist lediglich meine längere Erfahrung.
  Am Beginn einer Ausbildung ist die emotionale Intelligenz das grösste Kapital eines jungen Menschen. Nicht jeder wird auf die gleiche Art und Weise von gewissen Dingen angesprochen. Dadurch gewinnen die Projekte an Eigenart. Doch darüber hinaus interessiert mich besonders, wie sich die Studenten und Studentinnen über ihren Beruf hinaus gegenüber der Gesellschaft positionieren. Wenn sie sich ihr verpflichtet sehen, müssen sie sich gewisse Konventionen der Architektur aneignen. Genauso wie die Grammatik in der schriftlichen und gesprochenen Sprache die Grundlage zur Verständigung bildet, genauso ist die Kenntnis der Grammatik in der Architektur eine Bedingung, um sich überhaupt mitteilen zu können.

tion some years ago, and replaced it by one on the grammar of architecture. Does proportion play a secondary role in your classes?

PM It ought to play a major role. But if I were to teach students all that I'd like to teach them, I'd need four semesters: one and a half for constructive detail, and two and a half for urban planning, design and proportion.

LS That would require a completely different type of teaching – six students to a studio, perhaps?

PM Let's say fifteen to twenty.

LS Twenty students whom you would see every week, and not only for one semester, but …

PM … for a long time, and with latitude enough to be able to bring in other experts to answer specific questions.

LS Do we currently accept too many students of architecture?

PM No, since some of them will ultimately choose another profession. But I personally like teaching future architects. I cannot commit to anything else.

LECTURES AND PRELIMINARY EXERCISES

LS What is the main objective of your lecture on the grammar of architecture?

PM The lecture is born of an insight, namely that, whether we like it or not, we all have a common cultural heritage. Likewise the artist who painted his first-ever monochrome canvas was aware that he stood in a certain tradition. I endeavour to portray this shared heritage in my lecture, to convey all that is universal and timeless about it.

LS How, exactly?

PM Let me give you a brief example. When I leaf through studies of the polychromy of antique temples made by stipendiaries at the École des Beaux-Arts in the nineteenth century, I can easily distinguish between right and wrong. It has nothing to do with personal preference, but rather with the rules of architectural grammar.

LS In the Paestum semester [Spring 2011] you introduced a one-day preliminary exercise.

PM This exercise is inspired directly by our past experience. A student who leafs through a 1950s or 60s issue of an architectural journal like *Werk* will find that it covers not only buildings but also paintings and sculpture – whereas most similar publications nowadays deal solely with architecture.
  But it's not by studying architecture alone that one learns how to create space or use colour. Which is why I take an interdisciplinary approach to education. And why we do our various one-day exercises. We hand out photos of bas-reliefs, paintings of cities and parks, or film stills. We try

LS Siehst Du es als Deine Aufgabe als Lehrender oder erfahrener Gesprächspartner, den Studierenden die Augen im Hinblick auf ihre eigene Arbeit zu öffnen?

PM Ja. Der Blick auf die eigene Arbeit ist häufig verstellt. Die eigenen Skizzen oder Zeichnungen vermag man oft nicht zu lesen. Manche Studenten und Studentinnen haben, während wir gemeinsam über ihre Projekte sprechen, ähnliche Erlebnisse, wie ich sie mit dem Maler Brändle hatte. Das schlägt sich unmittelbar in ihrer Arbeit nieder.

LS Bist Du einmal pro Woche bei den Studierenden im Atelier?

PM Als Gastdozent habe ich es so gehalten, über viele Semester hinweg. Anfangs arbeitete ich ganz eng mit den Studierenden zusammen. Zu einzelnen Themen luden wir auch andere Diskussionspartner ein, Landschaftsarchitekten, Ingenieure oder Kunsthistoriker.
   Die Zahl der Studierenden ist jedoch in den letzten Jahren stark angewachsen. Zurzeit haben wir fünfzig Studenten und Studentinnen. Deshalb halte ich seit einigen Jahren am Anfang des Semesters, auf zwei oder drei Tage verteilt, einen ausführlichen Vortrag. Natürlich werden weiterhin Fachleute als Gäste in den Kurs eingeladen. Daneben nehme ich an drei Zwischenkritiken und einer Schlusskritik teil. Sie erlauben es mir, von jedem Studenten und jeder Studentin ein genaues Bild zu machen. Die wöchentliche Arbeit nehmen die Assistenten und Assistentinnen wahr. Deren Eigenständigkeit ermöglicht es, an den Kritiken die Projekte kontrovers zu diskutieren. Das ist umso entscheidender, weil wir die Antworten zu den Fragen, die wir während des Semesters stellen, teilweise noch nicht kennen.

LS Den Einführungsvortrag über Proportionen hältst Du seit einigen Jahren nicht mehr, Dein Thema ist inzwischen die Grammatik der Architektur. Spielt die Frage der Proportionen im Unterricht eine untergeordnete Rolle?

PM Sie müsste eine wichtige Rolle spielen. Doch um alles, was ich den Studierenden vermitteln möchte, zu erreichen, bräuchte ich vier Semester: anderthalb Semester für das konstruktive Detail und zweieinhalb für Städtebau, Entwurf und Proportionen.

LS Das würde eine völlig andere Unterrichtsform erfordern, ein Atelier mit sechs Studierenden?

PM Sagen wir fünfzehn bis zwanzig.

LS Zwanzig Studierende, die Du jede Woche sehen würdest, und zwar nicht nur über ein Semester, sondern …

PM … über längere Zeit und dabei die Möglichkeit hätte, Fachleute beizuziehen, die spezifische Fragen beantworten könnten.

LS Bilden wir denn zu viele Architekten aus?

PM Nein, gewisse von ihnen werden später einen anderen Beruf ausüben. Ich selbst unterrichte allerdings gerne

to learn something from these extremely diverse media. For example, students have to build a model of a Mondrian painting.

LS Is the analysis of non-European cultures or other artistic disciplines an equally effective means to critique architecture?

PM I can touch on non-European cultures or other artistic disciplines only in universal terms. And space is universal.

LS Your inclusion of other genres was a gradual process. The earlier semester brochures were focused predominantly on questions of urban morphology or architectural typology. It was only in the later ones that you began to address people's diverse habitats and lifestyles and compile visual material on the topic.

PM This evolution reflects the experience I gained over the semesters. But the overall thrust has never changed. We introduced the preliminary exercises so as to be able to fundamentally confront questions of space. A Braque collage that deconstructs the classical perspective is an investigation of space. The complex angles and skewed perspectives in a Cézanne still life are far removed from a central perspective.

REPRESENTATION

LS At what scale are the design exercises pursued?

PM The scale ranges from the individual dwelling to the city. That we need to think all scales simultaneously was a major insight for me. After that, results were vastly improved.

LS Your submission requirements for design projects, insofar as they specify how a plan must be drawn and at what scale, are on the one hand very precise; but on the other they call for individual representations, such as the hand-drawn sketch – plus, since 2005, a work diary.

PM We've already abandoned the diary.
   We are open to any kind of representation. There are no restrictions at all. Students can do as they please. It's up to them, how they put across and implement their ideas. The sketch is essential. It marks the start of a design. It expresses the whole. That is why a sketch is small, not large: because potential variations are still unknown. Sketches are also an expression of a not-knowing. They can be corrected, little by little. It is only much later that one draws up the plan. Delacroix wrote reams in his diary about sketches. His whole endeavour was to preserve on canvas the immediacy of the sketch.
   A sketch can be read. I also advise students to never, ever cut the sheet of paper on which they've made a sketch because, consciously or unconsciously, they will have factored in the blank spaces.

LS Yet you also lay down very clear requirements: plans on a scale of 1:200 or 1:100. What is the role of the plan?

zukünftige Architekten oder Architektinnen. Auf etwas anderes kann ich mich nicht einlassen.

VORTRÄGE UND VORÜBUNGEN

LS Welches Ziel verfolgst Du mit Deinem Vortrag über die Grammatik der Architektur?

PM Der Vortrag beruht auf der Erkenntnis, dass wir alle – ob wir es wollen oder nicht – an einem kulturellen Erbe teilhaben. Auch der Maler, der das erste monochrome Bild schuf, wusste, in welcher Tradition er stand. Dieses Erbe versuche ich mit diesem Vortrag zu vermitteln; das Zeitlose, das Allgemeingültige, das sich darin findet.

LS Wie genau?

PM Ich gebe Dir kurz ein Beispiel. Wenn ich die Studien zur Polychromie der antiken Tempel durchblättere, welche die Stipendiaten der École des Beaux-Arts im 19. Jahrhundert anfertigten, ist es für mich einfach, zwischen richtig oder falsch zu unterscheiden. Das hat nichts mit persönlichen Präferenzen zu tun, sondern mit den Regeln architektonischer Grammatik.

LS Mit dem Paestum-Semester [Frühjahr 2011] hast Du auch eine eintägige Vorübung eingeführt.

PM Die Vorübung ist das Resultat unserer Erfahrungen aus früheren Semestern. Würde ein Student oder eine Studentin ein Heft der Zeitschrift *Werk* durchblättern, das in den 1950/60er Jahren erschienen ist, würde er oder sie entdecken, dass darin neben Bauten auch Gemälde oder Skulpturen besprochen werden. Heute findet sich in den meisten Fachzeitschriften nur noch Architektur.

Doch die Erkenntnisse, wie man Raum bildet, wie Farbigkeit entsteht, gewinnt man nicht nur aus der Architektur. Deshalb ist die Art von Bildung, die ich anstrebe, über alle Gattungen hinweg angelegt. Darauf beruhen die verschiedenen eintägigen Vorübungen. Wir verteilen Fotos von Reliefs, Gemälden, von Städten oder Pärken, aber auch Filmstills. Wir versuchen aus den unterschiedlichsten Gattungen zu lernen. Die Studierenden müssen beispielsweise nach einem Gemälde von Mondrian ein räumliches Modell anfertigen.

LS Ist die Analyse aussereuropäischer Kulturen oder anderer Kunstgattungen auch Mittel zu einer kritischen Auseinandersetzung mit Architektur?

PM Aussereuropäische Kulturen oder anderer Kunstgattungen kann ich nur generell erfassen. Und Raum ist generell.

LS Euer Zugriff auf andere Gattungen erfolgte erst nach und nach. In den älteren Semesterbroschüren dominieren Fragen der Stadtmorphologie oder Gebäudetypologie. Erst in den späteren werden Vorstellungen des Wohnens und Lebens thematisiert, wie sie in Eurem breitgefächerten Bilderfundus zum Ausdruck kommen, mit dem Ihr die Studierenden im Unterricht konfrontiert.

PM An apartment can be drafted solely on a scale of 1:100. I truly believe that. A closet on a scale of 1:200 is illegible, insubstantial. The correct scale for a plan is 1:100. That way, 3 centimetres on the plan stand for 3 metres. Only then can a design be realistically assessed. The plan 1:100 provides a large degree of abstraction because it doesn't yet prescribe the doorframe or the window profile. It shows only the spatial layout.

Larger-scale plans serve the study of proportion, as do models. A plan on a scale of 1:50, such as students sometimes draw, is useless for design. It's basically for the building site. To study the elevation of a wall one needs a plan on a scale of 1:20, and for constructive details, an even larger scale.

Plans drawn to scale enable us to grasp the general information and thus also to form an opinion of the design. But any kind of representation is welcome. Ultimately, the only thing that counts is whether a person is aware of the best means by which to formulate his idea. I hope that he is, and also that he selects them economically – for that too is a part of the art.

LS So students are left a lot of leeway?

PM Yes. We teachers should never dictate the means of representation, since they are totally a question of temperament. Moreover, I enjoy students' individual approaches. The last thing I'd want to see is a uniform style, although it would be easy enough to prescribe one. Some people at some point build large models. Not me. I stick with my line drawings.

LS You don't ever make models?

PM Well, only very small ones, as small as my sketches …

LS And your colleagues at the office?

PM They do, occasionally.
Personally, I love the sheer abstraction of a line drawing. Doubtless because I firmly believe that the capacity to think about a concrete situation in abstract terms is a specificity of our profession.

LS Then construction plans hold no interest for you?

PM They are wonderful – and essential to the translation of ideas into material form.

THEMES

LS Already as a visiting lecturer you defined the themes that were to occupy you for many years to come: the city and the countryside.

PM Urban planning is an artificial act. Urban structures, which as a rule are based on a geometrical order, are a reflection of an era's and a society's different outlooks on life.

This is not the case with landscape. Every rural space has a form, a morphology; but this is shaped to a far lesser extent by human intervention.

PM Diese Entwicklung entspricht den von mir im Laufe der Semester gesammelten Erfahrungen. Doch generell wurde immer dasselbe vermittelt. Die Vorübungen haben wir eingeführt, um grundsätzlich über Raum sprechen zu können. Eine Collage von Braque, die den perspektivischen Raum aufbricht, ist eine Auseinandersetzung mit Raum. Die komplexen Aufsichten und Blickwinkel in einem Stillleben von Cézanne sind etwas anderes als eine Zentralperspektive.

DARSTELLUNGSFORMEN

LS Innerhalb welchen Spektrums erfolgen die Analysen in den Entwurfsaufgaben?

PM Es reicht von der Wohnung bis zur Stadt. Eine der grössten Erkenntnisse war für mich, dass wir die Wohnung und die Stadt gleichzeitig denken müssen. Und die Resultate wurden besser.

LS Für die Abgabe der Entwurfsarbeiten finden sich auf der einen Seite sehr präzise Vorgaben, auf welche Art und in welchem Massstab die Pläne gezeichnet werden müssen. Auf der anderen Seite sind individuelle Darstellungsformen wie die Handskizze erwünscht. Hinzu kommt seit 2005 ein Arbeitstagebuch.

PM Das Tagebuch haben wir wieder aufgegeben.
   Wir sind für alle Darstellungsarten offen. Es gibt in dieser Hinsicht keine Einschränkungen. Die Wahl treffen die Studenten und Studentinnen. Sie sollen entscheiden, wie sie ihre Vorstellungen übersetzen und umsetzen können. Zentral ist die Skizze. Sie steht am Beginn des Entwurfs. Sie erfasst das Ganze. Darum ist eine Skizze klein, nicht gross, denn man kennt die möglichen Variationen noch gar nicht. Die Skizzen sind auch Ausdruck des Nichtwissens. Man kann an ihnen nach und nach leichte Korrekturen vornehmen. Erst viel später zeichnet man den Plan. Delacroix schreibt in seinem Journal viel über die Skizze. Alle seine Anstrengungen zielten darauf hin, im Bild etwas von der Frische der Skizze zu bewahren.
   Eine Skizze kann man lesen. Den Studenten und Studentinnen empfehle ich, das Papier nicht nachträglich zu schneiden. Das Weisse auf dem Blatt haben sie beim Skizzieren miteinbezogen, bewusst oder unbewusst.

LS Andererseits stellt Ihr ganz klare Anforderungen: Pläne im Massstab 1:200, 1:100. Welche Rolle spielt der Plan?

PM Eine Wohnung, davon bin ich überzeugt, kann man nur im Massstab 1:100 entwerfen. Im Massstab 1:200 ist ein Réduit unlesbar, unbedeutend. Der richtige Massstab ist 1:100. Auf einem solchen Plan entsprechen 3 Zentimeter 3 Metern. Daran lässt sich ein Entwurf präzis beurteilen. Der Plan 1:100 verfügt über einen hohen Grad an Abstraktion, weil er noch nicht vorschreibt, wie der Türrahmen oder das Fensterprofil ist. Er zeigt lediglich den Raumplan.
   Pläne in einem grösseren Massstab oder Modelle sind dazu da, um Proportionen zu untersuchen. Ein Plan im Massstab 1:50, wie ihn die Studenten manchmal zeichnen, ist im Grunde für den Entwurf nicht brauchbar. Er ist für die

RURAL SPACE

LS How do you approach rural space in your design studios?

PM To be able to speak of rural space with the same precision as one speaks of urban space, one must first clarify in what it consists: What makes a landscape? Landscape is never just nature alone. Landscape describes whatever it is we regard as such. Insofar, like the city, it is an expression of our cultural values. The Nominalist William of Ockham said something that is worth noting in this regard: outside of our soul everything is one – one in number. We alone string things together in our mind's eye and then read something into it.

LS Are canals, alleyways, streets, paths, walls or the division of land into lots adequate means by which to figure out the landscape?

PM They are sub-orders, which man has inscribed in rural space. First, one must discern the superordinate structure of such space, its morphology and essential characteristics. Decisive here, is not how any one cliff or any one hollow is formed in some rural space but rather, that this rural space is defined by a prominent cliff or a distinctive hollow. A quick sketch suffices to illustrate this.

LS You invariably tackle a very specific landscape type each semester: the mountain [Spring 2004], the island [Autumn 2007, 2013], and the plain [Spring 2011].

PM To gain a more precise understanding of landscape we have always chosen to study rural areas that are distinct, self-contained entities. The plain of Paestum is flanked on three sides by hills. The island of Giannutri is a naturally delimited area. It can be explored on foot in any direction. One can examine its vegetation, the plants on the coast, or the tall trees growing at sheltered spots within its hollows. To delimit the area under examination fosters a more acute awareness of the setting as a whole.

LS So the programme that students work with during a design studio is of fairly limited scope?

PM Yes, because the goal is not to master a complex programme but rather, to find a language that allows us to better understand a landscape, and to explain human intervention in it: Why was a particular tree planted or felled? Why does a path lead us this way rather than that? Why was a building placed here and not there? This language alone gives us the means to specify the spatiality and the moods of a landscape, or possibly even to valorise them, by placing a building on it.

LS Does a building ever improve a landscape?

PM Yes. Why ever not?
   Admittedly, a building changes how an open landscape looks from close up or far away. A building in a city, by contrast, is generally embedded in a streetscape and hidden by its neighbours. It can be seen only from within the street space.

Baustelle. Um die Ansicht einer Wand zu studieren, benötigt man einen Plan im Massstab 1:20. Konstruktive Details wiederum müssen in einem noch grösseren Massstab dargestellt werden.

Die massstabsgerechten Pläne erlauben uns, die allgemeine Information zu erfassen, sodass wir uns ein Urteil über den Entwurf bilden können. Die übrigen Darstellungsmittel sind frei wählbar. Es geht nur darum, dass der Verfasser weiss, mit welchen Mitteln er seine Idee formulieren kann: Ich hoffe, dass er sie ökonomisch wählt – auch das ist ein Teil der Kunst.

LS Die Wahl der Mittel wird dem einzelnen Studenten überlassen?

PM Ja. Die Mittel können keine Vorgabe der Professur sein, denn sie sind eine Frage des Temperaments. Ich mag diese Eigenarten. Ich möchte keine einheitliche Darstellung, obwohl es das Einfachste wäre, eine solche vorzuschreiben. Manche werden später grosse Modelle bauen. Ich selbst mache das nicht. Ich arbeite mit meinen Linienzeichnungen.

LS Modelle fertigst Du keine?

PM Nur ganz kleine, so klein wie die Skizzen …

LS … Deine Mitarbeiter im Büro auch nicht?

PM Doch, manchmal. Ich persönlich liebe die Abstraktion der Linienzeichnung. Denn ich bin der Überzeugung, dass es eine spezifische Fähigkeit unseres Berufes ist, über eine konkrete Situation abstrakt denken zu können.

LS Auch Konstruktionspläne interessieren Dich nicht?

PM Die sind wunderbar. Sie sind wesentlich für die Umsetzung einer Vorstellung in eine physische Gestalt.

THEMEN

LS Bereits als Gastdozent legst Du die Themen fest, mit denen Du Dich in den folgenden Jahren beschäftigen wirst: die Stadt und das Land.

PM Städtebau ist ein künstlicher Akt. In den städtischen Bebauungsstrukturen, denen in der Regel eine geometrische Ordnung zugrunde liegt, widerspiegeln sich die unterschiedlichen Lebensvorstellungen einer Gesellschaft und ihrer Zeit.

Anders verhält es sich mit der Landschaft. Jeder Landschaftsraum hat eine Form, eine Morphologie, die jedoch in weit geringerem Masse vom Menschen geprägt ist.

LANDSCHAFTSRAUM

LS Wie geht Ihr im Entwurfsunterricht mit dem Landschaftsraum um?

PM Um über die Landschaft mit der gleichen Präzision wie über die Stadt sprechen zu können, muss man sich zu-

URBAN SPACE

LS And how do you proceed in urban space?

PM Architects today are mostly required not to design new neighbourhoods, as they did in the past, but rather, to intervene in, or modify, existing contexts.

LS So which tasks did you set in your semesters on the city?

PM If we take the city to be an expression of how human beings want to live together in a self-determined community – which, in my view, is the highest form of culture there is – then it becomes imperative to fundamentally review and revise the concepts of classical modernism and their repercussions for twentieth-century urban planning. Up until the modern period, the street had a fixed spatial layout and the individual dwelling within it was oriented both to public and private space. The urban development envisaged by Le Corbusier in the sketches in his book *Vers une architecture* posited the complete isolation of each building. The smallest, most private unit in social development, the individual apartment, became the hub of a person's existence. Shared public space was renounced completely. The quality of urban life was thereby lost. We must now regain it.

Our design courses over the last four years were an opportunity to revisit all the themes we had tackled in previous semester projects. Our case study was the city of Zurich. We first examined the street [Autumn 2011], then the square, which nowadays is largely shaped by traffic [Spring 2014] and, finally, the open space [Spring 2015]. The objective was to find answers to questions such as: How can we improve the city's housing yet simultaneously valorise public space as a place where we human beings can live together?

LS But questions of density or open space surely hinge more on building regulations than on any individual design?

PM Many zoning plans in Switzerland, hence also in Zurich, are drawn up in the complete absence of an urban vision. There is unanimous agreement on one thing only, namely that the outwards sprawl of the city and outlying villages must be stopped. Yet the real challenge revolves around the question: Do we want – and are we even able – to understand the city as the highest expression of human coexistence and to design it accordingly? The burghers of cities like medieval Siena regarded their city as a work of art and put strict building regulations in place to ensure the success of ambitious architectural projects. Likewise the nineteenth-century bourgeoisie, propelled by a sense of its nascent power, implemented coherent urban development schemes on a huge scale and transformed metropolitan existence throughout the whole of Europe.

In a democracy, the focus is different. Unlike our predecessors, we have to deal with the diversity of a democratic society in which sizeable minorities have a voice and demand to be heard. This is a sign of our times. The traditional notion of a homogeneous city can no longer serve as our role model. The city of today is a heterogeneous entity comprised of distinct urban neighbourhoods with their

erst mit der Frage auseinandersetzen, was Landschaft ausmacht. Landschaft ist nicht einfach Natur. Landschaft beschreibt das, was wir in ihr sehen. Sie ist insofern, wie die Stadt, Ausdruck unserer Kultur. Eine Feststellung des Nominalisten William of Ockham ist in diesem Zusammenhang bedenkenswert: In Wirklichkeit ist jedes Ding ausserhalb unserer Seele einzeln und eins an der Zahl. Nur wir bringen in unserer Vorstellung die Dinge zusammen und erkennen darin etwas.

LS Sind Kanäle, Alleen, Strassen, Wege, Mauern oder die Parzellierung von Feldern Mittel, um die Landschaft zu ergründen?

PM Das sind Teilordnungen, die der Mensch in den Landschaftsraum eingeschrieben hat. Zuerst muss man dessen übergeordneten Aufbau, die Morphologie und ihre wesentlichen Grundzüge erkennen. Entscheidend ist nicht, wie in einem Landschaftsraum ein einzelner Fels oder eine einzelne Mulde geformt ist, sondern dass dieser Landschaftsraum durch einen markanten Fels oder eine prägnante Mulde bestimmt ist. Das lässt sich ohne weiteres mit einer Skizze räumlich erfassen.

LS In Euren Semesterentwürfen habt Ihr Euch stets mit sehr spezifischen Landschaftsräumen auseinandergesetzt, mit einem Berg [Frühjahr 2004], mit Inseln [Herbst 2007, 2013] und Ebenen [Frühjahr 2011]?

PM Um eine Landschaft präziser begreifen zu können, haben wir immer Landschaftsräume gewählt, die in sich abgeschlossen sind: Die Ebene von Paestum ist auf drei Seiten von Hügelzügen flankiert. Die Insel Giannutri ist in ihrer Ausdehnung eindeutig festgelegt. Man kann sie zu Fuss in alle Richtungen abschreiten. Man kann ihre Vegetation untersuchen, die Pflanzen am Meer oder die hohen Bäume, die geschützt an den Flanken der Mulden wachsen. Die räumliche Begrenzung hilft, den Ort exakt aufnehmen zu können.

LS Das geforderte Programm ist bei diesen Entwurfsaufgaben jeweils relativ klein.

PM Das Ziel ist nicht, ein komplexes Programm zu beherrschen, sondern eine Sprache zu finden, die uns erlaubt, einen Landschaftsraum zu erfassen und Eingriffe in diesen Landschaftsraum zu begründen: Warum ein Baum gepflanzt oder gefällt, warum ein Weg in diese oder jene Richtung geführt oder ein Gebäude an diesem oder jenem Ort gesetzt wird. Erst diese Sprache gibt uns die Mittel, den Landschaftsraum und seine Stimmungen mit einem Bau zu präzisieren oder gar aufzuwerten.

LS Vermag ein Bau tatsächlich eine Landschaft aufzuwerten?

PM Ja, warum nicht?
Zugegeben, die Setzung eines Gebäudes in einem offenen Landschaftsraum verändert diesen über weite Distanzen hinweg. Im Unterschied dazu steht ein Gebäude in der Stadt im Regelfall im Schutz der Nachbarhäuser, es steht im Strassenraum. Nur aus diesem heraus kann es wahrgenommen werden.

own particular qualities. These neighbourhoods mirror the habits of the urban population. Which neighbourhoods are the more viable becomes evident over time.

LS How should the contemporary zoning plan look?

PM I think it would make sense to extend the core zones as far as the periphery. It would have to be left to individual landowners to decide whether or not to fully exploit the potential of their property. Open spaces or districts with a distinctive morphology would need to be protected, their qualities preserved, as would outstanding individual buildings of any era, regardless of their age.

LS So urban development would be regulated through open spaces?

PM The city is conceived first and foremost through its open spaces. Open spaces exist regardless of whether individual houses are listed, or taller than their neighbours. Which is why we should build higher and add storeys to existing stock rather than build on open spaces.

LS Raising height limits was the theme way back in your first semester at the ETH in autumn 2002/03.

PM We examined various buildings on or near to Schaffhauserplatz in Zurich, with a view to how the city might be further developed without building on existing open spaces, and how additional housing might be created by raising height limits.

LS So the semester projects are also a critique of current urban planning?

PM They foster critical experimentation based on concrete examples. For instance, one semester theme [Spring 2007] was how to plan family housing, not on the margins of the city, but at its heart, in a premium location, on municipal land. In my view, Heinrich Ernst's nineteenth-century development on Rämistrasse ranks among the city's most interesting: a row of houses on the hill above Bellevue, on what had hitherto been un-built land. The houses are all set into the slope and hence have just one façade giving onto the street. Ernst had also planned to build a belvedere on the hill, level with the rooftops. There is now an informal garden there. The city had decided to sell the garden site to an industrialist, a good taxpayer. In cooperation with the students, we designed an alternative scheme and managed to demonstrate, firstly, that Ernst's development could be extended and, secondly, that a further fifty large family apartments, clustered around a newly designated open space, were not only feasible but would bring in more tax.

LS Then your project also challenged the local authority's leadership?

PM The city must take the lead in cultural affairs – and urban planning is a part of that remit. But it also has an obligation to handle municipal property, which is the people's property, to the greatest possible benefit of the people.

STADTRAUM

LS Und wie geht Ihr in der Stadt vor?

PM Im Gegensatz zu vergangenen Epochen besteht die Aufgabe des Architekten heute vor allem im Weiterbauen innerhalb vorhandener Strukturen und zum Teil in deren Umformung, weniger im Entwerfen neuer Stadtteile.

LS Welche Aufgaben hast Du in Deinen Semestern zur Stadt gestellt?

PM Versteht man die Stadt als einen Ort, der Ausdruck einer sich als Gemeinschaft begreifenden Organisation menschlichen Zusammenlebens ist – für mich die höchste kulturelle Äusserung überhaupt –, müssen wir die Ideen der klassischen Moderne und ihre Auswirkungen auf den Städtebau im 20. Jahrhundert von Grund auf kritisieren und korrigieren. Bis zur Moderne hatte ein Strassenzug eine gefasste räumliche Gestalt, und die Wohnungsgrundrisse richteten sich nach dem öffentlichen und dem privaten Freiraum. Le Corbusiers städtebauliche Visionen in den Skizzen seines Buches *Vers une architecture* zeigen eine komplette Vereinzelung der Gebäude. Die kleinste und privateste Einheit im Städtebau, die einzelne Wohnung, bildet dort den Lebensmittelpunkt der Menschen. Der gemeinsame, städtische Raum wird dabei vollständig aufgegeben. Diesen Verlust an Urbanität müssen wir wieder zurückgewinnen.

Deshalb haben wir in den Entwurfsstudios der letzten vier Jahre noch einmal alle Themen behandelt, mit denen wir uns in den Semesteraufgaben bis anhin auseinandergesetzt hatten. Wir sind ihnen am Beispiel der Stadt Zürich nachgegangen. Zuerst untersuchten wir einen Strassenzug [Herbst 2011], danach Platzsituationen, die heute in der Regel durch den Verkehr geprägt sind [Frühjahr 2014] und schliesslich Freiräume [Frühjahr 2015]. Es ging darum, Antworten zu finden, wie wir zusätzlichen Wohnraum in der Stadt schaffen und zugleich den Freiraum als Ort menschlichen Zusammenlebens aufwerten können.

LS Hängen die Fragen der Dichte oder der Freiräume nicht eher vom Baureglement als von einem einzelnen Entwurf ab?

PM Viele Zonenpläne in der Schweiz, so auch in Zürich, sind ohne städtebauliche Vision entwickelt worden. Einigkeit herrscht einzig darüber, dass die Ausdehnung der Stadt und der Dörfer nach aussen gestoppt werden muss. Doch die eigentliche Herausforderung dreht sich um die Frage, ob wir es wollen und dazu fähig sind, die Stadt als höchsten Ausdruck menschlichen Zusammenlebens zu begreifen und zu entwerfen. In mittelalterlichen Städten wie Siena, die als Kunstwerk verstanden wurden, dienten die Bauregeln dazu, diese Vorstellung von Stadt verwirklichen zu können. Auch das Bürgertum des 19. Jahrhunderts realisierte mit der Kraft einer aufstrebenden Gesellschaftsschicht in ganz Europa grosse, einheitliche Stadterweiterungen und Umbauten.

In einer Demokratie stellt sich die Frage anders. Im Gegensatz zu vergangenen Epochen müssen wir uns heute mit der Vielfalt einer demokratischen Gesellschaft und ihren Lebensvorstellungen auseinandersetzen, in der auch

LS The semester projects presumably also serve to show that quality can be more persuasive than prohibitive rules? One of them [Spring 2005] consisted in projecting plans for the site of a supposedly condemned listed building on Konkordiastrasse.

PM It is we who write the laws. We should therefore also regularly review whether they are still relevant to current circumstances.

HOUSING

LS Your classes at the ETH are continually concerned with the housing issue or, as you put it earlier, with the question of how we as a society want to live.

PM The provision of housing doubtless calls for more experience than any other design task. But it is also the issue to which students bring the most personal experience. They have to invest not only their ideas but also their dreams in their designs. That's the reason our expectations of housing schemes are very high. All the more surprising for me, therefore, is the fact that numerous students of mine – whom I teach shortly before their mandatory final diploma project – have never designed a housing scheme in the previous semesters.

LS How can individual ideas or dreams of life be translated into housing?

PM The focus of the work of an architect is always human experience. For this reason one of the primary aims of our design courses at the ETH is to open students' eyes to the vast variety of ways in which we humans live and house ourselves. Instead of relying on standard architectural photography, which features incredibly neat or vacant spaces but rarely anything resembling real life, we draw on a broad range of images from cinema and painting, as well as on photographs from foreign cultural contexts: for example, photos from Cuba depicting houses with stepped floors done in various materials, where residents use the steps to prop up photographs; or paintings by Matisse of interiors sumptuously furnished with sofas and beds on rugs.

LS You once noted that one doesn't inhabit an apartment; one lives in it.

PM I'm convinced that we design differently with a precise vocabulary at our disposal. Words mirror our attitude to everyday things. I therefore find the vocabulary rather worrying that students persist in using even after several years of study. An apartment with a living room that is flooded with light from two sides and offers two different views is called a "run-through", a bathroom in which one bathes a "wet room", a public garden or open space a "green zone" – on account of its supposed colour – while a façade giving onto public space is associated with "front" and a courtyard façade with "rear".

LS What is the specificity of housing today?

die relevanten Minderheiten eine Stimme haben, die es zu respektieren gilt. Das zeichnet unsere Zeit aus. Die herkömmliche Vorstellung einer einheitlichen Stadt kann uns nicht mehr als Vorbild dienen. Die heutige Stadt ist eher ein heterogenes Gebilde aus unterschiedlichen Quartieren mit jeweils eigenen Eigenschaften. In diesen Quartieren bilden sich die Lebensweisen der Menschen ab. Mit der Zeit wird sich herausstellen, welche Quartiere sich als lebenswert erweisen.

LS Wie müsste ein zeitgenössischer Zonenplan aussehen?

PM Ich hielte es für sinnvoll, die Kernzone bis zur Stadtgrenze auszudehnen. Dabei müsste es jedem Besitzer überlassen sein, ob er das Potential seiner Parzelle voll ausschöpft oder nicht. Freiräume oder Quartiere, die sich durch ihre Morphologie auszeichnen, sowie hervorragende Einzelbauten, unabhängig von ihrem Entstehungsjahr, sollten ihrer Qualität wegen geschützt werden.

LS Heisst das, dass der Städtebau über seine Freiräume reguliert würde?

PM Die Stadt wird zuerst über ihre Freiräume gedacht. Freiräume existieren unabhängig davon, ob einzelne Häuser geschützt sind oder welche Höhe sie haben. Deswegen sollte man, anstatt die Freiräume zu überbauen, höher bauen und bestehende Gebäude aufstocken dürfen.

LS Aufstockung im Bestand lautete auch das Thema im Herbst 2002/03, Deinem ersten Semester an der ETH.

PM Wir untersuchten an verschiedenen Häusern rund um den Schaffhauserplatz in Zürich, wie die Stadt, ohne die vorhandenen Freiräume zu überbauen, weitergebaut und wie zusätzlicher Wohnraum durch Aufstockungen geschaffen werden könnte.

LS Sind die Semesterarbeiten auch Kritik am heutigen Städtebau?

PM Sie sind ein Feld für kritische Experimente anhand konkreter Beispiele. So befasste sich ein Semesterthema [Frühjahr 2007] mit Familienwohnungen, die nicht in der Peripherie, sondern mitten in Zürich, in bester Lage auf städtischem Grund entstehen sollten. Die Überbauung von Heinrich Ernst an der Rämistrasse aus den 1880er Jahren ist für mich eine der interessantesten der Stadt. Ernst hat einen unbebauten Hügel oberhalb des Bellevue mit einer Häuserzeile gefasst. Die Gebäude stossen mit ihren rückwärtigen Mauern an das Erdreich und bilden lediglich zur Strassenseite eine Fassade aus. Auf dem Hügel, auf Höhe der Dächer plante Ernst ein Belvedere. Heute ist dort ein informeller Garten.

Die Stadt hatte sich entschlossen, den Garten an einen Industriellen und guten Steuerzahler zu verkaufen. Mit den Studierenden erarbeiteten wir ein Gegenprojekt und wiesen nicht nur nach, dass sich die Überbauung von Ernst weiterentwickeln, sondern auch, dass sich um einen neuen städtischen Freiraum fünfzig grosszügige Familienwohnungen errichten liessen, die zudem noch mehr Steuern einbringen würden.

PM Housing in the twentieth century underwent a momentous change compared with earlier epochs. A secondary spatial order, that of bathrooms, toilets, closets and perhaps also utility rooms, came to supplement the primary order, that of the main living spaces. To interweave these orders and come up with a coherent and persuasive plan is an ambitious project.

LS How does one go about it?

PM In an apartment there exists various degrees of intimacy as well as shifting moods. As one moves from the public space of the street, from where one accesses the building, through the entrance hall and then up the stairs to one's own front door and, from there, in turn, via the hall then the living room to the most intimate room in the house, one's own bedroom, the degree of intimacy gradually increases. If one invites friends over for a party or a dinner, the private rooms may become more public while the usually public spaces, such as the staircase, may be used briefly to more private ends.

Varying degrees of intimacy, in combination with geometry, specify our experience of housing. Geometry organises our lives. Its particular configurations depend on the different ways in which we live.

HISTORY

LS In some semesters you confronted students with outstanding architectural monuments: the temples of Paestum [Spring 2011], Palladio's Palazzo Porto Breganze in Vicenza [Spring 2009], or the Canal Grande in Venice [Spring 2006]. To what purpose?

PM This confrontation rested on my conviction that history is the foundation of the present. History is an excellent teacher, but we in turn must learn to apply the insights it inspires. The Canal Grande design studio was a test of our capacity to design a building for that magnificent location. Once students saw those marvellous palaces, their modern role models, such as feature in the latest style magazines, sank instantly into oblivion. This was a pleasant side effect. More importantly, we were suddenly able to talk quite naturally about proportions or materials, about the typologies of the buildings around us, and about how to take them into account in our designs.

Houses of the most varied styles, from the Gothic to the Renaissance and beyond, are strung along the Canal Grande. It is a unique and timeless sequence, still as relevant to urban design as it ever was, and insofar a solid reference to which we can continue to return. What is no longer possible, however – because it no longer reflects our society – is to prescribe uniform façades like those of the splendid Parisian boulevards.

LS You see your own work as a part of history. Your introductory lecture is divided into two parts, a historical and a practical one. First you explain the grammar of architecture in reference to the buildings of antiquity and the Romanesque period, of Palladio and peasants, and then you demonstrate its practical application in your own work.

LS War Euer Projekt somit auch eine Kritik an der Führungsrolle der städtischen Verwaltung?

PM Die Stadt muss in Fragen der Kultur eine Führungsrolle wahrnehmen. Dazu gehört auch der Städtebau. Sie hat aber ebenso die Verpflichtung, die Liegenschaften, die dem Bürger gehören, in seinem Sinn treuhänderisch zu verwalten.

LS Geht es auch darum, mit den Entwurfsthemen Verbote durch ein Bewusstsein für Qualität zu ersetzen? In einer Semesteraufgabe [Frühjahr 2005] wurde ein denkmalgeschütztes Haus an der Konkordiastrasse zum Abbruch freigegeben.

PM Die Bürger schreiben die Gesetze. Entsprechend müssen diese fortwährend dahingehend überprüft werden, ob sie für die Gegenwart überhaupt noch gültig sind.

WOHNUNGSBAU

LS Ein durchgängiges Thema Deiner Lehre an der ETH ist die Auseinandersetzung mit dem Wohnen oder, wie Du es am Anfang unseres Gesprächs formuliert hast, mit Lebensvorstellungen.

PM Der Wohnungsbau ist ohne Zweifel diejenige Entwurfsaufgabe, die am meisten Erfahrung erfordert. Er ist jedoch auch diejenige Aufgabe, für welche die Studenten und Studentinnen die grösste Erfahrung mitbringen. Ihre Vorstellungen und die damit verbundenen Sehnsüchte müssen sie in den Entwurf einbringen. Deshalb ist unser Anspruch im Wohnungsbau besonders hoch. Umso mehr erstaunt es mich, dass zahlreiche Studierende, die in der Regel kurz vor dem Diplom stehen, in den Semestern zuvor noch nie einen Wohnungsbau entworfen haben.

LS Wie lassen sich einzelne Lebensvorstellungen übersetzen?

PM Im Zentrum der Arbeit eines Architekten steht immer der Mensch. Deshalb erachten wir es als eine der Hauptaufgaben unseres Entwurfsunterrichts an der ETH, den Studierenden die Augen für die unterschiedlichsten Lebensformen zu öffnen. Statt auf die übliche Architekturfotografie, die das Alltagsleben kaum darstellt und stattdessen nur aufgeräumte oder leere Räume zeigt, setzen wir uns mit einer breiten Palette an Abbildungen aus dem Bereich Film und Malerei oder an Fotografien uns fremder Kulturen auseinander: Aufnahmen aus Kuba etwa, von Wohnräumen, in denen der Boden abgestuft ist, es unterschiedliche Bodenbeläge gibt und die Bewohner die Stufen nutzen, um ein Foto aufzustellen; oder Interieurdarstellungen von Matisse, reich möbliert mit Sofas und Betten auf Teppichen.

LS An einer Stelle schreibst Du, dass in einer Wohnung nicht gewohnt, sondern gelebt wird.

PM Ja. Ich bin überzeugt, man entwirft anders, wenn man einen präzisen Wortschatz zur Verfügung hat. Er widerspiegelt unsere Haltung zu den Dingen des Alltags. Deshalb bereitet mir das Vokabular Sorge, das sich die Stu-

I suppose the intention is to show that one can approach history as an observer and as an architect?

PM Strictly speaking, my introduction is in three parts. Firstly, I describe five archetypal buildings: the antique Greek temple; the Romanesque church, the nave of which highlights the hierarchical composition of its space; the mosque, which by contrast avoids any form of hierarchy; the baptistry, which is circular – or octagonal and circle-like – and hence both in its form and significance marks an absolute exception in the urban context; and, finally, Le Corbusier's pilgrimage chapel in Ronchamp.

The principles of design thereby demonstrated are of relevance equally to profane architecture. They are a part of our shared cultural heritage. They shape farmhouses, Palladian architecture or even an occasional building from the nineteenth century through to the present day. The Palazzo Chiericati's cluster of columns turns up in Le Corbusier's student residence in Paris. We need look no further than the Appenzell house to find Corbusian ribbon windows. To these themes I devote the second part of my introduction.

In conclusion, I discuss my own work in order to show that the study of history is not abstract knowledge, but actually feeds into my projects; and that these stand in a historical tradition.

LS Your view of history encompasses monumental buildings as well as the anonymous houses of farmers or burghers. Which field of activity are the architects we train at the ETH most likely to pursue?

PM How many porticos and façades are derived from the pediment of the antique temple? This is why the central theme of my lecture is convention: the grammar of architecture. Grammar, like geometry, is universally valid. It is a part of our cultural heritage, a part of us. We must reclaim this grammar, if ever we are to communicate with one another again. My lecture by no means disputes the role of fantasy but it does insist that communication relies not only on the spoken language but on other languages, too, also on that of architecture. And the language of architecture must on no account be privatised and thereby rendered unintelligible. I try to explain this by showing that the grammar of architecture – be it in the profane buildings of southern or northern Europe – has universal validity.

THEORY

LS What does history mean to you?

PM Many of my role models are drawn from the past yet my thoughts are mostly of the future. I don't know how much time I really spend in the present.

LS You once said that history is as vivid for you as the news in today's paper. It's staring us in the face – if only we'd open our eyes to it.

PM And if only we'd read it correctly. An architect doesn't read epochs chronologically, but structures history according

denten und Studentinnen nach mehreren Jahren Studium angeeignet haben: Eine Wohnung mit einem Wohnraum, der von zwei Seiten mit Tageslicht durchflutet ist und zwei unterschiedliche Aussichten bietet, heisst «Durchschusswohnung», ein Bad, in dem man sich wäscht, «Nasszelle», ein gartenähnlicher, öffentlicher Freiraum wird seiner vermeintlichen Farbe nach als «Grünraum» bezeichnet, eine Fassade zum öffentlichen Raum wird mit «vorne» assoziiert, eine Hoffassade mit «hinten».

LS Worin besteht die Spezifizität der Wohnung?

PM Im Unterschied zu früheren Epochen hat sich der Wohnungsbau im Laufe des 20. Jahrhunderts stark verändert. Eine zweite Kategorie von Raumorganisation, die der Bäder, Toiletten, Reduits und manchmal auch der Wirtschaftsräume, ist neben die erste der Haupträume getreten. Beide ineinander zu verweben und daraus einen schlüssigen Plan zu entwerfen, ist sehr anspruchsvoll.

LS Wie führt man die zwei Raumordnungen zusammen?

PM In einer Wohnung existieren unterschiedliche Formen der Intimität mit entsprechend verschiedenen Atmosphären. Der Grad der Öffentlichkeit nimmt vom Strassenraum, von dem aus man das Haus betritt, über den Eingang, das Treppenhaus bis zur Wohnungstür und von dort wiederum vom Eingang über den Wohnraum bis zum einzelnen Schlafzimmer, dem intimsten Bereich im Haus, nach und nach ab. Wenn man Gäste zu einem Fest oder einem Essen empfängt, können auch die privateren Räume öffentlicher und, allenfalls für kurze Zeit, öffentlichere Räume, wie das Treppenhaus, für ein Fest privater genutzt werden.

Die Abstufungen in der Intimität sind neben der Geometrie das, was eine Wohnung ausmacht. Die Geometrie organisiert unser Leben. Ihre spezifische Ausformulierung wiederum ist durch unsere verschiedenen Lebensformen geprägt.

GESCHICHTE

LS In einigen Semestern wurden die Studenten mit Monumenten der Architekturgeschichte konfrontiert, den Tempeln in Paestum [Frühjahr 2011], Palladios Palazzo Porto Breganze in Vicenza [Frühjahr 2009], dem Canal Grande in Venedig [Frühjahr 2006]. Zu welchem Zweck?

PM Diese Auseinandersetzung ging von der Überzeugung aus, dass Geschichte die Grundlage der Gegenwart ist. Die Geschichte bildet uns, doch wir wiederum müssen diese Erkenntnisse zu nutzen wissen. Mit der Entwurfsaufgabe am Canal Grande wollten wir sehen, ob wir fähig sind, Projekte für einen solch grossartigen Ort zu entwickeln. In der direkten Gegenüberstellung mit den Palästen entlang der Wasserstrasse verloren die Vorbilder aus den modischen Lifestyle-Magazinen ihre Relevanz. Das war ein wohltuender Nebeneffekt. Wir konnten plötzlich ganz selbstverständlich über Proportionen oder Materialien sprechen, über die Gestalt der anliegenden Häuser und ihre Berücksichtigung im Entwurf.

to his interests. The world of two thousand years ago can sometimes feel intensely contemporary and that of the nineteenth century very far removed.

LS When did you begin to develop a sense of history?

PM During my first ever conversation with Olgiati.

LS And the process has continued ever since?

PM Since I've been pursuing certain questions for such a long time, new things I discover tend to fall into place in my personal understanding of architecture. I had that experience again recently, on a visit to Raffael's Villa Madama in Rome. It relies on an ideal plan that bears no relation whatsoever to the topography of the site. It perches above the valley on a raised substructure that establishes an artificial horizontal plane. On this *Tafel* thrones the immaculately designed structure within its grounds. It was only this time, when I first saw the Villa Madama from an angle that I noticed the *Tafel*, which derives from the Greek temple. I'd never spotted it before in photographs.

LS By *Tafel* you mean the stylobate, the highest step of the temple's substructure?

PM Yes. But it's a representative, not a functional step, since its purpose is to raise and exalt the temple.

THE RENAISSANCE

LS Certain eras, such as the Gothic or the Baroque, evidently interest you a lot less than others. Or you keep them at arm's length, as in the case of eighteenth-century Classicism.

PM Every era has brought forth great works of architecture. I prefer to return to the Renaissance. I regard it as the era of discovery and new departures, when opinions were not yet all completely cut-and-dried.

LS And the Gothic or the Baroque?

PM Each to his own. With the exception of the palaces of Venice, the Gothic didn't interest me for many years. I was quite blind to its qualities. It was only much later that I gained a sense of the era and began to appreciate what beautiful works of architecture it had brought forth.

History must be a catalyst for one's own work. This may not hold true for art historians, but it certainly does for architects. We have to learn to recognise the potential creative spur, to remain alert to likely sources of inspiration. I skip from the Renaissance to painting of the late nineteenth or the early twentieth century.

LS And Palladio plays a very special role for you: the transgressions that some rigorists reproach him for appear to be, for you, a source of stimulation.

PM Yes. His alleged transgressions are precisely what fascinate me. It was Goethe who introduced me to Palladio,

Am Canal Grande reihen sich Bauten vielfältigster Gestalt von der Gotik bis zur Renaissance und jüngeren Epochen aneinander. Eine solche Abfolge unterschiedlichster Häuser ist zeitlos. Im Städtebau hat sie nach wie vor Gültigkeit, sodass wir weiterhin daran anknüpfen können. Allerdings ist es uns nicht mehr möglich – schon allein weil es nicht dem Bild unserer Gesellschaftsform entspricht –, einheitliche Fassaden wie diejenigen der grandiosen Pariser Avenues vorzuschreiben.

LS Dein eigenes Werk verstehst Du als Teil der Geschichte. Dein Einführungsvortrag gliedert sich in zwei Abschnitte, einen historischen und einen praktischen. Zunächst erläuterst Du die Grammatik der Architektur anhand von Gebäuden der Antike und der Romanik, anhand von Bauten Palladios und von Bauernhäusern, um dann die praktische Anwendung in Deinem eigenen Werk darzulegen. Willst Du dadurch demonstrieren, wie man als Beobachter und als Architekt mit Geschichte umgehen kann?

PM Im Grunde ist meine Einführung sogar dreigeteilt. Zuerst beschreibe ich fünf repräsentative Bauten: den archaisch-griechischen Tempel; die romanische Kirche, deren Längsschiff die hierarchische Gliederung des Raumes unterstreicht; die Moschee, die im Gegensatz dazu jede Hierarchisierung vermeidet; das Baptisterium, kreisrund oder ein dem Kreis angenähertes Achteck, das seiner Form und seiner Bedeutung wegen im städtebaulichen Gefüge eine Ausnahme bildet; und schliesslich die Wallfahrtskapelle von Le Corbusier in Ronchamp.
Die dabei aufgezeigten Gestaltungsmittel haben ihre Gültigkeit auch bei den Profanbauten. Sie gehören zum allgemeinen Kulturgut. Sie prägen die Bauernhäuser, die palladianischen Bauten oder mitunter sogar die Architektur vom 19. Jahrhundert bis heute. Das Säulenbündel des Palazzo Chiericati tritt an Le Corbusiers Studentenheim in Paris wieder in Erscheinung. Und auf die corbusianischen Bandfenster stösst man schon im Appenzellerhaus. Diesen Themen widme ich den zweiten Teil der Einführung.
Anschliessend gehe ich auf meine eigenen Bauten ein, um zu veranschaulichen, dass Bildung durch Geschichte kein losgelöstes Wissen ist, sondern dass es in meine Arbeiten einfliesst und sie in einer historischen Tradition stehen.

LS Deine Deutung der Geschichte umfasst monumentale Bauten und anonyme Bauern- oder Bürgerhäuser gleichermassen. Wo liegt das Tätigkeitsfeld für die Architekten und Architektinnen, die wir an der ETH ausbilden?

PM Wie viele Portiken und Fassaden sind von der Stirnseite des antiken Tempels abgeleitet worden? Der zentrale Punkt meines Vortrags ist denn auch die Konvention, die Grammatik der Architektur. Sie ist wie die Geometrie universal gültig. Sie ist Teil des kulturellen Erbes und ist in uns. Das sollten wir wieder zurückerobern, um uns wieder verständigen zu können. Der Vortrag richtet sich keinesfalls gegen die Phantasie, es ist vielmehr ein Vortrag darüber, dass man sich nicht nur in der gesprochenen Sprache unterhält, sondern auch in anderen Sprachen wie derjenigen der Architektur. Doch ihre Sprache darf nicht

with three or four sentences in the *Italian Journey*. He describes the contradiction between an open architectural type, the colonnaded portico with pediment, and a residence, which cannot be so open. The voids between the columns are consequently filled in with walls, and the walls then perforated by apertures. In Goethe's view, Palladio brilliantly resolved this contradiction. In any case, it has been an issue in façade design since time immemorial and always will be.
In the courtyard of the Palazzo Barbaran da Porto, in Vicenza, Palladio recessed the loggia and archways. He adapted the motif of a Roman triumphal arch to the citizen's stature. He thereby appealed to the associative powers of human perception. For instead of building every member, he simply established the most important lines, from which the eye of its own accord conjures all the parts and joins them up to make a whole. This is an economic solution, both architecturally and materially. It is wonderful.
Palladio is an inexhaustible source of inspiration for me in my work. In my opinion, he is remarkably contemporary.

LS Is the breach in the pediment at the Villa Barbaro in Maser also one such solution?

PM If a pediment is breached the degree of openness is greater, and that seems logical to me in the case of an orthogonal volume open to the landscape. Whether the client or Palladio himself proposed the solution, I cannot say.

FOUR ELEMENTS

LS In your historical reading of architecture you emphasise the meaning of four elements: the wall, the *Tafel*, the post and the roof.

PM The basic elements of architecture are few in number. They rely on a small number of geometric figures, but their variations are endless.

LS What is the role of the wall?

PM If one wants to protect an area or make it more intimate then the most obvious thing to do is to erect four walls around it and make an opening for an entrance or to let in daylight. This act is not specific to one culture. It happens in the same way all over the world.
A place may equally be defined by a *Tafel* [slab] and its meaning be accentuated by the layering of these, as with the Parthenon in Athens or the Doric temples of Paestum. The four sides of the temple are open and interspersed by columns that surround the cella with its statue of the divinity. The temple, as the home of the gods, must be visible from afar and accessible from all sides. This is why it always stands at a prominent spot on an open plain or a mountain.
Since the Greeks colonised Italy, the *Tafel* has become a part of the common cultural heritage of the Mediterranean region. In some Romanesque churches it underscores the most important and most sacred area, the chancel. Even

privatisiert und damit unverständlich werden. Das versuche ich zu erklären, indem ich zeige, dass die Grammatik der Architektur überall – sei es in Profanbauten im Süden oder Norden von Europa – Gültigkeit hat.

THEORIE

LS Was bedeutet für Dich Geschichte?

PM Viele meiner Vorbilder liegen in der Vergangenheit, meine Gedanken hingegen sind hauptsächlich in die Zukunft gerichtet. Wie viel Zeit ich wirklich in der Gegenwart verbringe, weiss ich nicht.

LS An einer Stelle sagst Du, dass Geschichte für Dich so präsent sei wie die Nachrichten in einer Zeitung. Sie liege vor einem – man müsse sie nur aufnehmen.

PM Und richtig lesen. Der Architekt betrachtet die Zeiten nicht chronologisch, sondern er gliedert die Geschichte nach seinen Interessen. Die Welt vor zweitausend Jahren kann manchmal ganz nah sein und das 19. Jahrhundert weit weg.

LS Wann hast Du begonnen, Dich mit der Geschichte auseinanderzusetzen?

PM Im ersten Gespräch mit Rudolf Olgiati.

LS Seither findet diese Auseinandersetzung statt?

PM Da ich mich seit so langer Zeit mit gewissen Fragen beschäftige, fügt sich das, was ich neu entdecke, in mein Architekturverständnis einfach ein. Ein solches Erlebnis hatte ich kürzlich beim Besuch von Raffaels Villa Madama in Rom. Die Anlage basiert auf einem Idealplan, der mit der Topographie des Ortes nichts zu tun hat. Talseitig steht die Villa auf einer hohen Substruktion, die am Hang eine künstliche horizontale Ebene bildet. Der absolut regelmässig entworfene Bau mit Garten erhebt sich auf einer Tafel. Als ich die Villa Madama jetzt vor Ort erkundete und erstmals übereck betrachtete, erkannte ich plötzlich diese Tafel, die im griechischen Tempel begründet ist. Auf Fotografien der Villa hatte ich sie bisher nie gesehen.

LS Mit Tafel bezeichnest Du den Stylobat, die oberste Stufe des Tempelunterbaus?

PM Es ist keine funktionale Stufe, sondern eine den Tempel erhebende Tafel.

DIE RENAISSANCE

LS Es gibt offensichtlich Epochen wie die Gotik oder den Barock, mit denen du Dich viel weniger beschäftigst. Zu anderen wiederum hältst Du eher Distanz, so zum Klassizismus des 18. Jahrhunderts.

PM Jede Epoche hat bedeutende Werke der Architektur hervorgebracht. Doch ich ziehe es vor, in die Renaissance

on the façades of Haussmann's speculative properties in Paris, it is, visible in the form of a cornice and so highlights the horizontal plane on which people reside.

LS And what is the role of the post?

PM The post is the engineer's version of the vertical member. It is the outcome of a structural analysis and therefore as a rule rather slender. However, the architect's task is not to demonstrate the act of load bearing but to create an overall effect that accords with the purpose of the building. He can design the vertical member in a variety of ways: raised above a circle as a column with entasis, or as a pillar raised above a rectangle or square.

Le Corbusier's student residence is a perfect example of this. The slender posts in the foyer are mere load-bearers and make no architectural impact of note while the clusters of columns beneath the house are inflated in size and pervade the square with presence.

LS In addition to the element of enclosure – the wall – the element that ennobles – the *Tafel* – and the element that bears a load – the post – you name a fourth element, the roof.

PM The roof is functional. It is protection against sun or rain.

LS This distinguishes the roof from the wall or the *Tafel*.

PM The roof is secondary to the wall. We see it differently from the street. The screen walls of many a church or burgher's house hide the roof from view. The splendour of a building relies on its cubic volumetry, not on its roof.

This is admirably demonstrated by those town houses in Italy with overhanging eaves that are painted blue on their underside and decorated with gold stars. Ornaments likewise offset the cubic geometry of their projecting rafters. In the farmhouses around Berne, a facing board protects the front gable. It too is decoratively carved along its edges, to ornament the house, but also to avoid what would otherwise be two parallel lines suggestive of a *Tafel*. In the Engadine, roofing stones overhang the wall only slightly, obviating the parallel line that would detract from the volumetry of the building. To this same end, in the urban context, the awnings installed above the windows of cafés and tearooms continued until well into the twentieth century to have scalloped edges, which have meanwhile been replaced by an aluminium beam.

Yet the wall does not preclude the roof. The transition from wall to roof can be contrived in many ways. The Gothic palazzi on the Canal Grande provide some wonderful examples, with their façades that appear to broaden towards the top and their roofs espied through an open parapet. In Paris, on the other hand, roofs are frequently crowned by steep, double-storey structures that from the street look like a second façade. Chimneys cut through the roofage, drawing the gaze even higher. Without these chimneys Paris would be a few metres shorter.

LS Earlier you distinguished between the post, the column and the pillar. The post you explained technically, the

zurückzugehen. Diese Zeit empfinde ich als Moment des Aufbruchs. Sie scheint mir offener, eine Zeit, in der noch nicht alles zu Ende formuliert ist.

LS Und die Gotik oder der Barock?

PM Jeder hat seine eigene Befindlichkeit. Die Gotik stand mir, mit Ausnahme der Paläste in Venedig, lange Zeit nicht nah. Ich konnte ihre Qualitäten nicht erkennen. Erst viel später habe ich einen Zugang zu dieser Epoche gefunden und gesehen, welch schöne Bauwerke damals geschaffen wurden.

Geschichte, und das unterscheidet sicherlich den Architekten vom Kunsthistoriker, muss für die eigene Arbeit eine gewisse Brisanz haben. Man muss sich bewusst werden, was der kreative Ansporn sein kann und wo die Inspirationsquellen liegen. Von der Renaissance springe ich zur Malerei am Übergang vom 19. zum 20. Jahrhundert.

LS Eine ganz besondere Rolle spielt für Dich Palladio. Die Regelbrüche, die ihm manche Rigoristen vorgeworfen haben, scheinen für Dich hingegen Anregung zu sein.

PM Es sind genau diese vermeintlichen Regelbrüche, die mich faszinieren. Es war Goethe, der mir mit drei, vier Sätzen in der *Italienischen Reise* Palladio eröffnet hat. Er beschreibt dort den Widerspruch zwischen einem offenen Bautypus, dem Säulenportikus mit Giebel, und einem Wohnhaus, das in dieser Form so offen nicht sein kann. Die Interkolumnien werden folglich mit Wänden gefüllt, die Wände wiederum mit Öffnungen durchbrochen. In Goethes Augen hat Palladio damit den Widerspruch grossartig gelöst. Dieses Thema ist seit jeher und ist bis heute ein Hauptmotiv für die Gestaltung von Fassaden.

Beim Palazzo Barbaran da Porto in Vicenza verkröpft Palladio auf der Hofseite Balkon und Torbogen. Er passt das Bild eines römischen Triumphbogens an den Status des Bürgers an. Dabei appelliert er an die Assoziationskraft der menschlichen Wahrnehmung. Er baut nicht jedes Glied, sondern setzt die wichtigsten Linien fest, die das Auge von selbst in all seinen Teilen zu einem Ganzen zusammenfügt. Diese Lösung ist im baukünstlerischen wie im materiellen Sinn ökonomisch. Das ist wunderbar.

Palladio ist eine unerschöpfliche Quelle der Inspiration für meine eigene Arbeit. Er ist für mich überaus aktuell.

LS Ist auch die Durchbrechung des Giebelfelds in der Villa Barbaro in Maser eine solche Lösung?

PM Wenn man ein Giebelfeld durchbricht, ist der Grad der Offenheit grösser, und meines Erachtens ist das bei diesem orthogonal zur Landschaft hin ausgerichteten Baukörper schlüssig. Ob diese Lösung vom Bauherrn vorgeschlagen wurde oder von Palladio selbst stammt, weiss ich hingegen nicht.

VIER ELEMENTE

LS In Deiner historischen Lektüre der Architektur unterstreichst Du die Bedeutung von vier Elementen: Wand, Tafel, Säule und Dach.

column and the pillar architectonically. Is such a distinction applicable also to the roof?

PM I cannot think of any significant architecture in which the roof was not realised in a functional way – which is not to exclude a formal or a decorative aspect – neither a barn nor a farm, neither a palazzo nor a church, nor a mosque.

The dome of course is a different matter altogether. The dome is a representative element and has an enormous effect in public space.

LS Another historical tradition, besides the plastic one, that you evoke and also explain, is the structural one, in which the temple is read not as a body but in terms of its members. Its genealogy can be traced from the Greek temple then, not to the Renaissance palace but to the Gothic cathedral, and from there, to Auguste Perret. The focus is not so much the enclosed volume but rather the structural arrangement of a building. The primary elements here are posts and rafters.

PM That is correct, and the buildings you name are beautiful works of architecture. Yet even if a building is driven by a desire to dissolve the walls, its respective elements are nonetheless architectonically formed. It is never a case merely of posts and rafters. Architecture cannot be deduced from structural elements alone, since it is subject always to a formal will.

The façade structure of the Synthes building in Solothurn, for example, appears to be a continuous wall yet assures a very large degree of permeability. The proportion of architectural element to void is actually greater than the maximal permeability leads one to suppose.

LS Is architecture, like sculpture, therefore a plastic art?

PM A building can indeed be plastic, but sculptural never. The pilgrimage chapel in Ronchamp is plastic-expressive, but not sculptural. It complies with very precise, explicable posits, which determine its shape.

In contrast to sculpture, which is perceived from without, the task of architecture is to communicate between an inside and an outside. The border between the inside and the outside and between the outside and the inside of a structure is commonly known as a façade.

TERMS

LS In an earlier discussion you emphasised the significance in your work of the term *Gestalt* [shape], which you clearly distinguish from the term composition. What exactly do you understand by it?

PM *Gestalt* for me means the way in which horizontal and vertical elements are joined.

LS It expresses two aspects: hence, the *Gestalt* itself …

PM … and the becoming of *Gestalt*, which in everyday life goes by the name of design.

PM Die Grundelemente in der Architektur sind wenig an der Zahl. Sie beruhen auf wenigen geometrischen Figuren, doch ihre Variationen sind unbegrenzt.

LS Welche Rolle hat die Wand?

PM Will der Mensch einen Bereich schützen oder intimer gestalten, ist es das Naheliegendste, um diesen herum vier Wände zu errichten und eine Öffnung als Eingang oder für das Tageslicht zu setzen. Dieser Akt ist völlig unabhängig vom jeweiligen Kulturraum, er ist überall auf der Welt derselbe.

Einen Ort kann man andererseits ebenso durch eine Tafel definieren und seine Bedeutung durch die Schichtung von Tafeln steigern wie beim Parthenon in Athen oder den dorischen Tempeln in Paestum. Die vier Seiten des Tempels sind offen und mit Säulen umstellt, welche die Cella mit dem Standbild der Gottheit umgeben. Als Wohnhaus der Götter muss der griechische Tempel schon von fern sichtbar und allseitig zugänglich sein. Deswegen steht er in prominenter Lage auf einem Hügel oder in einer weiten Ebene.

Infolge der Besiedlung Italiens durch die Hellenen ist die Tafel im Mittelmeerraum zu einem gemeinsamen Kulturgut geworden. In einigen romanischen Kirchen unterstreicht sie den wichtigsten und heiligsten Bereich, den Chor. Selbst bei Haussmanns Spekulationsbauten in Paris markieren die Tafeln, die sich aussen als Gesimse abbilden, die horizontalen Ebenen, auf denen sich die Menschen aufhalten.

LS Ist auch die Stütze ein solches Element?

PM Die Stütze ist der Begriff des Ingenieurs für ein vertikales Bauteil. Sie ist das Resultat einer statischen Berechnung und daher in der Regel eher feingliedrig. Der Architekt hat jedoch die Aufgabe, nicht das Tragen zu zeigen, sondern eine Gesamtwirkung zu erzeugen, die das Bauprogramm repräsentiert. Er kann das vertikale Bauglied unterschiedlich gestalten: über einem Kreis als Säule mit Entasis oder als Pfeiler über einem Rechteck oder einem Quadrat.

Das Studentenheim von Le Corbusier ist in dieser Hinsicht beispielhaft. Die schlanken Stützen im Foyer dienen lediglich der Lastabtragung, sie erzeugen keine räumliche Wirkung, die Säulenbündel unter dem Haus hingegen sind überdimensioniert und verleihen dem Platz Räumlichkeit.

LS Neben dem Element der Umfriedung mit der Mauer, der Erhebung durch die Tafel, dem Tragen mit der Säule nennst Du als viertes Element das Dach.

PM Das Dach ist funktional. Es schützt gegen Sonne oder Regen.

LS Darin unterscheidet sich das Dach von der Tafel oder der Mauer.

PM Das Dach ist der Mauer untergeordnet. Von der Strasse aus nehmen wir es anders wahr. Die Blendmauern mancher Kirchen oder Bürgerhäuser verdecken das Dach auf der Stirnseite. Die Pracht des Baus wird durch den kubischen Ausdruck unterstützt, nicht durch das Dach.

Überaus anschaulich demonstrieren das jene Stadthäuser in Italien, bei denen die Untersicht des leicht vorstehen-

LS Another important term in your vocabulary is the German *Ausdruck* [expression]. In the past, one would probably have spoken of character: open, closed, standing, lying, friendly, unfriendly, monumental.

PM Expression – expressing something. Expression is the hallmark of architecture. It is that which goes beyond technical proficiency. It brings to light the architect's position, that which touches the soul.

The buoyancy that Matisse seeks is not that which Cézanne shows. Had Matisse and Cézanne been architects they would have designed different buildings, although they lived at the same time, were open to the same language and abided by the same conventions. Yet they were different in temperament.

LS If *Gestalt* describes that which is more universal about an era, a building task or an architect's signature, does, then, *Ausdruck* describe their specifics?

PM The architect's temperament is revealed in the expression, as is an era's consciousness of life.

LS What makes a good design?

PM How would you answer that?

LS A good design must in its singularity be so specific yet simultaneously so coherent and precise that it amounts to a statement of universal validity. I gauge a good design by what it tells me about architecture as a whole, about questions of living, about questions of gravity.

PM I agree with you. A building in terms both of its urban setting and interior spatial structure formulates a position on life. That a house has been built for people and not dictated by an aesthetic imposed from without must be instantly palpable. It must move anyone who sees the house or steps inside it.

Design requires a key idea, not a sum of ideas – a key idea such as often may be captured in a single sketch. Individual features may still be unclear but the essentials are already there.

The idea is then elaborated. That is the design process. That is the real challenge.

LS This aspiration to a key idea is increasingly difficult to contend in a pluralistic society whose values appear to be perpetually ceding to by new ones.

PM Yes, it is indeed. However, I'm sceptical about this supposed progress. It may well be warranted in the technological sciences, but some things never change. People grieve, fall in love, suffer misfortune and experience bliss.

den Daches manchmal blau und mit Sternen bemalt ist. Die kubische Geometrie der vorstehenden Sparren ist ebenfalls durch Ornamente aufgelöst. Bei den Bauernhäusern im Bernbiet ist die Stirnseite des Daches mit einem Ortbrett geschützt. Auf dessen Unterseite sind Verzierungen angebracht, um den Bau zu schmücken, aber auch um zwei parallele Linien zu vermeiden, die den Eindruck einer Tafel evozieren würden. Im Engadin stehen die gebrochenen Steine der Dachabdeckung nur knapp über die Mauer vor. Sie bilden ebenfalls keine gerade Linie, die den Baukörper tangieren würde. Selbst die Volants der grossen Sonnenstoren vor den Fenstern der Kaffeehäuser und Tearooms hingen bis weit ins 20. Jahrhundert über einem Rohr herunter; heute ist dieser Abschluss durch einen Aluminiumbalken ersetzt.

Dennoch schliesst die Mauer das Dach nicht aus. Die Möglichkeiten, den Übergang von der Wand zum Dach zu formulieren, sind zahlreich. Wunderbare Beispiele bieten die gotischen Palazzi am Canal Grande, deren Fassaden sich gegen oben optisch vergrössern und deren Dach man durch den offenen Abschluss des Daches sehen kann. In Paris wiederum haben die Dächer zum Teil steile doppelgeschossige Aufbauten, die wie eine zweite Fassade von der Strasse aus in Erscheinung treten. Die Kamine durchdringen die Dachflächen und führen das Auge weiter in die Höhe. Ohne diese Kamine wäre die Stadt Paris einige Meter niedriger.

LS Vorher hast Du zwischen Stütze und Säule oder Pfeiler unterschieden. Die Stütze hast Du technisch begründet, Säule und Pfeiler architektonisch. Lässt sich diese Unterscheidung auch auf das Dach übertragen?

PM Ich kenne keine bedeutende Architektur, bei der das Dach nicht eine funktionale – das heisst aber nicht form- oder schmucklose – Umsetzung erfahren hätte: weder ein Wirtschaftsgebäude noch ein Bauernhaus, weder ein Palazzo noch eine Kirche oder eine Moschee.

Anders verhält es sich mit der Kuppel. Die Kuppel ist ein repräsentatives Element mit einer enormen Wirkung im öffentlichen Raum.

LS Eine andere historische Tradition, neben der plastischen, die Du evozierst und auch begründest, ist die strukturelle. Sie versteht den Tempel nicht als Körper, sondern aus seinen Gliedern heraus und fügt sich zu einer anderen genealogischen Linie, die vom griechischen Tempel statt zum Palast der Renaissance zur gotischen Kathedrale und von dort zu Auguste Perret verläuft. Es stehen weniger der Baukörper und seine Geschlossenheit im Vordergrund als vielmehr der strukturelle Aufbau des Bauwerks. Die primären Elemente sind hier Stütze und Dachbalken.

PM Das ist richtig und die Gebäude, die Du nennst, sind ebenso schöne Werke der Baukunst. Doch, auch dort, wo diese Bauten vom Wunsch getragen sind, die Wand aufzulösen, sind ihre Elemente architektonisch geformt. Es handelt sich nicht um blosse Stützen oder Balken. Architektur lässt sich nicht einfach von der Struktur ableiten, sie ist immer einem formalen Willen unterworfen.

Das Gebäude des Synthes-Hauptsitzes in Solothurn beispielsweise hat eine strukturelle Fassade mit einem sehr

hohen Grad an Offenheit, wirkt aber auch mural. Der flächenmässige Anteil an muralen Baugliedern ist grösser, als man annimmt. Und trotzdem ist der Grad an Offenheit maximal.

LS Ist die Architektur, wie die Bildhauerei, also eine plastische Kunst?

PM Ein Gebäude kann zwar sehr plastisch sein, aber skulptural ist es nie. Die Wallfahrtskapelle in Ronchamp ist plastisch-expressiv, aber nicht skulptural. Sie folgt ganz präzisen, nachvollziehbaren Setzungen, die ihre Gestalt prägen.

Im Gegensatz zur Skulptur, die von aussen erfasst wird, ist es die Aufgabe der Architektur, zwischen innen und aussen zu vermitteln. Die Grenze zwischen innerer und äusserer Raumstruktur und umgekehrt wird gemeinhin als Fassade bezeichnet.

BEGRIFFE

LS In einem früheren Gespräch hebst Du die Bedeutung der Gestalt für Dein Werk hervor und setzt den Begriff der Gestalt von dem der Komposition ab. Was meinst Du genau mit Gestalt?

PM Gestalt meint das Fügen horizontaler und vertikaler Elemente.

LS Der Begriff bringt demnach ein Doppeltes zum Ausdruck: die Gestalt und …

PM … das Werden der Gestalt, das man im Alltag Entwerfen nennt.

LS Ein weiterer wichtiger Begriff in Deinem Vokabular ist der des Ausdrucks. Früher hätte man wohl von Charakter gesprochen: offen, geschlossen, stehend, liegend, freundlich, unfreundlich, monumental.

PM Ausdruck – Ausdruck geben. Der Ausdruck zeichnet die Architektur aus. Er bringt das zur Anschauung, was über die Beherrschung eines Bauprogramms hinausgeht. In ihm tritt die Haltung des Architekten zutage, das, was die Seele berührt.

Die Leichtigkeit, die Matisse sucht, ist nicht das, was Cézanne zeigt. Wären Matisse und Cézanne Architekten gewesen, hätten sie verschiedene Gebäude entworfen, obwohl beide zur gleichen Zeit lebten, sich auf die gleiche Sprache eingelassen und sich an deren Konventionen gehalten hätten. Doch sie hatten unterschiedliche Temperamente.

LS Wenn Gestalt das Allgemeinere bezeichnet, umschreibt dann Ausdruck das Spezifische einer Epoche, einer Bauaufgabe oder die Handschrift eines Verfassers?

PM Im Ausdruck offenbart sich das Temperament des Verfassers und das Lebensgefühl einer Zeit.

LS Woran misst man einen guten Entwurf?

PM Welche Antwort würdest Du geben?

LS Ein guter Entwurf muss in seiner Eigenheit so spezifisch, aber zugleich so kohärent und präzis sein, dass die damit gemachte Aussage allgemeine Gültigkeit erhält. Einen guten Entwurf messe ich daran, was ich über die Architektur als Ganzes erfahre, über die Frage des Wohnens, über die Frage der Gravitation.

PM Ich stimme Dir zu. In einem Gebäude artikuliert sich in städtebaulicher Hinsicht wie auch in der inneren Raumstruktur eine Position zum Leben. Es muss erkennbar sein, dass ein Haus für die Menschen gebaut und nicht von einer von aussen herangetragenen Ästhetik diktiert ist. Jeder, der das Haus sieht, das Haus betritt, muss als Mensch berührt werden.

Es braucht beim Entwerfen eine tragende Idee, nicht eine Summe von Ideen – eine tragende Idee, die vielfach bereits in einer Skizze feststeht. Einzelne Charakterzüge mögen zwar noch unbekannt sein, aber das Wesentliche ist schon vorhanden.

Die Idee wird dann im Prozess des Entwerfens ausgearbeitet. Das ist die eigentliche Herausforderung.

LS Dieser Anspruch nach einer leitenden Idee ist in einer pluralistischen Gesellschaft, deren Werte immer wieder durch neue ersetzt zu werden scheinen, immer schwerer zu behaupten.

PM Ja, das ist so. Allerdings bin ich vermeintlichem Fortschritt gegenüber skeptisch. Er mag in den technischen Wissenschaften seine Berechtigung haben. Doch gewisse Dinge verändern sich nicht: Der Mensch trauert, er verliebt sich, er erfährt Unglück und erfährt Glück.

ETH Zürich
Departement Architektur
Department of Architecture

D**ARCH** *gta*

Institut für Geschichte und Theorie der Architektur
Institute for the History and Theory of Architecture

PUBLIKATION

Herausgeberin
Chantal Imoberdorf

Transkription (Interview)
Florian Baumgartner, Christina Madeo

Lektorat
Ulrike Steiner

Übersetzung
Jill Denton, Berlin

Korrektorat (Englisch)
Thomas Skelton-Robinson, Zürich

Planbearbeitung
Annika Geiger, Paolo Giannachi

Graphisches Konzept und Gestaltung
Prill Vieceli Cremers, Zürich

Druck und Bindung
Kösel GmbH & Co. KG, Altusried-Krugzell

© 2016
gta Verlag, ETH Zürich, 8093 Zürich
www.verlag.gta.arch.ethz.ch

Texte: bei den Autor(inn)en und deren Rechtsnachfolge

Bibliografische Information der Deutschen
Nationalbibliothek
Die Deutsche Nationalbibliothek verzeichnet diese
Publikation in der Deutschen Nationalbibliografie; de-
taillierte bibliografische Daten sind im Internet über
http://dnb.dnb.de abrufbar.

ISBN 978-3-85676-352-7

gta Verlag

PUBLICATION

Editor
Chantal Imoberdorf

Transcription (interview)
Florian Baumgartner, Christina Madeo

Copyediting
Ulrike Steiner

Translations
Jill Denton, Berlin

Proofreading (English)
Thomas Skelton-Robinson, Zurich

Plan editing
Annika Geiger, Paolo Giannachi

Graphic concept and design
Prill Vieceli Cremers, Zurich

Printing and binding
Kösel GmbH & Co. KG, Altusried-Krugzell

© 2016
gta Verlag, ETH Zurich, 8093 Zurich
www.verlag.gta.arch.ethz.ch

Texts: by the authors and their legal successors

Bibliographic information published by
the Deutsche Nationalbibliothek
The Deutsche Nationalbibliothek lists this publication
in the Deutsche Nationalbibliografie; detailed
bibliographic data are available on the Internet at
http://dnb.dnb.de.

ISBN 978-3-85676-352-7

AUSSTELLUNG

24. Februar–3. April 2016, Haupthalle ETH Zürich, Zentrum

gta Ausstellungen
Fredi Fischli, Niels Olsen

Konzept und Ausstellungsgestaltung
Chantal Imoberdorf

gta exhibitions

EXHIBITION

24 February–3 April 2016, Main Hall ETH Zurich, Zentrum

gta Exhibitions
Fredi Fischli, Niels Olsen

Concept and exhibition design
Chantal Imoberdorf

Für finanzielle Unterstützung danken wir
Special thanks for the financial support of

DARCH

Departement Architektur, ETH Zürich
Department of Architecture, ETH Zurich

dem Hauptförderer der Ausstellung
the main sponsor of the exhibition

FLOORING SYSTEMS

und
and

Pensimo Management
Immobilienmanagement und Fondsleitungen

 ZUMTOBEL

sowie den regulären Förderern von gta Ausstellungen
as well as the regular sponsors of gta Exhibitions

Schweizer

LUMA
FOUNDATION

DANK

Unser aufrichtiger Dank geht nicht nur an die Unternehmen und Institutionen, welche die Realisierung unseres Projekts ermöglichten, sondern auch an alle Personen, die wesentlich zum Gelingen der Ausstellung und des Buches beigetragen haben, allen voran an die Professur Laurent Stalder, an gta Ausstellungen, Fredi Fischli und Niels Olsen, sowie an den gta Verlag, die unsere Idee zu diesem Projekt wohlwollend aufnahmen und es kritisch begleiteten.

Laurent Stalder führte mit Peter Märkli ein ausführliches, intensives Gespräch über seine Lehrtätigkeit und weit darüber hinaus. Momoyo Kaijima beschrieb eindrücklich die Arbeit in Peter Märklis Entwurfsstudio an der ETH Zürich. Janet Evans und Sonja Poll stimmten grosszügig dem Wiederabdruck der Texte von Robin Evans und C. Th. Sørensen zu. Ulrike Steiner lenkte im Verlag die Buchproduktion mit sorgfältiger Hand und hartnäckiger Geduld. Engagiert und beharrlich bewerkstelligte Jill Denton die Herausforderungen einer Übersetzung ins Englische, und Thomas Skelton-Robinson übernahm mit aufmerksamem Auge das Korrektorat. Prill Vieceli Cremers verlieh dem Buch in bereits bewährter Manier visuelle Gestalt. Daniel Sommer, gta Ausstellungen, und die ETH-Schreinerei haben die Präsentation der studentischen Arbeiten in der ETH-Haupthalle fachmännisch umgesetzt. Unverzichtbar war nicht zuletzt die Mitarbeit von Florian Baumgartner, Annika Geiger, Paolo Giannachi, Christina Madeo, Anna Märkli, Peter Regli und Franz Wanner.

Mit grosser Freude blicken wir schliesslich auf die enge Zusammenarbeit mit Markus Peter zurück und erinnern uns gern an die wunderbare Zeit, die wir alle an der gemeinsamen Professur Märkli/Peter verbrachten. Für seine wertvollen Beiträge als aufmerksamer Gesprächspartner und streitbarer Gastkritiker wie auch für seine Unterstützung dieses Projekts möchten wir uns überaus herzlich bei Markus bedanken.

Chantal Imoberdorf und Peter Märkli

ACKNOWLEDGEMENTS

Our sincere thanks are due not only to the companies and institutions that facilitated the realisation of our project but also to all those who made an essential contribution to the success of the exhibition and the book, first and foremost the Chair of Laurent Stalder, gta Exhibitions, Fredi Fischli and Niels Olsen, and the gta Verlag, who kindly took up our idea for this project and critically accompanied it.

Laurent Stalder had a thorough and intensive conversation with Peter Märkli about his teaching practice and much more besides. Momoyo Kaijima vividly portrayed the work of Peter Märkli's design studio at the ETH Zurich. Janet Evans and Sonja Poll generously agreed to the reprinting of texts by Robin Evans and C. Th. Sørensen. Ulrike Steiner of gta Verlag steered production of the book with an assured hand and unfailing patience. Jill Denton mastered the often challenging translation into English with dedication and resolve. Thomas Skelton-Robinson brought an eagle eye to the task of proofreading it. The design studio Prill Vieceli Cremers gave the book visual form with its usual aplomb and flair. Daniel Sommer, gta Exhibitions and the ETH carpentry workshop devised expert solutions for the presentation of student projects in the ETH main hall. We are grateful also and not least for the indispensable assistance of Florian Baumgartner, Annika Geiger, Paolo Giannachi, Christina Madeo, Anna Märkli, Peter Regli and Franz Wanner.

In conclusion, we look back with great relish on our close cooperation with Markus Peter and delight in recalling the wonderful times we all shared during the joint Märkli/Peter professorship. For his invaluable input as an attentive associate and cogent guest critic, as well as for his support of this project, we offer Markus our most heartfelt thanks.

Chantal Imoberdorf and Peter Märkli

MÄRKLI

MENSCHEN, TÜREN, KORRIDORE
ROBIN EVANS, 1978

DIE ENTSTEHUNG DER GARTENKUNST
C. TH. SØRENSEN, 1963

PETER MÄRKLI IM GESPRÄCH
MIT LAURENT STALDER

FIGURES, DOORS AND PASSAGES
ROBIN EVANS, 1978

THE ORIGIN OF GARDEN ART
C. TH. SØRENSEN, 1963

PETER MÄRKLI IN CONVERSATION
WITH LAURENT STALDER

2002–2015

GTA VERLAG   GTA EXHIBITIONS